THE MYTH OF REPRESSED MEMORY

抑圧された記憶の神話

偽りの性的虐待の記憶をめぐって

E・F・ロフタス
K・ケッチャム 著
仲 真紀子 訳

誠信書房

日本語版への序文

一九九〇年の初頭、私が『抑圧された記憶の神話』に取りかかった頃、アメリカでは大きな論争が起きていました。多くの家庭で次のような事態が生じていたのです。問題を抱え、うつ、不安、または神経過敏を訴える人が、カウンセラーに助けを求めます。するとしばしば最初の面接で、カウンセラーがこう尋ねます。「ありとあらゆる兆候が出ていますね。あなたは子どもの頃、虐待されたのではないですか？」。たとえ彼女が否定しても、問題の背後には虐待があると、強く信じ続けるカウンセラーがいます。そして度を越えた「記憶作業」が行われることもあります。年齢退行、身体記憶の解釈、暗示的な質問、誘導による視覚化、夢を性的に解釈すること、侵入的なアミタール面接、その他もろもろの疑わしい技法です。

これらの技法は、やっかいな、抑圧された性的虐待の記憶を掘り起こせるだろうとの期待のもとで用いられます。そしてその結果、生涯の長い期間にわたる、数々の暴力的な外傷が浮かび上がってくることがあるのです。たとえ患者が、カウンセリングを始めるときには、子ども時代や思春期は比較的幸せだったと考えていたとしても、同様のことが起こり得ます。そして患者のなかには訴訟を起こす人も現れ、法律家が参入してきます。新しい記憶が法律家の事務所で「奇蹟のように」現れることすらありました。

けれども、私は長年にわたる記憶の研究から、患者に用いられるこれらの技法は偽りの記憶を植えつけるのに格好の方法だということに気づいていました。蓄積しつつある多くの研究が、暗示は記憶を補ったり変更したりし、記憶とともに統合されることを示しています。私たちは暗示的な情報の存在にはなかなか気がつきません。そのために、暗示はトロイの木馬のように私たちを奇襲するのです。どうして人は、暴行を受けたことがないのに、受けたと信じてしまうことがあるのか、それを理解するうえでの中心的な問題は、私たちが暗示によって、いかに知らず知らずのうちに騙されてしまうのかを理解することだといえるでしょう。それが分かれば、人がどうしてこれらの偽りの信念から逃れ得るかも理解することができます。

子ども時代の偽りの記憶を大人の心に移植できるかどうか、それを検討する実験的方法を探し求めていた頃の奮闘を、私は『抑圧された記憶の神話』に書きました。この実験では、私は単なる記憶の断片ではなくて、記憶を丸ごと移植したいと思いました。また、倫理に触れない範囲で外傷的な記憶を移植したいとも思いました。やがて固まったアイデアは、子どもの頃ショッピングセンターで迷子になり怖かったけれども、最後は老人に助けられて家族と再開できたという暗示を与える、というものでした。私たちはこの方法で研究を行い、それは数年後、論文として発表されました。成人被験者の約四分の一が、暗示された偽りの体験を想起しました。後に他の研究者たちもこの方法を用い、子どもの頃入院したという実際にはなかった記憶を、また結婚式のパーティでパンチボウルをひっくり返したという、これも実際にはなかった記憶を、さらには動物に襲われた体験や、重大な事故、そしてもしも実際に起きていたなら外傷的であっただろうと思われる種々のエピソードを思いださせることに成功しています。さらに、被験者に出来事をイメージさせることにより、彼らが以前は否定していた出来事、例えば手をついて窓を割ってしまったというような偽りの出来事の記憶を作りだせることも報告されています。これらの研究により、記憶の可変性に関する知見は深まり、現実と空想を隔てているもろいカーテンについて多くのことが明らかになりました。

記憶の可変性に関する知識は蓄積していたにもかかわらず、多くの家族が疑わしい記憶のために崩壊し、無実の人がたくさん起訴されました。そして何人もが牢獄へと送られています。遠い昔に起こり、その後何年も抑圧されていたとされる虐待のかどで、無実の人びとが起訴されているのです。けれども、そのような訴訟が北アメリカで何百件も起きた後、今、潮の流れが変わろうとしています。今日、偽りの信念をもたされた人びとの多くが、記憶は偽りであったと気づき始めています。かつてかかっていたカウンセラーを医療過誤で訴えている人もたくさんいます。何人かは、陪審で慰謝料や和解金を受け取りました。ミネソタ州の女性は二六〇万ドル、テキサス州の女性は五八〇万ドル、イリノイの女性と二人の息子は一〇六〇万ドルといった具合です。

問題のあるカウンセリングにより破壊された家族はいまだたくさんありますが、うまくいけば、これらの家族も将来、再び会することができるでしょう。私は、仲真紀子博士が『抑圧された記憶の神話』を日本語に訳してくれたことを光栄に思います。中国への旅行を企画してくださった一瀬敬一郎・美和夫妻にも特にお礼を言いたいです。この旅行において、仲博士と私は、抑圧された記憶の論争について、かなり突っこんだ議論を始めたのでした。彼女のすばらしい訳によって、日本の人びとが北アメリカを襲った行きすぎた行為についての警告を与えられるように、そして似たような悲劇が未然に防げるようにと望んでいます。

エリザベス・ロフタス

謝辞

この本を書いていた三年間、支え、助けてくれた多くの人びとに心からお礼を述べたいと思います。特に、以下の人たちには感謝しています。

話を聞かせてくださった方がた、そしてそのご家族。面接に協力してくださった方がたの多くは、さらなる苦しみから家族を守るためにと、匿名を希望されました。そのため、お名前を挙げてはいませんが、彼らの協力に心から敬意を表します。

レイモンド・サウザとシャーリー・サウザ夫妻、リン・プライス・ゴンドルフ、ローラ・パスリー、メロディ・ガヴィガン、フィル・フォクスターとスーザン・フォクスター夫妻、チャック・ノアとジューン・ノア夫妻、ジェニファー・フレイドとパメラ・フレイド夫妻、そしてポール・イングラム。彼らには告発する者とされる者の苦しみについて、多くのことを教えてもらいました。

スティーブ・モエンには法的な事柄について示唆やアドバイスをもらいました。

リチャード・オフシー。機知に富んだ賢明で率直な話ぶりのおかげで、沈みがちな心が軽くなったことが何度もありました。

『悪魔を思い出す娘たち』(*Remembering Satan*, Knopf, 1994) の著者であるローレンス・ライト、『昔あるところに』(*Once Upon a Time*, HarperCollins, 1993) の著者であるハリー・N・マクリーン、そしてステファン・ソルター (彼はサンフランシスコのイグザミナー誌のコラム記者であり、一九九三年四月四~九日、イグザミナー誌に連載された「埋もれた記憶、壊れた家族」の共著者でもあります)。アイデアや研究成果など、多くのことを教えてもらいました。

エレン・バス、ルーシー・バーライナー、カレン・オリオ、ジェラルド・ボーセク、デビィッド・スピーゲル、ジョージ・ガナウェイ、ポール・マクヒュー、ジョセフ・バーバー、ゲイル・ギリック、ネルソン・カードウェル、リカード・ウェインステイン、マーシャ・ラインハン、そしてマーガレット・ヘイガン。彼らのおかげで、心理療法に関する議論を活性化することができました。

ウィリアム・カルヴァンは記憶の心理学的メカニズムを扱った本に数多く当たってくれました。

国立科学協会と国立精神科学研究所。エリザベス・ロフタスによる記憶の可変性に関する研究は、これらの機関による研究費の援助を受けました。

ワシントン大学の抑圧された記憶研究グループの学生たち。

疲れ知らずでユーモアたっぷりの著作権代理人、ジェイン・ディステル。

セント・マーチン・プレスの担当編集者であるチャールズ・スパイサー。彼のおかげでニューヨークにも自主独立の編集者が健在であり、精力的に活動していることが証明できたと思います。そのことのために、そして彼自身のために、感謝。

イレーネ・バーンステイン、ロニー・ローゼンワルド、そしてダイアナ・アーノルド。彼らの友情と支援に。

メリンダ・バーゲス。彼女は本書の目標を定めるのを助けてくれ、本書の中心的な目標が何であるか、常に確認し続けてくれました。

トレイシー・サイモン。彼女は原稿をていねいに読んでくれ、改善するためのコメントくれました。

シャロン・カウフマン＝オズボーン、クリス・アンダーソン、そしてデロリス・ハンフレイス。彼らからはセラピーの過程についての洞察を与えられました。

キャリー・ウォーリング、ジャッキー・ピックレル、そしてマイケル・ナッシ。研究を手伝ってくれました。

ジェフリー・ロフタス、マリアン・ギャリー、スティーブ・スシ。意地の悪い手紙や電話、電子メールを受け取ったとき、彼らは私のために常に多くの時間を割き、惜しみない同情を寄せてくれました。ロビン、アリソン、そしてベンジャミン・スペンサー。彼らはお母さん、キャシー・ケッチャムに、家族が一番だということを、常に思い起こさせてくれました。

不正に立ち向かうことの大切さを教えてくれたエリザベス・ロフタスの家族（フィッシャーマン家、ブレスキン、そしてロフタスの家族）。彼らには、永遠の愛と感謝を捧げたいと思います。この家族こそが、エリザベスにエリー・ウィーゼルの著書を与えてくれました。ウィーゼルはこう書いています。「無力のため不正を防ぐことができないこともあるだろう。だが、不正に立ち向かえないということは決してない」と。

読者の方がたへ

『抑圧された記憶の神話』を執筆するために、私たちは何千人もの人びと――告発する者、される者、カウンセラー、弁護士、心理学者、精神科医、社会学者、犯罪学者、警察関係者たち――に面接を行いました。また私たちは記憶、外傷、カウンセリング、回復といった主題を扱う学術書、一般書、記事などを何万ページも読みました。本書に出てくる物語は、これらのドラマの回想、再構成、記述された事柄に関する私たちの個人的な記憶に基づいて書かれています。物語における場面や対話には、主たる概念を伝えるために、また、話を分かりやすくするために、ドラマ風に再現し直したものもあります。手紙やその他の書かれたものは、一部、書き換えてあります（特に、第10章のミーガン・パターソンの手紙はそうです）。また、供述や法廷での書き起こし資料は、読みやすく、理解しやすいよう、ところどころ編集しました。

私たちは明らかにバイアスがかかっていると思われるところは修正し、また、よく知られ、争いのない事実に基づいて意見を述べるよう心がけました。けれども、これらの回顧的な解釈に不正確さが付きまとうであろうことは否めないでしょう。私たちは本書全体にわたり、バランスと公正さを保とうと努力しました。しかし誤って記憶していたり、また、私たち自身のバイアスによって事実を誤って報告している箇所もあるかもしれません。本書を執筆し、発行する途上での編集作業、修正作業を経てなお残されてしまった記憶の変容については、あらかじめお詫びをしておきたいと思います。読者がこのことを理解され、許してくださるようにと望んでいます。

登場する人びとの名前、身分の一部は、プライバシーを守りたいという彼らの要望によって、変えてあります。そのような名前は、初出の際、傍点で示しました。

最後に、私たちは有能で献身的な多くのカウンセラーの仕事を高く評価し、また尊敬の念を抱いていることを記しておきたいと思います。彼らは近親姦や性的虐待の被害者が、後遺症や外傷体験の長期に続く記憶を乗り越えることができるようにと力を尽くしておられます。本書の目的がカウンセリングを攻撃するものではないこと、そうではなくて、カウンセリングの弱点を示し、問題を抱えてカウンセリングの扉をくぐる者によりよい助けを提供できるよう示唆するものなのだということを、カウンセラーの方がたには理解していただければと思います。私たちはカウンセラーではありません。私たちが提示している批判は、記憶の領域における研究や経験から得られたものなのです。

また読者の方がたには、本書が子どもへの性的虐待、近親姦、暴力などの現実やその恐怖を否定するものではないことを、心にとめておいていただけるようお願いしたいと思います。

これは記憶の論争なのですから。

目次

抑圧された記憶の神話——偽りの性的虐待の記憶をめぐって

ジョン・プロクター：家には五本足のドラゴンがいるかもしれません。でも、誰も見たことはないんです。

リヴェランド・パリス：ねえご主人、私たちはまさに、今まで誰も見たことがないものを探すためにここにいるんですよ。

——アーサー・ミラー『るつぼ』

第1章
夢の成分

本当の自分だと思っているもの、生きていると思っている現実。その真の姿は昼も夜も続く詩的な幻想、心理的な現実感に他なりません。私たちは現実感をもって夢の時を生きています。私たちは、いわば夢の成分なのです。

——ジェームズ・ヒルマン『心理治療の歴史は百年にもなり、その分世間は暮らしにくくなった』

シャーリー・アン・サウザは、母親なら誰もがこうあってほしいと願うような娘だった。「シャーリー・アンほどかわいく、愛らしく、明るく賢い子はいなかった」と母親は言う。高校時代、シャーリー・アンは、ソフトボールで活躍し、バスケットとバレーの主将も務めた。アメリカ名誉学会の会員にもなり、学年十九番という優秀な成績で高校を卒業した。

卒業後、シャーリー・アンは精神医療施設で働いていたが、薬学の学位をとるために勉強を始めた。しかし、二十一歳のときに暴力的なレイプにあい、その後成績は急激に下がってしまった。彼女は実家に近い大学へと転学し、両親は彼女が週末ごとに実家に戻れるよう、車を買い与えた。だがそれから一年もたたない一九八八年の夏、彼女は再び性的暴行の被害者となった。翌年八月、犯人は暴行と殴打のかどで有罪となり、十八か月の服役を言いわたされた。

シャーリー・アンはカウンセリングを受けるようになり、そのおかげで怒りと悲しみは乗り越えられそうだった。だが悪夢には悩まされ続けた。ペニスをもつ母に襲われ、兄にレイプされ、父に十字架で暴行されるという恐ろしい夢だ。カウンセラーの助けを得て、彼女は夢を分析し、解釈しようとした。すると一九九〇年のある朝突然、衝撃的な洞察とともに、これらの夢が何を伝えようとしているのかが分かったのだ。それは、子ども時代に両親から性的虐待を受けたが、身を守るために記憶を抑圧した、というものだった。彼女はすぐさま義理の姉に電話をかけ、姉の子どもたちを両親――マサチューセッツ州の電気会社で働いていたが今は引退している元架線工レイモンド・サウザと看護婦のシャーリー――から遠ざけるよう訴えた。

恐れは黒いインクのしみのように広がった。シャーリー・アン、姉のシャロン、そして義理の姉であるヘザーの三人は『生きる勇気と癒す力』を読んだ。本には「虐待の体験を思いだせないのは、あなただけではありません」と書いてある。「記憶がない女性は多く、どうしても思いだせない人もいます。だからといって何もなかったとはいえないのです」。

チェックリストや症状リストを見て、三人は疑いが事実であることを確信した。そして最悪の事態を想定し、子どもたちにあれこれ問いただし、診断と治療を受けるためにカウンセラーのもとを訪れた。一九九〇年十一月の記録に、シンディ（五歳）のカウンセラーはこう書きとめている。「シンディの話には繰り返しが多く、混乱がある……。母親の圧力の疑いあり」。数週間後、母親はこのカウンセラーを中断し、シンディを幼児の性的虐待を専門とする精神科医のところに連れて行った。このカウンセラーは、最初のセッションで、シンディには外傷後ストレス障害（ＰＴＳＤ）があると診断した。これは性的虐待の結果生じる典型的な症状だという。また、四歳のナンシーが恐ろしい化け物の夢を見るようになり、この化け物は祖母だと言うと、彼女もまた同じカウンセラーにかかるようになった。

レイモンド・サウザとシャーリー・サウザは、娘と孫の記憶によって起訴されることになった。すぐさま検察官が取引をもってきた。もし有罪を認めれば、刑務所で服役することなく放免可能だという。だが二人はこの取引を断った。そして裁判の日程が定められた。

シャーリー・アンの悪夢が始まって三年も過ぎようという頃、裁判が行われた。孫のナンシーはこう証言した。彼女は祖父母の性器を触るよう強要され、また祖母は彼女の性器に「手をまるごと」、「頭」さえ入れた。また祖父母は部屋ほどもある機械をボタン操作し、機械についている手が彼女を「痛くした」、と。シンディは祖父母から性器と肛門に指を入れられたこと、地下の大きな檻に閉じ込められ、緑色の汚らしい液体を飲ませられたこと、他言したらママの心臓を一突きにするぞと脅かされたことなどを、証言した。

これらの告発を裏づける証拠は皆無だった。にもかかわらず、一九九三年二月十二日、ともに六十一歳のサウザ夫妻は性的虐待、暴行、殴打などの複数の罪で有罪となった。もしも上告に失敗すれば、娘が悪夢を見るようになるまでは存在しなかった記憶によって、九〜十五年、刑務所暮らしを強いられることになる。

第2章
不思議な時代

ご主人よ、不思議な時代になりましたな。ものすごい勢いで村に集結した暗黒の力、それを疑う者はもはや誰もいないでしょう。証拠がありすぎて、もはや否定することはできますまい。そう思われませんか、ねえ。

——リヴァランド・ヘイル、アーサー・ミラーの『るつぼ』

「真実」の敵は、慎重に仕組んだ不誠実な嘘ではない。多くの場合、それは頑固で説得力のある、非現実的な神話なのである。

——J・F・ケネディ

私は心理学者である。人生のすべてを記憶研究に捧げてきたといってもよい。実験室での研究、院生の指導、本や論文の執筆、世界をかけめぐっての学会発表や講演などで、この二十五年を生きてきた。履歴書には「誘導情報を提示した後に生じる記憶の変容について」「認知：情報処理的概念」「誘導の効果：事後情報による記憶の変容」などの題目がついた研究論文が並んでいる。

私は記憶の可変性の権威だとみなされている。「この人です」「この人を見ました」「この人がやったんです」——裁判では、宣誓した目撃者の証言を陪審員が信じるか否かによって、被告の運命が決まることがある。そのような裁判で、私は何百回も専門家の立場から証言した。証言台に立ち、学術的な真理を語り、裁判に携わる人びとにこう警告する。記憶は自在に変化し、重ね書きが可能だ。無限に書いたり消したりできる広画面の黒板のようなものだ、と。特に陪審員には、心がさまざまな影響を受けやすいこと、他の情報が浸透してくる余地があることを強調する。分かりやすく説明するために、比喩を使うこともある。「心を、水を満たしたボールのようなものだと思ってください。そして記憶を、水に入れ、かきまぜた一匙のミルクのようなものだと考えてください。大人の心には、何千匙ものミルクが、混濁した状態で溶けこんでいます。……一体、水とミルクを分離できる人がいるでしょうか」。

私はこの比喩が好きだ。記憶が脳のどこかで永遠に保持されるという、よくある説明に対抗する比喩だからである。記憶は記録されたコンピュータ・ディスクや、書類キャビネットに大切に保管された堅固なファイルに例えられることが多い。だが私の考えでは、記憶は想起されるまでじっと一箇所に留まっているというようなものではない。記憶は手を触れることができる固形物というよりも、雲や蒸気のように、脳の中を漂うのものである。科学者は「霊」とか「魂」という言葉を使うのを好まないが、記憶はやはり物理的というより霊的な現象であると認めざるをえないように思う。風や息や立ち上る蒸気のように、うず巻状、層状の記憶は存在するかもしれない。だがそれは、触れようとすると、たちまち霧となって消えてしまう。*

記憶に対するこのような見方を受けいれるのは難しい。私たちは大切に保管している記憶、つまり人や場所や出来事の記憶によって「自己」を構造化し定義している。そうやって過去を自分の一部であるように感じている

* この比喩的な説明は、明らかに、記憶の貯蔵と検索に含まれる神経学的、生化学的過程を単純化しすぎている。現在、神経科学者たちは脳の地図を作り、想起のタイプに対応して活性化する部位を同定しつつある。このような研究は、最終的には、脳における記憶の回路についてもっと詳しい情報を与えてくれるだろう。だが今でもすでに、あるひとつの記憶——例えば結婚式の記憶や十歳の誕生日の記憶など——は、特定の場所に保持されるのではなく、脳全体に散らばって保持されることが明らかになっている。記憶の心理学については、一〇八-一一一頁にも記述がある。

のだ。記憶が夢や空想の世界に流れこんだミルクの分子のようなものだと認めてしまったら、どうやって現実と非現実を区別しているように振る舞えばよいのか。現実は記憶された現実にすぎず、記憶された現実は真実とはかけ離れたものかもしれない。しかし、たとえそうだとしても、自分が把握しているのは仮の現実で、本当の現実は不可知な測り知れないものであるなど、喜んで受けいれられるだろうか。

そんな話はＳＦか、作り話か、マジックだ……人は現実的なもの、物理的なもの、物質的なものを好むものだ。足下にしっかりとした大地を求め、柔らかな土壌に深く根を下ろし、真実と呼ばれるもので根を固定する。現実と非現実の区別があいまいだなんて、気色がわるい。

私の研究にはこのような抵抗がつきまとう。抵抗の背後にある偏見や恐れを、私は承知しているつもりだ。「この人がやったんです。この人です」と言う目撃者を信じたいという気持ちは私にも分かる。過去を「所有」したいという欲求、自分自身の真実を確保したいという欲求にも共感できる。私自身、過去は確固として動じないものだと信じたい。足元をすくう流砂のようなものであってほしくはないのである。

しかし私は、記憶のうつろいやすさに嫌というほど驚かされてきた。記憶は暗示というクレヨンをやすやすと受け取り、暗い過去の片隅で色塗りをする。古びた箇所を迷わず捨て去り、ぴかぴか光る新しい部品ととり替える。新しい部品はあらゆるものをほんの少しだけ明るく、ほんの少しだけきれいでさっぱりしたものに変えてしまう。二十余年の間、私は何千人もの被験者に対し記憶の形成の実験を行ってきた。誘導を受けた被験者は、実際にはなかったガラスの破片やテープレコーダーを想起する。きれいに髭をそった男を口ひげの男に、まっすぐな髪をウエーブがかった髪に、一時停止の標識を徐行の標識に、ハンマーをドライバーに思い違えてしまう。何も存在しない田園風景のなかに、納屋のような大きくて目立つ建物を存在させてしまったりもする。全く存在しない人物や出来事を存在したかのように思いこませる、記憶の移植さえ可能なのだ。

記憶に対する見方は、記憶を事実そのものだと考えるビデオレコーダー的なモデルから、記憶を事実と空想の入り混じった創造的産物だと考える再構成的なモデルへと変化してきた。私の研究は、この新しい記憶のパラダイムの創出に貢献してきたと思う。私は幾人かの考えを変え、幾人かを無実の罪から救い出し、新しい研究の流れを作り、熱い議論を巻き起こしてきた。将来もこうやって仕事を続けてゆくつもりだった。研究計画を立て、研究費を獲得し、講演し、院生を指導する。生涯にわたる研究の積み重ねによって、「記憶は作られる」ということへの驚きと不思議感を提供し、たとえ一片の記憶であっても、記憶を字義通りの事実だとする考え方を疑ってみる健全な懐疑精神を広める役に立てばと、そう願っていたのである。

しかし最近、私の世界はすっかり様変わりしてしまった。研究者仲間のおどろきと心配をよそに、私はＭＰＤ（多重人格障害）、ＤＩＤ（解離性同一性障害）、ＰＴＳＤ（外傷後ストレス障害）、ＳＲＡ（悪魔儀式虐待）、ＤＳＭ-Ⅳ（精神疾患の診断・統計マニュアル）といった臨床用語を次から次へと投げ捨てている。そしてその帰結としての抗議の手紙に返事を書く。その数はうなぎ上りに増し、敵意も高まった批評家たちから、自分の研究を守るために必死である。フェミニストの友人は私を裏切り者だと非難するし、同僚の教授は私が科学的な方法を捨てたのかと大きな声でいぶかしがる。

手がつけられないほど散らかった研究室の隅には、研究費の申請用紙が放ったらかしのまま、うず高く積み上がっている。そのなかで、私は最も忌まわしい犯罪の被疑者から電話を受け、日がな、話をするのである。また、長い、感情のこもった手紙を受け取ることもある。彼らは私を信頼し、生活の隅々までをも打ちあける。手紙の書きだしは穏やかだ。

「今、私の家族は崩壊の危機に瀕しています」

「私は深刻な問題を抱えています」

「先生のご研究について詳しく伺いたいのです」

だがすぐに、恐ろしい内容が続く。

「八か月の闘病の末、夫がガンで亡くなったのですが……」とカリフォルニアに住む女性はつづる。「そのちょうど一週間前、私は末の娘（三十八歳です）から告発状をつきつけられました。夫が娘に暴行していたのに私は守ってやらなかった、と言うのです。打ちのめされています。そのようなことは決して事実ではありません」。

フロリダに住む男性の手紙はこうだ。「私は七十五歳の元産科医です。四十九歳の娘から六億円の賠償を求められています。幼児期から十代にかけて、私が娘を性的に虐待したというのです」。

メリーランドの女性は次のように書いてきた。「私どもは四年前に突然、どう考えてよいか分からないような理由で二十八歳の娘から告発されてしまいました。私たちが彼女に近親姦と性的虐待をしたというのです。娘は三か月の赤ん坊の頃、夫からレイプされ、幼児期には私から繰り返しレイプされたと言います。また二人の兄のうち一人は、彼女をずっとレイプし続けたと言います。娘の心が娘のものではなくなってしまったような、まったく悪夢のような状況です」。

そしてテキサス出身の男性。「神学校に通う末息子は、訓練の一環として、二週間の集中カウンセリングコースに参加しました。それからしばらくして、私たち夫婦は息子から訴えられてしまいました。息子が性的虐待を受けているのを見て見ぬふりしたばかりでなく、私たちまでもが息子を性的虐待したというのです。泡のように浮かんでくる記憶を、息子は話しているのです」。

「助けてください」とカナダ在住の婦人は書く。「私たちは普通の仲のよい家族でした。もう一度、普通の家族に戻りたい」。

こういった話、そして何百という似たような話はみな、一人前の男女が人生の問題を解決する助けを求めてカウンセラーを訪れるところから始まっている。どの話にも、カウンセリングの最中に回復した性的虐待の記憶が登場する。存在しなかった、少なくともカウンセリングを受けるまでは存在しなかった子ども時代の性的虐待の記憶である。そしてどの話においても、家族はねじり切られてバラバラになっている。

私は受話器を置き、手紙をファイルにしまい、椅子の背にもたれて窓の外に目を移す。そして思いをめぐらす。こんな苦しみに耐えられる人がいるだろうか。これは私の仕事の何に相当するのだろう。彼らの要望に答える時間があるだろうか。手紙は問いかける。「私たちのような家族に役立ちそうな知見や研究があるでしょうか」「子どもを失くした――本当に失くしたわけではないけれど失くしたも同然の――家族を支えてくれる友の会のようなものをご存じですか」「どこに助けを求めればよいでしょう、誰が助けてくれるでしょう。どうしてこんなことになったのでしょう」。

私は時間を、弾力性のない、固い物質のようなものだと考えていた。論文を読むのに一時間、書くのに三時間、一時間半のゼミに三日間の学会、そして裁判に二日というように。だが、時間は柔らかなものになってしまった。苦しみ助けを求める声に、私は圧倒されている。

絶え間なく鳴る電話、涙ながらの告白、陰謀の妄想、そして残虐な性的虐待、拷問、殺人すら出てくる恐ろしい物語……。こんなことになると知っていたなら、もっと早く安全で守られた研究室に後戻りしておいたほうがよかっただろうか。いいえ、絶対にそんなことはない。今ここにいるおかげで、私はまさに展開しつつあるドラマ、ギリシア悲劇のパトス（情念）にも匹敵する、情熱や苦悩に満ちた現代の物語の中心にいられるのだ。催眠によるトランス、残虐な儀式、血のしたたる生贄といった物語に魅了されない者がいるだろうか。ギリシャ悲劇の主人公エディプスは、現代の舞台に足を踏みいれ、懐かしさを感じるに違いない。メーデイア（訳注：ギリシャ神）もハムレットもマクベスもリア王もそうだ。そしてリヴァランド・パリスやジョン・プロクター、アビゲイル・ウイリアムズなど、セーレムで告発し、告発された者たち（訳注：セーレムの魔女裁判を題材にしたアーサー・ミラー著『るつぼ』の登場人物）も同様だ。シグムント・フロイトやカール・ユングだって、近親姦、肉欲、禁じられた欲望といった物語を大いに楽しむことだろう。

かつてマーク・トウェインは「過去は繰り返さないが、韻を踏む」と言った。悲観論者のヘーゲルは「歴史から学べるのは、人が決して歴史から学ぶことがない、ということだ」と言った。二十世紀最後の十年である今起きていることは他の文化でも、また他の時代にも、起きたことがある（訳注：セーレムなどのこと）。だが、今回のそれは前にも増して大きく、より重大であり、自ら膨張し、人間を何千年ものあいだ脅かしてきた問いを投げかけている。

中心的な問いは「私は何者か？」である。現代の心理療法はこの問いを「私はなぜこうなってしまったのか？」という問いへと歪小化してしまった。多くのカウンセラーが、私は何者か、私はなぜこうなのかを理解するために、子ども時代へと逆戻り、そこで何があったのか探しなさいと言う。痛みがあれば原因があるはずだ、原因が見つからなければ十分深くまで探していないからだと言う。そして存在する記憶だけでなく、存在しない記憶にまで分け入り、人生の真実を求める旅が続くことになる。

失われた記憶を探し始めると、抑圧という名の不思議な王国に入る。抑圧という概念は、心がある力をもっていると仮定する。抑圧の信奉者たちは、こう信じている。感情が覆えされるような出来事が起きると、心はその出来事や感情を意識から取り除き、自らを守る。だが何か月も、何年も、何十年もたって、心が十分対処できるようになると、過去の湿った墓場から「抑圧された記憶」を一かけらずつ掘り起こし、真実が書きこまれた古代の巻物のように、念入りに調べ、分析することができるのだ、と。

信奉者の主張によれば、外傷的な記憶は安全に埋められていたとしても、共に葬った感情が浸み出してきて意識的な生活に入りこみ、人間関係を脅かしたり自尊心を低下させたりする。そのため私たちは過去へと戻り、葬られた記憶を掘り起こし、日の光にさらさなければならない。過去の暗い真実と向き合うことによってのみ、真の理解、知恵、癒し、解放が得られるからだ。

一方、懐疑主義者は、記憶は再構成されるものだと指摘し、事実や証拠を要求する。長く失われていた記憶が虚構でなく事実であるなど、証拠がなければ分からないと彼らは考える。

私は記憶を研究している。そして懐疑主義者である。だが、ここで展開する抑圧の物語は、慎重に統制した科学的な研究よりも、抑圧の概念を熱狂的に支持する者たちと交わすであろう局所的な議論よりも、もっと重要だと思っている。なぜなら抑圧という現代に展開しつつあるドラマは、人の精神深くに根差しているからだ。事実はシンボルであり、イメージは経験と感情によって記憶へと変化し、「思う」は「できる」になる場所。それが人間の精神なのである。

第3章

失神

前は分からなかった、知らなかったんです……。でも、ある時、そう、その時、彼女はそこにいて、否認しているんです。と、背中に霧のような冷たい感覚がはい上ってきて、頭皮がぞっとします。そして首がしめつけられるような感じがして、私は息ができません。そして失神してしまうんですが——声が聞こえます。叫び声です。それは私の声でした。そして突然、私は彼女にされたことをすべて思いだしたのです。

——マリー・ウォーレン・アーサー・ミラー『るつぼ』

男はリンを六五年型小型トラックのシートに座らせ、ポケットナイフを取り出して、魚の腹を真ん中まで切り裂いた。「うわ、気持ち悪い」。魚の内臓が埃っぽいテキサスの地面に飛びちり、リンは恐れと嫌悪で顔を歪めた。男は笑って血のついた手をジーンズでふいた。そして一方の手でベルトのバックルをはずし、もう一方の手で、彼女の胸を強く突いて、シートに押し倒した。彼女は雨もりの跡のついた天井を見つめ、トラックの外にぶら下がった自分の二本の脚のことを思った。変な感触だった。血液と筋肉が圧迫され、重く分断されたようになり、やがて何も感じなくなった。

男はリンの服をたくし上げた。リンは腹部に、温かく、尖った刃物を感じた。男はそれを強く押し当てたまま、リンの胸骨から恥骨まで、線を引いた。恐怖の叫びを上げ、リンは身を起こした。死んだ魚と同じように、自分の内臓がトラックのさびた床の上にえぐり出され飛びちっているのが見えると思った。男は笑い、ナイフの背を手の平にぴしゃりと打ちつけた（「切ったと思ったんだろ」、そう言ったかもしれない）。一瞬のうちにナイフを放り投げ、彼はズボンのジッパーを降ろした。それからはいつもと同じ痛みと圧迫、引き裂かれた感覚。ビニールのシートがお尻の下でこすれる。そして自分が宙に浮かび、この情景を見つめているという感覚。それはいつもと同じように見え、いつもと同じように感じた。

事が済むと、彼らはテキサスの油田畑を通り抜け、車を走らせて家に向かった。照りつける太陽、渦まく埃、卑猥なジョークに笑う叔父。ただそれだけだった。

リン・プライス・ゴンドルフは、六歳のとき、叔父にレイプされたことを忘れたことはない。数年間続いた似たような情景――愛撫、強姦、残虐な嫌がらせ、拷問など――を、彼女は詳細かつ具体的に思いだすことができる。二十年たった今でさえ、温かい、血のついたナイフが自分の腹部に押し当てられた感触を感じる。サンダルの色、かかとにできた靴ずれ、白く暑い空、砂でざらざらになった口の中などを思いだす。宙に浮かぶと、あえぐ叔父の体、脚をドアの外にぶらつかせたまま叔父の体の下で無防備に捕われている子どもの姿が見える。そして心の中に、死んで目を見開いたままの魚――そう、それは自分の目のよう、と彼女は思う――が見える。何年もたったけれど、記憶は行き場を探す気のない招かれざる客のように、居座り続けている。

最後にレイプされてから十三年たったある日、彼女は受話器をとりあげ、地元のカウンセリング・クリニックの電話番号を回した。五〇ポンドの超過体重をかかえたまま、彼女はここ数年、摂食障害に悩まされていた。ジャンクフードをむさぼっては利尿剤、下剤、吐剤で体を浄化する。大食と浄化の度ごとに、罪悪感と自責の念が積もっていった。彼女は落ちこみ、不安が高く、屈辱感に苛まれ、自分の体をコントロールできない感覚にうんざりしていた。「普通」になりたかった。リンは、電話に出た男性カウンセラーに症状を説明した。彼は話を聞き、しばらく沈黙し、そして言った。「リンさん、あなたは性的虐待を受けたことはありませんか？」。

「あります」とリンは答え、カウンセラーが症状から過去を読みとったことに驚いた。彼女は叔父から受けた虐待について簡単に話した。

「叔父さんだけですか？」

リンは笑った。「一人で十分ですよ」。

その週から、リンはカウンセリングを受けるようになった。カウンセラーは当初から、リンの受けた性的虐待の詳細を明らかにすることに余念がなかった。トラックで起きた辛い出来事を、事細かに何度も語らせ、叔父のペニスの大きさや形を記述させるほどであった。リンは苦しい記憶を何度も思いだすよう求められた。そして二度めか三度めのセッションの後、カウンセラーは突然、質問を両親のほうへと向けたのだ。

「虐待があったとき、ご両親はどこにいらしたんですか」とカウンセラーは尋ねた。「ご両親は、叔父さんが虐待しているのをご存じなかったのですか」。

「両親に話したことはありません」とリンは答えた。「今年になるまでは」。

「確かですか。リンさん、考えてみて。……あなたが叔父さんと出かけたときのことを。二十回、三十回の虐待で何があったのか。叔父さんがあなたを連れてドライブに出かけたとき、ご両親は何が起きていると思ったでしょう」。リンは抵抗した。「両親は知りませんでした。話さなかったからです。恥ずかしかったんです。それに両親は貧乏で、毎日二十時間も働いていました。世話をしないといけない子どもが、私の他に三人もいましたから。私は一番上でした。両親は、私が自分のことは自分でやれると思っていたか、嫌な目にあってもちゃんと言うだろうと思っていたんです」。

「ただ考えてみるだけでいいんです」。カウンセラーは優しく、なだめるような調子で言った。「状況を想像してみてください。あなたはたった六歳の子どもだ。叔父さんと数時間出かけて、帰ってきたときには埃まみれで、汗をかいて、そして多分とても脅えていたでしょう。泣いたり、いつもとは違う行動をとったかもしれません。

お行儀悪く振舞ったり、お母さんにしがみついたりしたんじゃないでしょうか。本当に、ご両親は何も知らなかったと思いますか。考えてみるんです。リンさん、本当のところ何があったのか、思いだす努力をして」。

リンは考えてみたが、時間をかけても何も思いだせなかった。カウンセラーはリンが記憶を洗いざらい調べるよう指示し続けた。日記をつけるように薦め、またリラックスし、深呼吸し、起きた可能性のあることを空想して自己催眠をかけるようにと促した。数週間にわたる集中的なカウンセリングと「瞑想」の後、リンの抵抗は弱まった。

「先生のおっしゃる通りかもしれません」とリンは言った。「両親は知っていたのかもしれません*」。

カウンセラーはさらに焦点を移行させ、こう言った。「知っていたのなら、ご両親はなぜ止めさせなかったのでしょう」。リンは、さあ？　というように肩をすくめた。カウンセラーは質問の仕方を変えた。「知っていたのに止めなかったわけですね。とすれば、こういうことじゃないですか？　ご両親も一味だったという可能性はありませんか？　あなたはお父さんかお母さん、あるいは両方に、虐待された可能性はありませんか？」。

再びリンは防衛的になった。両親はこのことを問題ざたにしたくなかったのかもしれない。知ってはいても、事実だと認めたくなかったのかもしれない。どうやって私を守ればよいか、分からなかったのかもしれない。私を守り、虐待を食い止めることはできなかったけれど、できる限りのことをしてくれたのかもしれない。両親は完璧ではなかったが、やれることはやったのだ。

リンは摂食障害のことに話を戻そうと、こう言った。「未だに自己統制感がもてないでいるんです。むちゃ食いし、吐きだすという行動を止められるような気がしないんです」。

カウンセラーは言った。「あなたはフラッシュバックを吐き出そうとしているんです。過去の真実を思いだせ

＊　実のところ、リンの両親は何年も後になるまでこの性的虐待については知らなかった。「当時、何が起きていたか両親は知りませんでした。後になって気づくまでは」と、その後、リンは思いだすことになる。

ば、自分を排斥しようとする欲求は止み、摂食障害は徐々になくなりますよ」。

リンは急に怒りだして言った。「父も母も私に触れたことはありません！」。

「リンさん、リンさん」。反抗的な子どもを諭す親のように、いらだちを抑えた声でカウンセラーは言った。「あなたの症状はたいへんひどく、しつこくて、叔父さんによって受けた虐待だけでは説明がつかないんです。それがいかに恐ろしいことだったとしてもね。あなたは叔父さんとのことを思いだした。彼がしたことを直視し受けいれた。でも摂食障害は続いていて、統制感もない。そして、あなたにはその理由が分からない。私はね、あなたの過去にはもっと他のことがあるはずだと思っているんです。もっともっと悪い、これまで直視できなかったようなことが」。

カウンセラーは言った。「考えて、書いて、空想して、イメージを使って、無意識を掘り起こして、記憶を引っぱり出しなさい。思いだしさえすれば、ずっと楽になりますよ」と。

ひと月間、リンは記憶を必死に探し求めたが、何も得られなかった。そこで個別のカウンセリングだけでなく、週に一度、八人の女性が参加しているグループセッションに加わることを承諾した。「ここは安全な場所です。皆があなたたちのことを大切に思っています」。カウンセラーは摂食障害、うつ病、性的虐待など、さまざまな問題を抱える女性たちに言った。「記憶を蘇らせなさい。怖がってはいけません。長い間失われていた記憶が思いだせれば、記憶は威力を失います。そして元通りの自分になれるのです」。

カウンセラーは好んで心の「扉」なるものについて語った。彼は次のように説明した。人は誰でも心に小さな扉をもっている。扉には掛け金のよう仕組みがあって、苦しい外傷的な記憶が意識に入ってくることのないよう鍵がかかっている。「安全」なとき、つまり感情的にゆとりがあり、身体的に守られており、あなたのことを愛し、あなたによくなってもらいたいと思ってくれる仲間に囲まれているとき、掛け金はひとりでにはずれ、記憶は解放される。彼は女性たちを励ました。「扉を開けなさい。恐れてはいけません」。

しかしリンは恐れていた。実際、死ぬほど恐ろしかった。これまで信じてきたもの、愛してきたものすべてが、揺さぶりをかけられていた。両親は自分を愛し、守ってくれていると信じてきた。だが、それならなぜ、彼らは叔父から助けてくれなかったのか。カウンセラーの言うことが正しいのだろうか。この世で一番大好きな両親、これまでずっと信頼してきた両親が私を虐待していたなんて、そんなことあるだろうか。彼らが私を本当に虐待していたのだとしたら、私の人生はファンタジーと否認の上に成りたっていたことになる。どうしてこんなに長い年月、自分をだまし続けることができたのか。重要な過去を忘れることができたのか。

疑問が頭の中をめぐり、リンは自分が気が狂っているのかもしれないと思うようになった。自分の過去でさえ本当のことが分からないのだとしたら、今ある現実が確かなものだとどうして信じられるのか。両親についてさえ真実が分からないのだとしたら、他者の心を理解しているなんて、幻想にすぎないのかもしれない。私がこれほど騙されやすい人間だったとは。次はいったい誰に騙されるのだろう。

彼女が情緒不安定になり、うつが長引くようになってきたのを心配し、カウンセラーは彼女を医者に照会した。医者は抗うつ剤と睡眠薬を処方した。薬は効いているようにも思えたが、それは彼女がカウンセリングに参加し、カウンセラーやグループの仲間など、確かに実在すると感じられる人たちと一緒にいるときだけだった。カウンセリングに参加しているときだけ、彼女は自分が理解され、存在価値があるように感じた。カウンセラーはリンの心の中で何が起きているのか、完全に把握しているようだった。自信ありげに、冷静沈着に、カウンセラーはグループのメンバーに保証した。皆さんはきっと神秘的な真実を見つけることができるでしょう。そのとき、今ある問題はすべてなくなってしまうでしょう、と。

「みんなで真実を探しましょう」。彼は歌うように言った。「真実はあなたを自由にします！」。

皆、本気で真実を探し始めた。八人の女性はしっかりと輪をつくって座り、各々、話をした。カウンセラーは時々口をはさんでは、話を引き伸ばし、精緻化するよう促した。ある日、リンは叔父にレイプされた話をこと細かく、一時間半にもわたって話した。するとメンバーの一人が泣き出した。「リンがこんなにたくさんの問題を抱えている理由が分かった」。彼女はすすり泣きながら言った。「リンが問題を抱えているのは当然だわ。でも、私はどうなんでしょう。私はなぜ不幸なの」。

「失われた記憶を探し求めなさい」とカウンセラーは元気づけた。「過去にあった出来事が、その存在をあなたに知らせようとしているんですよ。耳を傾けなさい、待ち続けなさい、見つめ、イメージを広げなさい。記憶は蘇ります」。

リンに最初のフラッシュバックが訪れたのは、車でスーパーに向かう途中のことだった。イライラしながら赤信号が変わるのを待っているとき、暗い部屋の片隅に佇む男のイメージが、心に現れた。見えたのはそれだけだった。それはあたかも、誰かが色あせた白黒写真の一部を引きちぎり、頭の中に差し込んだかのようだった。彼女は身震いし、まっすぐ家に帰り、カウンセラーに電話した。

「その記憶の男性が誰だか分かりますか」。カウンセラーは尋ねた。

「父だと思います。そう、確かに父です」。リンは答えた。

「お父さんは何をしているんですか」

「部屋の隅に立っています。頭しか見えません」

「体は見えないんですか」

「ええ。部屋の片隅に、頭だけ」

「動いていますか、あるいは何か身振りは」

「いいえ。つっ立っているだけです」

「あなたはどこにいますか。何歳ですか」。カウンセラーは興奮しているようだった。

「六、七歳ぐらいだと思います。私はベッドか何かに横たわっていて、父を見つめています」

「お父さんが近寄ってくるところを想像してください」。カウンセラーは促した。「お父さんがベッドに近づいてくるところを思い描いてみてください。その後、何が起こるか分かりますか」。引きちぎられた写真の一部が突然、別の部分とつながったとき、リンは泣きだした。「私をのぞきこんでいます」。リンは押し殺したような声で言った。「父に触られている感じがします。父は私を触っています。脚を触っているんです」。

一かけらずつ、記憶が入ってきては組み合わさり、今はすべてを見ることができた。「父は私の脚を開こうとしています。私に覆いかぶさるように立っています。父は今、私の上にいます」。彼女は抑制がきかなくなったようにしゃくりあげ、泣きながらも話そうとして、かすれ声になった。「ああ神様、ああ神様、お父さん止めて、お父さん止めて！」。

数週間後、別の記憶が蘇った。リンはグループのメンバーに、四年生の頃の出来事を話していた。母に風呂に入れてもらい、ピンクのカーラーで髪を巻いてもらったときのことだ。「母が首筋の毛をひっぱるんで」とリンは思いだしながら言った。「嫌だったわ。痛いから」。

カウンセラーは風呂の話をさせたがった。「お風呂で何か重要と思えることは起きませんでしたか」。「いいえ、別に何も。覚えているのはカーラーとひっぱられるような感覚だけです」とリンは答えた。カウンセラーは、リンが外傷的な記憶を無意識のうちに遮断している可能性がある、とほのめかした。そして「お風呂の中で何があったか、考えてください。家に帰ったら、考えて、書いて、イメージして、瞑想してください」と言った。

三日後、リンはまたひとつフラッシュバックを体験をした。彼女は湯船の中にいた。母が彼女の髪の毛を洗っている。と、その手がゆっくりと規則的に動くようになり、リンの胸へと降りてきた。手はリンの乳房をもむと、さらに伸びて禁じられた場所に触れ、突つき、まさぐった。

この記憶をグループのメンバーに話したとき、リンは困惑して、恥ずかしさで赤くなった。カウンセラーは、

「二十五年前に感じた羞恥心を、身体が覚えているんです」と言った。「身体記憶（ボディメモリー）は、身体が記憶を一種の物理的エネルギーとして貯えていることを示すよい証拠です。過去と向きあう準備ができたので、失われていた記憶がひとりでに蘇り、強い生理学的反応を引き起こしたのです。身体的、感情的に感じ直さなければならないことを、今、感じているのです」。

カウンセリングを始めて二か月もたたないうちに、カウンセラーはリンに、過去の真実をもって両親と対決するようにと勧めた。彼らに立ち向かい、受けた虐待についてはっきりと話すことによってのみ、あなたは過去から解放されるのだ、とカウンセラーは確信をもって言った。リンにはこの計画が恐ろしかったが、カウンセラーはずっと彼女の側にいて、その歩みを助けてくれると繰り返し言う。面と向き合い対決することだけが、苦しみから脱け出す道なのだと彼は強調した。

リンは両親に電話をかけ、摂食障害のカウンセリングを受けていると話した。そして抑うつ、不安、不眠症のために三種類の薬を飲んでいること、自殺をしたい衝動にかられたことなどを話した。カウンセラーが心配して両親と会うことを勧めている、できればここまで会いに来てくれる？　とリンは言った。「もちろんだ、いつがいいか言いなさい。すぐに行くから」と両親は答えた。

「連帯セッション」の一週間前、リンは両親と対決する練習をした。「あなたは優しすぎるわ」とグループの一人が言った。「もっと強く感情を表さなくちゃ」。

「あなたは否認モードにある」とカウンセラーは言った。「それはあなたのインナーチャイルドが、まだ両親への忠誠を抱き続けているからだ。いいですか、ご両親は虐待のことを知っていたに違いないんだ。とすれば、彼らも一味だったということなんです。強くなりなさい。後へ引いてはいけません」。

リンは自分が受けた障害や虐待のリストを携えてセッションに臨んだ。カウンセラーはリンが重い病気にかかっていると説明を始めた。リンさんは何年もの間、摂食障害に悩んできました。そして最近は、重いうつ障害にもかかっています……。

「お嬢さんの生き死にはあなた方にかかっています。これからリンさんが話すことを、どうぞ最後までよく聞いてあげてください」と彼は言葉を締めくくった。

リンはリストを読み始めた。父さんも母さんも、決して私を理解してくれなかった。愛してくれなかった。バスケットボールの試合を見に来てくれなかった。学校生活に関心をもってくれなかった。どなったりひっぱたいたりした。父さんは一度、私のことをメスと呼んだ。叔父さんは私に性的虐待をした。父さんも母さんも、何の手立ても打ってくれなかった。

「虐待されていたなんて、知らなかったんだ」。父親はどもりながら言った。「そのとき気づいてやるべきだった。知っていれば守ってやれただろう」。

「口をはさまないで」とカウンセラーは言った。母親は泣いていた。カウンセラーはティッシュの箱を彼女に手渡した。

リンはリストを読み続けた。リストの最後まで来て、彼女は躊躇した。前の週、彼女はグループカウンセリングで、父の妹、つまり叔母が出てくる外傷的な記憶について話し合った。叔母は精神病院への出入りを繰り返していたが、リンが七歳の頃、彼女を側に呼び寄せこう言ったのだ。「あんたの父さんと母さんはね、あんたが生まれた二週間後に結婚したのよ。ということはね、あんたの父さんは本当の父さんじゃないかもしれないってことよ。いろいろ考えるとね、あんたは別の男との子かもしれないのよ」。

読みあげるリストをグループで検討していたとき、皆はリンに、この不安についても両親と議論すべきだと言った。カウンセラーも「そうしないと、あなたはよくならない」と同意した。

リンはリストに短い問いを一つ付け加えた。父をまっすぐ見据えて、彼女はとうとう口にした。「あなたは私の父親なの?」。

父親は口ごもるように「そう思う」というようなことを言った。

リンは立ち上がり、部屋を出た。カウンセラーはすぐに後を追った。彼は廊下でリンを強く抱き締めた。「すばらしかった」と彼は言った。閉じたドアの背後では、母親の押し殺したようなすすり泣きが聞えた。

翌年、リンは五回、自殺をはかった。そのため一度は二日間、病院に収容されたりもした。彼女は同時に数種類もの薬を飲んでいた。不安のためにザナックス、フラッシュバックを抑えるためにメラリル、情緒不安定のためにリチウム、潰瘍のためにザンタックとカラセート、睡眠剤としてレストリル、頭痛を抑えるためにダーヴォセット。カウンセラーは始終、診断名を変えていた。一年もたたないうちに、リンは精神分裂性の情緒障害、双極性障害、大うつ病性障害、神経失調障害、慢性的な外傷後ストレス障害、臨床的うつ病、解離性障害、気分変調性障害、境界性人格障害と診断されていた。

グループの他のメンバーも、みるみるうちに様子がおかしくなっていった。最初のミーティングで各自が自己紹介し、自分の問題について簡単に話したときには、性的虐待の被害者だと名乗ったのは一人だけだった。だが週に一度のセッションを三か月間続けた今では、グループの全員が家族の一人ないし複数から虐待を受けたという記憶を思いだしていた。彼らは皆、「サバイバー」(訳注：外傷体験を受けながら生き抜いてきた人、の意)だった。

グループの全員が家族から虐待されていたことを確立すると、カウンセラーはメンバーに、どんな家族の集まりにも参加しないほうがよいと勧めた。「家族の否認システムは固い。家族システムから離れることによってのみ、回復が望めるのです」という説明だった。

ある日、メンバーの一人が泣き崩れた。「兄と話がしたい」と彼女はすすり泣いた。「兄に会いたいんです。どうぞお願い。兄のことをどれだけ思っているか、電話で伝えるだけですから」。

だがカウンセラーは「危険すぎる」と言った。「あなたに起きたことについて、お兄さんは否認モードにある。お兄さんとの関係を取り戻したら、あなたはまた否認モードに陥ってしまいます。あなたは、今大変傷つきやすい状態にあります。もっと強くならなければなりません。いいですか……私たちが今のあなたの家族です。あなたが信頼できるのは私たちだけなのです」。

誰かが家族からカードや手紙を受け取ると、彼らはそれを持ち寄り、読み上げて分析した。リンは「心をこめて、父より」というサインのある、短い手紙を見せた。グループは長い討論の末、父親はリンに自分が本当の父親だと認めさせ、彼女を家族に引きもどそうとしている、という結論に達した。お父さんから離れているように、とリンは忠告を受けた。「気をつけなさい。守りをゆるめてはいけません」。

埋葬された記憶を探しだす努力は、ますます拍車がかかった。ある日、カウンセラーはリンに目を閉じ、深呼吸し、リラックスするよう指示した。しばらくすると、彼はリンを生まれた日へと「年齢退行」させようとした。リンは眼を閉じて意識を集中し、生まれたときの記憶を思いだそうと一生懸命努力した。が、イメージは出てきそうにもなかった。カウンセラーは努力を続けるよう、励ました。「細かいことが思いだせなかったら、こんな様子だったかと思うようなことでもよいのでイメージしてみてください」と彼は言った。「子宮をイメージしてください。想像して。あなたは子宮の中にいる小さな、頼りない赤ちゃんです。外界に出ていくのはどんな気持ちでしょう。考えてください」。

記憶を蘇らせるのに退行が役立たないことが分かると、別の技法が用いられた。「トランスライティング」は、グループカウンセリングで好んで用いられる技法だった。カウンセラーはまず、メンバーに通常のリラクゼーション法、目を閉じて深呼吸をするなどの指示を与える。そして何か考えやイメージが浮かんだら、どんなに些細なこと、奇妙なことでも日記に書くよう指示した。ある女性は性的虐待の場面を何ページにもわたって戯画的に描いた。だが、その話の最後には「これは本当のことではありません」と書いていた。カウンセラーはこれを読むと、性的虐待の被害者は受けた被害を「真実」だとは思わないものです、こんな恐ろしいことが本当にあったとは認めたくないからです、と解説した。そして、サバイバーは皆否認モードにあるのだ、と言った。

部屋のあちこちにこだまする言葉、「否認」は、何でも即座に説明してしまう診断名だった。メンバーの一人が虐待の記憶に疑問を抱いたとする。するとそのメンバーは「否認モード」にあるとされる。否認モードに陥るということは、あなたが実際に虐待されたという、さらなる証拠なのです、とカウンセラーは説明した。またメンバーの親や兄弟がメンバーの話に異議を唱え、事実を取り違えていると迫ったり、物的証拠を求めたとする。すると彼らも「否認モード」にあるとされる。たぶん彼らは自分の記憶を抑圧しているのでしょう、ということになってしまう。

グループセッションは予測のつかない、情緒的に混乱したものとなった。典型的な場面はこうだ。あるメンバーは父、兄弟、祖父に強姦され、拷問を受けた「フラッシュバック」を語る。その回りには三、四人の女性が手をつないで座り、涙を流し続ける。部屋の反対側では別のメンバーが「対決バット」という柔らかい発砲ゴムの棍棒で壁を叩く。部屋の隅ではまた別のメンバーが両手で耳をふさぎ、うなり声をあげる。またもう一人は床の真ん中にしゃがんで、電話帳のページを几帳面に破り続ける……。

アドレナリンが噴き出し、感情が煮えたぎり、解放感が高まる。すべてを発散させ、叫び、泣き、呪い、吠えることができるのはここだけだったから、ただここにいて、高揚した劇的場面を体験し、烈しい感情のほとばしりを味わうことは中毒のようになった。止めろ、大人になれ、行儀よく振る舞え、自制しろなどと言う人は誰もいない。九十分のセッションが終わると、外の世界は平穏で、取るにたらないもののように思えた。御しやすい、とさえ感じられるのだった。

一九八七年の五月、リンは再び自殺の衝動にかられるようになり、カウンセラーは彼女が精神病棟に入院するのを許可した。三か月たったが、彼女は退院できず、自殺の衝動もなくならなかった。フラシュバックにも襲われ続けたが、その内容があまりにも荒々しく奇怪なので、彼女は自分が気が狂っていくのだと思った。虐待、強姦、拷問に関する新しい記憶が蘇るたびに、かろうじて残っている正常な精神は蝕まれていった。彼女は数か月前から家族との絆をすべてたち切っていた。また、カウンセリング以外での友人もいなかった。半年間、仕事にも行っておらず、所有していた車は没収された。鎮静剤、弛緩剤、抗精神病薬、睡眠薬などの薬づけで、人生はまるでぼんやりとした夢の連続のようだった。

そのあげく、カウンセラーのもとに、リンの医療保険会社から一通の手紙が届いた。手紙には、最近リンに下された診断名は保険の適用外なので、これ以上の請求は拒否されるとあった。カウンセラーは勇み足で病室に向かい、リンに手紙を読み上げた。

「どうするつもりなんですか」とカウンセラーは言った。声は怒りでこわばっている。

「わかりません」。リンはうちひしがれた。

「今後、どうやって病院とカウンセリングの費用を払うつもりなんですか」。彼はつめよった。

「本当に、わからないんです」。彼女は泣きだした。

カウンセラーは同じ問いを繰り返した。どうするつもりか、どうやって義務を果たすつもりか、病院から出て、どこに行くつもりか。この世で誰よりも信頼していたカウンセラーにまで見捨てられたと感じ、ついにリンは言った。「家に帰って朽ちて果てるしかありません」。

翌日、郡の副保安官が病院にやって来た。カウンセラーと精神科医がサインした、保護留置命令を持っている。リンは手錠をかけられ、州の施設に入院すべきかどうか査定を受けるため、精神診断センターへと連れて行かれた。精神診断センターは地獄のような所だったとリンは記憶している。頭を壁に打ちつけ、人前で自慰にふける男女、糞尿はセメントの床にたれ流しだった。恐怖の叫びが異臭に満ちた空気を貫く。混みあう広い部屋の片隅に座り、リンはすすり泣いていた。が、十二時間後、薬の禁断症状による震えと痙攣が始まった。助けを求めると、係員は、泣くのをやめてちゃんとしろと言う。彼は嫌なものを見るような目でリンを見て「あんたは施設行きに違いないよ」と言い放った。

リンは係員の許しを得てカウンセラーに電話し、放免申請書にサインをしてくれるよう頼んだ。「何でもします。何でも」とリンは嘆願した。「一生懸命働きます。支払いの方法も探します。あなたのおっしゃる通りにしますから」。

「悪いけど、リンさん」とカウンセラーは言った。「私に何ができるっていうんでしょう。あなたには仕事もないし、保険もない。それにあなたには自殺傾向がある。家に返して自殺でもされたら困るんですよ。残る道はただ一つ、州の精神施設に行くことだけですね」。

だがリンの涙は彼を動かしたようだった。カウンセラーは言った。「方法はそれだけなんですよ。だけどこうしましょう。二年間、施設に入ることに同意してくれれば、退院したときには、またあなたをクライエント（訳注：カウンセリングを受ける人）として受けいれることにしましょう」。

「施設に行くことはできません」。リンは大きな声で言った。彼女の叔母は本人の合意なくして州の精神施設に入れられたのだ。リンはそのときの話を覚えていた。格子入りの窓、たちこめる悪臭、ひきずる足、ぎらぎらと光る目……。「お願い助けて。お願い。こうして頼んでいるんです。あなたがおっしゃることなら何でもしますから。何でも」。

「申し訳ない」。カウンセラーは繰り返して言い、電話を切った。

七十二時間後、リンは州の精神科医による面接を受けた。医者がカルテを読む様子を、彼女はじっと見つめていた。心臓が高鳴り、手はどうしようもなく震える。と、医者は彼女に目を向けて言った。「あなたは施設に入るような人ではありませんね」。彼はリンに家に戻って生活を立て直すよう忠告し、放免申請書にサインした。

その後の数週間のことを、リンはあまりよく覚えていない。だが友人の家に連れていかれ、ベッドで横になりながらも眠れなかったことは思いだせる。薬を買うお金がなかったので禁断症状が生じ、汗をかいて震えていたのだ。また、数年前に通っていたカウンセラーに電話をかけ、助けを乞うたことも思いだした。彼はリンを受けいれてくれ、支払いは彼女が稼げるようになってからでよいと言ってくれた。そして禁断症状を心配し、リンを医者に照会した。医者は効き目の穏やかなトランキライザーを処方し、無料の試供品をくれた。

数か月たった。リンはアパートを見つけ、古い車を購入し、コンピュータプログラマーとしての職を得た。虐待の記憶は時間とともに薄れていった。リンは自分が薬なしでもやっていけると判断し、アルコール中毒と薬物依存を立ちきるプログラムに入会した。そこで彼女は全く新しい体験をした。なんと、過去のことは忘れ、人生と折りあうようにと忠告されたのだ。

今日、これから何をするつもり？　カウンセラーたちはたびたび尋ねた。リンが昔のことを考えずにはいられない、子どもの頃起きたことが本当だったのか未だに確信がもてないから、と言うと、カウンセラーは、現在の苦しみの原因を過去に求めるのは止めなさい、と忠告した。

「人生は平穏無事でないといけない、なんて決まりごとでもある？　落ちこんだからってどうだというの？」とカウンセラーたちは言った。「誰だって気分がさえない日があるわよ。でも起きて仕事に行かなくちゃ。よく寝て、食べて、シャワーを浴びて、髪をとかして、ドアから出て歩き出すのよ。絶えず進まなくちゃ、右足と左足を交互に前に出すのよ」。

リンはこのような忠告にどう反応してよいか分からなかった。前のカウンセリングでは、したくないことはしなくてもよいと言われていた。悲しかったり、気分が悪かったり、落ちんだり、単にその日の仕事と向きあいたくなかったらカウンセラーに電話をかけなさい、そうすればカウンセラーは、彼女が「気持ちに素直になって」日記を書いたり、こぶしで家具を叩いてフラストレーションを発散するのを助けてくれる、ということになっていた。ところがここのカウンセラーたちは、自分を「治療する」努力は止めて、自分の「世話をする」ことを考えていくように、と言う。リンは「世話をする」という言葉が何を意味するのかいろいろと考えた。

リンは、カウンセリングで起きたことを理解しようと務めた。鮮明で恐ろしいあの記憶は一体どこから来たのだろう。あれは現実だったのだろうか。時間がたつにつれ、記憶は漫画のような、色つきのアニメのようなものになってゆき、心を傷つける力はなくなっていった。薬から解放され、素面の状態が数か月続いた頃、彼女は真実を悟った。両親が彼女を虐待したという記憶はすべて、混乱して薬づけになった心が作りだしたファンタジーだったのだ。記憶のイメージは、恐れ、夢、欲望、そしてほんの少しの現実から作りだされたものだったと彼女は理解し始めた。大量の薬物投与、性的虐待という先入観、カウンセラーから吹きこまれたパラノイア、そして集団ヒステリー。これらが一緒になって、外傷的な、しかし全く架空の世界を作りだしてしまったのだ。作りだされた記憶こそが、外傷体験をもたらしたのだ。

私は両親に何ということをしてしまったのだろう。どんな顔をして会えばよいのだろう。考えると身体的にも苦しくなった。彼女は両親をぎゅっと抱きしめて許しを請いたいと渇望した。彼女は毎週、妹に電話をかけた。妹は家族の様子を知らせてくれていたのだ。妹は言った。「姉さん、父さんも母さんも姉さんと会いたがっているわよ。いつも姉さんのことを思っているのよ」。しかしそれから二年もの間、リンは自分の行いを恥じ、何も行動に移せなかった。

だがある日、両親に会えない辛さに耐えきれなくなったリンは、再会の決心をした。妹の家で待っていると、両親が入ってきた。彼らは三年も会えなかった娘を見ると腕を広げ、二度と離さないといわんばかりに強く抱きしめた。彼らはリンに何があったのか強いて尋ねようとはしなかった。謝罪を求めることもなかった。ほとんどあきらめていた娘が無事に元気で、心の病も癒えて戻ってきただけで十分だった。

なんということ、奇妙で不思議なファンタジー。私が知っている他の多くの人びとと同様、あなたもリンの行動は理解できないと思うかもしれない。リンはなぜ最初は誤りだと主張していた記憶を受けいれてしまったのか。リンには何か遺伝的な欠陥があったのではないか、精神的な弱さとか、心理的な問題とか、現実と空想を区別できないとか。確かに、問題を抱えた繊細な人ならば、虚偽の記憶を現実のことだと説得され、信じてしまうかもしれない。実際、彼女がそんなにも傷つきやすく簡単に誘導されてしまうのだとしたら、それこそが過去に何か恐ろしいことがあった証拠じゃないだろうか？

またあなたは次のように思うかもしれない。リンがカウンセリングで思いだした記憶は、詳細はともかく、大筋においてはすべて真実だったのではないか。あんなに鮮明で感情を揺さぶるような記憶が、何もないところから作りだされるなんてあり得るだろうか？　リンが起訴を撤回したのは記憶が偽りだったからではなく、家族から離れている辛さに耐えられなかったからではないか。よくある言葉、否認モード、に戻っただけではないか。

リンを責める気にならない人もいるだろう。リンはたまたま運悪く、見当違いの過激なカウンセラーの元に走ったのかもしれない。あるいはカウンセリングに問題があったのではないか。今やカウンセリングは新しい宗教となり、複雑で答えのない人生の諸問題に、簡単で短絡的な答えを与えてくれる。治癒を願って熱狂的になるあまり、カウンセリングでは人生の問題が心理的症状へと還元され、苦しみは虐待と同等視される。そして無実の過去を蘇らせれば救いが与えられるという、偽りの希望が掲げられるのだ。

この物語を、われわれはどう解釈したらよいのか？　リンは傷つきやすく混乱していた。彼女の記憶は、変容はあったにしても、基本的には過去を正確に反映していたと解釈すればよいのか。それともカウンセラーが悪かったのか。はたまたカウンセリングでのグループが、くすぶる火にガソリンをかけたのか。うつで依存傾向の高い女性たちは熱しやすく、お互いを刺激しあい、小さな火を大火へとあおったのかもしれない。狂暴と化したカウンセリングの奇妙な旋回と展開から、私たちは何を学べばよいのだろう？

第4章
遊離した霊

遊離した霊を探すのはとても危険なこと。怖い、とても怖いわ。
——レベッカ・ナース、アーサー・ミラー『るつぼ』

これだけは確信をもって言うことができる。こういう体験をしたのはリンだけではないこと、長い間埋もれている記憶があると暗示するのはリンのカウンセラーだけではないこと、そしてリンが参加したグループだけが「サバイバー」の集まり——数か月のうちに性的虐待や残酷な拷問の記憶を鮮明に思いだし、自殺傾向さえもつようになる孤独で混乱した人びと——ではないということ。

私はエリザベス、パメラ、メロディ、ローラ、イーリンの五人から話を聞いた。どの話もリンの話と酷似しているので、こういった物語には共通のテーマ、ねじ曲がった真実で固められた、粗野なテーマがあると言っても誤りではないだろう。このテーマを見つけるのは、それほどむずかしくはない。五人の女性（年齢は十七歳から三十五歳までさまざまだ）は問題を抱え、不安で落ち込み、脅えながら、忠告と助言をもとめてカウンセラーのもとを訪れた。パメラは夫とともに、夫婦問題に対する助言を求めて資格のあるソーシャルワーカーと契約を結んだ。メロディはうつで病院に収容されていた。エリザベスもうつで、結婚の問題を抱えていた。ローラは摂食障害だった。イーリンもうつで、父親との関係を改善しようとカウンセリングを受けた。「父とよい関係がもてるようになりたかったのです。父はいつも兄ばかりをかわいがっていたので、私は怒っていました」と彼女は説明してくれた。

数か月のうちに（二つの事例では初めの一時間のうちに）、カウンセラーはこう尋ねている。「あなたは子どもの頃、性的虐待を受けませんでしたか？」。パメラの場合は、当然のことのように尋ねられた。「私は夫と二か月間、カウンセリングに通っていました。二人ともポジティブな感触を得、結婚生活に望みを抱きはじめたところでした。お互いに意見を言い、感情を表出し、怒りを建設的な仕方で発散させるコツを学んでいたところでした。ところがあるとき出しぬけに、カウンセラーがこう尋ねたのです。〈ところでパメラさん、あなたはお父さんから性的虐待を受けていたんじゃないですか？〉」。

彼女の最初の反応は典型的だ。パメラは言う。「ショックで卒倒しそうでした。カウンセラーが何を尋ねているのか理解できませんでした。私を他のクライエントと間違えているのか、私が嘘をついていると誤解してなじっているのか、そんなことだろうと思いました。私は、性的虐待など受けた覚えはない、心に浮かんだこともないと言いました。するとカウンセラーは、思いだせないということは何も意味しない、思いだせるか否かは関係ないのだと言いました。そして多分あなたは「解離」していたのだろう、と言いました。解離というのは心の自衛手段だそうです。このカウンセラーは性的虐待が専門でした。そして、これまで何百人も性的虐待を受けた女性を治療してきたが、あなたの場合、九五パーセントの確率で性的虐待の体験をしている、家に帰って何か思いだせないか様子を見るように、と言いました。思いだせるような状態に自分を解放してやれば、記憶はひとりでに蘇る、突然溢れ出てくる、ということでした」。

ショックと不信。これが虐待という言葉を聞いたとき、五人に生じた反応だ。イーリンはこう語った。「カウンセラーはずばり、兄に虐待されていたのではないかと尋ねました。私は兄にも誰にも虐待されたことはないと答えました。彼女は〈確信できますか〉と言いました。〈絶対に〉と私は答えました。彼女は目を天井に向けました。まるで私を疑うかのように。私は心臓がドキドキしてパニックに陥りました。自分が虐待されていたかもしれないという思いに対処できなかったのです」。

次に生じた反応は、希望に縁どられた安堵ともいうべき、不思議な感情である。メロディは言う。「あったことを思いだそうと必死になりました。思いだせば病気もよくなり、人生とうまく折あいがつけられると思ったのです」。「これが今抱えている悩みや悲しみの原因なのではないか。統制不能感、情緒不安定、うつ、不安。みんなこのせいかもしれない。もしも虐待されていたのなら、その記憶を見つけ出せれば問題はすべてなくなるのではないか。新しい、よりよい生活が始められるのではないか」。五人とも、皆そう考えたようだ。

彼女たちは誠実に記憶を探し始めた。バスとデイビスの著作、『生きる勇気と癒す力』を読み、子ども時代に虐待を受けた多くの人が、その出来事を覚えていないこと、全く思いだせない人も多数いることを知った。しかし、もしも記憶が「虐待された」ことを自分や他人に納得させるためのものであるのなら、記憶の有無などどうでもよいことなのだった。問題は自分がどう感じるかだ。本には「あなたが虐待されたことがあると感じ、生活にそういう兆候があるのならば、あなたは確かに虐待されていたのです」と書かれている。

イーリンは言う。「私は『生きる勇気と癒す力』を暗記しました。この本を病院にも、ベビーシッター先にも、友だちと出歩く時にも、肌身離さず持って行きました。いつフラッシュバックに襲われるか怖かったからです。フラッシュバックが来たらこの本が助けてくれる、私はそう信じていました」。

彼女はまた、ブルームの著作『秘密のサバイバー』もそらんじていた。その本には、表題のページよりも前の、まさに第一ページに、「虐待サバイバーのための後遺症チェックリスト」があった。チェックリストは次のような問いと説明で始まっている。「あなたの性格特性で、次のリストにあてはまるものがありますか？　もしもたくさんあるようなら、あなたは近親姦サバイバーかもしれません」。「性格特性」としては、暗闇で独りでいることへの恐れ、悪夢、貧困な身体イメージ、頭痛、関節痛、対人恐怖、統制感を失うことの恐れ、罪悪感、羞恥心、自尊心の低下、気が狂ってしまうのではないかという感じ、人とは違うという感じなどがあった。

イーリンは言う。「私はしょっちゅう、これらの症状が自分に当てはまらないか、チェックしていました。あてはまる症状が見つかるたびに――実際、ほとんどの症状があてはまったのです――、私は自分が近親姦サバイバーだという感覚を強くしました」。

彼女たちは『匿名の近親姦サバイバー』という本に載っている十二ステップ法の二十の問いを熱心に試し、虐待の体験の有無を明らかにする目的で作られたこれらの質問に、自分の体験を照らし合わせた。そこには以下のような質問が含まれていた。

・感情が抑えられないと感じることがありますか。
・フラストレーションがあるとき、過剰な反応をしたり、怒りを誤った方向に発散させたりすることがありますか。怒るのが怖いですか。
・子どもの頃のことで思いだせない記憶がありますか。「何かあったのでは」という感覚がありますか、感情を伴わない虐待の記憶がありますか。
・アルコール、麻薬、食物、背中の痛みなどの悩みがありますか。

質問は私の症状にぴったりだ。でも記憶はどこにあるのだろう。メロディは『生きる勇気と癒す力』を何十回も読み返した。メロディは言う。「『生きる勇気と癒す力』を読んでは泣いて、落ちこんで、怒る。それ以外のことは何もしませんでした。この本やワークブックに出ている方法はすべて試してみました。でも、はっきりしたことは何も思いだせませんでした。ただ、虐待があったということだけは、確信するようになりました。いつもそのことばかりを考え、思いだそうと焦っていました」。

パメラはアルバムをもって椅子に座り、写真を一枚一枚注意深く眺めた。肩に置かれた手、大好きだった子ども服の花模様などが、長く失われた記憶を突然蘇らせてくれるのではないかと期待しながら。

エリザベスは神に祈った。「いつも祈っていました。どうか記憶を蘇らせてくださいと、神様に祈るしかなかったのです」。パメラもまた、失われた記憶を思いだせるよう、神に救いを求めた。「私はひざまずき、大きな声で神に呼びかけました。どうぞ神様、記憶をお与えください、と」。

彼らはそのことばかりを求め、祈り、考え続けた。というのも、カウンセラーがこう主張していたからである。あなたの痛みは大変大きい、このような痛みの原因は抑圧されたトラウマの記憶しかありえない、と。カウンセラーは言った。「体験した虐待は、少なく見積もったとしても、今感じている精神的な痛みと同じくらい大きかったのです。痛みが極度に大きいようなら、虐待も相当激しいものであったに違いありません。虐待のことを思いだせないのは、記憶を抑圧しているからに違いありません」。

ローラは次のように書き記している。「カウンセリングを始めたのは、大変苦しく、落胆していたからです。私は人生で最も大切な人を失ったばかりでした。生活は統制不可能なように思えました。大きな悲しみの原因となっている、外的な問題がありました。でもカウンセラーはそのことはあまり考えていないようでした。私の苦しみは、より深く埋もれ、抑圧されるような何物かでなければなりませんでした。〈死への願望〉がこれほど強く、これほど自己破壊的であるからには、私は何かを抑圧していなければならなかったのです。長期にわたるカウンセリングや催眠、そして努力することによってしか改善することのできない何か、非常に恐ろしく外傷的なものを抑圧していなければならなかったのです」。

五人の女性は皆、どうにかしてよくなりたい、元気になりたい、爽快になりたいと欲していた。そのためカウンセリングに没頭し、意思も理性も統制感も放棄してしまった。ローラの生活はカウンセラーの生活と「もつれ、からまり」、彼女は自分の頭では考えることができなくなった。「彼が私に考えてほしいと思うことを考え、信じてほしいと思うことを信じ、なってほしいと思うようになっていったのです」。

イーリンはこう想い起こしている。「カウンセラーは机の上に私の写真をかざってくれていました。そしてどの面接でも、私のことが大好きだと何度も言ってくれました。私には愛情が必要だ、と彼女は言っていました」。

五人の女性は、各々のカウンセラーから、グループに参加すれば失われた記憶を思いだせるかもしれないと勧められた。最初、何人かは気が進まないでいた。だが結局は皆、試してみることにした。ローラはそのときの様子をこう説明している。「私は行きたくなかったんです。けれどカウンセラーは、私が家族に対する恐れをグループに転移していると言いました。彼は、行かねばならないと言いました」。パメラはカウンセラーから、グループ療法に参加して孤独を克服しなさいと励まされた。「グループに加われば、友だちがたくさんできます。仲間と力を合わせ、多くのことが達成できるでしょう」、と。

実際、グループに参加することで事は加速したように見える。エリザベスは言う。「私は活動をグループだけに絞りました。グループでは、いつも同じことを話し合いました。子ども時代の虐待、近親姦、強姦、拷問。そしてお互いに確かめ合いました。私は居場所がほしかったのです。グループにいるとき、私は初めて居場所を実感することができました」。

「グループのメンバーに共通するものは、孤独でした」とパメラも同意する。「私たちは皆孤独で、混乱し、不安でした。そして記憶を探すのに必死でした。みんなが同じものを探し求めているのだもの、失われた記憶を探すというのは非現実的なことではないのだわ、と思いました」。

グループでは、記憶を取り戻すために変わった方法を試みることもあった。ローラのカウンセラーはトランスワークという方法（訳注：トランスライティングと同じ）を多用した。彼はローラに、目を閉じて過去に起きた可能性のあることを想像し、「頭に思い浮かんだことは何でも」日記に書くようにと指示した。表現を気にせず自由に書くことによって無意識の記憶が掘りあてられるかもしれない、と彼は説明した。その後、カウンセラーは彼女が書いた内容を読み上げる。そして「これは事実です、ここに書かれていることは、すべて実際に起きたことなのです」と言うのだった。

グループの誰かが、私は空想、または創作しているだけだと言い張ったとしよう。カウンセラーは彼女と議論を戦わせ、次のように言う。「創作ではありません。あなたの心は恐ろしい事実を受けいれることができずに苦しみ、自分を守るために真実を否認しているのです。書かれているのは記憶です。事実ですよ」。

ローラは日記に、自分の記憶は事実ではないかもしれないという恐れを書き記している。

自分の見た夢をなかなか信じられないでいる。肩が痛み、腕がうずき、とうとう痛みに対する治療を受けなければならなかった。この痛みは現実なのか、それとも痛みの記憶なのか？　虐待は夢と同じくらいひどいものだったのだろうか？　どうしてそんなことが起きたのか？　どうして誰も気づき、助けてくれなかったのか？　何が現実で何がテレビや恐怖小説、空想から作りだされたものなのか区別できればよいのだが。これは現実なのか、それともマインド・ゲームのようなものなのか。

これは本当のこと？　創作ではないの？　女性たちは問いを発する。するとカウンセラーは穏やかに彼らを安心させる。「創作ではありません。サバイバーはしばしば、どっちつかずの不信感、自分への憎しみや罪悪感を体験するものです。猜疑心や懐疑心が生じるのは記憶が存在する証拠です。疑う気持ちを無視しなさい。感情に忠実でありなさい。否認から脱け出しなさい。外的な証拠を探すのは止めなさい。そんなものはほとんど手に入らないのだから」。

記憶について尋ねたり、疑いをもつ人たちがいたら注意するように、と彼らは注意深く警告されていた。カウンセラーが最も不信感を抱いている相手は、クライエントの家族だった。「家族は記憶が埋もれたままになるよう、絶大な投資をしています。彼らは否認モードにあるため、あなたの言うことを信じようとはしないでしょう」。

否認という言葉は常に存在する、本質的で、不変で、争う余地のない真実だった。サバイバーは否認モードにある。家族も否認モードにある。子ども虐待もまた否認モードにある。「否認」はすべての問いへの答えだった。告発された家族が何も答えないなら、それは彼らが罪を犯したからだ。無罪だと主張したら、彼らは何かを隠そうとしている。彼らが出来事をサバイバーのようには思いだせないとしたら、彼らは否認モードにあるのだ。いつも答えは準備されていた。そして答えには「否認」という言葉があった。

イーリンのカウンセラーは言った。「あなたの家族はみな否認モードにある」。

「ちょっと待ってください」。イーリンは怒りを感じ、防衛的になりながら言った。「先生は私が近親姦のサバイバーだと決めてかかっておられるようですが、私はまだ自分に何があったか、確信できないでいるんですよ」。

イーリンのカウンセラーは答えた。「私が治療している近親姦サバイバーの多くは、何があったか知らないんです。否認モードにある人が多いんですよ」。

「否認モード」にある者は、もっと努力しなければならなかった。あるとき、エリザベスは、存在するかどうか分からない記憶を探すのにこんなに時間を使う必要があるのかと、カウンセラーに尋ねた。するとカウンセラーは言った。「あなたの病気はひどくなっています。しっかり努力していないからですよ」。ローラが何度か、トランスライティングに参加することを拒んだとき、カウンセラーは、ローラが自分の問題から逃げていると言った。「努力したくないんですね」と彼は言った。その後、ローラにフラッシュバックが訪れるようになると――それは少年が幼いローラの顔に枕を押し当てるというものだった――カウンセラーは「いつになったらお兄さんがあなたを殺そうとしたことを認めるんですか」と、同じ問いを何度も繰り返した。ローラはとうとう、兄が自分を窒息死させようとしたというカウンセラーの考えを認めることにした。

メロディは言う。「カウンセラーはもっともっと〈思いだす〉ようにと促し、せきたてました。そのため私は、治療中、精神病の徴候が出るようになりました。空想と現実の記憶を区別する力が急速に衰えていったのです」。

パメラの場合、彼女があまりに焦って思いだそうとしたので、カウンセラーは異なる方法を取った。「あなたは埋もれた記憶を呼びもどそうとがんばりすぎです」と彼は助言した。「じっと我慢しなさい。カウンセリングに参加するだけでも回復プロセスが始まることがよくあるんです。準備が整えば、記憶はおのずと蘇ってきます」。

記憶を思いだすことへの圧力が内的にも外的にも高まってくると、緊張の結果、彼女たちの精神状態に異変が起き始めた。メロディは精神衰弱を患った。エリザベスは自殺を計ろうとした。パメラの結婚生活は崩壊した。イーリンのうつ状態は悪化し、ローラは怒りと疑いと恐れで消耗した。この世の中で信頼できる人はいるのだろうか、と彼らは思い悩んだ。

五人のうち四人はうつ、怒り、不安、自殺傾向を軽減するために薬を与えられた。メロディは四種類の薬を服用した。イーリンはプロザックに頼った。ローラは催眠剤、抗うつ剤、「怒りを和らげるための錠剤、そして文字通りあらゆる症状に対処するための錠剤」を飲んだ。エリザベスは不安に対してアタヴァンを、また抗うつ剤としてデシレルを多量に服用した。副作用による眠気のため、彼女は日に十五〜二十時間眠っていた。

記憶が侵入し、侵食が始まったのはそれから間もなくのことだった。記憶はフラッシュバック——突然割り込んでくるイメージや情景——として訪れ、心を揺さぶり、その通常の働きをかき乱した。それはまた、何の前ぶれもなく、掃除機をかけているとき、歯を磨いているとき、食卓で椅子をテーブルに引きよせたとき、昼寝でうとうとしているときなどに突然やってきた。そうして歪んだイメージは、心の中にしっかりと根を降ろした。流し目と薄笑い、伸びる手、恐怖の叫び、乳房、勃起したペニス、堕胎された胎児。彼女たちは何が現実で何がそうでないのか、分からなくなった。グロテスクで恐ろしいフラッシュバックは現実なのか？　でないとすれば、いったい何？

「これは現実です。まだまだ序の口ですが」とカウンセラーは告げた。グループでも個人面接でも、毎週毎時、彼女たちはフラッシュバックについて作業を進めた。機会を捉えては書き、考え、空想し、話し合い、分析し、ストロボのようなイメージを記憶の一部だと解釈した。少し時間をかけて努力すると、「記憶」ははっきりと焦点が合い、立体感をもつようになる。初めは形もなく漠然とし、目立った特徴もないのに、しばらくすると煌々と照らされたひとつの場面になる。シーツの感触、壁紙の模様、すべすべの頬にすり寄せられた、男性の髭のひっかくような感触。それらが初めから終わりまで繰り返し見え、感じられ、聞こえ、そして体験されるのだった。

イーリンは言う。「私は家で深いリラクゼーションを行い、トランス状態に入ることにしていました。でも私のフラッシュバックは『生きる勇気と癒す力』に出てくるものとは違うので心配でした。本には、衝撃的で息もつけないほどだと書いてあるのですが、私の記憶は心の中で展開し、進んでいく物語のような感じでした」。

結局、五人すべてが性的虐待の記憶を回復した。最初のうち、心の情景には一人の虐待者、たいていは父親か母親か兄しかいなかった。だがイメージが拡大してくると、叔父、伯母、従兄弟、祖父母、牧師、友人、近所の人などが出てくるようになった。また、記憶が展開し始めた頃の虐待は、身体や性器への接触、愛撫などだった。だが時がたつにつれ、イメージのパノラマには貫通、レイプ、強姦などが含まれるようになった。五人のうち何人かの心の情景には、悪魔崇拝、残酷な拷問、血液を飲む儀式、殺人までもが現れた。

記憶が脹らみ、濃くなり、恐怖の塊りへと固まるにつれ、ローラのグループの絆は強くなった。グループへの忠誠が最も重要であり、家族との接触はグループ保全を危うくする最大の違反行為となった。ローラは言う。「私は家族の近くに住んでいたので、いつも非難され、悪口を言われました」。またカウンセラーはローラのグループのある女性に対し、あなたの両親は悪魔教の高位メンバーだと何度も警告した。両親と接触すれば、その女性は両親から裏切り者として殺されてしまうに違いない。そう、彼は信じていた。またグループのメンバーは、家族からの誕生カードやクリスマスカードをサブリミナルな（訳注：意識下に訴える）メッセージだと解釈した。メッセージの目的は彼らをカルトに引き戻すこと、それがうまくいかない場合には彼らを不安な状態に陥らせ、自殺に導くことだと彼らは解釈した。

イーリンはグループには入らなかった。それでもカウンセラーはイーリンに実家から引っ越すよう促した。イーリンはこう語る。「私のカウンセラーはいつも、私のことを無力で、防衛的で、傷つきやすい小さな女の子だと言っていました。彼女のそう言う声が、心の中で何度も繰り返し聞えました」。

女性たちは家族から引き離され、フラッシュバックに悩まされ、疑いと恐れで麻痺し、カウンセラーにしがみついた。ちょうど迷子が、探しに来てくれた親にしがみつくように。彼女たちは自分よりもカウンセラーを信頼した。パメラは言う。「私は彼を理想化していました。彼はどんな問いにでも答えることができました。虐待がなかった可能性なんて微塵もないという話しぶりで、たいへん権威があり堂々としていました。一方、私は自分が信頼できないでいました。自分のことが怖かったのです」。

メロディも言う。「彼は博士号をもつ専門家でした。私は彼を信頼していました。彼が間違うはずはないと思っていました」。

そしてエリザベスも。「彼女は私のグルでした。何でも彼女が一緒に考えてくれると信じていました」。

イーリンもそうだ。「彼女は私の救済者でした。私は彼女を信頼しきっていました」。

ローラは次のように書いている。「私は彼を心底、信頼していました。夢を共有し、秘密を打ち開けもしました。彼は母であり、父であり、兄、姉、親友、夫、恋人、意思決定者、選択者、教師、そして牧師でした。私にとってのすべてだったのです」。

カウンセリングが続き、促されておぞましい記憶を積み上げていくうちに、彼らは恐れと怒りで消耗していった。イーリンは言う。「怒りでいっぱいでした。コップを割ったり電話帳を引き割いたりしたい気分でした」。

ローラはこう書いている。「私はいつも当たりちらしていました。車を運転しながらコーラ瓶を窓から放り投げたりもしました。砕け散る瓶を見て心が安まったのです。けれど怒りを発散すればするほど、私はおかしくなっていきました。いつも心が煮えたぎっている状態でした」。

メロディは言う。「何かすればフラッシュバックが来るので、私は無気力になってしまいました。そして〈記憶〉はますますショッキングで暴力的なものになりました。カウンセリングのたびに病気はひどくなり、多重人格の徴候も出てきました。カウンセリングごとに症状はどんどん悪くなって、とうとう精神衰弱になり、病院に収容されました」。

パメラは近親姦や性的虐待という考えで頭が一杯になり、子どもと身体接触をとることさえできなくなった。「子どもを風呂にいれたり抱きしめたりすることも怖くなりました。意識下にあるよこしまなイメージが突然襲ってくるのが怖かったのです。子どもとは強いて接触するようにしましたが、罪の意識を感じ、また人の目に私が子どもを虐待しているように映ったらどうしようかと心配でした。私は家を離れるのが怖くなりました。外に出るのさえ怖くなりました。自分がバラバラになっていたのです」。

エリザベスは自分が精神病院に収容され、親権も失い、果てて終わるに違いないと思った。死んだほうがましだと考えた彼女は、カウンセラーのオフィスにあった『医師のためのハンドマニュアル』という本を丹念に読み、薬の多量服用というアイデアを得て、何度か自殺を計った。

しかし恐怖は、不思議な、予想もつかない仕方で終結を迎えた。メロディは神経衰弱で病院に収容され、二人の精神科医から治療を受けた。彼らは、カウンセリングが始まる前には存在しなかった記憶を文字通りに解釈するのは正しいことだろうかと疑問を投げかけた。「あの先生たちの助けもあって、私は自分の記憶が事実ではないこと、妄想の一種か空想の産物だということを悟ったのです」。

エリザベスは三年以上もカウンセリングを受けていたが、ある日突然、カウンセラーから次回の予約をキャンセルしたいという電話を受け取った。理由は告げられなかった。診療所に電話をかけ、どうしてもカウンセラーと話をしたいと言うと、彼女が出た。グループのメンバーが自分に対して隠謀を企てている、つらいことだがグループ全員との関係を解消せねばならない、と彼女は言った。翌日、エリザベスは内容証明つきの手紙を受け取った。手紙には、投薬治療は延長するがカウンセリングは終了する、ついてはエリザベスを他のカウンセラーに照会する、とあった。

イーリンは幼馴染みの友人と電話で話した後、記憶に疑いをもち始めた。友人はこう言った。「あなたのことなら四歳の頃から知っているけど、ご両親は決してあなたを虐待したりしなかったわよ。あなたは悪いカウンセラーにひっかかったのよ。二年も便りがなかったじゃない。友人を無視しろとは、いったいどんなカウンセリングなの」。

電話の後、イーリンはパニックになった。私はこのことのために、すべてを捨ててしまった。全くの虚構に巻きこまれているのだとしたら、どうしよう。数か月後、サマーキャンプのカウンセラーとして仕事をしているとき、イーリンは参加している少女の一人をボートに乗せ、湖に漕ぎ出した。

「先生、話がある」。八歳の少女は長い沈黙の後、こう言った。「お父さんは、私と寝るの」。イーリンは少女に目を向けた。少女はボートの底をじっと見つめ、両手を固くにぎりしめていた。悲痛な表情がありありと見てとれた。このとき、イーリンは真実に打ちのめされた。「私はあんなに孤独ではなかった」。彼女は思った。「私は落ちこんでもいなかったし、無気力でもなかった。元気な子どもだった」。その閃きの瞬間、彼女は自分が偽りの自己像を作り出していたことを悟った。私は近親姦のサバイバーではなかった。

パメラの場合はこうだ。ある午後、彼女の教会の牧師が家に立ち寄り、パメラが語る虐待とサバイバルの長い話を我慢づよく聞いてくれた。牧師は、しかし、穏やかな調子でこう言った。あなたがカウンセラーに誘導され、誤った治療を受けているんじゃないか心配だ、と。「こんなことを言って気を悪くしないでもらいたいのだが、パメラさん、あなたは見るからに症状が悪くなっている。決してよくなってはいませんよ。過去に何があったとしても、こういう対処の仕方は誤っているんじゃないでしょうか」。

最初、パメラは憤り、防衛的になった。しかし二時間ほど滞在した牧師が立ち去ると、彼女はここ数年はじめて、大笑いをした。「牧師は終了許可証をくれました」。今、彼女はそう理解している。数日後、パメラはカウンセラーに牧師と話をしたことを告げた。カウンセラーは治療ファイルをキャビネットにしまっている最中だったが、突然、ドアをたたきつけるように閉めて出て行った。パメラは言う。「こちらの苦しみをあんな風に否定することができますか」。

パメラは神が彼女の祈りを、期待とは少し異なる形でかなえてくれたのだと信じている。「私はいつも祈っていました。ときには苦しみがひどく、これ以上やっていけないと思うこともありました。そういうとき、私はひざまずき、声を上げて神様に助けを求めたのです。私をお守りください、お助けください、記憶を与えてくださいい、と。祈りをささげるたび、私は心の中に答えを見いだしました。〈耐えなさい。もうすぐ終わりがきます〉。神様は私が思ったのとは違う仕方で答えをくださったのだと思います」。

数年がたち、エリザベス、パメラ、メロディ、ローラ、イーリンの五人は皆、身体的にも精神的にも元気になりつつある。だが癒しの過程はまだ終わっていない。彼らは失われた時、つまり実際には存在しない過去を見つけようと無益な努力を費やした年月を嘆いている。また夫、子ども、両親、友人に与えた苦しみを憂い、なくしてしまった素直な心、誤った方向に向けてしまった信頼に痛みを感じている。そして、カウンセラーを責める。

イーリンは言う。「カウンセラーのせいで、私は家族から孤立してしまいました。二年前にカウンセリングを止めたとき、私は父と兄に謝りました。虐待の罪で、彼らを告発していたのです。父も兄も、カウンセリングで起きたことで私を責めたりはしません。でも私は恐ろしい罪の意識にさいなまれています。ときどき悲しさと不安が襲ってきて、生活をコントロールできないように感じます」。

ローラは書いている。「カウンセリングのために、数年の年月が消え去ってしまいました。家族から心理的に遠く離れてしまったこの年月は、もう取り戻すことができません。今、私は人を信頼することができず、困っています。(カウンセリングの)専門家と聞くだけでぞっとします。娘と私は未だに経済的に不安定で、家も失いそうな状態です。車もありません。私はシングルマザーですから、もっと娘の傍にいてやるべきでした。でも全エネルギー、全存在、あらゆるものすべてをカウンセラーの元にやってしまったのです」。

メロディは言う。「私は職をなくし、夫と離婚し、家族も失いました。カウンセリングを止めてから、心理的にはずっと楽になりました。でも未だに混乱しているし、悩んでいます。どうしてこんなことになったのか、と」。

エリザベスは絶望感に打ちひしがれ、自尊心を失っている。「自分が馬鹿に思えて恥ずかしく、腹が立ちます。自分を、家族を、子どもたちを、こんな目にあわせてしまったなんて」。

パメラも同様だ。「なぜこんなことになったの?」。

ローラは問う。「どうして四年もの長い間、カウンセラーとの関係だけが生活の中心になってしまったのでしょう。どうして単なる一人の人間に、魂を売ってしまうようなことをしたのでしょう」。

問いへの答えは得られず、彼女たちは屈辱、恥ずかしさ、悲しみ、怒りの感情と格闘している。どうしてこれほど簡単に、あけすけに人を信頼してしまったのかと自分を責め、あんな馬鹿なことは二度としないと心に誓う。彼らはまた、何も知らずに答えのない問いへの解答を求めている人びとのことを案じている。

彼らは「方向を誤った」「熱狂的な」カウンセラーによる「無思慮なアドバイス」が、家族を「バラバラに引き裂いた」のだと言う。また、家族が「意味もなく崩壊してしまった」のは、「極度な重過失」と「非倫理的な専門的処遇」のせいだと言う。そして彼らの友人は未だに「入りくんだ嘘と欺きの迷路」から脱けだせず、カウンセラーの「偏執的な妄想」に捕らえられ、「彼らの信念に繋がれている」と案じる。

子どもをもつエリザベス、パメラ、ローラが我が子に対して感じることが、最も残酷な悲哀なのかもしれない。彼らは、無邪気で罪のない人々がいかにたやすく権威者に寄りかかるか、その信頼がいかにたやすく利用されるかを知っている。最近エリザベスは二十歳になる娘と一緒に、近親姦サバイバーのために書かれた本の症状チェックリストを見ていた。娘が笑いながら言った。「ねえ、お母さん。私だって、友だちだって、みんなこのリストに書かれていることに当てはまるわよ」。

エリザベスは言う。「私たちはおかしくて笑いました。でも、この会話には、ぞっとしたのです。十年か十五年後、娘が子ども時代を振り返り、悩んだりしないと誰が断言できるでしょう。過去に何があったのか、記憶を抑圧しているのではないかとね。いつか彼女は私を呼び出してこう言うかもしれません。〈お母さん、私カウンセリングを受けていたんだけど、突然こういう記憶が回復したのよ……〉」。

エリザベスの声はかすれた。彼女は息を深く吸った。「いつの日か娘が私を告発しないと誰が断言できるでしょう」。

第5章

神の顎髭・悪魔の角

われわれの帝国では、特定の思想、感情、行動は神のものであり、その対局にあるのは悪魔のものだという、はっきりとした区別がある。天なくして地を考えるのが難しいように、多くの者にとって、罪なくして道徳を考えるのは困難だ。一六九二年（訳注：アメリカのマサチューセッツ州セーレムで魔女狩りがあった年）、大きな、だが表層的な変化が生じ、神の顎髭と悪魔の角は消え去った。しかし世の中は、未だに相いれない両極の絶対値の間でしか理解されていない。統一という概念――プラスとマイナスは一つの力の属性であり、正と邪は相対的で絶えず変化しながら一つの現象へと収束する――、そういう概念は物理科学、そして思想の変遷の核心を捉えることのできた幾許かの者たちにしか理解されていないのである。

――アーサー・ミラー『るつぼ』

大衆の運動は、神への信念がなくても起こり得る。しかし、悪魔の信念なくしては起こりえない。

――エリック・ホッファー『真の信奉者』

カウンセリングに問題がある。記憶にかかわる問題だ。というわけで、私はますます面倒でこんがらがりつつある論争の中心に立たされることになった。一方の側には「真の信奉者」がいる。彼らは心には記憶を抑圧する力があると主張し、回復した記憶の正当性を、躊躇したり疑いをもったりすることなく受け入れている。他方の側には「懐疑主義者」がいる。彼らは抑圧の概念は実体のない憶測、真偽決定不可能な逸話に基づく純粋な仮説であり、本質的に検証不可能だと主張している。もっと大胆に、抑圧は「心理マジック」「魔法の煙」、単なる「たわごと」だと言う者さえいる。

信奉者は高所に立って道徳を説く。彼らは言う。われわれは前線に立ち、子どもを性的野獣から守り、苦しい癒しの道を生きるサバイバーを助けている、と。そこで暗に示唆されていること——大きな声では語られないが、しばしば耳にされること——はこうだ。隠された過去を暴き、抑圧概念の正統性を追及する真の信奉者の列に加わらない者、それは反女性主義者、反児童主義者、反進歩主義者、もっともひどい場合は「汚れた者」、つまり幼児性愛者や悪魔信奉者だというのである。

懐疑主義者は証明、証拠、科学的な探求に訴えることで、この告発を免れようとする。だが彼らもまた、破壊的な手りゅう弾を投げるのを恐れない。大きな声の毒舌家は、こんなことを言う。記憶回復療法専門のカウンセラーは妖精や怪獣が住むネバーランドで操業している。方向を誤った、訓練のない、熱心すぎる臨床家は現代の研究の光がほとんど届かないところで「お粗末な精神分析」に勤しみ、行きすぎた単純化と過拡張、「相互参照」(訳注：近親姦的に、互いの意見を引用し合い、自説を固める)の罪を犯し、被暗示的なクライエントの心に偽りの記憶を植えつけて「カウンセリングの終身刑」に処し、家族を引き裂いているのだ、と。

このような論争はもはや学術的な論議、心が記憶を葬り、何年も後に意識へと持ち返ることができるかどうかという科学的な議論の域を越えている。抑圧という単純な概念から発生した問題は、今や、認知心理学や臨床心理学における熱い論争の的の一つになってしまった。ちなみに他にどのような問題があるかと言えば、カウンセリングや法廷における催眠の役割、暗示の効果、社会的影響理論、今はやりの病名である外傷後ストレス障害（PTSD）と多重人格障害（MPD、米国精神医学会『DSM-Ⅳ診断と統計マニュアル』によれば解離性同一性障害、DID）、インナーチャイルドと機能不全家族、ポルノ、悪魔崇拝、極端な流言、強迫的な道徳推進、宇宙人による誘拐、メディアが作り出す熱狂的騒ぎ、そして多数派による政治的正論（訳注：アメリカのタバコ追放運動など。正論だが少数派を認めない）などがホットな話題となっている。

弾が飛びかう。私は身を屈めて弾を避ける。記憶の可変性に関する研究は、私を懐疑主義者の列に並ばせる。だが、私は信奉者の憂いにも共感している。つい最近まで、性的虐待の被害者が助けを呼ぶ声は無視され、その告発は空想か願望充足だとして自動的に却下され、公衆の意識の背後に押しやられてしまっていた。再びそういう時代になってしまっては困る。また私は、多くの熱狂的なカウンセラーが繊細なクライエントの心に思慮もなく記憶を植えつけているとは到底思えない。

私は世界がそれほど単純な白や黒だとは思わない。だからこそ曖昧で矛盾のある灰色の部分に踏み込み、問いを発し、よく聞き、論争や対立のある立場を理解する努力をすべきだと強調したい。十枚もの便箋にぎっしりと書かれた信奉者の手紙に返事を書く。電話で何時間も話す。飛行場の喫茶店やホテルのレストランに出向き、彼らの言い分、味方になってほしいという願いに耳を傾ける。

「あなたがどれほどの危害を及ぼしておられるか、お分かりですか？」と信奉者は問いかける。「あなたが、そしてあなたのような方たちが抑圧された記憶を疑問視され続けると、この二十年、女性運動が獲得してきたものがみんなパーになってしまうんです」。

カウンセラーは嘆願する。「私が目にしている苦しみをあなたに見ていただけたら、私のクライエントがどれほど苦悩しているか見ていただけたら。そうすれば記憶はイメージなどではない、現実の出来事から生じたのだと分かっていただけるでしょう」。

私は話を聞き、彼らの熱意を「告発された人びと」が語る苦しみと比べてみる。髪が薄くなった七十代の男性が、最近受け取ったという娘の弁護士からの手紙を差し出す。彼は妻と手を取り合い、私が読み終えるまでじっと待っていた。便箋の上部に「弁護士」という飾り文字が浮きだした公式文書風の手紙。「スミス殿」と手紙は始まる。

私は貴殿のご令嬢に雇用されている弁護士です。ご令嬢は子ども時代に与えられた重篤な情緒的障害に対し、貴殿を告発する準備をしておられます。ご令嬢は最近、幼少の折に貴殿より恒常的に与えられた変質的な身体的、性的虐待についての記憶を回復されました。この訴訟は、二五〇、〇〇〇ドルで和解に持ちこむことも可能です。しかし本状の日付から四週間以内にお返事をいただけない場合には、さらに高額の訴訟を起こす予定ですのでご了承ください。

また、告発されたある母親は、五人兄弟の末娘、三年も会っていない「ベビー」の色あせた写真を見せてくれた。三十年も前の娘の写真を腕で抱えながら、この白髪の女性は次のように説明した。「娘はアル中の夫に激しく殴られ、助けを求めてカウンセリングに通うようになりました。娘がカウンセリングに通う間、私たちが二人の孫を預かっていました。ところが数か月たった頃、娘は父親から性的虐待を受けていたというフラッシュバックに見舞われるようになったのです。虐待は、娘がたった五か月の赤ん坊だった頃から始まったといいます。娘は私たちに二度と会いたくないという手紙をよこしました。そして孫と会ったり話をしたりすることさえ禁じたのです」。

「私は赤ん坊をレイプするような人間ではありません」。告発された父親は涙を流して訴えた。「娘がこんなことを言うなんて、そんなこと、どうしてできるんでしょう？　そんな記憶、どこから来たんですか？」。

私は受話器を取り上げ、告発している子どもたちに電話をかける。何を期待して？　そう、和解を……。電話の主は言う。「真実を引っこめるわけにはいきません。父は私が言った通りのことをしたのです。認めるべきですし、謝罪すべきです」。

「親の苦しみなど、知ったことじゃありません」

「子どもの言うことを信用すべきよ」

「世の中は危険だわ」

「他の子どもたちを守りたいだけ」

「私は真実によって解放されました」

幼児虐待を糾弾するある女性は、怒りで顔を真っ赤にしながら言う。「親は嘘をついています」。そして三人に一人の女性が十八歳までに何らかの性的虐待を受けるという、よく引き合いに出される、だが何度聞いてもショッキングな統計を口にする。

「でもその統計は」と私は穏やかにさえぎる。「性的虐待をたいへん広く定義した場合の数字でしょう。胸やお尻を服の上から触るとか、膝を軽く叩くとか、結婚披露宴で、嫌だというのに酔っ払いがべとべとのキスをするとか」。「統計を疑うのなら」と女性は声を荒らげる。「地域の〈レイプ被害者センター〉や〈暴行された妻の家〉に行ってみられたらどうですか？　そこにいる子どもや女性は統計じゃありません。現実の痛みを抱えた生身の人間です」。

私は統計について議論するのは止めた。

告発されたある母親は語る。「この苦しみは言いつくせません。子どもを亡くしたのであれば、悲しみを乗り越える道もあるでしょう。でも私は毎朝、目を覚ましては悪夢のような現実に向かい、毎晩その現実とともに眠るのです。そして翌朝になっても事態は何も変わらないのです」。

彼女の夫、自分の苦しみを語る番をじっと待っていた夫も、口を開く。「私はね、思うんですよ、神様、こんなことってあるだろうかって。私は子どもを虐待した記憶を抑圧しているのだろうかって。そしてこうも思うんです。事実なら、どうして忘れることができるのだろう。子どもを虐待し、記憶をすべて抑圧してしまうなんて、どうしてそんなことができるんだろう。否、否、否。そんなことなかったんだ。忘れたんじゃない。そんなこと、なかったんだ。ただ、それだけだってね」。

訴えるように、二人は私を見た。分かってもらえるでしょうか。信じてもらえるでしょうか。

最も心を動かされた話のひとつは、カウンセラーとしての訓練を受けたことがある、三十歳の女性から聞いたものだ。彼女の話は他のものより複雑かもしれない。というのは、彼女は子ども時代、実際に性的虐待を受けたことがあるからだ。

私自身が被害者なので、被害を受けるということがどういうことかはよく知っているつもりです。小学校の頃、私は猥褻行為の被害者になったことがあります。断言しておきますが、両親によってではありません。これも断言しておきますが、私はそれを一日たりとも忘れたことはありません。けれど深いしゅう恥心から、他の多くの被害者と同様、私は二十年以上もそのことを語らずにきました。

しかしあるとき、私は虐待のことを妹に打ちあけました。すると妹は、彼女も虐待されていたのではないかと心配し始めたのです。彼女にはそんな記憶はありませんでした。手がかりも、疑う理由も、顔も名前も、何かを示唆するような証拠は一かけらもなかったのです。けれども彼女はもう一人の妹と可能性や疑いを話し合うようになりました。お互いに考えたことや感じたことをやりとりしている間に、二人は虐待された夢を見るようになったのです。

二人は私の祖父、叔父、父を告発しました。訴えはどんどん奇怪になり、母、兄、伯母、叔父、従兄弟、友人、近所の人までもが告発されました。両親は立ちつくし、自分の家族がドミノゲームのように倒れていくのを見ながらも、何もすることはできませんでした。

私の六歳の従兄弟は一年以上もカウンセリングに通っています。最初のカウンセラーでは何ら性的虐待の証拠が見つからなかったので、今は別のカウンセラーの所に通っているのです。この子が話を始めました。四年も会っていない私の母、父、兄に性的虐待を受けたというのです。両親の名前が出て来てから二週間位たった頃、私はカウンセラーとして働き始めました。三日間働いて、四日め。スーパーバイザー（訳注：上級カウンセラー。カウンセラーの相談に応じるカウンセラー）がオフィスに尋ねてきて、この子がもっとたくさん虐待した人の名前を挙げたと言いました。私もそのリストに入っていました。私は即刻解雇され、児童保護委員会と警察から事情聴取を受けました。

私は性的虐待の被害者です。子どもの性的虐待で告発されるくらいだったら、血のついたナイフをもって死体の傍に立っているのを発見されるほうがずっとましです。失った多くのもの、多くの人のことを思わない日はありません。でも私は魂の奥深くでは真実を知っています。私は無実。このことは神様と私にだけは確かなことです。誰もこれを取り去ることはできません。

カウンセラーは反論する。「こういう人たちは否認モードにあるんです」。

一方、私の友人はこう忠告する。「彼らに利用されているのよ。否認モードが正当であるかのようなお墨つきを得るのに、あなたの専門性が必要なのよ。あなたは彼らの手の中の将棋の駒なんだわ」。

別の友人も警告する。「評判が悪くなる前に、この領域から足を洗ったほうがいい」。

懐疑主義者は弱気は無用だと言う。「日和見主義ではいられない事態なんだ」。

「無脳なカウンセラーが素直なクライエントを、まるで羊のように屠殺場に引っぱっているのよ」。

社会学のある教授は息巻く。「この類のカウンセラーは誤った、訓練の足りない愚か者より始末におえないんだ。彼らは危険な熱狂者だ。止めさせないと」。

どちらの側も、注意しろと言う。カウンセラーは手紙に「くれぐれもお気をつけて」と書いてくる。

「警戒しろ」と同僚は忠告する。

「注意しなさい」とジャーナリストは警告する。

私が悪魔崇拝者に協力していると告発する、匿名の手紙――消印は中西部の地方都市だった――が来たことがある。「第二次世界大戦中に絶滅収容所（訳注：アウシュビッツなど）が存在したことを否定する人たちがいますが、あなたの仕事も彼らと同じレベルにあると考えていただきたい」。手紙はこのように締めくくられていた。受話器を取ったとたん「もしもし、子どもを憎む記憶博士のお宅ですか？」という静かな女性の声が聞えたこともある。

地方のラジオ番組にかかってきた電話はこうだった。「ロフタス博士について意見があるんですが。彼女は右翼キリスト教集団と関係があるんじゃないでしょうか。男性本位の父権族長制度を促進している集団と……」。

新聞を見ると、児童虐待で起訴されたことのある男性がむごたらしく殺されたという記事が出ていた。私はかつてこの男性のために証言したことがある。殺される二年前、この男性、カーレ・ソートランドと妻は、二人で経営している保育園で三人の幼児を性的虐待したという容疑で訴えられた。一つの容疑は無罪となり、他の二つは裁判官が却下した。子どもたちは最初、虐待を否認していたが、何度もカウンセリングを受け、尋問官による集中的な事情聴取が行われた後、供述が変化したことが明らかになったからだ。

殺された夜、カーレは屋外の物音を不審に思い、外に出た。妻はカーレが「私はやっていない」と叫ぶのを聞いたという。数秒後、カーレは家の前の砂利道に息たえだえで倒れていた。大口径のハンドガンで胸を三発撃たれていた。

あれは数年前のことだっただろうか。私はワシントンDCのホテルの喫茶店で、精神医学と催眠学の大家であるハーブ・スピーゲル、それにシカゴでクリニックを開いている若手認知心理学者、エド・フリシュホールドと話をしたことがあった。コーヒーとデニッシュを前に、私たちは記憶、メディア、抑圧と呼ばれる現象の驚くべき再来などについて活発に議論を交わした。私は当時かかわっていた、いくつかの不思議な話や困惑するような訴訟事件について話をした。また『ピープル』の表紙記事――それはロザンヌ・バー・アーノルド（訳注：女優）と一九五八年のミス・アメリカ、マリリン・ヴァン・ダーバーの抑圧された記憶を取りあげた記事だった――に始まるメディアの熱狂性についても話し合った。

会話が途切れたとき、エドが椅子によりかかってこう言った。「外界では何が起きてるんだと思う？」。

「外界」とはむろん現実の世界を指してのことだ。

私たちは純粋に困惑し、虚をつかれたように感じた。その時点では、この問いが私をどこに連れていくのか、安全な学術的探求という象牙の塔から出てどんなに遠くを彷徨うことになるのか、予想だにできなかった。私は少し不安気に笑いとばし、さよならのハグをし、最近の論文の抜き刷を送ると約束し、飛行機に間にあうようにと急いで席を立った。それはいつも通りのルーチンだった。けれど私の世界は、人生は、そのときすでに後戻りできない急激な変化のなかにあったのだ。

「外界で何が起きているか」理解したい。そのために、私は抑圧を生き、呼吸し、食べ、眠る。今、現実の世界で起きていることは、記憶がどう機能し、障害を起こすのかを理解するうえで大変重要だ。だからこそ、私はこの強迫観念にしたがう。私はかねてから実験室の科学者という役割から抜けだし、雑然としたフィールドに足を踏み入れたいと願っていた。現象の原因を問い、偶然と必然を綿密に解きほぐすことから科学が始まる。まさにその場所がフィールドなのだ。

抑圧とは何か？　抑圧された記憶はどこから来るのか？　抑圧された記憶は失われた過去から掘り起こされた正真正銘の遺品か。それとも繊細な心に暗示が与えられ、移植され、成長した「魔法の煙」のイメージか。どんな答えが待っているにせよ、これらは重要な問いだ。私はこう思う。抑圧は心（プシケ）をかいま見せる鏡を掲げているのかもしれない、と。偏見も先入観もなくのぞき込めば、心の奥底の真の願望を見出すことができるかもしれない。所属したい、愛されたい、受け入れられたい、理解されたい、癒されたい。

癒されたい？　何から？　もちろん、それが問題なのだ。

第6章
事実でない真実

恋人を失ったときには……でも、その恋人だって変わり続けるもの。あなたはいつか思うでしょう、これが私の愛していたあの人?、と。あなたはたくさん失恋したことがあるかもしれない。そうでないかもしれない。どうであれ、いろいろなことが記憶や想像から思い起こされるでしょう。……どれが記憶でどれが想像か、どれが本物でどれが偽物か、分からないくらいに。

——エイミ・タン『キッチン・ゴッズ・ワイフ』

記憶っていうのはね、忘れるためのものなんだよ。

——子どもによる定義

『持ち越した事がら』という小説で、ティム・オブライエンは、ふたつの真実、語りの真実と出来事の真実を区別している。出来事の真実とは「何月何日、何があった」という、議論の余地のない、白黒はっきりした事実のこと。語りの真実とはその脚色版である。語りの真実は過去の鎧の内に輝く命の息吹を吹きこみ、死者を蘇らせ、感情をほとばしらせ、出来事の意味に洞察を与える。

オブライエンはこう説明している。書くという作業は「魂と身体を合体させること、いわば魂を宿らせる身体を作る方法の一つです」。オブライエンは、自分がベトナム戦争で兵士として体験したことを、二つのバージョンで表している。

出来事の真実はこうだ。私はかつて兵士だった。たくさんの死体と遭遇した。現実の顔をもった現実の死体だ。だが私は若く、怖くて注視することができなかった。二十年たった今、私は顔のない責任と顔のない悲しみのなかに生きている。

一方、語りの真実はこうだ。死んだその男は細身の、華奢といってもいいくらいの若者だった。マイキー村近くの赤土の道の真ん中に、彼は横たわっていた。顎は喉に食い込み、片方の目は撃ちぬかれ、もう一方の目は星形の空洞になっていた。私が彼を撃ち殺したのだった。

語りは過去を生き返らせる。若き日を思い出し、かつて体験した（または怖くて体験できなかった）感情を体験し直し、昔は怯え、幼く、無力だったから逃げるだけで精一杯だった悪魔と闘い、別の結末を夢見、死んだ人を蘇らせる。

だが、語りには落とし穴がある。出来事の真実という裸の骨格に筋や肉を載せてゆくうちに、自分で作った語りの事実に捕えられ、気を許せばがんじがらめになってしまう可能性もあるのだ。語りの真実は出来事の真実に比べ、より鮮明で、詳細で、現実感がある。語りの真実こそが真実であるかのように思え、どこまでが出来事の真実で、どこからが語りの真実なのか分からなくなることもある。そうすると、私たちは語りのなかに生き始めることになる。

私は、ずっと以前のある夏のことを思いだす。私は十四歳だった。母と私は、パール伯母とペンシルバニア州のジョー叔父の家に遊びに行った。ある天気のよい朝、私が起きたときには母は死んでいた。プールで溺れたのだ。

これは出来事の真実である。だが語りの真実は全く異なる。私は心の中でその場面を何度も思いだし、記憶はそのたびに重さと現実感を増していった。記憶のなかで、私は冷たい松の木に触れ、新鮮な松やにの匂いを嗅ぎ、藻色の湖水を肌で感じることができる。ジョー叔父が作る、絞りたてのレモンが入ったアイス・ティーを味わうこともできる。だが母の死だけはいつもぼんやりして焦点が合わなかった。私は母の遺体を見なかった。だから母の死をイメージできなかったのだ。私が母について覚えている最後の記憶は、亡くなる前の晩、そっと寝室にやってきて短いハグをし、「大好きよ」とささやいてくれたことだけである。

それから三十年後、私はジョー叔父の九十歳の誕生パーティで、プールで母を見つけたのは私だと教えられた。いいえ、見つけたのはパール伯母だ、私はまだ眠っていたのだし、そんな記憶はないもの。最初の衝撃の後、しかし、記憶は逆向きに流れ始めた。夕暮れのキャンプの煙、どこに向かうのか分からない香ばしい松の木の煙のように……。当時の私、黒っぽい髪をした痩せた少女が、照りかえる青と白のプールをのぞきこんでいる。母はナイトガウンを着けたまま、プールにうつぶせに浮かんでいた。「お母さん、お母さん」。何度か呼ぶうちに恐怖で声が大きくなり、私は叫びだした。点滅するパトカーの灯、担架、遺体の縁に折りこまれた清潔で白い毛布などを私は思いだした。

そうだ、これですべて納得がいく。私はいつも母の死の場面を恐れていた。だが、それは当然のことだったのだ……。記憶はずっとあったのだが、思いだすことができなかったのだ。今思いだしたことで、すべてがそろう。一度埋葬され、そして蘇ったこの記憶はさまざまなことを説明してくれそうだった。私が記憶の変容の研究に執着していることも、強迫的な仕事中毒であることも、無条件の愛と安心感を渇望しながら満たされないでいることも。三日間の間、私の記憶は広がり、脹らんだ。するとある朝、弟が電話をかけてきてこう言った。叔父は事実関係を調べ、誤りに気がついた、と。叔父が改めて思いだしたのは（そして他の親戚もそれを確認したのだが）、プールで母を見つけたのはやはりパール伯母だということだった。

電話の後に残ったのは、ピンでつつかれしぼんでぺしゃんこになった記憶、そして驚きの念だった。懐疑主義者だってこんなにやすやすとだまされてしまう。吹き込まれた些細な暗示から、私は内なる狩りに出で立ち、証拠となる情報を懸命に探し求めたのだ。だが記憶が想像の産物であったと分かってしまうと、あの語りの真実の鮮明な色づかいと躍動感は、不思議と懐かしかった。精緻だが作りものの記憶は具体的かつ正確で、一筋ほどのあいまいさもなく、私に安らぎを与えてくれた。記憶のなかでは、私は少なくともあの日起きたことを知っていた。一部始終を覚えており、すべてがそこにあった。それがなくなってしまった今、私に残されたのは些細でつまらない記憶、大きくぽっかりとあいた虚空、心の痛み、終わりのない悲しみだけだった。

赤毛で顔にそばかすのある小学校四年生、アイリーン・フランクリンとその親友スーザン・ネイサンは、サンフランシスコから南へ一八マイルほど行った郊外、中流階層の多いフォスター市に住んでいた。スーザンは、一九六九年九月二十二日、彼女の誕生日の五日前のことだったが、行方不明になった。二か月後、彼女の死体はフォスター市から西に五マイルほど離れた、半月湾通り付近の木が繁茂した場所で発見された。頭蓋骨は重い鈍器で叩き割られていた。

二十年間、この殺人事件は謎のまま残されていた。だが突然、警察はジョージ・フランクリン（五十一歳）をスーザン・ネイサン殺人の容疑で告発した。そしてこの一件で、「抑圧」という言葉は市民権を得、アイリーンは一躍有名になったのだ。ジョージ・フランクリンに対する唯一の証拠は、娘、アイリーンの目撃供述だけだった。彼女は殺人を目撃したが、二十年間以上も抑圧していたと主張した。

以上が、アイリーンの物語に関する出来事の真実である。彼女が語る性的虐待、殺人、抑圧された記憶の話には、疑う余地のない事実も散見される。だがそれは「昔あるところに」式の物語のつづれ織に巧妙に織り込まれ、誰も、アイリーンですら、何が起きたか確信をもって語ることはできないだろう。「本当の真実」は昔、殺された少女とともに葬られてしまった。

始まりは、朝日に照らされた部屋での出来事だった。長い赤毛の二十九歳の美しい女性、アイリーン・フランクリンは、二歳の息子が腕の中で満足そうに哺乳瓶を吸うのを眺めていた。娘と二人の遊び友だちはアイリーンの足元、クレヨンや塗り絵が散らばったカーペットの上に座っている。彼らはステレオから流れる曲に合わせて時折ハミングしていたかもしれない。冬のカリフォルニアの、暖かい天気のよい日だった。こんなに暖かいんだ、子どもをプールに連れて行こうか。そんなことを思いながら、アイリーンは居間の窓の外に目をやった。

すると、六歳のジェシカが愛らしいそばかす顔を上に向けて、母に確認を求めた。「ね、そうでしょ、ママ」。陽の光がカーテンを抜けてジェシカの赤いブロンドを照らし、光と陰の複雑な模様を作る。その時だ。娘の目をのぞきこんだとたんに記憶が蘇り、アイリーンの整然と秩序づけられた世界はカオスへと陥った。

心に蘇った鮮明で視覚的な情景のなかに、アイリーンは親友、当時八歳のスーザン・ネイサンが木の茂った場所で石の上に腰かけているのを見た。* その後ろに大きな石を掲げた男の姿が、陽の光でシルエットのように見える。男が近づくと、スーザンは身を守ろうと手をかざし、アイリーンを一目見た。目は大きく見開かれ、恐怖と無力感を伝えていた。数秒後、男の腕がもの凄い力で振り下ろされ、石はスーザンの頭骸骨を叩き割った。肉が裂け骨が砕ける音に、アイリーンは耳をふさいだ。

この燃えるような一瞬の記憶のなかで、アイリーンは忘れていた過去と接触したのだと信じた。人生の約三分の二、二十年間も葬られていた記憶が予告も警告もなく蘇り、親友が殺されるのを見たという恐ろしい真実をもたらしたのだ。しかもこのフラッシュバックには、もうひとつショッキングな事実が含まれていた。スーザン・

＊『昔あるところに』の著者、ハリー・マックリーンによれば、この説明は記憶がどのように蘇ったかについてアイリーンが語った話の五つのバージョンの一つにすぎない。

ネイサンを殺したのは、アイリーンの父、ジョージ・フランクリンだった。

アイリーンは何か月もの間、記憶を消し去ろうと努力した。だが意識の外に押しのけようとしても、記憶はますます具体的で精緻なものとなって戻ってくる。思いだされる記憶も恐ろしかったが、それよりもアイリーンは、自分が気が狂ってしまうのではないかと不安だった。彼女はついにカウンセラーに打ちあけた。カウンセラーはアイリーンが気が狂っているのではないと安心させた。彼女はその後、弟と三人の姉妹、そして母親にも話している。また記憶が戻ってから十か月たった一九八九年十一月、彼女は夫にも話す決心をした。話を聞いた夫は、警察を呼ぶべきだと主張した。副地方検察官マーティ・ミューレイはサン・マテオ郡地方検察局でアイリーンと何度か話をし、彼女が殺人について詳しく知っていることが分かると、その供述の信頼性を認め、調査を開始することにした。ロバート・モース刑事とブライアン・カサンドロ刑事が事件の担当となった。

一九八九年十一月二十六日、アイリーンは自宅の居間で、モース刑事とカサンドロ刑事に、レイプと殺人で終わった悲しいピクニックのことを詳細に話した。記憶には色、音、手ざわり、感情、会話の一語一句までが盛りこまれ、形式は完全に整っていた。彼女がたまに口ごもりながらも次々と細部をつけ足していく様子に、刑事たちは顔を見合わせた。この女性は確かに真実を語っている、驚くべきことだ。そう、思えたのである。

その物語は一九六九年九月二十二日、彼女が四年生だったある月曜の朝、始まった。アイリーンは姉のジャニスとジョージ・フランクリンが運転する自家用車、ベージュ色のフォルクスワーゲンのバンで学校に送ってもらっていた。その途中、彼女はスーザン・ネイサンを見つけ、父にスーザンを乗せてもよいかどうか尋ねる。アイリーンの記憶によれば、スーザンが車に飛びのると、父は姉のジャニスに車から降りるように言ったという。

ジョージ・フランクリンはスーザンとアイリーンを乗せたまましばらく運転し、小学校の前で車を止めた。そこで二人を降ろすかと思いきや、そうはせず、彼は学校をサボろうと宣言した。そしてしばらくドライブし、とうとう半月湾通りを山に向かって登り、ハイウェイをそれて木の繁る場所に入り、車を止めた。アイリーンとスーザンは雑木林のなかでしばらく遊び、それからバンに戻ってきた。彼らは車の前座席と後部とを行ったり来たりして遊び、後部に置いてあったベニヤの台にマットレスを被せたベッドの上で飛び跳ねた。

やがてジョージ・フランクリンもバンに入り、ベッドの上で彼らと遊び始めた。アイリーンは前座席で、父がスーザンの上に覆いかぶさるのを見た。アイリーンは刑事に言った。「父はスーザンを動けないように押しつけました。ベッドの縁にはスーザンの脚が、前座席のほうに向かって伸びていました。そして父は両手、両肘を使ってスーザンの腕を押さえ、身体のどちらかの側に……またがりました。そして父は、うんん、……スーザンの上で、あの格好で、前後に体をこすりつけ始めたのです。……そして、うん、父はそれを続けました。私は前座席から二人の所に行き、スーザンを間近に見て怖くなりました」。父親がスーザンの服をたくし上げたとき、アイリーンは「下に白いもの」を見たという。スリップか下着だったのだろう。

父がスーザンと事を終えるまで、アイリーンはベッドの横で丸くなっていた。それからアイリーンは泣きじゃくるスーザンと一緒に車の外に出た。スーザンは「小高い場所」まで歩いて行って、そこに座ったが、アイリーンは車の横にとどまり落ち葉を拾っていた。目を上げたとき、アイリーンは木漏れ日と、頭上に石を掲げた父がスーザンに覆いかぶさるように立っているのを見た。父は右手を振りかざし、右脚を前に踏み出した。スーザンは目を上げ、アイリーンをちらと見て、両手を頭の上にやった。石が振り落とされた。アイリーンは石が骨を砕く音を聞き、叫び声を上げた。

父はアイリーンをつかんで地面につき倒し、顔を草むらのなかに押しつけ、このことを口外すればお前を殺す、だが誰もお前の話は信じないだろう、お前は精神病院に入れられるだけだ、と言った。

叫ぶのを止めると、父はアイリーンを抱え上げ、膝に乗せた。そしてすべて忘れるように、何もかも終わったことなのだから、と言った。父は車から鍬かシャベルを取り出し、地面を掘り始めた。そしてアイリーンに不器用だと悪態をつきながらも手伝わせ、車からマットレスを運びだした。アイリーンは車に戻り、頭をしずめ、座席の横で丸くなった。やがて引き戸が閉められ、彼らは出発した。アイリーンは、父にスーザンを置いていかないでと頼んだ。こんな場所でスーザンは怖いだろう、寒いだろうと思ったからだ。だが父親は彼女の半狂乱の頼みに耳も貸さず、車を走らせた。アイリーンは家に着くと、そのまま自分の部屋に行き、ベッドにもぐりこんだ。

話が終わると刑事たちは事細かく質問し、彼女はさらに驚くほどの詳細さで答えた。木はたくさんありましたか？　彼女は「ある程度繁って」と答えた。三本の細い木が「ジグザグに並び」、右にはもっとたくさん木がありました。ドライブしたのはどんな道でしたか？　舗装されていない、埃っぽい道でした。警察への電話で、指輪のことを言っていましたね。はい、スーザンは「石が入った銀の指輪をはめていました……彼女は両手を頭の上に上げて」、そしてそのとき、石が落とされたのです。

お父さんが石を持ってスーザンに近づいたとき、あなたはどれくらい離れていたんですか？　二十フィートくらい。スーザンに猥褻行為をしながら、お父さんは何か言いましたか？　「スージー」と。「スーザンではなく、スージーと言いました」と彼女はつけ加えた。お父さんは酔っぱらっていましたか？　缶ビールを飲んでいました。その缶は「金属の缶で、銀と茶と白で、山の絵がついていました」。お父さんの服装は？　茶色のレヴィのコーデュロイのズボン、それにウールのペンドルトンのシャツ。下には丸首の白い半袖シャツを着ていました。髪の毛の色は？　「茶色になりかけた赤毛です、白髪も少しありました」。ジョージ・フランクリンから猥褻行為を受けているとき、スーザンは何か言いましたか？　「いやだ」、それから「止めて」と。

面接は午後三時二十二分、開始から三時間後に終了した。テープを書き起こしたところ、ダブルスペースのタイプで三十三枚にもなった。

刑事たちは彼女の話は真実だと確信して家を出た。指輪、石、マットレス、木が繁った場所、そしてスーザンが身を守ろうと頭の上に手をかざしたことまで、殺人現場で発見された証拠と一致していた。

「彼女を信じるかね」とカサンドロはモースに玄関前の道で尋ねた。

「ああ」とモースは答えた。

「私もだ」とカサンドロは言った。

三日後、彼らはサクラメント市のジョージ・フランクリンのアパートに行き、未解決になっているスーザン・ネイサン事件について再検討しているところだと告げた。

フランクリンは尋ねた。「私が被疑者なのですか」カサンドロはそうだと答えた。

彼の次の質問は「私は弁護士を雇うべきですか」だった。

だが、フランクリンが尋ねた第三の問いこそが、刑事たちに確信を抱かせた。彼は「刑事さんたちは、娘と話をされたんですか」と尋ねたのだ。

たとえ殺人事件の被疑者になったとしても、無実ならばそんなことは尋ねないだろうと刑事たちは思った。娘が何か言うことを恐れていないのなら、フランクリンは娘のことなど口にするはずがない。* 無実であれば混乱し、動転し、驚くだろう。しかしジョージ・フランクリンは平静な様子でそこに立っていた。刑事たちが来るのを予想していたかのようだった。

一九八九年十一月二十八日、ジョージ・フランクリンはスーザン・ネイサン殺人容疑で逮捕された。彼に対する証拠はただひとつ、娘の記憶だけだった。

---

* 刑事たちの回想は、フランクリンが「娘」と言ったのか、「娘たち」と言ったのかで異なっている。それよりも五年前、別の娘ジャニスは父がスーザン・ネイサンの殺人に関わっているかもしれないと疑い、警察に通報していた。

一九九〇年の夏、私はジョージ・フランクリンの弁護士であるダグ・ホーングラッドから電話を受けた。この事件の専門家証言を引きうけてくれないかという依頼である。私はこんなことを思ったのを覚えている。こんな変な話は聞いたことがない。証拠はどこにあるのか？　殺人事件だったら普通は血痕、遺留性液、凶器などの確実な物的証拠か、「ソフトな」一連の状況証拠に基づいて立件がなされる。だがこの事件は、一人の女性が二十年前、わずか八歳のときに目撃した記憶（訳注：八歳で四年生という場合もある）――その後は明らかに形跡もなく葬られていたが最近になって掘り起こされた記憶――の信頼性にのみ基づいている。そんな記憶がどれほど当てになるのか？　二十年も前の裏付けもない記憶を証拠として、検察側はどうやって事件を立証するのか？

検察側と弁護側は二つの基本的な可能性について争うことになるだろう、とホーングラッドは説明した。検察側は記憶が正しいという説に基づいて告発するだろう。それを陪審員が受けいれればジョージ・フランクリンは有罪になる。弁護側は記憶が正確ではないこと、つまり事実（スーザン・ネイサンは殺された）と想像（アイリーン・フランクリンは殺人を目撃した）の混同であることを立証したい。専門家証人としての私の役割は、記憶の形成と変容に関する基礎的過程を説明することだった。もしもアイリーンの記憶が偽りだとすれば、彼女が語る色彩豊かで本質的には正しい細部情報はどこから来たのか？　彼女はどのようにして殺人現場に関するこれらの事実を知り得たのか？　あの日のことを語るとき、彼女はなぜあれほど自信があり、説得力があるのか？

「アイリーンは警察に、目撃者にしか分からないような事実を明かしていますか」と私はホーングラッドに尋ねた。「彼女が刑事に語った細部情報はすべて、当時、つまり行方不明になったスーザンが二か月後、死体で発見されるまでに報道された新聞記事から得ることができます」と彼は言った。そして供述の細部を地域紙で報道された記事と比較できるよう、予審供述と新聞の切り抜きとを送ると約束してくれた。

検察側は、アイリーンが目撃者でなければ知り得ない殺人の細部を知っていると主張していた。だが、もしも弁護側が供述における決定的な細部情報、特に石、指輪、マットレスについての情報が、実はメディアですでに広く報道されていたことを証明し、したがって新聞を読み、テレビを見、殺人について知っている人の話を聞けば、誰でも知り得る情報だったことを示せたらどうか。アイリーンは警察が知らない新事実を提供したとは言えなくなるだろう。ジョージ・フランクリンの事件は、アイリーンの記憶――娘の目をのぞき込んだときに鮮やかに蘇った殺人場面、それを「見る」までは思いださなかったと彼女自身が認めている記憶――からの推論や含意にのみ基づいていることになる。もしもアイリーンの記憶の細部が、殺人に関する報道に見出せるのであれば、ジョージ・フランクリンが殺人犯だという確固とした証拠は存在しないことになる。証拠なしに人を殺人で有罪にすることなどできるだろうか。

新聞はあらゆることを報道していた。アイリーンが予審供述で明かした詳細は、殺人について報道された内容とほぼ完全に一致した。行方不明から三か月後、スーザンの死体はクリスタル・スプリング貯水池上のハイウェイ沿い、急な土手の麓の灌木の繁みで、マットレスの下敷きになって発見された。頭骸骨は打ち砕かれ、傍にあった三ポンドの石には血痕がついていた。スーザンは青いプリント地の服を着て、白いソックスをはき、茶色のサドルシューズをはいていた。はめていた銀色の浮き彫りの指輪は押しつぶされ、指輪の石はなくなっていた。この石はその後、捜索班によって発見された。

これらの事実は、死体が発見された当時、新聞記事に書かれていたことである。だが広く報道された細部情報もすべてが正確だったわけではない。実際にはスーザンは指輪を二つつけていた。右手には銀色のインディアンリング、左手にはトパーズが入った金色の指輪だ。ある記事は二つの指輪を混同し、銀色の指輪に石がついていたと報道した。二十年後、アイリーンはモースとカサンドロ刑事に行った予審供述で、同じ過ちを犯した。彼女は押しつぶされた右手の指輪に石がついていたと想起したのである。

死体を被っていたマットレスについても混乱があった。ある新聞はマットレスだと報道したが、別の新聞は正確に、ボックススプリング（訳注：スプリング入りの厚いマットレス）だと報道していた（そのボックススプリングは大きすぎてジョージ・フランクリンのバン後部には入らないことが後で判明した）。モースとカサンドロ刑事に最初の供述をしてから六か月後、予審で、アイリーンは「マットレス」ではなく「何か」と供述を変えている。「父はスーザンの上にうずくまり、身体の上に石を載せていました。そして何かで身体を被ったのを見たような気がします」。

「身体の上に石を置いた」という細部情報も、殺人現場についてすでに知られ、公開されていた事実と一致する。石の一つはスーザンの服のひだの間から、もう一つの大きな石は死体の傍で発見された。病理学者によれば、どちらも凶器になり得るということだった。最初にモースとカサンドロ刑事に細部を語ったとき、なぜアイリーンは「身体の上に石を置いた」ことを話さなかったのだろう。

またアイリーンは、予審において殺害時刻を午前中から午後遅くへと変更した。スーザン・ネイサンは朝、登校していた。だからアイリーンの最初の供述通り、ジョージ・フランクリンが午前中、彼女を車に乗せることは不可能だったのだ。スーザンは三時頃学校から戻り、誕生日に備えて新しい服を縫っていた母親にただいまを言った。そして友だちから借りたまま学校に置いて来てしまったテニスシューズを返しに行ってよいかと尋ねた。彼女は三時十五分頃家を出た。近所の人が何人か、歩道を歩いているスーザンを目撃している。

四時か四時半、マーガレット・ネイサンは娘のことが気になりはじめた。スーザンはいつも時間を守り、きちんと居場所を知らせてくるからである（それに彼女は午後のおやつを欠かすことはめったになかった）。マーガレットは自転車で近所中を走り回り、スーザンを探した。時間はたったが娘は見つからず、マーガレットは半狂乱となった。ネイサン家は八時頃警察に通報した。

モースとカサンドロ刑事に対して行った最初の面接後、どこかの時点で、アイリーンは当日の時刻を殺人に関する事実と合致するように変更した。逆光に立つ父のシルエットについて考えるうち、殺人が起きたのは午前中ではないことがはっきりしてきました、と彼女は説明している。心の情景には木々の間に低く傾いた太陽を見ることができる、スーザンが殺されたのは午後遅くに違いない、ということだった。アイリーンによれば、記憶を修正したのは一九八九年の十一月下旬か十二月だが、変更を検察に報告したのは一九九〇年の五月、予審の二週間前だった。

アイリーンはバンに乗っていたジャニスについても供述を変えた。スーザンを乗せようと車を停めたとき、ジャニスはバンの中にいた、とアイリーンは最初刑事に述べた。スーザンが車に乗りこんだとき、ジョージ・フランクリンはジャニスに車から降りるように言った、と供述したのだ。だが検察官に対する五月九日の供述では、アイリーンは記憶を修正している。父がスーザンを乗せようと車を停めた場所近くの空き地で、アイリーンはジャニスを見たのだと主張している。

アイリーンは予審で次のように証言した。「このことについて一生懸命考え、事件がどのように起きたのか自信がもてるようにと努力すればするほど、ジャニスが車の中にいたのか外にいたのか、自信がなくなってしまいました。自信がなくなると、私はもっと一生懸命考え、思いだそうとしました。そしてやがて、数週間もたってからでしょうか、ジャニスは車の外にいたように思えてきたのです。ただ、ジャニスが初めは中にいたのかどうかは、はっきりしません。外にいたような気がします。どうして前は中にいると思ったのか、分かりません」。

アイリーンの供述に見られる足し算や引き算は、研究者にとっては周知の真理、記憶の可変性を支持している。記憶は時とともに変化する。時がたつほど多くの変化や変容が生じる。後で起きた出来事は干渉し、心は新しい事実や細部情報を統合する。そして元の記憶はだんだんと変化するのだ。

私はアイリーンの記憶は完璧に正常だと思う。彼女は親友スーザンのことを、そしてスーザンが残酷な方法で殺されたことをはっきりと覚えていた。だが二十年の間に、この抜本的で忘れられない二つの事実に何かが起きたのだ。記憶を新聞やテレビから得た事実と統合し、日常会話から拾った細部を加えて筋の通った話を作りあげるというのはありがちなことだ。この説に立てば、アイリーンの心は無慈悲な殺人事件の断片を集め、空想や恐れを混ぜ合わせ、うわさやコメントを一緒にかきまぜて、父が森で親友をレイプし、殺すのを目撃したという、誤った結論に到達したことになる。彼女の心は出来事の真実を語りの真実、すなわち鮮明な細部情報、流暢な語り、明快な道徳観念などで飾りたてたといえるだろう。

検察側は、アイリーンの精緻な「記憶」は過去を正確に反映していると主張した。そして彼女が殺人現場にいたことを忘れ、二十年後に出来事を正確に思いだしたことを説明するのに抑圧のメカニズムを持ち出した。アイリーンの供述の変容や一貫性のなさは、記憶それ自体が無効であることの証拠ではない。古びて多少の修理は必要でも、彼女の記憶は信頼できるという、明快な証拠なのだと彼らは説明した。

抑圧の概念はいつ頃出てきたのか。一九八九年十一月、アイリーンが警察に電話し、モースとカサンドロ刑事に予審供述を行った際、彼女は「抑圧」された記憶については一切触れていない。実際、刑事がどうして今頃になって父親を告発することにしたのかと尋ねると、彼女は最近記憶が鮮やかになり、前ほど「曖昧でなくなったからだ」と説明している。また数週間後、マーティ・ミューレイ検察官と電話で話したとき、彼女は殺人に関する細部は集中的なカウンセリングの最中に戻ってきたのだと言った。この電話の会話は録音されているが、そのなかで彼女は何度か、殺人のことを話せば殺すと父親に脅かされたので記憶のことは黙っていたと述べている。

だが一九八九年十二月下旬には、アイリーンはミューレイ検察官に、記憶はつい最近になって意識に戻ってきたのだと語っている。またその後、二つの新聞のインタビューで、殺人の記憶は「ブロック」されていたが、突然「フラッシュバック」のように戻ってきたと説明している。サン・ホセのマーキュリー紙の記者に対しては、スーザン・ネイサンが殺された数日後、出来事を忘れてしまい、フラッシュバックを体験するようになるまでは殺人について何も思いださなかったと話している。彼女はまた、子どものころネイサン家の前を通ると体が突然向きを変えるように感じたが（「身体記憶」だ）、この奇妙な身体的反応の意味は、抑圧された記憶すべてが意識に戻ってくるまで分からなかったと語っている。

またロサンジェルスタイムズ紙の記者に対しては、殺人が起きた直後に記憶が「ブロック」されたと述べている。殺人のフラッシュバック、石をもった父がスーザン・ネイサンに覆い被さるように立っているイメージなどが戻ってきて初めて、彼女は警察に通報する決心をしたのだという。

何がフラッシュバックを引き起こしたのか。アイリーンの弟、ジョージ二世が語った話は興味深い。一九八九年八月、アイリーンは弟に電話をかけ、遊びに来るようにと誘った。彼が来ると、アイリーンはカウンセリングで催眠を受けたことを打ちあけた。そしてその翌日、父がスーザン・ネイサンを殺すのを催眠下で見たとも話した。また一九八九年九月、アイリーンは母親にもこの記憶のことを話し、記憶は催眠セッションの最中に戻ってきたと打ちあけたという。

だが数か月後、アイリーンはこれとは違う話をした。そして父が殺人容疑で逮捕された後、彼女は弟に電話をかけ、弁護団に何か話したかと尋ねたという。彼が話したと言うと、彼女はすぐさま催眠の話を打ち消し、前の話は忘れて新しい話を支持してくれと頼んだ。新しい話では、記憶は普通のカウンセリングで戻ってきたのであり、彼女は一度も催眠を受けたことはないということになっていた。お願い、警察が電話をかけてきたら催眠については何も言わないで、と彼女は嘆願したという。

アイリーンは一九九〇年の秋、どこかの時点で、催眠下で喚起された記憶が法廷では認められないことを知ったのだろう、とホーングラッドはにらんでいる。現役の検事であるアイリーンの母親か、ロサンジェルスにいる雇用弁護士――アイリーンは警察に電話する前、この弁護士に相談している――から法のことを学んだのかもしれないとホーングラッドは言う。信頼できる多くの研究が、催眠にかかった人はきわめて暗示を受けやすい状態になること、記憶が強まったり、具体的になったりすること、存在しない記憶があったかのように植えつけられたりすることを示している。そういうわけで、カリフォルニア州も他州と同様、催眠下で回復した記憶による証言を認めていなかった。

一九九〇年五月の予審で、アイリーンは弟と母親に催眠を受けたと嘘をついたことを認めた。私は催眠を受けたことはない、ただ家族に信じてもらうために催眠を受けたと言ったのだ、と彼女は述べた。彼女は当初明らかに、催眠が話の信頼性を高めるのに役立つと信じていたようだ。アイリーンはまた、姉のケイトの証言を否定している。ケイトの証言によれば、アイリーンは一九八九年十一月初旬、警察と接触する数週間前、夢の中でスーザン殺害の記憶を思いだしたのだという。アイリーンは悪夢を見続けており、カウンセリングに戻るつもりだとケイトに話していたが、それから間もなくして父がスーザン・ネイサンを殺す夢を見たのだという。

アイリーンの描く殺人事件の構図は夢か、フラッシュバックか、それとも催眠によって生じた記憶なのか。検察側はそのどれでもない、と主張した。単純明快、抑圧された記憶なのだ。「抑圧」とは、ただ忘れるとか、意図的に秘密にするということではない。外傷的な殺人事件に遭遇し、アイリーンの心は記憶を意識のなかから取り消すように反応した。記憶は跡形もなく消失し、二十年間、意識の世界に入らないよう封印されていた。この二十年間、「スーザンが殺されたとき、あなたは現場にいたんじゃないですか」とか、もっと直接的に「お父さんが親友を殺したんじゃないですか」と尋ねられたとしても、彼女はショックを受け、信じられないと反応し、否定するだろう。この確信をさえぎる記憶は一かけらもなかったのだ。記憶は死んだも同然で、生体反応はすべて消えていた。震える命の存在を示唆する、わずかな鼓動すらなかったのだ。


「抑圧」……。この言葉は秘密めいた闇、埋もれた宝だ。片隅でこの世のものならぬ衣ずれの音がする、蜘蛛の巣と埃の部屋……。記憶の心理学において、抑圧ほどおどろおどろしく、ロマンチックな概念はないだろう。何かが起きる。あまりにショッキングで恐ろしいことが。そのため心はショートし、通常の記憶機能はダウンする。記憶全体、またはその断片が引き裂かれ、隠される。どこへ？　誰にも分からない。だが電気のはじける音やニューロンの青い火花とともに記憶が地下へ、最も遠い手の届かない意識の隅へと追いやられる様子は想像できる。記憶はそこで何年も何十年も、ときには永遠に、死んだも同然の昏睡状態で隔離され、保存される。意識の熱が抜け、眠り続けるのだ。

時が経つ。何かが起きる。木々の間から差し込む陽の光。床に横たわる、とぐろを巻く蛇のような黒皮のベルト。ちょっとした言葉、どこかで体験したことのある、不思議な沈黙。と突然、記憶が深みから立ち上る。一度は凍った池の静かな水面から、完全な姿で現れる。

凍てついた心の表面を溶かすもの、地下に埋もれた記憶を意識へと誘うものは何か？　長い年月、記憶はどこに隠れていたのか？　本物のように見え、聞こえ、感じられはする。だが、蘇生された記憶が現実と虚構、夢と想像、恐怖と欲望の汚染された混合物でないと、どうして分かるのか？

私は専門誌の論文や教科書を検索し、答えを探した。だがそこで遭遇したのは不気味な静けさだった。防衛機制なる理論――意識を苦しい体験や感情から守る理論――をフロイトが初めて提案してから百年近くものあいだ、抑圧という概念そのものが眠りについてしまったかのようだった。ロバータ・クラツキー著『記憶のしくみⅠ・Ⅱ』第二版を読んでみたが、抑圧に関する項目索引は見当たらなかった。ユージン・ゼックマイスターとスタンレー・ナイバーグの記憶の教科書の索引にも、抑圧の概念はなかった。

やっとアラン・バデレーの記憶の本に、抑圧に関する情報をいくらか見出すことができた。イギリスの一流の記憶研究者であるバデレーは、感情が記憶を阻止する力をもつというシグムント・フロイトの信念について考察している。長期にわたる母親の病と死によって生じた記憶障害を患う二十歳の女性の事例を、バデレーは引用している（この女性はフロイトと同じ時代に生きたピエール・ジャネの治療を受けた）。バデレーは記憶の選択性と意図的回避の問題を重視し、「クライエントがストレスのある記憶にアクセスできないのはどこまでか、意図的にアクセスしようとしないのはどこまでか、明確に線引きするのは困難だ」と結論している。

またバデレーは次のように議論している。感情が記憶に大きな影響を及ぼすことを示す学術的証拠はある。だが日常生活でも抑圧が存在するかというと、その証拠は「判然としない」。また「抑圧を実験室で再現することも大変困難だ」。抑圧は根拠ある確かな現象だと主張する臨床家は多いが、「何が何でもそうだと主張する議論は、主張の正当性よりも主張する者の信念を表していることが多い。もしも［誰かが］いたる所に抑圧の証拠があるというのならば、美と同様、それは見る者の目の内にあるのではないか」と。

私は臨床心理学の分野にも目を向け、近親姦と外傷に関する名の通った本を何冊か読んだ。精神科医であるジュディス・ルイス・ハーマンの『父-娘近親姦』は高く評価されているが、「抑圧」という言葉は本文にも索引にも見当たらなかった。だが子ども時代の外傷体験の影響に関するアリス・ミラーの古典『才能ある子のドラマ』には、何箇所か抑圧への言及があった。ミラーは人生における隠された真理、「過去の暗闇に隠されている真理」を見つけだす必要性に焦点を当てている。だがこの真理は、文字通りの歴史的な記憶を探しても見つからない。そうではなく、外傷を受けた子どもたち、つまり共感や愛情のない環境で育ったために欲求や感情を意識から切り離してしまった子どもたちが、自我の強い欲求や感情を表出することによってこそ、真理を見つけることができる、とミラーは力説している。彼女は冒頭でこう書いている。「経験から学んだことですが、精神的な病いと闘うときに頼りになる唯一の武器は、子ども時代の過去の真実を感情的に見つけ出し、感情的に受け入れることです」。また彼女は、最後のページをこう結んでいる。「クライエントが子ども時代の過去を真に感情的に体験し直すことができたなら、そうすることで生きているという感覚を取り戻すことができたなら、精神分析の目的は達成されたといってよいでしょう」。

アリス・ミラーの著書によれば、抑圧された記憶や無意識の記憶からどんな「真理」が発見されようとも、それは本質的に主観的で感情的なものだと結論するのが妥当だろう。精神分析学に抑圧の概念を導入したシグムント・フロイトも、抑圧されるのは感情的な内容であることを強調している。フロイトは抑圧を防衛機制として捉えたが、防衛機制とは、（外傷、不安、罪悪感、羞恥心などによって経験される）精神的な「苦しみ」を防衛するために、感情、欲求、気分、意図などを否定もしくは抑制する働きである。フロイトは一九一五年に公表された論文で、「否定し、意識の外に閉め出しておく機能こそが抑圧の真髄である」と、抑圧の現象を明快に簡潔に記述している。

有名なフロイトのクライエント、エリザベス・フォン・Rは、古典的な抑圧の例としてよく取りあげられる。彼女はフロイトとの面接中、「自分が義理の兄と結婚できるよう、大好きな姉が死ねばよい」という無意識の欲求の表出に近づくたびに激しい身体的な苦しみに襲われた（この欲求は、最後には意識化された）。フロイトは抑圧された観念や欲求を掘り起こす作業を、「埋もれた都市」を「一層、一層掘り起こす」発掘作業になぞらえている。だが抑圧された記憶へと向かう心理的な「発掘」はなかなか進まない。フロイトが土を一すくい取り去ると、クライエントは一生懸命その穴を埋めようとするからだ。埋もれた感情や体験は「病源性の核を層状に取り巻いている。……深く進めば進むほど、発現した記憶は見えにくくなる。核の近くに行きつくまで、われわれは、クライエントが再生産しながら否認する記憶に遭遇し続けるのだ」とフロイトはそのイメージを記している。

夢や許されない欲求は、抑圧された感情がいよいよ戻ってくる予兆だとみなされる。フロイトの別の有名な事例、狼男（ウルフマン）は、いくつか予兆的な夢を見たあと、突然、姉から誘惑されたことを思いだした。またルーシー・R嬢が雇主に対して抱いた抑圧された性的感情は、明らかに彼女のヒステリー症状に寄与していた。一八九三年に発表された論文で、フロイトはルーシー嬢との会話を次のように記している。

「でも、もしも雇主が好きだと分かっていたのなら、なぜ私にそう言わなかったんですか？」
「気づかなかったんです。というより、気づきたくなかったのです。頭から追いだして、二度と考えたくなかったのです。当時はそれでうまくいくと思っていました」

フロイトはルーシー・Rの事例を通して、「観念を意図的に抑圧し、意識から遠ざける」ことでヒステリーが生じるという自説を示そうとした。つまりフロイトの元々の定義によれば、抑圧は感情、観念、思考を意識から追いだす意図的で計画的な過程であったといえるだろう。

アイリーン・フランクリンはこれとは異なる抑圧された記憶、つまり完全に無意識的なメカニズムによって心の外へと追いだされた記憶を主張している。フロイトは彼女について、何とコメントするだろう。大変な外傷的出来事により二十年も記憶が失われたという彼女の報告は、論理的にフロイトの説に適合するのだろうか。それとも彼女の事例は例外——無意識の心の働きに関するフロイトの思索的思弁からの現代的な逸脱事例——なのだろうか。さらに抑圧について検索していると、マシュー・アーデリが書いた「抑圧をカーペットの下に掃き入れないで：抑圧の認知心理学にむけて」という、すばらしい論文に出会った。アーデリによれば、現代の理論家や臨床家は、フロイトの抑圧概念、すなわち本質的に選択的・意図的な行為である抑圧概念を完全に無視し、抑圧を無意識のうちに働く防衛機制だと主張しているという。

このことについては、ほぼ完全なコンセンサスが得られています……防衛機制は例外なく無意識のうちに生じると信じられているのです。この信念があまりに広く行きわたっているため、今や多くの理論家が無意識を仮説としてではなく、現象を定義する構成要素とみなすようになってしまいました。

抑圧の体験（意識的であるにせよ無意識的であるにせよ）がどの程度一般的なものなのか、アーデリは大学生相手にインフォーマルな調査を行った。すると二十歳前後の学生八十六人中八十五人が「心理的不快感を避けるために、嫌な記憶や考えを意識から取り除くこと」と定義される「意識的な抑圧」を使ったことがあると報告した。また多くの被験者が、意識から記憶や考えを追い出すのに用いる無意識的なメカニズムについても思いあたることがあったという。アーデリは「彼らは以前用いた無意識の防衛テクニックについて、今は意識している」と述べ、「抑圧を支持する証拠は一般的に見られる」と結論している。

ということは……と、私は思いをめぐらした。結局、何が分かったのか。私たちはフロイトの漠然とした比喩（心の中には感情や経験が閉じ込められた、近づくことのできない秘密の部屋があるという詩的な概念）を字義通りに解釈してしまったのではないか。フロイトは人の心の測り知れない奥深さを示すために、おとぎ話、空想的な物語として、抑圧という概念を用いた。だが現代人は比喩的な例えに混乱し、文字通りに理解しようとして、無意識とその内容を実際に手にすることができると考えてしまったのではないか。何年も埋もれていた記憶を丸ごと、老朽化したり崩壊したりすることもない状態で発掘できると主張するようになったのではないか。

フロイトは子ども時代に存在する性的で攻撃的な感情や欲望、空想、衝動などの相互作用、それが大人になって引き起こす病的な作用（初期体験の抑圧された感情が常に強調されている）に魅了された。だが現代の分析家は文字通り、歴史的な真実を求めて遠征に出たのである。私たちは概念という蝶を捕え、ピンで壁に刺し、分析し、殺してしまった。そして、なぜ飛ばないんだといぶかしがっている。

それにしても、抑圧に関する学術的な思索を臨床家が再構成、再解釈し、大衆に向けて本を書くとなると事は重大だ。例えばE・スー・ブルームは、著書『秘密のサバイバー』において、抑圧はすべての近親姦サバイバーに共通する無意識の行動の貯蔵庫だと、確信をもって定義している。

> 近親姦サバイバーは秘密を保持するための行動様式を作りだします……その行動は計算して行われるものではありません。意識されることさえありません。自動的で、何年もたつうちにその人の人格の一部になっ

てしまいます。彼らは外傷的な記憶を抑圧し、虐待を受けたことさえ否定します。これこそ、「秘密」があることの証拠です。近親姦は自分でさえ気づかない秘密になっています。実質的にすべてのサバイバーに、何らかの抑圧が見られます。

『生きる勇気と癒す力』（この本は近親姦・回復運動のバイブルと呼ばれている）は、五十万部も売れている。本の前書きで、共著者であるエレン・バスは、自分が「心理学を専攻したことがなく」、「本に書かれていることは何ら心理学的な理論に基づくものではない」と読者に告げている。だが、そう警告したうえで、彼らは抑圧された記憶について的を絞ったアドバイスを提供している。「特定の［虐待的］出来事が思いだせなくても、……何か虐待的なことが起きたという感覚があるのなら、それはおそらく起きたのです」。この粗い一般化の後には「でも思いだせません」という節が続く。その節で、読者はたとえ記憶が思いだせなくても、感覚は「何かが起きた」ことを証するのだと告げられる。

記憶がない、とあなたは思うかもしれません。しかし覚えていることについて話し始めると、感情、反応、記憶の全体像が現れ、実質的な情報を補充してくれることがよくあります。「私は虐待された」と主張するのに、法廷で立証しなければならないような記憶は必要ありません。

サバイバー向けのもう一つのベストセラー『命を立て直す――成人した近親姦サバイバーのための希望』でも、近親姦の記憶は初めのうちぼんやりとした感情やイメージだが、やがては合体し、最後は完全な記憶になるという考えが繰り返し述べられている。著者であるキャロル・ポストンとカレン・ライソンは、近親姦の「記憶を抑圧していた」ある女性の体験を次のように記している。この女性は少女が凍った川でスケートをする夢を見た。夢の中で、彼女は少女に、氷を割って蛇や怪物が襲ってくると必死に知らせようとする。だが夢ではよくあることだが、彼女には力がなく、知らせてやることができない。数日後、このクライエントは子ども時代に受けた近親姦の体験を思いだし始めた。著者によれば、「この女性を理解し、受け入れてくれるカウンセラーやサバイバーのグループ」があったればこそ、記憶は溢れ出したのだという。「女性は普通、記憶や夢を近親姦と直接的に結びつけようとはしません。彼らは何年ものあいだ、近親姦があったことなど思いださないかもしれません。不思議なことに、サバイバーが対処できるようになったときにのみ、記憶は戻ってくるのです」と著者はこの話を締めくくっている。

スティーブン・ファーマーは『虐待的な両親のもとで育ったアダルトチルドレン』という本で、子ども時代の虐待の激しさと記憶を抑圧する力には関連があると述べている。「虐待が激しければ激しいほど、意識的な回想を抑圧する可能性は高くなります」。そして「抑圧の蓋を取り除く」助けとなる練習法をいくつか提示している。

近親姦からの回復に関する一般書を読むにつれ、私はこう思うようになった。この論法で行けば、もし何かが事実だと感じられたなら、それは事実であるという以外に結論はないのではないか。（証拠はともかく）記憶がないという事実にすら、こだわることはできないのではないか。これらの著書でもフロイト同様、気分や感情が重視されてはいる。しかし抑圧という古いテーマの新解釈においては、感情は兆候としてのみ、つまり虐待の記憶が無意識のなかで眠ったように横たわり、発見されるのを待っていることを示す兆候としてのみ、重要である。これらの本を読み、自分は虐待されていたかもしれないと考えた人びと、虐待の記憶に伴うような怒りや悲しみを感じた人びとは、長いあいだ失われていた隠された記憶を求め、感情のロープを手探りでたどりながら、無意識へと滑りやすい坂道を降りて行くよう促される。

だが、クライエントがそれでも思いだせないと言えば、カウンセラーは記憶を揺さぶる創造的なテクニックをたくさん紹介するだろう。『生きる勇気と癒す力』には、虐待された可能性はあるが記憶を思いだせないという人のために、物語を書くという練習法が用意されている。これは恥辱感や屈辱感を思いだし、失われた虐待の記憶の手がかりにしようとする試みである。

何が起きたか思いだせなかったら、覚えていることだけでも書いてみてください。性的虐待に最も近いと思われることで覚えていること、例えば恥辱感や屈辱感を初めて感じたときのことを書いてみてください。思いだせることから始めましょう。この方法がうまく使えるようになると、いろいろなことが思いだせるようになります。

学術的な著述家でさえ、埋もれた記憶に接近するために「推測すること」を薦めている。カウンセラーであるカレン・オリオは「何があったか思いだせない場合、カウンセラーはサバイバーに〈推測〉や〈物語を作ること〉を勧めることがあります。これらは失われた記憶を取り戻すのに有効な方法です」と書いている。オリオはあるクライエントの体験を次のように記している。その女性は性的に虐待されたと考えていたが、具体的な事は何ひとつ思いだせなかった。ある集会で、彼女は三歳の少女の存在に不快感を覚えた。なぜこの少女のことがそれほど気にかかるのかは分からなかった。だが、少女にスカートを降ろすよう注意したいという衝動だけは意識することができた。カウンセリングで、この少女に何が起こりそうか物語を作ってみるよう促され、彼女はとうとう涙を流し、震えながら、彼女自身が受けた虐待について、初めて思いだした記憶を語った。カウンセラーによれば、彼女はこの物語を利用することで「認知的な抑制を迂回し、記憶を表現した」のだという。そこで初めて、このクライエントは「物語のなかの少女は自分だと気づいた」のだという。

抑圧された記憶を扱った事例では、記憶には傷を癒す力があると強調されることが多い。ある顕著な事例はこうだ。摂食障害、アルコール中毒、自傷行為の履歴をもつ三十八歳の女性、ベッツィは暴飲の後、病院に収容された。初めのうち彼女は、子ども時代に虐待を受けたという可能性を否定していた。だが六か月にわたるカウンセリングの後、彼女は父親からひざまずいてオラルセックスをするよう強要されたのを「思いだした」。彼女はまた、虐待のことを口外したら「腕をちょんぎるぞ」と脅かされたのも思いだした。カウンセラーは、彼女の自傷行為は過去のトラウマの再演であり、虐待の記憶が意識へと押し寄せてきた証拠だと信じていた。ベッツィは徐々に回復し、自分を傷つけることはなくなった。「子ども時代の近親姦の記憶を認め、人と話し合うことにより、ベッツィは他者と親密な関係を築けるようになった」とカウンセラーは結んでいる。

解放された記憶がいかに奇妙でも、真の記憶だとよろこんで信じてしまうカウンセラーもいる。ミッチェル・スミスはベストセラーとなったノンフィクション『ミッチェルは忘れない』で、自分が受けた心理療法を詳細に記述している。彼女は毎回、催眠を受けた。数か月たつと、彼女は五歳の頃、母親からオリに閉じ込められたことや、悪魔信者の残虐な集会の「記憶」などを思いだすようになった。「マラキ」という男が取り行う血のしたたる儀式、黒い服をまとった残忍な看護婦、歌い踊る十数人の大人たち。彼らは生きた鶏を歯で裂き、胎児を真っ二つに切り、その身体をミッチェルの腹になすりつけ、十字架で彼女を犯し、無理やり聖書に排尿や脱糞をさせたりした。儀式による虐待のことを思いだすたび、彼女には「身体記憶」という身体的な症状が現れた。例えば首のまわりに湿疹が生じたが、ミッチェルとカウンセラーはそれを悪魔の尻尾の刻印だと解釈している。本にはミッチェルの湿疹の白黒写真がとじ込まれており、「悪魔は燃えさかる尻尾を彼女の首に巻つけた。ミッチェルがその記憶を思いだすたび、尻尾の先のスペード形の湿疹がくっきりと現れた」と注釈がある。

解放された記憶については客観的な証拠や証明を求めることが望ましいといった警告は、これらの一般書にはまず見られない。むしろこれらの本では、クライエントは証拠を求められるとさらに傷つく、と強く主張されている。クライエントが記憶に疑いを抱いても、カウンセラーはその出来事は事実だと認めるように、また虐待は本当にあったのだとクライエントを納得させるようにと指示される。記憶がどれほど異様でも、また記憶に基づく告発がれほど重大な危険をはらんでいても、サバイバーは自分の記憶について証明や証拠を提供する義務はないと告げられるのだ。バスとテイビスは『生きる勇気と癒す力』のなかで次のように書いている。

虐待の記憶が曖昧なら、その詳細について厳しく問われる可能性があることを認識しなくてはなりません。……しかし虐待の事実を証明する義務はないのです。

回復された記憶は合理的な過去の真実なのか、事実と虚構の混ぜ物なのか、それとも全くの作り話なのか。告発する者にとってもされる者にとっても、これを決定する方法が問題だ。心理学はこの百年、多くの成果を上げてきた。だが、心を読む方法までは発見していない。物理的な証拠なしに、絶対的な「真実」を確定することはできない。抑圧された記憶において、シグムント・フロイトやアリス・ミラー、その他の理論心理学者たちは歴史的な出来事の真実ではなく、感情的な語りの真実を繰り返し強く主張してきた。それはおそらく、右のような理由によってだと思われる。

だが一九七〇年、八〇年代の近親姦に対して過敏な風潮のなかで、道理をわきまえた臨床家までもが「信仰による飛躍」のアプローチ――すべてを重視する信頼的・治療的環境を究めるため、回復した記憶でさえ正確だとするアプローチ――をとるようになった。例えばアルヴィン・ローゼンフエルドらは一九七九年の論文で次のように述べている。近親姦に関するクライエントの報告が空想か事実かを査定することは難しい。だがカウンセラーは、もしも過ちを犯すのなら、信じるというサイドで過ちを犯したほうがよいのではないか。カウンセラーが信じなかったためにカウンセリングから締め出され、心理的な病いへと追い込まれるクライエントもいるからだ、と。彼らはまた次のように書いている。「猥褻行為を受けたという報告が記憶なのか、空想なのか、空想したことの記憶なのかを知ることは難しい」。だがカウンセラーは「虚心」でいなければならない。なぜなら「真実を空想だとして見逃すことは、その逆よりも危険かもしれないからだ」。クライエントの報告が正確だと仮定することにより、カウンセラーは「信頼の雰囲気」を強めることができる。「そこでは告発できるかどうか隅々まで検討できるし、もしも真実でないと分かれば取り消すことだってできる」。

臨床場面でクライエントがカウンセラーに個人的な話を打ち明けた場合、その記憶が事実か空想かを決定することはあまり重要ではないかもしれない。クライエントが癒されるのであれば、治療が外傷的な事実に対して行われたのか、外傷的な空想に対して行われたのかは問題ではない、と多くのカウンセラーが言うだろう。確かに、事実ではないが、思いだす人にとっては事実のように思える記憶に対し、それは基本的・原則的な意味で事実ではない、などと言うことはできない。個人が感じた体験はすべて感情的な語りの真実であり、否定されたり矮小化されたりすべきではないからだ。

だが二十年もたった記憶――色も、感触も、音も、匂いも、感情も驚くほど保存されている――が突然、爆発的に現れ、そこで明らかにされた詳細に基づいて一人の男が殺人の罪をとがめられるような場合には、臨床的に重要な記憶は、少なくとも部分的には、法的に通用するものでなくてはならない。アイリーン・フランクリンは制御できない記憶に圧倒され、親友がレイプされ殺されるのを「見」続け、心の中で何度となく恐怖を体験した。裁判の日が近づき、男の自由は天秤の上で揺れている。この大量の恐ろしい記憶は悪夢か、狂気か、それとも遠い過去からの純粋な記憶の放出なのかと、懐疑的な問いを発せずにはすまされないように思われた。

レオーネ・テア博士はフランクリンの裁判で検察側に立って専門家証言をすることになっていた。彼女は精神医学と臨床心理学の教授で、外傷体験のある子どもの研究をしている（カリフォルニア州、チョーチラで誘拐された子どもたちの研究が有名だ）。私は彼女が抑圧の概念をどう説明するのか興味をもち、最近の著作『恐れのあまり泣くこともできない』を取り寄せて隅から隅まで目を通した。そこには驚くべきことが書いてあった。

「抑圧」の定義や説明は本のどこにもなかったが（外傷や近親姦に関する多くの学術的な書物と同様、この術語は索引にすらなかった）、「抑制」の定義は見つかった。テアは「抑制」を「完全に意識的であり、したがって防衛機制ではありません」と定義している。だとすると、（フロイトが定義し、多くの現代の臨床家が防衛機制として受け入れてきた）抑圧は、完全に無意識的だということになるのか。そうでもなさそうだった。テアは明快に、また一貫して、突然の急な出来事は子どもの防衛を圧倒し、「普通の記憶よりもはるかに詳細で明確で永続的」な「……鮮明で、非常にはっきりとした言語的記憶」を作ると述べている。だが長期間にわたる外傷体験や恐怖にさらされた場合は防衛機制が刺激され、記憶の形成、貯蔵、そして検索が妨害されるのだという。

この外傷理論はアイリーン・フランクリンの記憶にどのように適用されるのか。アイリーンの体験は明らかに、「突然の急な出来事」という外傷体験の範疇に入るように思われた。テアはそのような外傷体験は心に永続的で消すことのできない刷り込みを残すという。テアは外傷的な記憶の性質についていろいろなことを述べている。だが彼女の理論によれば、もしもアイリーン・フランクリンが親友の殺害を目撃したのなら、彼女はそのことを覚えているであろうことを支持するように思われた。「恐ろしい体験は永続的な心的絵画を形成する」とテアは書いているのだ（訳注：「言語的」ということと「心的絵画」であることとは必ずしも矛盾しない）。

> ……外傷的な思い出は普通の記憶よりもはるかに詳細で明確で永続的です。……外傷を受けた子どもたちは普通、ショッキングな出来事を一つたりとも否定しません……。

私はテアが、外傷を受けた心をカメラ、それも高価なレンズと防腐処理されたフィルムを装填したカメラになぞらえているのに驚いた。

外傷体験の記憶は普通の記憶よりも強い光のもとで撮影された写真のようなものです。フィルムは通常のフィルムとは異なり、腐食することがないように思われます。そしてどんなに細かい細部でも、皺、小皺、そばかすまでも写し取る、最高級のレンズだけが用いられます。

記憶に関するこの分析は、私が実験室で行ったストレスや外傷体験による腐食効果の研究とは全く異なる。私はこの手の研究を二十以上も行ったが、その多くはストレスの高い体験は記憶を損なうという理論を支持している。テアのアナロジーを用い、記憶システムを高機能レンズと防腐処理済フィルムを装備したカメラのようなものだと仮定してみよう。またライトは常に最適な状態にあると仮定しよう。ストレスの下で、何が起きるか？フィルムを入れたコンパートメントを閉じ忘れ、フィルム全体が真っ白になってしまうかもしれない。フィルムを巻き戻した後、取り出すのを忘れ、また初めから写してしまい、二重写しの写真を撮ってしまうかもしれない。レンズの蓋をはずし忘れることもあるだろう。手が激しく震え、ぼけた不明瞭な画像が写るかもしれない。また、銃などの中心的な細部に焦点が絞られ、その部分の記憶は残ったとしても、他の多くの側面は忘れてしまうかもしれない。記憶装置がいかに立派なものでも、ストレス下では適切な使用法を忘れてしまいかねない、と私は言いたい。

検察側は、実験室での私の研究は現実世界の出来事とはほとんど関係がない、と議論するかもしれなかった。確かに心理学実験では被験者を誘拐したり拷問にかけたりすることはできない。弾の入った銃を向けたり、今にも子どもを押し潰しそうな一トンの車を持ち上げるよう被験者に要求することもできない。愛する者を殺すと脅かしたり、長時間、命の不安にさらしたりすることもできない。実験室で作られる外傷的な状況は、現実世界における多くの外傷体験に比べれば生ぬるいものである。

しかし実験心理学者は記憶の形成、貯蔵、検索に関する基礎的な過程を研究できるし、現に行っている。公式の記録に残され、再現可能な発見は、現実世界の状況にまで一般化可能だ。それに、たとえどちらのサイドを信じようとも――つまりストレスは記憶の細部や正確さを低下させるという私の実験室研究を信じようとも、そうではなく外傷的な出来事は「永続的な心的絵画」を作りだすというテアの臨床事例を信じようとも――どちらにせよ、これらの知見はアイリーン・フランクリンの抑圧された記憶の正確さについて否定的であるように思われた。もしもストレスが（そしてもちろん経過時間も）記憶を減衰させ、低下させるのなら、なぜアイリーン・フランクリンの記憶は二十年もたって驚くべきフル・カラーの細部とともに戻ってきたのか。もしもレオーネ・テアが議論しているように、外傷的な出来事が詳細で明確で永続的な記憶を形成し、また同じく彼女が議論しているように、外傷を受けた子どもは自分の記憶を「否認」しないというのなら、どうしてアイリーンはスーザン・ネイサン殺害の記憶を二十年近くも意識から遠ざけておくことができたのか。

私は混乱してきて、弁護士ダグ・ホーングラッドに電話をかけた。「テア博士は最近、外傷体験のある子どもの記憶は永続的で消えることがないという理論を発表しているわ。彼女がこの理論をどのように説明するか、思い当たることはない？」。

彼には思い当たることがあった。テア博士は最近、理論を修正したからである。もうすぐ出版される論文で、彼女は二つの異なる種類の心的外傷、タイプⅠの外傷とタイプⅡの外傷について述べていた。タイプⅠの外傷は短い単一の出来事または体験で、はっきりとした、正確で消すことのできない記憶をもたらす。一方、タイプⅡの外傷は複数の出来事や継続的、連続的な出来事である。抑圧された記憶はこのタイプの外傷体験とかかわりがあった。テアの理論によれば、繰り返し虐待された子どもは虐待を予期し、記憶を切り離して抑圧することにより、身を守る術を獲得する。こうして彼らは連続的な外傷を思い出す痛みを退け、持続的なストレスがかかる虐待的な環境のなかで「正常に」生きる道を見出すのだという。

ホーングラッドは続けた。検察側はこの理論をアイリーン・フランクリンの事例に適用しようとするだろう。おそらくアイリーンの人生におけるたった一度の外傷的な出来事（スーザン・ネイサンの殺害を目撃したこと）を、日々続いていた一連の外傷的な出来事――フランクリン家では身体的、情緒的、性的な虐待が行われていた――のなかに位置づけようとするだろう。検察官は、ジョージ・フランクリンが妻子を虐待していたことを証言する証人を何人も用意している。これらの証拠をもってすれば、アイリーンが親友殺害の記憶を抑圧した理由を説明する、もっともらしいシナリオが作れそうだった。

タイプI、タイプIIという理論は、仮説としては確かに興味深い。だが外傷的な記憶の一部を切り出して一つのタイプとし、もともと外傷的な記憶として仮定されていたメカニズムを抑制して別のメカニズムを仮定するなんて。そんな理論を支持する正統な研究を私は見たことがなかった。理論の迷路を論理的に整理しようと努力するうちに、私にはだんだん分かってきた。そもそもこの議論に理屈で勝つのは不可能なのだ。実験室での研究も実証的な結果も、抑圧された記憶という二頭の竜の前には紙で作った盾でしかない。こんな怪物に戦いを挑む者がいるだろうか。

フランクリン家で行われていた身体的、性的、情緒的虐待とスーザン・ネイサンの殺害とを結び付けようとする検察側の計画には、もっと納得がいかなかった。ジョージ・フランクリンをスーザン・ネイサン殺害に結びつける法的・科学的証拠は一つたりともない。にもかかわらず、検察側が陪審員の集団心にジョージ・フランクリンは娘を虐待するような悪人だという観念を吹き込んだらどうか。フランクリンはスーザン・ネイサンを性的虐待し、保身のために殺害し、出来事を口外すれば殺すと言って唯一の目撃者である娘を脅したというイメージを作り上げるのは、それほど大きな飛躍ではないだろう。

ジョージ・フランクリンは妻を殴り子どもを虐待する暴漢だったのか？　この問いへの答えは裁判には何ら関係のないことだ。フランクリンは情緒的、性的、身体的虐待で訴えられたわけではないからだ。彼は八歳の少女の殺人で訴えられた。幼児虐待者は悪人かもしれないが、殺人鬼であるとは限らない。

納得できないことが積もり積もってきて、私はテアの著書に戻ることにした。だが、議論を支える論理を探しているうちに、ホラー小説家であるスティーブン・キングに関する興味深い記述に引きつけられた。テア博士はキングの著作を読み、インタビューを分析したうえで、キングは人生において二度の外傷を体験していると述べている。一つは二歳の頃に行方不明になった父親のことであり、もう一つはちょうど四歳のときに起きた列車事故である。テアはキングがこれらの外傷体験の影響を受け続けているとし（「スティーブン・キングは未だに子ども時代の外傷的な出来事の影響に苦しんでいます」）、悪夢、恐怖、「未来がない感じ」、「積極的な否認」などの慢性的な症状を根拠として挙げている。

キングは電車事故の記憶は全くないと言い続けているが、テアはこれを否認だと解釈している。以下はキングの著書『死の舞踏』からの抜粋、この外傷体験に関するキング自身の記述である。

これは私が四歳になったかならないかという頃の出来事です。ですから実際にあったことというよりも、「母から聞いた」話の記憶を書いているのですが、それはどうぞお許しいただきたい。

母の話では、私は、近所の友だちの家に遊びに行きました。線路近くの家でした。一時間ほどたった頃、私は幽霊のような真っ青な顔で帰ってきたと（母は）いいます。なぜ迎えに行くのを待たなかったのか、帰りたいと電話しなかったのか、友だちの母親が私を送らず、一人で帰したのかなど、その日はひとこともしゃべらなかったそうです。

後になって、いつも一緒だったその遊び友だちが――レールの上で遊んでいたのか、レールを横切ろうとしたのか――貨物列車にひかれたことが判明しました（後から母から聞いたことですが、人びとは肉片を籠に拾い集めたということです）。そのとき私は彼の近くにいたのか、私が着く前にそれは起きていたのか、起きた後、私は彷徨い歩いたのか、結局、母には分かりませんでした。たぶん母は、このことについて母なりの推測をしているのでしょう。しかし先にも述べたように、私にはこの事件についての記憶が一切ありません。事件から何年もたって、話を聞いただけなのです。

友だちが列車にひかれた記憶はない、とキングは主張する。だがレオーネ・テアはキングが記憶を抑圧したのだと信じている。彼女はキングが四歳だったことを取り上げ、「発達が十分でないために生じる健忘で説明するには、年が行き過ぎている」と述べ、自説を強化している。テアが指摘しているのは、大人は二、三歳以前の出来事を思いだせないという、幼児期健忘のことだ。幼児期健忘は普通三歳で終了する。だが友だちが死んだとき、キングは四歳だったので、テアはキングが何か覚えているはずだと論じているのだ。さらに、とテアは続ける。キングは事故を目撃したことを示唆する暴露症状を呈している。遠い昔、彼は幽霊のような真っ青な顔で帰宅し、その日は何も話さなかった。だが現在、彼は今だに暴走列車、殺人車両、破裂する消火栓などが出てくる恐怖満載の小説で、あの外傷体験を再演し続けている。テアは自説を支持する証拠を「It」（イット）や「ペット・セメタリー」に現れる架空の登場人物に求める。彼らは「出たり消えたり」する健忘、断片的な記憶をもっている。そういう記憶の状態は「キングが自伝のなかで主張している完全な忘却よりも、彼の現実の生活体験に近いのではないか」とテアは言う。

私の解釈が正しければ、こういうことになるだろうか（本当は、むしろ混乱していることを認めたいのだが）。キングは外傷体験のサバイバーによく見られる症状を呈し、（表現したり、覚えていることを自覚するのがつらい）記憶を、架空の登場人物を通じて再演し続けている。というのも、彼らはキングの代わりに外傷体験に直面してくれるからだ。したがって、いくら彼がこのきわめて外傷的な出来事の記憶はないと言い張っても、友だちが列車にひかれるのを目撃したのは明白だ、と。

テアの理論には筋が通っていて、つじつまも合う。誰も反論はできないだろう。友だちがひかれたとき、キングはその場にいいなかったと、誰が証明できるだろう？　キングに記憶がないからといって、彼が目撃しなかったと誰が証言できるだろう？　アイリーン・フランクリンのケースについても、同じ論法が容易に適用されそうだった。テアが、キングはこれこれのはっきりした症状を呈している、したがって（たとえ記憶になくても）友だちの事故を見たに違いないと自信満々に述べることができるなら、アイリーン・フランクリンについてはそれ以上何も語る必要はないように思われた（それに彼女特有の自信満々の態度だって必要ないだろう）。アイリーン・フランクリンはテアの理論を受け入れただけでなく、自分の抑圧された記憶の物語を正当化するため、テアに専門家証言を依頼したほどなのである。

事実、テアはフランクリンの裁判で証言した際、キングについても意見を述べた。彼女は陪審員に、キングと遭遇したときのことをこう語っている。ホテルの喫茶店にいると、近くのテーブルから会話が聞こえてきた。一人の男が本や映画のなかでなぜそれほど多くの人を殺さねばならないか、説明していた。「それは本当のところ、自分の一部なんだ」。この男こそ、もちろんキングだった。テアは法廷で、逸話の意味をまとめて次のように言った。「外傷を受けた人たちは、このような行動を止めることができません。変えようのない行動なのです。当人はなぜ行動が外傷に結びついているのか気づかないかもしれません。しかし行動はずっとそこにあり、繰り返されねばならないのです」。

レオーネ・テアはこの興味深い逸話を用いて、アイリーン・フランクリンの抑圧された記憶が結局のところそれほど異様なものではないことを示そうとした。キングは記憶を回復していないので、繰り返される行動が子ども時代の外傷によって作られたことに気づいていない。だが外傷的な記憶を回復したアイリーン・フランクリンは、外傷によってどんなに深い影響を受けたか顧みることができる。こうして、幼児期に生じた悲劇的な出来事により、作家と主婦は結びつけられたのだ。あまりに苦しくて心が機能しなくなり、記憶は無意識に追いやられた。そして何年ものあいだ、症状だけが現れた。「外傷体験の被害者」という症状によって永遠に刻印づけられる、強迫的な行動だけが……。

この症状をもってすれば、アイリーン・フランクリンの変わった人格特性、特異性もすべて理解できそうだった。彼女は催眠について嘘をついた……外傷体験の被害者なのだから、そういうこともあるだろう。麻薬を吸い、売春で逮捕されたことがある……外傷体験の被害者だと思えば納得できる。二十年も記憶を抑圧していた……外傷体験の被害者によく見られる防衛反応だ。弁護側がアイリーンは目撃者として信頼できないと主張するために述べたことはすべて、何度も繰り返された外傷体験の症状――外傷体験は心の奥深く、消えない傷を残しているのだ――として解釈され、かわされてしまった。

一九九〇年十一月二十日火曜日、私は証言台に立ち、二時間にわたって記憶の変容に関する研究の話をした。法廷の人びとに、記憶は時間とともに減衰し、細部や正確さが失われること、弱まった記憶は時間がたつと「事後情報」、つまり出来事が完全に終了した後で目撃者に与えられる事実、観念、干渉、意見などの影響を受けやすくなることを説明した。また陪審員に、強盗を模擬したショッキングなフィルムを用いた一連の実験についても話した。フィルムの最後では、子どもが顔面を銃で撃たれる。衝撃的な結末を見た被験者は、同じ内容だが暴力的な結末を含まないフィルムを見た被験者に比べ、細部を正確に思いだすことができなかった。

この研究は記憶の獲得段階、つまり出来事が起こり、記憶システムに情報が蓄積されるときに変容が生じることを示している、と私は説明した。この他、記憶の保持段階や検索段階に関する研究、つまり時間がたち、特定の出来事や体験を思いだすよう求められる段階についての研究も多い。事後情報が記憶へと統合され、元の記憶を汚染し、情報を付加し、変容させることは、何千、何万人もの人びとを対象に行った何百もの実験によって明らかにされているのだ、と私は説明した。

また、こんな実験も紹介した。銃の撃ち合いを含む強盗フィルムを被験者に見せた後、細部に誤りのあるテレビ報道を提示する。その後、被験者に強盗事件で何が起きたか尋ねると、多くの被験者がテレビ報道からの誤った細部情報を含む報告を行った。事後情報が提示され、出来事の細部が心に挿入されると、被験者はそれを真実であるかのように取り入れ、元からある「本物」の細部情報と同様、防衛しようと懸命になる。被験者に、その記憶――豊かで細部まではっきりした記憶ではある――が誤っていたり、汚染されたりしている可能性があると示唆しても、彼らは抵抗する。そして変容し修正された記憶を、自信満々で語るのだ。

検察官であるイレーン・ティプトンは陪審員に対し、記憶の変容に関する私の研究はアイリーン・フランクリンの抑圧された記憶とはほとんど、あるいは全く関係がないと、説得しようとした。あなたは正常な記憶、正常な忘却について研究されていますが、だからどうだというのでしょう？　アイリーンのとてつもない記憶とどんなかかわりがあるというのでしょう？　彼女の質問はそう暗示していた。

「証人は、父親を正しく再認または同定できないというような事例について、意見を求められたことはありませんね」。ティプトンは尋ねた。

「そのような事例は扱ったことがないと思います」と私は答えた。

彼女は続けた。「二十年も前のことを思いだしたり、それについて話したりする能力の研究をしたことはありませんね。そうですね？」。

「私自身はそのような研究をしたことはありません。またそのように長い期間について調べた研究は、文献としてもあまりないでしょう」と私は答えた。

「実際、あなたの研究では、目撃した出来事の記憶を思いだすことなく抑圧する、というようなことはやっていませんね。その通りですか？」

実験で調べているのは抑圧されていない記憶の変容であると、私は認めた。だが思わずこう尋ねたい衝動にかられた。存在しない、少なくとも意識にはない記憶をどうやって研究できるのですか、と。だが私は思いとどまった。

ティプトンは、抑圧された記憶は通常の記憶の規則にはしたがわないと、繰り返し強調した。「あなたの研究は意識のなかにない記憶、いわば抑圧された記憶における事後情報効果を調べたものではありませんね。ですから、あなたの研究は抑圧された記憶には適用できないと思いますが、いかがですか？」。

私はその効果については仮説を立てることしかできないと言った。だが抑圧されていない記憶における事後情報効果、例えば記憶の変容や汚染は、抑圧された記憶においても生じるだろうというのが私の科学的な予測だと述べた。

ティプトンは実験で扱われる変容のタイプに質問の矛先を向けた。私の研究は、一般に出来事の細部の変容を扱っており、出来事そのものが起きたか起きなかったかを問うようなことはしない。出来事の細部とは、例えば「銃はどちらの手にありましたか？」とか「強盗には髭がありましたか？」とか「強盗は手袋をはめていましたか、はめていませんでしたか？」といったものである。

「あなたの研究では、被験者が思い違いをする、例えばビデオに登場した男性はマーケットで泥棒していたのではなく、野球の試合に出ていたのだと思い違いをするといった、そのような反応はありませんね。いかがですか？」

「私の知る限り、そういう反応はなかったと思います」と私は答えた。

「とすれば、あなたの研究は実のところ、出来事の細部を知覚する能力に焦点を当てているわけで、今問題となっている事柄、出来事全体にかかわる事柄を調べているわけではないということになりますね。そうですね？」

「そうです。私の研究の主な焦点は、出来事の特定の側面に関する記憶です」と私は答えた。

再び、ティプトンはとてつもない記憶は通常の記憶の規則にはしたがわないのだと強調した。アイリーン・フランクリンの記憶は抑圧されていたので、どんなことでも可能である。それに抑圧は無意識における不可知な過程の一部であり、とても複雑で神秘的なので、科学者はこれを研究することも理解することもできない、というのだった。

私はだんだんイライラしてきた。科学ではすべてが証明と証拠に依拠している。それが科学の方法だ。科学者は、地球は丸いとか重量のおかげで地面に立っていられると主張しさえすればよいのではない。理論を支える証拠を提供しなければならないのだ（少なくとも自分を科学者だと呼ぶのであれば）。そして科学の理論は反ばく可能でなければならない。少なくとも原則においては、他の科学者がやって来て、地球は丸くないとか私たちは重力によって地面に引きつけられているのではないと証明する実験を計画する、ということが可能でなければならない。

だが無意識においては、内的な一連の事象が自発的に、予告もなく、外的指標もなく――つまり、起きそうなのか、起きている最中なのか、すでに起きたのかを表示することもなく――生じる。科学者はこのような過程を証明または否定する証拠を、どうやって求めればよいのか。自発的に回復された記憶が現実と想像の混合物や空想ではなく、真実そのもの、それ以外の何ものでもないことを、科学者はどうやって証明または否定することができるのだろう。

証言席で検察官の質問に答えるうちに、私は抑圧の威力をひしひしと感じ始めた。まるで教会で、神の存在について牧師と論争しているようだ。

「神の存在を証明したり否定したりできる研究をしたわけではないでしょう、違いますか？」

「ええ、そのような研究はしていません」

「現実的で証明可能なものを扱ったあなたの研究結果は、不可知で証明不可能な存在については適用されないんですよ。そう思いませんか？」

「そう認めざるを得ませんね」

「あなたの研究は個別の細部に焦点が当てられているんです。より大きな構図、偉大な概念ではなく。そうでしょう？」

「そうですね」

抑圧は哲学的な実在であり、信じるには信仰による飛躍が必要であることが、だんだんと分かってきた。飛躍したいと願う者にいくら「科学的」な議論を挑んでも、その主張を変えさせることはできない。科学は常に対象を量化し、実在化することを求める。その科学は抑圧という神秘の力の前で無力だった。法廷は軽信に酔い、陪審員も傍聴人も判断は最初から決まっているように見えた。細心の注意を払って行われた私の研究は、時代遅れのやっかい者、アイリーン・フランクリンの記憶を確定し、ジョージ・フランクリンの有罪を決定するための必要だが影響力のない回り道のようなものだった。

九日後、一九九〇年十一月二十九日、陪審員は審議を開始した。彼らは翌日、判決を出した。ジョージ・フランクリンは第一級殺人罪で有罪となった。


アイリーン・フランクリンは彼女の全存在、全細胞で、父がスーザン・ネイサンを殺害したと信じている。これは疑いのないことだ。殺人のイメージが非常に鮮明で細部まで明確だから、アイリーンには、それが真実でないなどとは思いもよらないのだ。現れたり消えたりする異様なフラッシュバックは、時間をかけて具体的な構図を作る。記憶の破片や断片が漂いながら戻ってきて、元からある核につけ加わり、イメージ、感情、経験、信念がからみあい、複雑なシステムが形成される。

確固たる事実ではない、夢や望み、恐怖、欲望といった気体や風のようなものから、このような混合体が紡ぎ出された可能性がある、と私は考えている。アイリーンの心は現実とは独立に作動し、曖昧で一貫性のない情報を寄せ集め、形として見えるパッケージへとまとめあげ、目も眩むような洞察の一瞬のうちに一貫性のある図柄――すべてが偽りだとは言い切れない――を顕在化させた。それは彼女にとっては真実だが、実際にはなかった真実なのかもしれない。

この裁判で弁護側に立ったデビッド・スピーゲル博士も、この説に同意してくれた。彼はスタンフォード大学医学部の教授で、「解離」という防衛機制――記憶へのアクセスを制限することで、耐え難い感情を制御しようとするメカニズムのことだ――により、外傷的な記憶への意識的な気づきが失われる可能性があると考えている。しかしたとえ外傷的な記憶が意識から失われたとしても、特定の症状は例外なく生じるという。スピーゲルは裁判の後に発表した学術論文で次のように述べている。

> 研究の結果、暴力的な外傷体験にさらされた子どもは一様に（ある調査では標本の八七パーセントが）、その出来事をストレッサーとして認識することが示されました。彼らは侵入してくるイメージに苦しみ、外傷体験が繰り返されるのを恐れ、日常の活動への興味を失い、外傷的な出来事を思いださせるものに動揺を示します。しかし殺人事件後のアイリーンにはこれらの症状が見られません。彼女が事件を目撃したという裏づけはないに等しいと思います。

スピーゲルは次のように結んでいる。

「親友の死に対する罪悪感とファンタジーが組み合わさり、残忍な父親像と結合した結果、アイリーンは偽りの記憶を作り出し、信じてしまったのではないでしょうか」。

アイリーンの記憶が偽りだとしたら（もちろん抑圧された記憶の事例では、本当のところ何が起きたのか確実に知ることはできない。苛立たしいが、それが現実だ）、私たちはそこから彼女の精神について何を知ることができるだろう。彼女は精神的に不安定または錯乱した状態にあったのか、その意味で何らかの「病気」だったのか？　そうではないと思う。もしもそうだとすれば、私たちのほとんどが病気のラベルを貼られてしまうだろう。精神病の兆候もない、まともで知性のある何千人もの人びとが、恐怖に怯えた声でＵＦＯに乗った体験を語るのを思いだしてほしい。彼らは宇宙人に誘拐されたことを明確に鮮明に覚えている。また、正常で合理的な何千人もの人びとが、静かに、強い確信をもって、生前に体験したことを語るのを思いだしてほしい。彼らは生まれる前のことを覚えている。

そしてさらに多くの人びとが、大脳辺縁系（感情的反応と関連があるとされる皮質と核から成る）で生じる自発的で不規則なニューロンの発火により、影響を受ける。脳のニューロンがそのように発火すると、彼らは昔亡くなった愛しい人や、何と、神や聖母マリアや悪魔の姿まで、見たと報告するのだ。こういった知覚は記憶として刷り込まれ、強い感情とともに想起される。

十二世紀の神秘の修道女、ビンゲンのヒルデガルドは、燦然と輝く光、天空の住人、そして明るい光輪の目も眩むような幻視のなかに、神の都をかいま見たという。彼女は本当に、生きながらにして天国を見ることができたのだろうか。今では、ヒルデガルドに与えられた天啓は、偏頭痛から生じたものだと考えられている。臨床神経学者オリバー・サックスは『偏頭痛百科』という本で、次のように述べている。

> 多くの人にとっては平凡で不快で意味のない精神物理的な現象が、特定の恩恵を受けた人にとっては、最高の高揚感をもたらす幻覚の媒体となることがあります。［ヒルデガルドが見た幻視は］その類い稀れなる一例だと言えるでしょう。

例えばキリスト教の安息日再臨派の預言者であるエレン・ホワイト。彼女は、突然トランス状態に陥る。上目づかいになり、決まった言葉と動作を単調なリズムで繰り返す。彼女の「幻視」によれば、自慰は死をもたらし、かつらは精神を侵し、特定の種族は下等な動物との性交によって進化したのだという。ホワイトは気が狂っているのだろうか。それとも改宗者を得るために、偽りの幻視を語っているのか。信者たちは彼女の幻視を神の啓示として受けいれたが、現在では、この「神がかり」はてんかんによる発作——おそらく彼女が九歳の頃受けた頭部損傷によるものだろう——のために生じたのだと考えられている。

奇妙な幻視、異様な幻影、あの世的な幻覚は、つねに黙示録的であるとは限らない。普通に生活する人びとの一〇～二五パーセントが、一生に一度ぐらいは鮮やかな幻覚体験、例えば声を聞いたり、存在しない花のにおいを感じたり、何年も前に亡くなった愛しい人の姿を見るなどの体験をすると推定されている。コーネル大学の天文学と宇宙科学の教授であるカール・セーガンは、両親を亡くしてこの方、おそらく十数回は、両親が自分の名前を呼ぶのを耳にしたという。セーガンはこう書いている。「私は今でも両親をとても愛しています。脳がときどき二人の声を鮮明に思いだしたとしても、不思議なことではありません」。

幻覚は人間らしさの一部である。夢は眠る心に生じる幻覚以外の何ものでもない。子どもは怪獣や妖精を想像するし、宇宙人が来たと主張する大人もいる。アメリカ人のおよそ一〇パーセントは、幽霊の一人や二人、見たことがあるという。彼らは嘘をついているわけではない。彼らは確かに、何かを見、聞き、感じ、体験したのだ。だがその「何か」は現実だと言えるだろうか？

クライエントが子どもの頃体験した出来事を、その時と同じような強い感情を交え、豊かに、詳細に、写実的に話せば、それを聞いたカウンセラーは（いや、聞いた人は誰だって）、当然、深い感銘を受けることだろう。激しい感情を伴う表現、不安やパニックを表す身体的症状、鮮明で細部まで明瞭な記憶をこれでもかと示されれば、聞き手は確かに何かがあったのだと納得してしまう。そしてこう思う。こんな記憶を好き好んで作り上げ、偽りの怒りや不安、恐れ、悲しみなどで粉飾する人がいるだろうか。これほどの感情的苦しみを、わざわざ偽って体験しようとする人などいないだろう、と。

仮にカウンセラーが記憶に偽りがあるという可能性を受け入れたとしよう。すると、彼らは苦しい二重拘束に直面することになる。共感性のある良心的な臨床家は、クライエントが感情を表出し過去の真実を語ることができるよう、安全で信頼できる雰囲気を作ろうと懸命に努力している。実際、カウンセラーの技と頭脳の善し悪しは、クライエントから苦しい、深く埋もれた記憶をどれだけ引き出せるかで測られるといってもよい。であるとすれば、想起された記憶や感情が証明可能な真実かどうか問いただし、クライエントとの信頼関係や信用を裏切る（それに自分の質問手法に疑問を投げかける）ことはできないだろう。

カウンセラーはなぜ、虐待された記憶を思いだしたクライエントの苦悩に、これほどまでに共感するのか、なぜ不信感を表明することもなく、また質問もしないのか、なぜ抑圧された性的虐待の記憶について、証拠を求めようとしないのか。その理由を推し量るのは難しくない。そんなことをすれば、信頼感が崩れ、治療的な関係は失われ、クライエントはカウンセリングから追い出され、悪くすれば——あるカウンセラーが心配するように——クライエントを精神病に追いやってしまうかもしれないからだ。

だが次の問い——人はなぜ回復された記憶を信じるのか——に対する最も説得力のある説明は、おそらく、信じ、な、い、でいることがどっちつかずで苦しいことだからである。アイリーン・フランクリンは自分の話が正確で真実だと、はっきりと、断固として信じていた。また、彼女の豊富で細部まで明確な記憶は、私たちにそう信じさせるに足るものだった。そして実際、私たちは信じたいと願っていたのだ。彼女の記憶を信じれば、私たちは心が規則通り、効果的に機能し、情報を取り入れ、分類し、保管し、その後、細部まで完璧に取り戻せると確信することができる。このことのために、私たちは彼女の話を信じたいと欲し、信じなければならなかった。思い通りにならないカオスの世界にあって、私たちは少なくとも自分の心ぐらいは制御下に置いておきたいと願う。記憶は本質的に信用し信頼できるものだ、過去にまで遡って人生を意味あるものにしてくれるものだ、と信じる必要があったのである。社会心理学者のキャロル・タヴリスが書いているように、記憶は人生の内容を書き込んだ目録のようなもの。それをまるごと書き換えてしまうエネルギーや感情をもちあわせた人など、あろうはずがない、というわけだ。

心に欺かれ、歪んだ現実やファンタジー、作話までをも信じてしまうなんて……。考えるだけでも大変不愉快なことだ。心は嘘をつかないという信頼が裏切られたら、私たちは何を信じればよいのか。心が過去から取り戻すものは眩惑的な細部が加わった、強烈な作り話だとしたら、そして私たちがそれを疑いもしないのなら、真実と嘘、現実と空想、正気と狂気の境はどこにあるのか。

その境は透過的で無防備だ、と私は信じている。私たちはそこを、夢や欲望やイメージのなかで行き来している。記憶は現実と空想を往復する乗り物であり、私たちは何度も往復して、現実の乾いた藁から一貫性のある色彩豊かな物語を紡ぎ出すのだ。記憶は語りかけ、私たちはそれを聞いて魅了される。過去に何があったか知りたいと欲し、問いに答えを求め、不確定であいまいなことを解決しようとする。記憶は最も忠実で信用の厚い召使い。思い通りになるのだ。

なぜアイリーン・フランクリンは父親が親友を殺したと信じるようになったのか？　わずかの事実と少しの空想から、彼女の心はいかにして記憶を作り上げ、それを百パーセント完璧な真実だと信じるようになったのか？具体的に言えば、彼女が父親を、無実かもしれない殺人の罪で牢屋に送った動機は何か？

アイリーンは著書『父親の罪』で、問いのいくつかに答えている。彼女の子ども時代は、きわめて暴力的なものだったという。彼女はこう書いている。「父の暴力と意地の悪い話し方が、とても怖かった」。また、弟のジョージ二世は彼女にこう語ったという。父が怖かったので、身を守るため、いつも野球バットをベッドの下に隠していた、と。また母親は身体的、情緒的な虐待を耐え忍び、姉のジャニスは父親から何度も性的虐待を受けた。

当初アイリーンは、子どもの頃、また青年期の大半、父親から虐待を受けたことを否認していた。だが、カウンセリングを何年か受けた結果、虐待の出来事をいくつか具体的に思いだした。例えば嫌な思い出の一つとして、五歳の頃、父親から風呂場で身体的・性的に虐待されたことを想起している。現れた記憶について話すと、カウンセラーはこう説明した。心には辛い外傷的な記憶を無意識へと追いやる力がある。だが時がくれば記憶は表面に現れ、意識へと入ってくる。そうなれば、記憶の威力は失われる。アイリーンはこのカウンセリングで、長いあいだ埋もれていた記憶を意識へと持ち出すことは、癒しと回復の重要なステップであると教わった。

風呂場での記憶が戻ってから数週間たった頃、アイリーンは八歳か九歳の頃に起きた、別の出来事を思いだした。彼女は父親ともう一人の男性と一緒に、見知らぬ家にいた。「私はテーブルのような台の上にいました。父は片手で私の左肩を押さえ、もう一方の手で私の口をふさぎました。黒人の顔が見え、笑い声が聞こえました。恐ろしい焼けるような感覚を下半身に感じました。叫ぼうとしましたが、父の手が邪魔で声が出ませんでした」。

それから半年間、アイリーンは自分をレイプしたのは見ず知らずの黒人だったと信じていた。だが母親からお前を犯したのは家族と付き合いのあった友人の一人かもしれないとほのめかされると、アイリーンの心はこの暴漢を見知らぬ黒人から馴染みのある白人へと変更し、場面を再構成し始めた。

たとえ断片を寄せ集め、分解し、再び組み合わせたような記憶だとしても、これらは成長したアイリーンが子ども時代を振り返り、父親による言い尽くせない拷問を思いだして語った記憶である。怒りと悲しみに満ちた、感情を枯渇させるような記憶に他ならないのだ。だがアイリーンにとって最も重要な記憶は、彼女が成人した後の、次の出来事かもしれなかった。当時、アイリーンの娘、ジェシカは二歳だった。ジョージ・フランクリンが訪ねて来たときのことだ。アイリーンは二人を居間に残したまま部屋を出た。彼女が戻ると、父親は孫娘をコーヒー・テーブルに乗せ、「陰唇を指で広げ、性器を注意深く調べていました。私は卒倒しそうになり、〈何してるの〉と言うのが精一杯でした」。

それからというもの、二歳の娘の性器に触れた父親の記憶は何度となく蘇り、彼女を苦しめたことだろう。その過程で、アイリーンの心の中で何かが起きても不思議はない。父親が姉を犯し、母親を殴り、弟を蹴飛ばすイメージが心の中に閃光のように入ってきたのではないか。彼女の想像力は幻覚のような未来の構図を描き始めたのではないか。そのなかで、アイリーンは成長し、青年期を迎えた娘の姿、きっと美しく、多分恥ずかしがりやで、大好きなおじいさんを喜ばせたくて仕方がない、そんな娘の姿を見出したのではないか。彼女の心は想い起こした過去を想像した未来に重ね合わせ、娘の安全を案じ、恐怖心を募らせたのではないか。

確かにアイリーンの心痛は大きく、不安は圧倒されるほどだっただろう。何年ものあいだ、彼女は不幸で暴力的な子ども時代——親友の殺害という不条理な出来事もあった——の意味を見出そうとした。青年期の彼女は悩みを抱え、うつとなり、高校を中退し、麻薬や売春に手を出し、自殺を試みた。二十代になると彼女は支配的で専制的な男性と結ばれ、何年ものあいだ、愛情のない結婚生活を強いられた。このようなパターンは自ずとそうなるように方向づけられていたようにも見える。彼女は被害者としての耐え難く執拗な苦しみから逃れることができなかった。

形も定まらず散乱したアイリーンの怒りと悲しみは、焦点とはけ口を求めていた。カウンセリングの場で、彼女は自分の症状、例えば繰り返される恐怖、閃光のように現れるイメージ、回想される記憶などは外傷後ストレス障害の明確な指標であることを知った。彼女はまた、こう告げられた。あなたは子ども時代に植えつけられた自己破壊のパターンを繰り返しています、被害者としての感情を体験するのは当然の権利です、と。彼女はまた、混乱、怒り、悲しみ、うつが、外傷体験の被害者であることを示すさらなる証拠とみなせる、ということも知った。

カウンセラーが繰り返す言葉が心に響く。あなたには怒り、悲しみに打ちひしがれる権利がある。自分の感情は真正で価値があると受け入れたときにだけ、あなたは自分を自由に表現し、子ども時代の苦しみから逃れ、真の自分になることができる。純粋な自己の探究を妨げてはならない。かつてあなたを虐待した人物は、当然、怒りの対象となる。あなたの記憶を疑い、証明や補強証拠を求める人は癒しのプロセスを妨害している。あなたは外傷体験の被害者だが、どうにか砕けず無事やってきた。あなたは耐えた。サバイバーなのだ、と。

　アイリーンの怒りと悲しみを思えば、あの絶頂の場面、居間で六歳のジェシカが突然、不思議そうな表情で母親のほうを振り向いたときのことを理解できるのではないか。出来事を思いだしながら、アイリーンは娘の目をのぞき込み、八歳のスーザン・ネイサンとよく似ていることに驚いた。一人は二十年前に亡くなり、もう一人は今こうして生きているが、二人は姉妹と言ってもよいくらいだった。

　残忍なイメージが次つぎに重なり、衝動的な認識の瞬間があり、残存していた骨格に肉がついてスーザンはあっさりと生き返った。アイリーンは心の中で、片足を踏み出し、頭上に両手を掲げた父のシルエットと友人の怯えた表情を見た。叫び声、石が骨と肉を砕く音、そしてぞっとするような静寂があり、終わりのない恐怖を感じた。

　イメージの絶え間ない積み重ねは、アイリーンの罪悪感、怒り、恐れ、そして何よりも、我が子を守ろうとする必死の思いから生じたのではないか。彼女は親友を守れなかった。「私は父を止められず、彼女を守ることができませんでした。何が起きるか分かってさえいたら」。だが二十九歳の母親である彼女は、少なくとも我が子を守ることはできる。スーザンの死に対する罪悪感と無力感が、母親の保護本能に油を注したのかもしれなかった。「ジェシカとアーロンを見るたびに、私には子どもがいるのにネイサン家はスーザンを失ったのだと思い起こします。罪悪感を感じ、ネイサン家の苦しみの一端は、私に責任があるのだと思います。殺人事件が長いあいだ解決されなかったのは私のせいですから」。

　痛みを和らげ、苦しみに終止符を打ち、「正しい」ことをし、子どもを守る……。これだけでも過去の恐怖と未来の恐れをつなぎ、偽りの記憶を作り出すのに十分な動機とは言えないだろうか。それともアイリーン・フランクリンの正義と報復への欲求は、もっと個人的な背景から生じたのだろうか。制御のきかない過去を制御し、問題の多かった人生に意味を見出すために、必死のあがきのなかで、彼女の心はこの記憶を作り出した……。そういう可能性もあるのだろうか。

本の最後の二ページで、アイリーンは発掘された記憶による苦しみを、こう記述している。「鏡を見、今の私の顔と、いろいろなことを思いだす前の私の写真とを比べてみます。……私の目から、喜びはすべて失せてしまいました」。

「喜びはすべて失せて」しまったけれど、アイリーンは父親に対する力と統制感を獲得した。

父は私の心の多くを閉ざしてしまう力をもっていました……。父が私にしたことを克服できなければ、少しでも記憶を抑圧したままにしてしまえば、父が勝ちということになってしまいます。すべての恐怖を外に出し、終わらせないかぎり、私は本当に父に勝ったとは言えないのです。もっといろいろなことを思いだすかもしれないという恐怖のなかで生きねばならないとしたら、父が勝ったことになってしまいます。

覆いかぶさる父の力を粉砕し、残りの人生を恐れることなく生きるために、アイリーンの心は記憶を作り出したのかもしれない。記憶がもつ創造的な力を武器に、彼女は家族に残酷で虐待的な仕打ちをした父を罰し、過去を克服することができた。だが損失もあった。一度水門を開けると、恐ろしいイメージが溢れ出し、大洪水となった。安全な避難所はなく、終わりが見えない。「私は逃げ出したかった。記憶も失ってしまいたかった。けれど私が走れば、心も同じ速さで走るのです。心を置いて行ける場所はどこにもありませんでした」。

アイリーン・フランクリンの「記憶」は彼女を占有してしまった。身体も心も。

後日談がある。私はアイリーン・フランクリンと一度だけ、直に会ったことがある。ニューヨークで収録した

ＮＢＣの昼のトーク番組、「よく見てみれば」でのことだ。アイリーンが親友の殺害という抑圧された記憶について話した後、ホスト役のフェイス・ダニエルズは私のほうを向き、「あなたはアイリーンの記憶は実際の出来事ではないと、本当にそう思っているんですか？」と信じられないといった様子で尋ねた。

私は「少なくとも、別の仮説も立てられると思います。つまり、アイリーンは本当に見たと信じてはいるけれど、それは実は作られた記憶だったという可能性だってあると思います」と言った。

観衆は苛立ち、席から私に向かって首を振っている。ダニエルズは観衆のほうを向き、「この意見にあなたは賛成じゃないんですね！」と言い、中年の女性の口にマイクを近づけた。「どうして賛成じゃないんですか？」。「思っただけのことで人生の一部を失ってしまうなんて、そんなの信じられないわ」とその女性はいった。「苦しむ必要がないのなら、どうしてわざわざ苦しんだりするの？　何でそんなことに巻きこまれないといけないの？　筋が通らないわ」。

アイリーンは肩にピンクとブルーの縞模様のある、黒いエレガントなドレスを着ていた。彼女は苦しげな表情でうなずいた。私は真珠のラインが入ったベージュのスーツを着ていた。観衆は私の懐疑的な見方に対し敵意をあらわにし、私はストイックな笑顔としか呼べないような表情を自分の顔に張り付けていた。

収録が終わった後、私はエレベーターで一階に降りた。するとロビーで長い赤毛の美しい女性、アイリーンがＮＢＣの売店に入っていくのを見かけた。私は少しだけそっと近寄って（真正面から会いたいとは思わなかったのだ）、彼女がＮＢＣのロゴ入りキーホルダー、マグカップ、Ｔシャツなど、記念品を並べた棚の間を歩くのを見つめた。彼女はマグカップをとりあげ、裏返しにして値段を見、元の棚に戻した。それからＴシャツの売り場に行ってロゴ入りの大人サイズのシャツを広げた。そして合うかどうか試してみるかのように、上に掲げた。大きすぎるかな？　小さすぎるかな？　それともぴったり？

彼女の美しい、冷静な姿に魅了され、私は見とれていた。テレビカメラもマイクもない今、私は彼女がどんな人物なのか、何が彼女をつき動かしているのか、少しでも知ることができればと願ったような気がする。と、彼女は待ち合わせている誰かを探すかのようにロビーのほうを見た。彼女は私を真正面から見た。だが私のことを知っているようなそぶりは見せなかった。それから数分後、私は書類鞄を抱え、外に出てタクシーを拾い、家路についた。

以上は、アイリーン・フランクリンに出会ったときの語りの真実である。出来事の真実はもっとそっけない。一九九二年一月、私はアイリーン・フランクリンと一緒にNBCの「よく見てみれば」に出演した。私はベージュのスーツを着ており、アイリーンは黒いドレスを着ていた。観衆にとっては私よりもアイリーンの物語のほうがずっと心地よかったようだ。記憶がどのように変容するか説明しているあいだ、観衆は渋い顔をし、苛立っていた。彼らは不信感と無遠慮な敵意をあらわにし、私はもじもじしながら、笑みをうかべ通そうと頑張っていた。

これらのことは、番組のビデオテープがあるので、確定できる。だが物語の他の部分は、私の心の中では明確で鮮やかだが、支持する補強証拠はない。私は本当に売店の外に立ち、アイリーン・フランクリンがマグカップを取り上げ、値段を調べるのを見たのか（そもそもNBCビルには記念品を売るような売店があるのだろうか。単なる雑誌売り場だったのではないか）。彼女はTシャツを広げたのか（もしかしたら子どもサイズのシャツだったかもしれない）。私は彼女のことをロビーから数分間、見ていたのか、それともタクシーを拾うために急いで外に出たとき、ロビーで彼女の姿（それとも誰か他の長い赤毛の人物？）を一瞬見かけただけだったのか。彼女は私のことを真正面から見、私に気づかなかったのか。私はこれらすべての場面を作り上げてしまったのか。

過去のちょっとした出来事でさえ、どこまでが出来事の真実でどこからが語りの真実なのか、私には自信がもてない。

第7章 ショッピングセンターの迷子

迷子になってみんなを探し回った、そう思ったんだよ。確かに思いだしたんだ。泣いたことも。そしてママが来て「どこにいたの？　もう絶対迷子になんかならないでね！」と言ったことも。

——ワシントン大学での研究に参加した被験者、クリス

流言は転がるほどに流言を寄せつけた。聞いたことはすぐに話題となった。語る人は新しいことをつけ足し、聞いた人は引き延ばした。

——アレクサンダー・ポープ『炎の寺』

アイリーン・フランクリンの物語は、記憶の作用に対する人びとの期待を裏切らなかった。実際、よく使われるお馴染みのメタファでは、記憶の正確さと効率性が強調される。記憶に対するイメージは、無限に拡張できる超ミクロの図書館、無限の微小コンピュータ・チップに念入りに記録された情報、新品のテープ、それも後の利用に備えてきちんとラベルづけされ、整理されたテープに録画された情報などである。

これらの現代工学的メタファは、私たちの心に、秩序と一貫性に対する根強い欲求があることを示唆している。私たちは心が秩序にしたがって機能すると信じたい。混沌とした脳の化学物質のどこかに、秩序を維持する

手続きが隠されていると信じたい（そういった手続きがどんな「様子」か、私たちはようやくイメージできるようになったばかりでしかないのに）。何かがどこかで、どうにかしてコントロールされていると信じたいのだ。

五十年も昔、興味深い一連の脳外科手術が行われ、心は究極のコントロール下にあり、日々遭遇する莫大で複雑な刺激を驚くほどの熟達さで整理していることが確認されたかのように見えた。脳外科医であるワイルダー・ペンフィールドは、てんかんの患者に千回以上も脳外科手術を行った。それは頭蓋骨の一部を取りはずし、てんかん発作を減らすために皮質の一部を切除するというものだ。手術の間、クライエントは麻酔されてはいるが意識はある。ペンフィールドは脳の細胞を取り除く前に、電気的な刺激を用いて脳のさまざまな部位の機能をプロットした（訳注：つまり、脳のどこの部位でどのような反応が生じるか、場所を特定し、脳の地図上に表した）。

四十人の患者が側頭葉を刺激されると「フラッシュバック」を体験した。ペンフィールドはこの心的イメージや感覚を、記憶だと解釈した。ある若い女性は次のように叫んだ。「どこかで母親が幼い息子を呼んでいる、そんな声が聞こえたように思いました。私が住んでいた近所で……何年も前に起きたことのような気がします」。電極を少し横にずらすと、彼女はこう言った。「話し声が聞こえます。夜遅く、カーニバルか何か、どさ回りのサーカスのようなものの近くです。今、動物を引っぱる大きな荷馬車が見えました」。

記憶の「フラッシュバック」に関するこれらの言語報告はたいへん説得力があり、経験と感情が脳の中に永久に保存されるという証拠を提供しているようにも見えた。事実、『ニューヨーク・タイムズ』の記者はこう結論している。「ワイルダー・ペンフィールドの電極による刺激が、側頭葉の内側にある海馬の活動を高め、患者の意識の流れから昔懐かしい記憶を引き出したのに違いない」。生き生きとした面白いイメージを与えてくれる、さかな釣りのメタファはどうだろうか。電極は脳の静かな水面の上をたゆたう。突然、強いひきがある。力ある生命力にあふれた記憶がゼラチンのような水面から現れ、意識の陸の上に落ちてばたつく。ナーイスキャッチ！

だがペンフィールドの原書では、もっと事務的な、テープレコーダーのアナロジーが好んで用いられている。記憶は「脳に永久に消えない刷り込みを残す。……ちょうどテープレコーダーがすべてを記録するように」、と。ペンフィールドが行った脳の刺激実験は、記憶が正確に記録され、側頭葉のどこかに貯蔵されることを証明したことになるのだろうか。結果をよく見ると、記憶のフラッシュバックを報告した患者はわずか（三・五パーセント）しかいなかったことが分かる。また、これらの記憶が現実の出来事の記録だという補強証拠はない。記憶を報告した患者は四十人だが、うち二十四人は、記憶の背後にある「雑音」は、話し声、音楽、意味のある同定可能な音程度であったと言う。ある患者は記憶を「人が遠くで歌っているような声」と表現したが、何を歌っているのか尋ねられると、「分かりません。裏庭に一群の人たちがいるような感じです。おそらく、何かの賛美歌でしょう」と答えている。

十九人の患者は人間、同定可能な事物、または場面全体を見たと主張し、十二人は視覚と聴覚の両方を体験したと報告した。だがこれらの数少ない患者でさえ、現実と空想をからませて、想像力でギャップを埋めているように見える。例えば「母親が幼い息子を呼んでいる」声を聞いた若い女性は、それは「私が住んでいた近所」のどこかで起きたことだと想起した。しかしその後、彼女はそれが起きたのは「材木置場だ」と言い、質問されると、材木置場に行ったことはないと答えた。

彼女は明らかに、空想の断片と現実とを混合し、記憶と呼べる何ものかにしてしまっている。それはちょうど眠りにある心が虚構というビネガー（酢）と事実というオイル（油）をかき混ぜて、夢の人生の豪華なサラダにふりかける、そういう感じである。事実、認知心理学者のアーリック・ナイサーはペンフィールドの研究を見直し、報告された記憶の内容について、以下のように結論づけている。「夢は一般に、文字通りの想起ではなく、合成的な構成物であることが認められています。（ペンフィールドの研究で報告された記憶も）全くのところ夢に匹敵するようなものだと思われます」。

夢や願望の不協和音が侵入してくると、繊細でエレガントなメタファには揺れや転倒が生じる。記憶を予測可能で信頼性の高い活動だと思えば、私たちの心は安らぐ。だが実際のところ、記憶はそれほど確実なものではない。ハイテクを用いて脳のマッピングを行う最近の研究によれば、記憶とは中央にあるイメージや経験の貯蔵庫に依拠する、広範で一般的な能力ではない。むしろ多くの分割された活動——個々の活動は脳の異なる部位で実行される——のネットワークである。

科学者は、視覚システムによる空間内の事物や特徴の同定が、記憶の始まりだと考えている。知覚が生じた各々の箇所において、脳細胞は後の使用に備え、その印象を保持するよう指令を受ける。そうすると、細胞に特殊な物理的変化が起きる。また、海馬*という小さな器官（脳の両側に一つずつ、計二つある）が、これらの分割された箇所をリンクし、広範な感覚を一つの体験として統合する。これが記憶として刷り込まれるのだ。特定の記憶が検索されるたびに、脳細胞間のコネクションは強化される。

つまり、脳は点在する神経上の箇所をつなぐ、何十万もの小さな重複しあう情報「ネット」で満たされている、と考えてよいだろう。特定の記憶の糸を引き上げれば、ネット全体が持ち上がり、それを取り巻く、何重にも重なる記憶もまた攪乱を被る。さらに複雑なことに、記憶という構造物は血液、化学物質、電気など、どちらかといえば捉えどころのない、うつろいやすい結合できている。ネットがからまり、結び目ができ、複雑に入り組んだ素材がほつれや穴で破れてしまうこともあるだろう。心は壊れたところを修繕しようと頑張るが、常に腕の立つ几帳面なお針子さんになれるわけではない。例えば一九六七年八月十八日、ボストンのフェンウェイ球場で起きた出来事の記憶について、見てみよう。

当時二十三歳のトニー・コニグリアロはボストン・レッドソックスの外野手で、時代に名を残す強打者の一人

＊　海馬はおそらく「エピソード記憶」、つまり生活において生じる出来事や経験の記憶においてのみ重要である。自転車に乗る、靴紐を結ぶといった技に関する「手続き的学習」は、明らかに脳の他の部分と関わっている。

だった。彼は本塁に立ち、カリフォルニア・エンジェルスのピッチャー、ジャック・ハミルトンと対決していた。ハミルトンは最初の一球を振りかぶり、速球を投げた。しかし、球はコニグリアロの左顔面に激突した。

「あれほどひどく人に当てたことはなかった。彼はすぐにうずくまり、倒れこんだ」とハミルトンは回想している。コニグリアロは怪我から完全に回復することなく、一九七五年、野球界を引退した。そして一九九〇年、四十五歳の若さで亡くなった。ハミルトンもまた、決して元のようにはなれなかった。「このことを背負って生きていくしかなかった。いろいろ考えたよ」。今は五十一歳で、中西部のチェーン・レストランのオーナーでもあるハミルトンは、コニグリアロの死が報じられた後、『ニューヨーク・タイムズ』にこう語っている。「テレビで野球を見ていて誰かが球に当たるとあのことを思いだすよ。あれが起きたのは六イニングで、スコアは二対一だった。コニグリアロは八番打者で、次の打者はピッチャーだ。彼に当てる理由などなかった」。ハミルトンはまた、それは昼間の試合だったと回想している。その日の午後遅く、病院に収容されたコニグリアロを見舞ったのを覚えているからだ。ハミルトンは事故の後、その年の後半も別のシリーズに出るためにフェンウェイ球場に戻るかどうか迷ったという。結局、彼は旅に出ることにしたのだった。

　人生を変え、公の記録にも残った出来事を、ハミルトンは何年にもわたって繰り返し考えたことだろう。しかし彼の記憶は実際の出来事とはかけ離れていた。事故が起きたのは六イニングではなく、四イニング、スコアは二対一ではなく〇対〇、コニグリアロは八番打者ではなく、六番打者で、昼の試合ではなく夜の試合だった。またハミルトンはその年フェンウェイ球場には戻らなかったが、それはエンジェルスが最後にボストンに向かう途中で事故があったからだ。

　これらはもちろん出来事の細部にすぎない。人は誰でも、人生で最も大切な記憶、最も明瞭な記憶でさえ、時とともに雲に覆われてしまうことを知っている。それに実際の出来事の記憶が多少変化、変形したとしても、それは実際になかった出来事の記憶が作りだされるのと同値ではない。しかし人は実際にはなかった出来事をあったかのように信じてしまうことが、逸話的な報告においても実験室研究においても示されている。児童心理学者であるジャン・ピアジェが語った偽りの記憶は、有名な逸話の一つである。

　これが本当にあったことだとすれば、私の最初の記憶は一歳の頃ということになる。私は次のような場面を今でもはっきりと思い描くことができ、それを十五歳になるまで信じていた。乳母がシャンゼリゼ通りで、私の乗った乳母車を押していた。そのとき、一人の男が私を誘拐しようとした。私はシートベルトで結わえつけられており、乳母は私と泥棒の間で勇敢に抵抗した。乳母は何箇所も傷を負い、私は今でも彼女が受けた顔の傷をぼんやりと思いだすことができる。……だが、私が十五歳のとき、両親はこの元乳母から手紙を受け取った。……彼女は昔ついた嘘を告白したかったのだ。特に褒美として受け取った時計を返したがった。……彼女の話は全くの作り話だったのだ。……私は子どもの頃、彼女の話を信じた両親から説明を聞いた。おそらくそれを視覚的記憶という形で過去へと投影したのだろう。

だがピアジェは赤ん坊だったし、この記憶は――確かに興奮をよび外傷的ではあるが――最終的にはハッピーエンドである。もっと年齢の高い子なら、またもっと外傷的な記憶なら、細部はより正確に保持されたのではないか。どうだろう？

一九八四年二月二十四日、ロサンジェルスのある小学校で、一人の狙撃兵が校庭にいた教師と児童に向けて銃を乱射した。児童一名、通行人一名が死亡し、児童十三名と校庭に付き添っていた職員一名が負傷した。事件の数週間後、ＵＣＬＡ（カリフォルニア大学ロサンジェルス校）の児童の外傷体験・暴力・突然の喪失に対する予防的介入プログラムの研究員が、児童百十三名（学童全体の一〇パーセント）を対象に面接調査を行った。子どもたちの外傷的な記憶の特性や、その後の影響を調べるのが目的だった。

ある少女は、殺された少女と一緒に校庭へと続く中央階段出口から出る途中だったことを思いだした。乱射が始まったとき、彼女は階段の中ほどまで降りていたが、妹を連れ出すために急いで引き返した。彼女は研究者に、再び戻って階段の踊り場に立ったとき、校庭に横たわる子どもの死体と傍らに立つ犯人の姿を見たと述べた。だが実際には、階段から死体を見ることはできなかったし、狙撃兵は一度も校庭には入らなかったのである。乱射から数時間後、ＳＷＡＴチーム（訳注：特殊武装チーム）は校庭に面した通りに立つアパートの一室で、犯人が自殺しているのを発見した。

事件当日、休暇で欠席していた少年も、この恐ろしい日の鮮やかな「記憶」を思いだした。登校中、誰かが校庭に倒れているのが見え、射撃音が聞こえたので、急いで家に戻ったのだと彼は語った。また別の子は、乱射が始まったとき、犯人から最も近い校門にいたと研究員に話した。しかし実際には、彼女は弾が直接届くような距離にではなく、校庭から半ブロックも離れた所にいたのである。学校を欠席していた子どもの多くが、翌日、校庭を見に来た。出来事を再構成するうちに、彼らは事件当日、そこにいたと思いこんでしまったのだ。

外傷的な記憶の働きについて詳しく調べるため、狙撃兵による暴力的な攻撃場面を再現する、といった実験は明らかに倫理違反であり、行うことはできない。だが暗示や影響を与えるという方法で、被験者の心に中程度の外傷的な記憶を注入することは不可能ではない。最近、ジェフリー・ホガードらは次のような実験を行った。まず四〜七歳の子どもたちに次のような短い（三分半）ビデオテープを見せる。一つのバージョンはこうだ。少女が近くの池で――そこで遊んではいけないと注意されていたにもかかわらず――遊んでいる。少女を見かけた近所の男性が、彼女から一メートル位の距離まで近づき、警察に通報するよと言い、彼女を家に帰らせようとする。その男性は少女に全く触れなかったし、殴ったり脅かすような素振りもしていない。その後、少女は池を離れて家路につく。

次の場面では、少女が家に来た警察官に嘘をついている。彼女は池に行ったことは認めるが、「でもあの［近所の」人は私が家に帰る前に二度も殴ったのよ」と言う。警察官は「殴ったって？　君が帰る前に殴ったのかい？」と尋ね、少女は「ええ、あの人は私を殴ったのよ」と答える。

少女の「嘘」を聞いた子どもたちの多くが、近所の人は少女を殴ったと思いこんだ。彼らは殴るという、実際にはなかった行為を思いだしただけでなく、細部情報を勝手につけ加えもした。虚偽の報告を行った四十一人（これは全体の二九パーセントに当たる）中三十九人が、少女が殴られたのは池の近くだと言い、一人は彼女の家でだと言い、別の一人は場所を特定しなかった。

カリフォルニア大学アービン校のアリソン・クラーク＝スチュアートとウイリアム・トンプソンも、幼児を対象にした素晴しい研究を行っている。まず五、六歳児に、（「乱暴者のチェスター」という名の）掃除人が人形に対して行う行為を見せる。台本には二通りあり、一つはチェスターが人形のお手入れをするというもの、もう一つはチェスターが乱暴に、いかにもという様子で人形と遊ぶというものだった。「お手入れ」バージョンでは、チェスターはお手入れに関連しそうな台詞を言いながら、人形にさまざまな行為を行う。例えば「この人形は汚れてるぞ、手入れしなけりゃ」とつぶやきながら人形の顔に水をスプレーしたり、「ここも汚れているか調べないと」と言いながら人形の服の下を見る。チェスターはまた、人形の手や足をまっすぐにし、ほつれた糸を噛み切ったりした。

「乱暴な遊び」バージョンでも、チェスターは本質的には「お手入れ」バージョンと同じ行為をする。だが、台詞は異なる。「おやまあ、いいものがあった。俺は人形で遊ぶのが好きなのさ。水を顔に吹きかけてやろう。服の下も見てやろう。噛みついて腕や足をひねってやろう」などと言う。

さて、チェスターが人形に対して行う行為を見せた後、子どもたちに質問する。ある条件では、実験者は、チェスターは仕事をさぼって遊んでいたという告発口調で質問を行った。その後でチェスターが人形にどんなことをしたか子どもたちに語ってもらったところ、告発口調の質問にさらされなかった子どもは比較的正確に答えることができたが、告発口調で質問された子どもの多くは、その暗示に沿った記憶を報告した。チェスターはお手入れをしていただけなのに、人形に乱暴なことをしたと想起したのである。

ニコラス・スパノスは成人被験者に催眠による暗示を与え、前世まで退行させるという一連の研究を行った。参加者の多くが前世の人格を思いだしたが、それは催眠下で伝えられた実験者の期待を反映していた。(前世で)子どもの頃に性的虐待を受けたという暗示が与えられた被験者は、暗示を与えられなかった被験者に比べ、虐待を報告する率が高かった。彼らは暗示だけで、前世で受けた虐待の記憶を想い起こしたのだ。スパノスは次のようにまとめている。「ここで見出されたことは、心理療法を受けたクライエントが、カウンセラーの期待に沿うように複雑かつ詳細な疑似記憶を作りだしてしまうという、逸話的な報告とよく似ています」。

その他多くの研究に基づき、記憶の変容を専門とする心理学者は、次のように結論している。記憶はわずかな事実と架空の作り話から再構成され、また偽りの記憶は期待と暗示によって誘導的に作りだされる、と。だがこれは科学者の世界でのことだ。どうすれば外界の人びとにも、抑圧された記憶や記憶回復療法とこれらの研究に関連があることを理解してもらえるだろう? ジョージ・フランクリンの事件以降、この問いはますます急を要する課題となっていた。なにしろ世界全体が、抑圧の記憶で気が変になっていたかのようだったからだ。

「近親姦:ミス・アメリカの屈辱と勝利」という記事が一九九一年六月十日付の『ピープル』の冒頭をかざった。これは元ミス・アメリカであるマリリン・ヴァン・ダーバーが、子どもの頃に受けた性的虐待について告白した、四ページの記事である。彼女は書きだしで、次のように述べている。「なぜ虐待されていることを人に話さなかったのかとよく尋ねられます。でも生き残るには、ニコニコと楽しそうに笑う昼の子と、目を覚まし膝を抱えて横たわり、父に犯されるのを待つ夜の子に分裂するしかなかったのです。昼の子は二十四歳になるまで、夜の子を意識的に知ることはありませんでした」。

四か月後、『ピープル』は抑圧された性的虐待の記憶に関するトップ記事をもう一つ掲載した。「ロザンヌの勇気ある告白：私は近親姦のサバイバーだった」である。ロザンヌ・アーノルドの場合、記憶は持続する悪夢――猥褻行為を受ける夢――から始まった。彼女が叫びながら目を覚ますと、夫がペンと紙を取り、後で思いだせるようにと夢の細部をメモしてくれた。翌月、ロザンヌは自殺傾向を有するようになり、また信頼感や親密感に関するさまざまな問題で苦しむようになった。彼女はカウンセリングに助けを求め、個人面接とグループセッションで、赤ん坊の頃から六、七歳になるまで母親から虐待されていたこと、十七歳で家を出るまで父親から性的ないたずらを受けていたことを徐々に回復した。ロザンヌは『ピープル』にこう明かしている。「父は常に私の身体を触っていました。お風呂で私を無理やり膝に乗せ、抱きつき、ペニスを触らせようともしました。グロテスクで気持ちの悪いことをたくさんしたんです。排泄物をもって私を追いかけ回し、頭に乗せようとすることもよくありました。また、床に寝ころんでペニスをいじることもありました。想像を絶するほど気色悪いことでした」。*

精神科医であるジュディス・ルイス・ハーマンは、この告白記事の解説欄で、心は外傷的な記憶のために特別な場所を作り出すという考えを述べている。「多くの子どもが心の中に秘密の場所を作りだします。記憶は貯蔵されますが、時が経つまでアクセスすることはできません。しかし虐待につながる何らかの手がかりが、記憶の引き金になることがよくあります。記憶は一度解き放たれると、洪水のように溢れ出します」。

『ピープル』に記事が載った同じ日に、『ニューズウィーク』にも近親姦サバイバーの記事が掲載された。『ニューズウィーク』では、ロザンヌは三十年以上も抑圧されていた記憶が「小さな染みのように」戻ってきたと語っている。「それはだんだん大きくなって……とうとう頭が破裂してしまいました。嫌な記憶掛ける一〇といった感じでした」。だが彼女は自分への疑いを拭い去ることができなかったという。「おまえは記憶をでっち

＊　ロザンヌの両親はこの虐待を否認している。

あげているんだ、と頭の中で声がします。すべて悪いほうにとっているんじゃないか、空想にすぎないんじゃないか、人の気を引くために作り話をしているんじゃないか、と」。

カウンセリングで性的虐待の記憶を回復し、呪いの合唱を歌うのは、有名人だけではない。『タイム』はシカゴに住む三十六歳の女性の事例を紹介している。この女性は赤ん坊、まだおむつをつけていた頃に受けた虐待の記憶に打ちのめされた。おむつを替える台に無防備で寝かされているとき、祖父から性的ないたずらを受けたのを思いだしたのだ。『タイム』に載っている別の女性は結婚初夜に突然、二十年前に教師から受けたレイプと強姦を思いだした。彼女は訴訟を起こし、教会が経営する学校から一四〇万ドルの賠償金を得た。

抑圧された記憶は本のベストセラーにも名を連ねる。ピューリツァー賞を受賞したジェイン・スマイリー『広い場所』には、ジニーという女性が登場する。彼女は姉のローズが受けた（抑圧されていない）虐待の話を聞かされたことはあったが、自分が父から受けた性的虐待の記憶は完全に抑圧していた。ある日、ジニーは子ども時代を過ごした家の階段を上り、昔のベッドに寝ころんでみる。と、記憶が押し寄せ、彼女は強い感情に文字通り打ちのめされた。

そのとき分かったのです。父が私の傍らにいたこと、同じベッドに横たわっていたことを。私は乳房を吸われるのを感じながら父の頭のてっぺん、そして白髪まじりの茶色の頭にある禿げた箇所を見つめていました。これだけ思いだすと耐えられなくなり、私は叫びながらベッドから身を起こしました。身体中が震え、うめき声が口をついて出ました……私は廊下の木の床に横になりました。気を失って階段から落ちてしまいそうだったから。

ベッツィ・ピーターセンは自伝『パパとダンスを』で、抑圧された記憶が突然蘇ってきた様子を次のように記している。ある日ジョギングをしていると「ひとつの考えが、スクリーンに映し出されるように心に浮かびました。それは父が私に何かしたのではないかという不安な思いでした」。せきたてるような感覚と本当のところ何があったのか知りたいという欲求に駆られ、彼女は不安な気持ちをカウンセラーに相談した。

何日か後、私はカウンセラーのクリスにこう打ち合けました「話があるんです。……私が勝手に作りあげてしまったのか、本当のことなのか、分からないのですが」。

彼女は話を聞き、しばらくしてこう言いました。「作り話のような気がするでしょう？　そんなことが起きれば、誰だって何もなかったように振る舞おうとするでしょうから」。

「では、これは本当に起きたことだとおっしゃるの？」。そのときはもう、本当に知りたいのかどうか自分でも分からなくなっていました。

そういう可能性もかなりあると思う、と彼女は言いました。

カウンセラーはピーターセンの症状は虐待の証拠だと指摘し、自説をさらに主張した。ピーターセンとアル中の父との緊張した人間関係、繰り返される悪夢、子どもに親近感を抱けないこと、多くの性的な問題などのどれもが、虐待があったことを示しているというのだった。ピーターセンは、なぜこんなに重大で恐ろしい体験を忘れてしまったのだろう、と尋ねた。するとカウンセラーは、性的虐待の犠牲者は生き抜くために記憶を抑圧することが多いのだと答えた。そしてピーターセンが本当に虐待を受けたのなら、記憶はやがて現れるはずだと保証した。

だがピーターセンは、記憶がひとりでに現れるのを待ってはいられなかった。彼女はすぐさま文を書き研究する能力を生かして、記憶を掘り起こしにかかった。「父に何をされたか全く記憶がなかったので、私は再構成しようと試みました」と彼女は書いている。「レポーター、小説家、研究者というすべての能力を駆使し、可能な限り正確で現実感のある再構成を試みました。思いだせた記憶を使って、思いだせない記憶へと迫ろうとしたのです」。

上述したように、『タイム』で紹介された女性は、元教師に対し訴訟を起こした。同様に、抑圧された記憶にかかわる多くのケースが法廷で争われている。サンディエゴに住むある弁護士は、父親からいたずらされた記憶を突然思いだしたという二十七歳の女性の件で、私に問いあわせてきた。この女性の場合、カウンセリングと「治療的介入」によって、「性器への接触や愛撫、セックス、オーラルセックスなどを含む、だがそれだけにとどまらない淫らで挑発的な行為」の抑圧された記憶が回復したのだという。回復した記憶の一つは、三歳の頃、寝室で起きた出来事を焦点化していた。それは父親が彼女を寝室に誘い、自慰にふける姿を無理やり見せ、性器を触らせたという記憶だった。

ほぼ同じ頃、カリフォルニア州、オレンジ郡でも抑圧された記憶に関する奇妙な訴訟が持ち上がっていた。二人の姉妹が七十代半ばの母親と最近亡くなった父親をレイプ、強姦、オーラルセックスの強要、電気刺激による拷問、儀式による赤ん坊殺害の罪で告発したのである。裁判が始まった時点で四十八歳だった姉は、幼児期から二十五歳まで虐待を受けたと証言した。妹は幼児期から十五歳まで虐待を受けたと申し立てた。また孫娘は、幼児期から八歳になるまで祖母から虐待を受けたと主張した。

記憶は、姉妹が一九八七年と一九八八年に受けたカウンセリングで回復したのだという。姉は三度めの結婚に破れた後、心理療法を受け始めたが、やがて自分は多重人格で、悪魔儀式による虐待の被害者だと信じるようになった。そして妹や娘にもカウンセリングを受けるよう説得し、最初の一年は彼女自身も彼らと同じカウンセリングに加わった。姉妹はまた、悪魔儀式による虐待の被害者を自認する多重人格者たちと一緒に、グループカウンセリングにも参加した。

姉はカウンセリングで、四、五歳の頃起きた恐ろしい出来事を思いだした。祖母が兎を捕まえ、片方の耳を切り落とし、その血を彼女にふりかけ、殺しなさいとばかりにナイフを差し出したのだという。嫌だと言うと母親が彼女の腕に熱湯をかけた。また彼女が十三歳で、妹はまだおむつをつけていた頃、見知らぬ集団（悪魔崇拝のメンバーであることを後で知った）にナイフで犬の腹を裂くよう命令されたこともあった。彼女はまた、悪魔教の秘密を暴くと迫った男がたいまつの火で焼かれるのを無理やり見させられたことも思いだした。他の仲間は、洞穴で行われた儀式で、電気ショックを与えられた。集団はまた、彼女に、出産したばかりの新生児を殺させもした。だが法廷でこのような恐ろしい出来事についてもっと詳しく述べるよう求められると、彼女はメンバーからたびたび麻薬を与えられたため、記憶障害があるのだと証言した。

陪審員は告発された女性に対し、娘を放任したとして有罪判決を下した。だがそれ以上の罪は課さず、娘が請求した賠償金の支払いも却下した。この判決に対する上告は失敗に終わった。

イリノイ州に住む弁護士が、抑圧された記憶の「曖昧さ」について、手紙で問いあわせてきたこともある。彼は、この領域では告発された者が自動的に推定有罪になってしまうと嘆いていた。「家族から十五〜二十五年も昔のことで告発されたクライエントを、私は何人か受け持っています。犯罪者として告発された人たちは皆、推定有罪になってしまうように思えます。刑事責任が追及されるかどうかは別として」と彼は述べた。

無罪が証明されるまでは有罪。自動的な推定有罪への恐怖と苛立ちは、「被告」から受け取るすべての手紙に浸みわたっている。ミシガン州のある女性は、三十六歳の娘についてこう書いてきた。「娘は一年ほどカウンセリングを受けていましたが、最近、私を虐待のかどで訴えました。……ロザンヌ・アーノルドや元ミス・アメリカのマリリン・ヴァン・ダーバーと同じです」。ジョージア州に住む八十歳の男性は、理解できずに苦しんでいる。幼児期と十代の間、私に虐待されていたなんて、五十三歳にもなる娘がなぜ今ごろ突然、そのようなことを思いだしたのか、と。カリフォルニア州の女性は、三十五歳の娘が最近亡くなった夫を性的虐待の罪で告発したと書いてきた。この告発にはやがて、彼女と夫が孫息子に性的ないたずらをしたということまでが含まれるようになった。

定年退職しコロラド州に住む夫婦は、三十五歳の一人娘から、性的虐待と悪魔儀式による虐待のかどで告発された。この娘は両親と対決した数か月後、重篤なうつ病で病院に収容され、入院中、シーツで首を吊ろうとした。命は取りとめたが脳に重い障害が残り、両親は彼女を家に連れ戻し、介護の責任を負っている。

七十三歳の老人は三年前、三十七歳、四十歳、四十二歳の三人娘に告発されたと打ち明けてきた。「妻の一貫した愛と献身、愛しい息子の支えがなかったら、私は完璧に打ち砕かれていたでしょう」と彼は書いている。彼の話は長く、複雑だ。末娘は先天的に膀胱に欠陥があり、子ども時代は何度も感染症にかかり、夜尿もあり、外科手術を受けた。彼女は夫が自殺した後、カウンセリングにかかるようになったが、カウンセラーは、彼女には幼い頃性的いたずらを受けた者がもつ典型的な症状がすべて備わっていると言った。カウンセリングでは膀胱の問題が再解釈され、それは先天的な障害ではなく、幼児期、おそらく父親に無理やりワギナを貫かれたことによって生じたのだろうということになった。

「吐き気を押さえてこの手紙を書いています」と父親は書いている。彼女は他の姉妹にもこの不安を相談し、彼らはカウンセリングを受けることになった。そして数か月後、彼らは今ある性的、情緒的問題は、どれも性的虐待の結果であると確信するようになった。長女は寝室へと続く階段を上ってくる足音、ああ、もう嫌だと思ったことなどを思いだした。彼女はカウンセリングで具体的な記憶を回復しようとしたが成功せず、リトリート(訳注：カウンセリングのワークショップ、キャンプ)に参加した。そしてある日、リトリートの最中、何もない壁を見つめていると、突然、幼児期に虐待されたことが「分かった」のだという。まん中の娘は具体的な記憶は思いだせなかったが、両親からの強い拒否と疎外感を感じていた。一連の催眠による新生カウンセリングで「年齢退行」を受け、彼女もまた幼児期に性的いたずらを受けた記憶を回復した。

抑圧された記憶の伝染病が広がり、マスメディアに影響を与え始めた頃、私はまだ真に重要な問いを問うてはいなかった。何が起きているのか？　これからどうなるのか？　なぜ一九九〇年代の今、この国でこんなことが起きているのか？　どうやって研究し、理解すればよいのか？　たぶん当時はまだ、「それ」が研究対象になるとは思っていなかったのだ。それに問いを発したとしても、答えを探す余裕がなかっただろう。机の上に山と積もった手紙や電話のメッセージを整理するだけで精一杯、それだけでも日々、コントロールできない状態になりつつあった。今日この山を片づけないと、明日はもっと手に負えなくなるということは明らかだった。こんな状態が長く続くはずはないと思ってはいた。が、それは終わることなく、状況は悪化した。助けを求める声は毎日押し寄せ、前にも増して苦しい、絶望的なものとなっていった。

仕事場のカオスを逃れて一息入れよう、抑圧された記憶の問題について何か洞察を得ようと、一九九一年八月十八日、私はアメリカ心理学会（APA）の年次大会に出席するため、サンフランシスコへと発った。ちょうど同じ週、ミハイル・ゴルバチョフがソ連解体を表明した。空襲訓練で、頭を覆って机の下に隠れた思い出が今も鮮やかな一九五〇年代の子どもとしては、私も世の人びととともに喜びを分かち合うべきだった。だが私を取り巻く不思議な世界のなかで、私は孤独で、感情的に無感覚になっていた。新聞を読み、夜のニュースを聞き、ほほえみ、喜び、何てすばらしいことだと思いながらも、そのことに感謝しつつ、抑圧された記憶という混乱した関心事へと逃げ込んでいた。世間は冷戦の終焉に夢中になっていたが、私が考えることができたのは、埋もれた性的虐待の記憶のことだけだったのだ。

APAの年次大会は巨大だ。何千人もの人びとが参加し、プログラムも、（訳注：アメリカの）教科書ぐらいの分厚さだ。私はプログラムに目を通し、聞きたい講演やパネルディスカッションに印をつけ、今週の予定表を作ってみた。強く興味を引かれた講演があった。それはエモリー大学の精神医学の教授であり、精神医学病院の解離性障害部局の部長でもあるジョージ・ガナウェイによる「悪魔儀式による虐待の記憶に関する、もうひとつの仮説」という講演だった。大会にはつきもののうわさ話によれば、ガナウェイは論争――悪魔儀式による虐待（SRA）の記憶と多重人格障害（MPD）に関連があるかないかという論争――に巻き込まれているようだった。* ガナウェイはMPDという診断名が大量に、過剰に用いられていると主張し、虐待された記憶の回復に警告を発していた。彼の同僚である臨床家の多くは反対の立場をとっていたのに、である。これらの臨床家は子ども時代の外傷的な体験はMPDと関連があると主張していた。人格が分裂し、入れ替わった人格（「オルター」）が恐ろしい記憶を隠し、ホストである人格を守ると考えていたのである。だがガナウェイは回復された記憶を「再構成」、「疑似記憶」と呼び、血のしたたる儀式や悪魔的な拷問の暴力的なシナリオは、歴史や事実に基づいた現実ではなく、「心理的な現実」を反映していると主張した。

記憶が現実のものでないとしたら、それはどこから来るのか？　クライエントはなぜ、それを進んで信じてしまうのか？　ガナウェイは講演で、偽りの記憶は催眠の誤用や使いすぎによると批判した。彼はまた、経験を積んだカウンセラーですら、クライエントの被暗示性について理解していないのは驚くべきことだと言い、カウンセラーの責任を追及した。重い解離性障害をもつ人は催眠にかかりやすく、被暗示的で、空想を作りだす傾向が強い。ストレスの高い面接（たとえばカウンセリングのセッションなど）では、自発的に「自己催眠トランス状態」に入ってしまうこともある。こういうクライエントとのセッションでは、安易なカウンセラーはクライエントの幻想を強化したり、気づかないうちに記憶を植えつけてしまうことがある、というのだ。

カウンセラーがクライエントの作りだした「記憶」にこだわり、正確な過去だと思いこんでしまうと大変な問

---

* 「多重人格障害」という診断名は「解離性同一性障害」（DID）に変更されつつある。米国精神医学会（American psychiatric Association）で、精神医学における診断と統計マニュアルの改訂を担当する委員会の委員長、デイビッド・スピーゲル博士は、新しい診断名を用いる理由を、現在MPDという診断名で呼ばれている患者は「一つ以上の人格というより、実は一つに満たない人格しかもっていないからだ」と説明した。委員会は新しい診断名を用いることで、MPDにまつわる諸問題や論争が減ずることを期待している。

題が生じる、とガナウェイは警告する。そしていくつかの臨床的実体、例えば空想、変容、転移、凝縮、象徴化、作話など（これらは記憶のギャップや落し穴を、知らず知らずのうちに推測や当て推量、あり得そうなことなどで埋めてしまうプロセスだ）をリストアップした。これらの臨床的実体は再構成された記憶へと統合される可能性がある。その神秘のシチューにクライエントの被暗示性、被催眠性、空想傾向の味つけが加われば、最終的には「事実、空想、変容、作話のよせ集め」ができあがってしまう、とガナウェイは述べた。これは熟練したカウンセラーをも混乱させてしまうしろものだ。

特に経験の浅いカウンセラーや固定観念の下で仕事をしているカウンセラーは、事実と虚構を混同してしまう危険性が高い（ここで言う固定観念とは、例えば「すべてのＭＰＤクライエントは儀式で虐待を受けた」「記憶は内的ビデオカメラのようなものだ」「クライエントが埋もれた記憶に接近し、外傷体験を解決し、統合したときにのみ癒しが与えられる」などである）。声の調子や質問の仕方、信じるとか信じないといった表現によって、カウンセラーは知らず知らずのうちに、現れた「記憶」をクライエントが現実のものとして受け入れるよう奨励する。そして幻想を強化し、心に偽りの記憶を植えつけるのだ。ガナウェイはこういうカウンセラーはクライエントに対しても、自分の職業に対しても、大変な危害を及ぼす可能性があると警告した。

彼は安易なカウンセラーを攻撃し、「注意深く慎重であること」の必要性を繰り返し強調した。カウンセラーはクライエントとかかわる際、幻想的な記憶を作りだしたり、強化したりすることのないよう気をつけねばならない。いかなる時も、暗示や期待によって虐待の記憶を植えつけることのないよう注意すべきだ。蒔かれた暗示の種は発芽し、精緻な「スクリーン・メモリー」（訳注：ついたてとなるような記憶）となり、クライエントの子ども時代におけるぼんやりとした苦しい、だが目立ちにくい記憶を覆い隠す。この外傷的な空想は徐々に信念ともいえる記憶へと構造化され、明確で論理的な善玉、悪玉の区別が生じるようになる。そしてクライエントは自分がカウンセラーの注目や同情に値する「特別な」存在だと自負するようになる。

ガナウェイは議論を分かりやすくするために鮮やかな事例をいくつか紹介した。サラは五十歳の多重人格障害の女性だが、「スクリーン・メモリー」によって子ども時代の嫌な体験から身を守っていた。ある日のカウンセリングで、サラには全く知られていなかった「別の人格」、五歳児の「キャリー」が現れた。「キャリー」は、サラが子どもの頃、近所で大量殺人の儀式があり、自分はその場にいた、と言った。日曜学校に通っていた十二人の少女が縛られ、レイプされ、残酷なやり方で殺されたが、サラはカルトのリーダーに助けられたのだという(リーダーは彼女が属している教会のメンバーだった)。「キャリー」はこの恐ろしい話を語り、感情を高ぶらせた。まるで過去に戻り、恐ろしい場面を再び見ているかのようだった。

「キャリー」が引っ込んだ後、サラはこの記憶が真実かどうかを知りたがった。サラはまた、別の人格から「キャリー」はもっと恐ろしいことを知っていると聞かされていた。しかしガナウェイは中立を守り、記憶の正しさについて意見を述べることを差し控え、クライエントが自分で結論を出すのを見守った。二回のセッションの後、前に現れたことがある「シェリー」という子どもの人格が出てきて、この話を作ったのは自分だと告白した。「シェリー」は「キャリー」という人格を作りだし、子ども時代にあった本当の記憶を思いだす恐怖を覆ってしまおうとしたのだという。その記憶とは、祖母が彼女にミステリー雑誌を読む際、凄惨で残虐な内容を、細部まで残らず読み聞かせたというものだった。

サラは自分を守ってくれる愛しい人としての祖母のイメージを保つため、日曜学校の大量殺人という「スクリーン・メモリー」を作りだしたのだ、とガナウェイは結論した。サラは「人格」を使い、大量殺人という架空の物語を現実の体験へと作り上げた。そうすることによって、祖母から情緒的な虐待を受けたという耐え難い現実を、精巧な細工が施された空想と幻想のついたての向こうへと追いやったのだ。作りだされた記憶は勢いよく回り出し、けばけばしい映画のセットのように、地味な背景を覆い隠してしまった。

平凡な子ども時代の虐待を偽り、覆うために作りだされたスクリーン・メモリーは、儀式虐待の記憶の原因の一つだということになる。だがガナウェイは、もっと重要な原因は「医原性の移植」だと続けた。「医原性」愁訴とは、医者（またはカウンセラー）による治療の最中またはその結果、生じる病である。例えばカウンセラーの態度、期待、行為が、クライエントの心に鮮やかで恐ろしい虐待の記憶を植えつけ、強化することなどがそうだ。治療が生み出した病、いわば医者が作った病である。

ガナウェイは多重人格に悩むアンという若い女性の、驚くべき事例について紹介した。アンの多重人格は精神病の祖母から受けた虐待が原因だったが、数年間、治療の効果はあがらずにいた。二度めの妊娠のとき、彼女は解離的な症状を再発し、すぐにMPD治療を専門とする博士号をもつカウンセラーによるカウンセリングを受け始めた。このカウンセラーはSRA（訳注：悪魔儀式による虐待）のセミナーに何度か参加したことがあった。そのため特別な期待や緻密な計画表をもっていたのかもしれない。祖母が「悪魔教」の同盟に入っていたかどうかを調べ始めた。カウンセラーは尋ねた。それは単なるグループでしたか、それともカルトでしたか？　彼らはガウンを着ていましたか？　儀式には赤ん坊もいましたか？　アンさん、あなたも参加したのですか？

アンがどの質問にも「いいえ」と答えると、カウンセラーはその可能性がないか家でよく考え、細部を思いだすよう努力しなさいと言い渡した。催眠下で行われたその後のセッションで、アンはカルトにいたことを認めるようになった。アンがトランス状態で指を動かして示す「はい」「いいえ」に頼りつつ、カウンセラーは悪魔教の「人格」の何人かと接触することに成功した。これらの人格はカウンセラーに、新生児を生贄にするつもりだというカルトの意思を打ち明けた。催眠トランスから目覚め、人格が語ったというその計画について説明されると、アンは疑い、その「記憶」は真実とは思われないと言った。彼女は人格が嘘をついているのかもしれないと考え、虚構のなかから真実だけを見つけたいと、カウンセラーに助けを求めた。だが彼女の心配など意に介さず、カウンセラーはアンの記憶が細部まではっきりしている、あなたは確かに悪魔カルトにいたのだと言った。

セッションは続いた。カウンセラーは暗示的で誘導的な問いを発しながら、ジェスチャーでコミュニケーションを取り、アンの記憶を強化した。[*] アンが分娩するとき、カウンセラーは赤ん坊を守るために二十四時間の監視をつけるよう主張した。アンの心にプログラムされた悪魔教の人格が現れ、命令にしたがって赤ん坊を生贄にするかもしれないと恐れたのだ。そのため、アンは常に監視下に置かれ、赤ん坊とはほんの少しの時間しか接することができなかった。病院のスタッフも警察官もカウンセラーの警告を真に受け、赤ん坊を悪魔教の殺人鬼から守ろうとセキュリティを強化して協力した。

最終的には、医者であるアンの夫が彼女をガナウェイ博士の精神医学部局へと転院させた。妻が受けているカウンセリングや赤ん坊を取り巻く奇妙な防衛策を案じてのことだった。新しい精神科のスタッフは悪魔儀式による虐待の記憶を強化しようとも消し去ろうともしなかったが、二日間の心理療法の後、すべての記憶は「ひとりでに蒸発」してしまった。最終的にアンは、カルトにかかわったと告白すればカウンセラーからケアと注目が与えられる、それに応えようとSRAの記憶を作りだしてしまったのだと理解するようになった。彼女が何よりも恐れたのは、人を思い通りにしようとするカウンセラーが侵入的な催眠技法を用い、彼女を再び食い物にするのではないかということだった。

講演を聞き、私はすっかり魅了されてしまった。ガナウェイは実に力づよくはっきりと、カウンセラーが意図せず与えた暗示が虐待の記憶を作りだし、急速に成長させる可能性があることを伝えていた。著名な学者であり、有能な精神科医でもあるガナウェイが、記憶の変容や移植のプロセスを支える証拠を――私が研究室で調べているのと同じものを――臨床活動で見出し、明快に、束縛されることなく論じている。ガナウェイによれば、

＊ このような手のジェスチャーによる非言語的コミュニケーションを特殊運動シグナルと呼ぶ。右手の一本の指は「はい」、別の指は「いいえ」を表すのに用いられる。また左手の一本の指は「ストップ」（つまり、質問を止めてください、の意）を表す。アンが催眠にかかり、トランス状態にあるとき、セラピストはこのようなジェスチャーで彼女と対話した。

声の調子、質問の仕方、ちょっとしたしぐさ、うんざりという表情、短気、引きつけられる様子などが、被暗示性の高い人の記憶を変容させ、また、新たに作りだすことすらあるのだという。端的に言えば、ときどき、いや、ガナウェイいわく非常に多くの場合、カウンセラーは治療したいと願う問題を自ら作りだす、ということだった。

ガナウェイが示した結論はどこまで一般化できるのか？　カウンセラーが知らず知らずのうちに被暗示性の高いクライエントに記憶を移植し、暗示が一連の記憶を作りだしてしまうのだとしたら、あまり重傷でない、だが本人にとっては大切な問題を抱えたクライエントだって、カウンセラーが期待するような虐待を採用し、なかったはずの出来事や体験を思いだすことがあるのではないか。そういった記憶は、ＭＰＤクライエントの記憶――拷問や儀式による虐待など、血みどろで誇大妄想的な情景――のように華々しく目を見はるようなものではないかもしれない。だが適切な条件にあっては、健全な心の肥沃な土壌においても、詳細な疑似記憶が育つ可能性があるのではないか。

講演の後、私はガナウェイの所に行き、自己紹介をした。そしてフランクリン事件での体験を簡単に話し、最近、告発されたクライエントから受け取る多くの手紙や電話についても話した。*「ずいぶんと重いＭＰＤクライエントやＳＲＡ記憶を見て来られたようですが」と私は使い慣れない言葉に戸惑いながら尋ねた（私は記憶研究者たちと「ＳＴＭ」や「ＬＴＭ」、つまり短期記憶とか長期記憶といった言葉を使っているほうがずっと気が楽なのだ）。「でも、悩みを抱え、問題を解決しようとカウンセラーのもとを訪れる、もっと一般的な人たちについても、同じような記憶の汚染や移植は起こり得るんじゃないでしょうか？」。

「同じような危険があると思いますよ」とガナウェイは眉を動かすこともなく静かに言った。「そもそも疑似記

＊　ここでのガナウェイ博士との会話は、彼の助けを得て再構成したものである。

憶を作りだす汚染源には、二つあると思います。私たちは皆、本、新聞や雑誌、教会での説教、講演、映画、テレビなどの影響を受けます。例えばうわさになっている犯罪に関するテレビのドキュメンタリードラマ。事実と再構成――それも劇的で視覚的な――がミックスされていますね。被暗示性の高い人がこういう情報にさらされると、記憶が汚染されたり、恐怖が作りだされたり、期待、夢、想像などが生じやすくなるでしょう。第二の汚染源は、クライエントが特別な関係をもちたいと願う、権威者による暗示や期待ですね」。

「例えば、カウンセラーのような」と私は口をはさんだ。

彼はうなずいた。「カウンセラーから認められたいと願うクライエントや、面白い、普通とは違う、何かしら特別な存在になりたいと望んでいるクライエントがいたとしましょう。あるいはカウンセリングでの見通しが立たず、〈行きづまった〉と感じているクライエントでもかまいません。そしてカウンセラーは、性的虐待が伝染病のように蔓延し、カウンセリングに来る人のほとんどが性的虐待か儀式による虐待を受けている、と信じていたとしましょう。さらにこのカウンセラーが記憶はビデオカメラのようにすべての思考、感情、体験を記録し、保管すると信じていたらどうでしょう。まさに偽りの記憶を作りだすのに格好の条件だと思いますよ。そしてこういった条件が整ったカウンセリングは、日々何百件も行われているのです」。

私はいつも人から尋ねられる問いを、彼に問うてみた。「でもクライエントはどうしてそんなに残酷で苦しい記憶を自分の過去、自分の一部にしてしまおうとするのでしょう。なぜ自分を被害者にし、愛する人を残酷で冷たい人間にしてしまうのでしょう」。

「スクリーン・メモリーは自分が重要で特別だという感覚、それに冒険心さえ与えてくれるのです」とガナウェイは説明した。「クライエントは子どもの頃、愛されず、かまってもらえなかったと感じているかもしれません。また自分はごく普通の人間で、面白いことも変わったことも何ひとつ起きなかった、と感じているかもしれません。被暗示性の高いクライエントにとっては、ちょっとしたことでも、空想の世界に引きこもるのに十分な刺激になります。精緻化された疑似記憶のおかげで、彼らは自分が特別だと感じ、カウンセラーの関心を引き、魅了できるとさえ思うのです。カウンセラーが軽々しく魅きつけられ、暗示的な質問を行い、驚き、嫌悪、信念、疑念を表明し、意見を述べ、または興奮したり扇動したりすれば、クライエントは記憶が本物であることを立証せねばという圧力を感じるかもしれません。別の言い方をすれば、カウンセラーの反応が媒介となって、想像の産物が具体的な記憶となって固まるのです」。

私は最後にこう尋ねた。「クライエントの記憶が空想か本物か、臨床家はどうやって見分けるのですか?」。

「独立した補強証拠がなければ、カウンセラーにだって確信ある判断はできないと思いますよ」とガナウェイは答えた。「剝奪や虐待の体験は、確かに子どもの心理的な現実感の発達に影響を与えます。ですが、それは後になってカウンセラーがこれは本物、これは空想と自信を持って区別できるようなものではありません」。

彼はさらに続けた。「サイコダイナミクスの訓練を受けたカウンセラーは、このことをよくわきまえ、重視しています。というのも、今日、精神分析学の立場に立つカウンセラーが目標としているのは、願望や恐れにかかわる、無意識の空想から派生した意味を、注意深く組織的に探し出して理解することだからです。個人的な体験を事実確認するのが目的ではありません。けれども最近、さまざまな理論上の方針や個人的動機によってカウンセリングをする者が増えてきました。彼らは無意識の空想というサイコダイナミックな力が記憶に及ぼす影響を、全く無視しています。その結果、〈虐待された記憶〉の流行が実質的なものとなり、〈被害者の心理学〉が世に溢れ出てきたのです。こういうカウンセラーは自分の計画表に合うよう、フロイトの複雑な心の理論を単純化し、歪め、陳腐化しています。フロイトが知ったら、きっと墓場の中でのけぞることでしょう。八〇年代、九〇年代の「マックカウンセリング」――これは私が名づけたんですが、ファーストフード的なえせカウンセリングのことです――の後で、伝統的な精神分析による心理療法が人びとの信頼を取り戻すには、何年もかかるでしょう」。

とてつもない暗示。解離的な防衛機制。カウンセラーが誘導する信念システム。医原的な影響。

目標と方向性が与えられたという感触を得て、私はシアトルへと戻った。ガナウェイが見出した臨床的な知見は、必要なことをすべて含んでいた。傷つきやすいクライエント、騙されやすいカウンセラー、何でも軽々しく信じこんでしまう社会、あまねく広がる性的虐待に対する恐れ。あとはこれらの要素をどうやってひとつの心理学実験にまとめるかを考えればよい。ただ、どうやって問題の核心——一度失われ、その後回復した記憶の真正性の問題——を射抜くか、それが課題だった。カウンセリングで回復した特定の記憶を取り上げ、それが誤りであると証明することなどはできない。私にできるのは別の側面から問題に踏み込むことだ。入念な実験計画と統制された研究によって、なかったはずの外傷的な出来事の記憶を丸ごと作りだし、偽りの記憶の形成にかかわる理論的な枠組みを提示できないものかと私は考えた。

シアトルに戻った翌日、私は院生や心理学を専攻する学生を集め、架空の出来事の記憶を丸ごと移植する実験が可能かどうか、ブレインストーミングを行った。何十というアイデアが出てきては捨て去られ、やがて私たちは、乗り越えられない問題がいくつかあることに気がついた。まず、移植される記憶は少なくともある程度、外傷的である必要があった。快い記憶を注入できたとしても、そんな結果は回復された性的虐待の記憶には一般化できないと批判されるのがおちだ。

第二に、カウンセリングで起きているプロセスを模擬するには、被験者が信頼し尊敬している人、例えば友人とか尊敬される権威者が記憶を移植するのでなければならなかった。だがそれを露骨に操作することはできないし、被験者とその「移植者」との関係が危うくなっても困る。また疑似記憶を作りだす過程や、被験者を欺いていたと打ち明けるデブリーフィング（訳注：実験の目的や方法について被験者に説明すること）において、被験者に耐え難い情緒的ストレスを与えることはできない。つまり偽りの記憶の移植が可能であることを示す強力な研究でありながら、かつ大学のヒューマン・サブジェクト委員会——これは実施しようとする研究計画が参加者にとって害にならないかチェックする委員会である——の承認も得られるような研究を計画しなければならなかったのである。

いろいろなアイデアが出たが、実行不可能であったり、外傷的すぎたりして捨て去られた。やがて私は、偽りの記憶の実験を行うなど、そもそも不可能なのではないかと思い始めた。このような問題を回避する方法はただ一つ、外傷的な出来事の記憶ですら変容することを示す現実の逸話と証拠を手に入れ、報告する、いわば間接的なアプローチしかないように思われた。実際、共同研究者でもある友人の一人がそのような実験を行っていた。それは一九八六年一月に起きたスペース・シャトル、チャレンジャー号爆発の「フラッシュバルブ・メモリー」(訳注：フラッシュがたかれたように場面や情況が鮮かに残るという記憶。顕著でショッキングなニュースを見聞きした時などに作られるという）の実験である。

認知心理学者のアーリック・ナイサーは四十四人の学生に、爆発事故の翌朝と二年半後、「あなたはどのようにしてチャレンジャー号の事故のニュースを知りましたか」と尋ねた。多くの被験者が二年半後も、記憶は「鮮明」だと述べていた。だが完全に正しいと言える記憶は一つもなく、三分の一以上が——ナイサーの言い方を借りれば——「途方もなく不正確」なのだった。次の例を見てほしい。

一九八六年一月

私は宗教学の授業に出ていました。すると何人かの学生が入ってきて「爆発事故について」話し始めました。詳しくは分かりませんでしたが、チャレンジャー号が爆発し、(訳注：乗っていた）教師の生徒はそれをずっと見ていたのだと知り、悲しいことだと思いました。授業が終わり、私は自分の部屋に戻り、事故に関するテレビ報道を見て、事の詳細を知りました。

二年半後、この学生は宗教学の授業のことをきれいさっぱり忘れている。彼女の新しい記憶にはルームメート、ニュース速報、電話が登場する。

一九八八年九月
爆発事故のことを初めて聞いたのは、一年生用の寮の自分の部屋でした。私はルームメートと一緒にテレビを見ていました。ニュース速報が流れ、私たちはすごくショックを受けました。私は本当に驚いて、上の階の友だちに話しに行き、また両親に電話をかけました。

元の記憶がこのように変化したというのも劇的だが、さらに注目すべきことは、被験者自身、自分が書いた元の記憶を見て非常に驚いたということである。彼らは新しい記憶が誤りであると信じることができなかった。二年半前、事故の翌朝に記入したアンケートを読み、見直した後も、新しい記憶のほうがより正確でより「現実味がある」と言い続けた。ある学生は次のように説明した。「これは私の筆跡ですから、きっとその通りなのでしょう。でも私が覚えているのは今［事故の二年半後に］述べたことなのです。そうなんですから仕方ありません」。

ナイサーは「結果を見る限り、元の記憶はなくなってしまったとしか言いようがありません」と結論している。

ナイサーの研究は、「フラッシュバルブ・メモリー」についての一般的な見方、すなわち強い感情は鮮明で正確な記憶を作りだすという考えに異議を唱えるものである。百年以上も前、ウィリアム・ジェームズはこう言った。「脳細胞に傷を残すくらい強い印象が生じる場合もあるだろう」。チャレンジャー号の爆発は明らかに、見た者の心に鮮やかな印象を残した。しかし脳は年に一度の春のお手入れ同然に、傷ついた細胞を切り取り、新しい場所に接ぎ木をするというようなことをやってのけた。何がこのような移植を可能にするのか？

まさにこの問いに対する答えを得ようと、私はこれまで事後情報が記憶の変容に及ぼす影響を調べてきたのだった。だが今の私は何か、今までとは違う、もっと新しい実験をしなければという考えに取りつかれていた。なかったはずの何かによって鮮明な、だが全くの空想にもとづく印象を作りだし、脳に「傷」をつけたかったのだ。ただ、どうすればよいか思いつけないでいた。

十月末、私はジョージア大学へ行き、事後情報効果と呼ばれるテーマについて定番の講演を行った。出来事を目撃した後、新しい、誘導的な情報にさらされると、元の記憶はどうなるのか？　講演ではいつも現実の事例や実験室での研究——人は誘導を受けると実際とは異なる出来事や事物を見たと信じたり、実際には存在しなかったものを覚えていると思いこんだりする——を示し、この問いに対する答えを提示する。再構成された記憶を採択した人は、それを本物の記憶と同じくらい強く信じてしまう。作り出した記憶と元の記憶とを置き換えてしまうことすらあるのだ。

講演では面白い逸話を差しはさむことにしている。私はロナルド・レーガン元大統領の、事実と虚構を取り違える癖について話した。誰もが予想する通り、この興味深い逸話に出てくる虚構は、彼が映画スターだった頃の人気映画が源になっている。一九七六年、一九八〇年、そして一九八四年の選挙運動のとき、レーガンは第二次大戦中の犠牲的な英雄行為の話を繰り返し語った。ヨーロッパ爆撃の際、一機のB-1が対空砲火を受けた。経験の浅い若い砲手は傷を負い、座席から脱出できないことを知ると、恐怖で叫んだ。賢く勇気のある年長の指令官は「心配するな、一緒に降りよう」と言い、彼をなだめる。指令官は没後、この英雄的行為に対し名誉勲章を与えられた、とレーガンは霞を見るような目つきで語った。

好奇心をそそられたジャーナリストが第二次大戦で名誉勲章を与えられた四百三十四人についてチェックした

が、レーガンの話に出てくるような受賞者は一人もいなかった。だが、彼がそのかわりに見つけたのは、「緊急着陸」という一九四四年製作の映画だった。それは海軍の雷撃機に乗っていたパイロットが、砲手を救出した後、負傷した無電技師とともに着陸するというものである。「一緒に降りよう」とパイロットは言った。ジャーナリストはまた、『リーダーズダイジェスト』に掲載された物語も発見した。そこではパイロットではなく砲手が、負傷した乗務員とともに着陸することになっていた。最後にジャンプした乗務員は、砲手がこう言うのを聞いた。「心配するな、一緒に降りよう」。

レーガン大統領が実話であるかのように語った物語について、ホワイトハウスは真偽を尋ねられた。スポークスマンは「同じ話を五回も繰り返せば、それは真実でしょう」と答えた。機知に富んだ答えだったが、その後ホワイトハウス内では深刻な議論が行われたはずだ。大統領はそれと知っていて作り話をしたのか、それとも実際、映画と事実を区別できなかったのか。

この逸話はいつも笑いを取ることができる。好意の波に乗って、私は抑圧された記憶という荒波へと漕ぎ出した。そしてアイリーン・フランクリンの回復された記憶について話し、質問という形で仮説を提示し、純粋に助けを求めることで講演を終えた。「新聞報道やテレビの解説、そして何年も続いた多くの会話。そこから供給された数多くの事実の断片を過活性の空想的イメージによって統合したものがアイリーンの記憶だ、という可能性はないでしょうか？　私は偽りの記憶を実験室で研究する方法を探しています。しかしなかなかよい方法が見つかりません。よいアイデアがありましたら、お聞かせください。そうすれば、これ以上嬉しいことはありません」。

翌朝、高齢者の情報処理を研究している認知心理学者、デニス・パークが私をアトランタ空港まで送ってくれた。彼女の子ども、ロブとコリーンも後ろの座席にいて、私がデニスに記憶移植の実験で感じている苛立ちを話すのを、お行儀よく聞いていた。

「記憶を丸ごと移植したいの」と私はデニスに言った。「記憶の断片ではなくてね。そしてその記憶は外傷的でなければならないの。でも倫理に反しているといって実験が拒絶されるほど、外傷的であっては困るのよ」。デニスはしばらく黙っていたが、突然よいアイデアが浮かんだという様子で言った。「迷子になったたっていうのはどう？」。

「迷子」と私は繰り返した。ちょうど大きなショッピングセンターの前を通り過ぎたところだった。そのとき、アイデアがひらめいた。「ショッピングセンターで迷子になるというのはどうかしら？」。

「すばらしいわ」とデニス。「親の心配の極限に迫ってるわ。知らない人だらけの大きな場所で、子どもの姿を見失うなんて。どう思う？ ロブ、コリーン？」。彼女は、バックミラーのなかの子どもたちに目をやった。

「ショッピングセンターで迷子になるなんて、どんな気持ちだと思う？」。

「怖〜い」。二人は口をそろえて言った。

コリーンは座席で身を縮め、「考えたくもないわ」と言った。

デニスと子どもたちのやりとりを見た後、私は言った。「最初の暗示を親とか年上の兄弟にやってもらったらどうかしら？」。

「そうね、すばらしいわ！」。デニスもこのアイデアに興奮している様子だった。「移植に必要な要素はすべてそろってるわね。外傷的な出来事、信頼され権威ある人物による暗示、そして影響を受けやすい被暗示性の高い被験者」。

「それに害もあまりないわ」。私は思いをめぐらした。このアイデアがヒューマン・サブジェクト委員会を通過するかどうか考えていたのだ。大丈夫かもしれない。「うまくいけば、偽りの子ども時代の記憶を丸ごと移植できたと論じることができる。ピアジェの逸話よりずっといいわ」。

前に引用したジャン・ピアジェの誘拐未遂の物語は、信頼され権威ある人物（訳注：つまり父母）が、影響を受けやすい心に出来事を丸ごと移植したという、心理学者がもてる最高の例だと思う。だが完全な例とは言えない。なぜならこの物語はおそらく何度も話題に上り、家族の伝承のようになっていたに違いないからだ。それにピアジェの記憶がいつどのように作られ、また年を経るうちに何度変形したのかも分からない。だがショッピングセンターのアイデアを利用すれば、何が被験者に暗示されたのかを正確に把握できる。そしてもしも暗示が受け入れられたなら、記憶が根を張り育つ様子を見ることだってできるのだ。

こういった可能性を考えているうちに、私はだんだん興奮してきた。うまくいくかもしれない。一、二週間後、私はあるパーティで、久しぶりに会った友人と話をしていた。「記憶研究では最近どんなことが起きているの？」と彼は尋ねた。私は抑圧された記憶にまつわる論争や、この現象を実験室で研究しようという計画について話し、ショッピングセンターの実験という新しいアイデアにもふれた。

「それはどんな親にとっても悪夢だね」。すぐに、そしてほぼ自動的に、彼はデニス・パークと同じ台詞を繰り返した。「たとえ数分だってジェニーを見失ったら恐怖だと思うよ」。彼は部屋の隅にいる娘に合図を送った。彼女は椅子に腰かけ、パーティの会話はうんざり、といった様子をしている。

「娘さん、おいくつ？」。私は尋ねた。

「八歳になったところだ」

「五歳の頃、ショッピングセンターで迷子になったという話を信じこませること、できると思う？」

「そりゃ、だめだよ」。彼は笑いながら言った。「ジェニーは論理的なんだ、論理的思考の持ち主なんだよ。それに記憶力もいい」。彼は肩をすくめた。「でも、やってみようか？」。

彼はジェニーを呼び寄せ、肩に手を回して私に紹介した。私は近づいたクリスマス休暇に家族で何をするのか尋ねた。学校が休みの間、何するんだっけ？　クリスマスには何のプレゼントが欲しいのかな？　彼もまた、質問をしながら、ショッピングセンターの暗示へと話をスライドさせた。

「そうだ、ジェニー、覚えてる？　ベルビュー・ショッピングセンターで迷子になったこと」。ジェニーは混乱したような表情を浮かべた。思いだそうとしたが細部が出てこない、という様子だ。「ジェニーが五歳の頃だよ」と父親は促した。「今頃の季節だよ、クリスマスのひと月くらい前」。「三年前のことよ、パパ」。ジェニーは少しどぎまぎした様子で父親の脇腹を肘でつついた。「そんな昔のこと、どうして私が覚えてるっていうのよ」。

「覚えてないの？　父さんは母さんのプレゼントを買いにエディ・バウアーに行かなくっちゃならなかったんだ。だけどジェニーはタグボートで遊びたかったんだよね」。タグボートはベルビュー・ショッピングセンターの真ん中にある、皆が知っている目印の場所だ。「何分かして父さんが店から出てきたときにはジェニーはもういなかったんだ」。

ジェニーは困惑した表情を続けていた。

「父さんはおもちゃ屋のノードストームを探した。それから靴屋も。そしてやっと君を見つけたんだ」。ジェニーはゆっくりとうなずいた。「うん、覚えているような気がする」と彼女は言った。「お父さんを探して歩き回ったのよ。でも、見つからなかった」。

「怖かった？　ジェニー」と私も尋ねた。彼女はあいまいにうなずいた。

「父さんも怖かったよ」と彼は言った。

ジェニーはニコッとして父親に体をすり寄せ、答えた。「私はもっと怖かったんだよ」。

私は今、目の前で起きたことが信じられなかった。数分の間に、ちょっとした暗示と父親からの一押しで、ジェニーは偽りの記憶を受け入れ、細部まで作りだしてしまったのだ。彼女は迷子になったこと、父親をあちこち探し回ったこと、怖かったことを思いだした。卵がゆであがるほどの時間もかからずに、私たちは偽りの記憶を作りだすことができたのだ。

翌週、認知心理学の授業で、私は学期末レポートの課題を出した。「実際にはなかった出来事または体験の記憶を、実生活の中で、誰かの心の中に作りだしてみてください。ルームメートに、昨夜食べたのはハンバーガーではなくてチキンだったと思い込ませてもいいでしょう。友人や親戚にお金を借りていると信じこませ、さあ返してと催促するのもいいかもしれません」。

わたしは毎年同じ課題を出すのだが、今年はちょっと工夫をしてみた。「私は最近、人の心に架空の出来事を丸ごと注入できるかどうか、考えています。例えば、子どもの頃ショッピングセンターで迷子になったというような記憶を、実際にはそんなことがなかったのに信じこませることはできるでしょうか」。

私の暗示はうまく植えつけられたようだ。三週間後、課題レポートが戻ってくると、二人の学生が迷子になった記憶を作りだす方法を考えだしていた。八歳のブリタニーは、五歳の頃、友だちとセルビー・ラーンチという集合住宅で迷子になった話を母親から聞かされ、信じてしまった。以下は、母親がブリタニーに、実際にあったかのように語った内容である。

同じ集合住宅に住んでいる親切なおばあさんがブリタニーを見つけて、自分の家に連れて行き、クッキーをくれた。そのおばあさんにはサンフランシスコでモデルをしている美しい娘がおり、その女性がブリタニーに風船の束をくれた。

それから十八日後、家族の友人（訳注：レポートを書いたロフタスの学生）がブリタニーにインタビューした。子ども時代の記憶という、学校新聞の記事のために情報を集めているという名目だった。その友人は実際にあった出来事の記憶をいくつか尋ね、また偽りの記憶についても尋ね、その会話を録音した。ブリタニーは実際にあった出来事のひとつ、叔母さんの農場で開いた六歳の誕生生パーティについては何ひとつ思いだせなかった。

「思いだせない？」とインタビュアーは尋ねた。

「うん。ヒューストンの私んちでやったんだと思うけど」

「どんなことしたのかも思いだせない？」

「うん」とブリタニー。

「そこに誰がいたかは思いだせない？」

「うん。う～んと、サマンサがいたような気がするけど。ううん、サマンサはいなかった。まだ生まれてなかったんだわ」

しかし偽りの記憶については、話すことがたくさんあった。

「どこにいたのか覚えてる？」

「セルビー・ラーンチ……。どんな様子だったかは覚えてないけど。でも、そこだったと思う。干草のようなものがあった。ハロウィーンの頃だった。パンプキンがそこらじゅうにあったんだもの……」

「他に誰がいたの？」

「う～ん……クリスチーナ、カミール……それにママと私。おばあちゃんちに行ったの」

「そこで、何したの？」

「ええっと、遊んでたの。でもクリスチーナが行っちゃった。電話をかけなくちゃならなかったか何かで。それから私とカミーユは森に行ったの。そして……うん……ここがはっきりしないんだけど、でも女の人の家に行ったと思う。その人の娘さんがモデルだったの。そこでクッキーを作ったのよ。それからやっと、ママが私たちを見つけに来たの」

ブリタニーは偽りの記憶に装飾を加え続けた。彼らを家に入れてくれた親切な女性は、クッキーをくれただけでなく、彼らと一緒にクッキーを焼いてくれた。女性の家は「セルビー・ラーンチの門の外にある小さな小屋」

ということになっていた（その地区にあるのは、実際には二七〇～三六〇平方メートルの現代的なカリフォルニア・スタイルの家である）。そしてブリタニーは母親が彼女を見つけたときに発した言葉を一字一句思いだした。「お陰さまで、ようやく見つかったわ。あなたたちをずっと探していたのよ」。

別の学生、ジム・コアンは、十四歳の弟、クリスの心に偽りの記憶を作った。この事例研究では、まず、ジムがクリスに子どもの頃起きた出来事を四つ、各々一段落くらいの文章で提示する。四つのうち三つは本当に起きた出来事である。その後、ジムはクリスに四つの出来事について思いだしたことを、毎日、日記に書くよう求める。新しく思いだしたことがなければ、「思いだせない」と書くよう指示した。

偽りの記憶は次のような文章で提示された。

一九八一年か一九八二年、クリスは五歳だった。みんなでスポーカンにあるユニバーシティ・シティ・ショッピングセンターに出かけた。クリスがいなくなって皆がパニックになっていた頃、クリスが背の高いおじいさんに手を引かれてやって来た（彼はフランネルのシャツを着ていたように思う）。クリスは泣きながら、おじいさんの手を握りしめていた。この男性は、数分前、クリスが泣きはらした目で歩き回っているのを見つけ、親探しを手伝ってあげようとしていたところだ、と言った。

クリスは五日間の日記で、以下のような詳細を記している。

一日目：そのおじさんについて少し思いだした。「やった、親切な人だ！」と思ったのを覚えている。

二日目：その日、僕は本当に怖くて、もう家族には会えないかもしれないと思った。困ったことになったと思った。

三日目：母さんがもう二度と迷子になんかなっちゃだめよと言ったのを思いだした。
四日目：おじいさんのフランネルのシャツを思いだした。
五日目：店のことをぼんやりと思いだした。

クリスは記憶をまとめながら、さらに新しい事柄を思いだした。おじいさんと交わした会話である。「その人はね、僕に迷子になったのかと尋ねてくれたんだ」。

クリスは兄を助けるために「記憶」を精緻化したのだろうか？　実際にあったことに対するクリスの反応を見れば、その可能性は低いことが理解される。本当にあった出来事の一つに対し、クリスは一日目、「思いだせない」と書いた。そして続く四日間も、「まだ思いだせない」と書いている。

それともジムが偶然、本当にあったことの記憶について尋ねてしまったのか？

確かに、クリスが小さい頃、本当にショッピングセンターで迷子になったという可能性はあるかもしれない。このことを調べるため、クリスがショッピングセンターで迷子になった「記憶」を母親に見せ、その出来事を覚えているか尋ねてみた。一日目、母親は「この日のことを考えてみたんだけど、具体的に思いだすことはできないわ」と話した。二日目、彼女はこう言った。「この日のことを思いだそうと何度もがんばったのよ。クリスの足が見えないかと、洋服売り場のラックの下をのぞいた思い出はあるんだけど、それはこのときのことではないと思うの」。五日間にわたり思いだす努力をしてもらったが、彼女は感じたことを次のようにまとめている。「思いだせなくて悪いんだけど、でもどうしても思いだせないのよ」。

数週間後、ジムはクリスに再び面接を行った。そこでクリスは四つの出来事について話し、また記憶がどの程度はっきりしているか、一（全然はっきりしていない）から一一（非常にはっきりしている）の範囲で評定するよう指示された。実際にあった三つの出来事の記憶について、クリスは一、一〇、五と評定している。一方、ショッピングセンターでの偽りの記憶は八で、これは二番目に高い評定だった。迷子になった記憶について話すよう求められると、クリスは豊かで多くの内容を語った。

家族とほんのしばらく一緒にいた後、僕はおもちゃ屋、ケイ・ビー・トーイズを見に行って、それから、う〜んと、迷子になったんだと思う。それで皆を探し回って、「ああ、困ったことになった」と思ったんだ。それから僕……僕はもう家族には会えないかもしれないと思った。本当に怖かった。そんなことをしてたら、おじいさんが近づいて来たんだ。青いフランネルのシャツを着ていたと思う。……すごい年寄りという感じじゃなかったんだけど。頭のてっぺんが少し禿げていて……灰色の毛が輪のようになっているんだ。……それに、眼鏡をかけていた。

研究の最後の段階で、兄はクリスにこれらの記憶のうち一つは偽物だと告げた。どれが移植された記憶か、クリスは当てることができただろうか？　彼は実際にあった出来事の記憶の一つを選んだ。ショッピングセンターで迷子になった記憶が偽りだと告げられると、クリスは信じられないという様子をした。

本当？　ええ、そんな……だって僕はてっきり……僕は迷子になって皆を探し回ったのを覚えているもの……ちゃんと覚えているんだから……そして泣いていたら母さんが来て「どこにいたの？　もう絶対に迷子になんかなっちゃだめよ！」と言ったんだ。

私は結果を見、クリスとブリタニーが偽りの記憶を語るテープを何度も聞いた。そして聞き直すたびに、この方法は実験に使えるという確信を強くした。これらの荒削りな予備実験のデータは、被暗示性の高い心に、子ども時代の偽りの記憶を丸ごと植えつけることができるということを示していた。記憶の移植は可能だというだけでなく、実に容易であったのだ。

クリスの心に偽りの記憶を作りだした方法は、ほとんど完璧といってよかった。しかしそれでもなお、本実験としてまとめるにはいくつかの問題を解決しなければならなかった。例えば私たちは、より年長の被験者にも実験を行いたいと考えていた。しかし一九七〇年代にはショッピングセンターはあまりなかった。そこでいくつかの修正を行い、そのアイデアを二十二歳のジョンと四十二歳のビルにも試してみた。

私たちはジョンの伯母の助けを得て、五、六歳の頃、ジョンが大きなスポーツ用品店で迷子になったという記憶を信じ込ませた（「入り口の坂の所で泣いていたのをぼんやりとだが、覚えている」）。またビルの姉の助けを得て、ビルに五、六歳の頃、シアーズ（訳注：デパート）で迷子になったという記憶を信じこませた。「サンタ・モニカにあるシアーズ、それともJ・C・ペニー（訳注：デパート）だったかな。うん、そこがどんな様子だったか思いだしたよ」。新しく移植された記憶の細部を論理的に並べながら、ビルは言った。「僕はパニックに陥っていた。母さんとリンダはどこ？　怖かった。……シアーズの階段を上ったり降りたりしたのを覚えている。シアーズのエレベーターのボタンの記憶がある。もう分かった。シアーズだ。J・C・ペニーじゃない」。

五つの事例により、子ども時代の出来事について、偽りの記憶を作ることが可能だという証拠が得られた。ここで言う証拠とは、科学者が存在証明と呼ぶもの、すなわち何かが存在する、あるいは可能であるということの証拠である。まさに八歳から四十二歳というさまざまな年齢の人たちが、誘導により、なかったはずの出来事の記憶を作りだしたのだ。では、これらの記憶は被験者にとってどれほど現実味があったのだろう？　被験者は進んで記憶を拡張し、最初の暗示では示されなかった細部をも作りだした。このことは、彼らの記憶が確かに現実味を帯びたものだったことを示唆している。ジェニーは怖かったことを思いだした。ブリタニーはパンプキン、干草、クッキーなどで記憶を飾りたてた。クリスは会話の一語一句を想い起こし、また禿げかかった頭や眼鏡を思いだした。ジョンは入り口の坂で泣いていたことを思いだし、ビルはエレベーターのボタンのイメージを得た。

私たちは今や、実験手続きをはっきりと心に描いていた。そして迷子になったという偽りの記憶を作りだすことは可能だという希望を抱き、手続きは実験参加者に害を及ぼさないと確信した（実際のところ、予備実験の被験者は皆、研究に参加したことを楽しんでいた。実験者が彼らの記憶にうまく干渉できたと聞いて、彼らは快い驚きを示したのだ）。私たちはヒューマン・サブジェクト委員会から実験の許可を得るため、永遠に続くかと思われるような長い質問票に答えを記入し、本実験の計画書を提出した。

実験は二段階から成っている。第一段階では、被験者は子ども時代の四つの出来事について覚えていることを書くよう求められる。最初の三つは、五歳の頃実際にあった出来事の記憶、最後の一つはショッピングセンターか人が集まる公の場所で迷子になったという偽りの記憶である。被験者はこれらの四つの出来事について、数日間——ある条件の被験者は五日間、別の条件の被験者は二日間——日記をつける。約二週間後に行われる実験の第二段階では、被験者が偽りの出来事を「覚えている」かどうか調べるため、実験者が面接を行う。また、記憶がどの程度はっきりしているか、被験者に一から一〇の範囲で評定を求める。一は非常にぼんやりとした記憶、一〇は非常にはっきりした記憶である。

早く実験を始めたい、そして偽りの記憶の移植について、重要な問いに答えを見出したいと、私たちは待ち切れないでいた。偽りの記憶が移植できる可能性はどれくらいあるのか？　偽りの記憶はどの程度明確だと評定されるのか？　「本当」の記憶と「偽り」の記憶を比較することで、どんなことが分かるのか？　本当の記憶にはより多くの感情的情報、より多くの詳細情報、より本質的な正確さが備わっているのか？

二か月間待った後、やっと返事が来た。ヒューマン・サブジェクト委員会は、私たちの研究計画を却下した。彼らは書面で次のように質問してきた。「この実験は本質的に被験者を欺くことになる。情緒的ストレス下にある被験者が、欺かれることで動揺したらどうするのか？　どうやって傷つきやすい被験者をスクリーニングする（訳注：ふるいにかけて選別する）つもりか？　欺かれたと知り、極度にうつになる被験者がいたらどうするのか？　偽りの記憶が被験者が体験した実際の出来事に不快なほど酷似していたらどうするのか？　操作されることで被験者は裏切られたと感じるのではないか？」など。

委員会の懸念に対し、私たちは入念に答えた。心理学的に不安定な被験者をスクリーニングする方法を開発し、移植された記憶を不快だと感じた者に対応する方法を考案した。また、混乱を回避し、緊張を低減し、信頼感の喪失を修復する方法も追加した。私たちは再び、幸運を祈りながら返事を待った。そしてとうとう委員会から研究の修正版を許可するという返事をもらうと、すぐさまデータ収集や分析を補助する学生助手の募集を開始した（訳注：その後ロフタスらは、実際にはなかった出来事について被験者に繰り返し面接を行うことで、偽りの記憶を作りだすことができることを実証した。詳しくは巻末文献の他『日経サイエンス』一九九七年十二月号のロフタス著「偽りの記憶を作る」を参照されたい）。

＊＊＊

数か月後、実験が軌道に乗った頃だ。学生助手の一人が私の部屋をノックした。手に『コスモポリタン』を持っている。

「いつもは読まないんですけど」。彼女は笑いながら、スパンコールをちりばめたビキニ姿の素敵なモデルの表紙を掲げて見せた。「でも、〈セックスについて聞きたいこと（恐いもの知らずのコスモ・ガールズだって知りたいこと）〉という題には抵抗できなかったんです。三番目の問いを見てください」。

私は問いと答えを声に出して読んだ。

問：私の乳房は過敏です。触られるだけでも嫌なのです。こんなことでは男性を引きつけられないのは分かっています。となれば、嫌なことでも笑って耐えなくてはならないのでしょうか？　私の乳房は小さいのですが、この過敏症は心理的なものなのでしょうか？

答：この種の不快感は、過去に乳房に関する不愉快な出来事があったことを示唆しています。あなたが幼い頃、誰かがあなたの胸を触ったり、嫌なことを言ったりしたのではないでしょうか。あまりにも不愉快だったので、あなたはその記憶を丸ごと抑圧してしまったのでしょう。……この不快感が何によるものなのか、明らかにすることをお勧めします。

雑誌を置き、私は頭を振った。狼狽したとか信じられないとか、そういう気持ちではなかった。もはや全く理解不能のこの世界へ、懐疑主義を捨て去って戻ってくることができるだろうかと、そんな心情だったのだ。
「で、どう思われます？」。学生が楽しげに尋ねた。
「またひとつ、抑圧された記憶が回復しそうね」と私は言った。

第8章

破壊された家族

父は子どもが大好きなんです。ちっちゃないとこが来ると、父はいつもみんなと一緒に遊ぶんです。それに教会のティーンエージャーたちともよくつきあっています！　そう、そんな感じ。父はいい父親でした。

——ジェニファー・ネイグル

否認するということは、否認モードにあることの証しである——これが今の時代に典型的な、心理療法の二重拘束だ。無罪を主張することは有罪の証拠だと言われるが、同じことが心理病理学についても言える。

——『家族療法ネットワーカー』九月／十月号、一九九三年

完全な親子関係などあり得ない。過去を振り返れば誰だって、親が私のことをもっと注目し、大切にし、愛してくれていればと思うだろう。これは普遍的な欲求である。どんなに幸せな家庭に育った人でも、実際にあったことを思いだし、こうあってくれたらと想像し、後悔や落胆を感じるものである。

ダグ・ネイグルとその家族の事例は、いくつかの重要な問いを提起している。*このような解決できない矛盾した欲求は、何年も後に、暗示、ほのめかし、他者から与えられる絶え間ない圧力によって虐待という偽りの記憶

へと変形することがあるのだろうか？　十五歳のジ、ェ、ニ、フ、ァ・ネ、イ、グ、ル、は、カウンセリングを受け始めた頃、性的に虐待されたという記憶をもってはいなかった。しかし集中的な心理療法を十か月以上受けた後、突然、詳細な虐待の記憶が回復した。この記憶はどこから来たのか？　なぜ突然、説得力のある感情を伴い、現れたのか？　答えは単純ではない。というのはこの事例では二人の娘が告発していたからである。娘の一人が行った告発は、もう一方の娘の告発に必須の補強証拠となり、懐疑主義者たちの求める「証拠」は満たされているかのように見えた。

この刑事事件でダグ・ネイグルを弁護するために証言すると承諾したとき、私はその証拠が表面的には有罪を示しているように見えるということを理解していた。だが後で分かるように、この事例における真実は、単純な結論や公式には還元できない。確信をもって言えるのは、かつては機能し無傷であった家族が、本来ならば無実の者を守るために構成されている組織によって、徐々に秩序正しく破壊されていった、ということだけである。

「あなたが否認モードにあるかもしれないと、私は注意されているのよ」

「あなたが否認するということはね、あなたは危険だということなのよ」

「あなたは深い否認モードにあるのよ」

ダグは悪夢に足を踏みいれたかのように感じた。周囲を見回し、ベッドの覆いに触れ、カーペットの下に足を入れ、結婚指輪をクルクルと回した。まばたきし、ため息をつき、咳をし、息を止めた。この夢を消し去って、

＊（前頁注）この章は実話に基づいている。だが家族のプライバシーを守るため、私たちはいくつかの事実に修正を加え、仮名を用いた（実名で登場するのはダグ・ネイグルの弁護士スティーブ・モエン、専門家証人のジョン・ユイル、エリザベス・ロフタスだけである）。この物語は供述調書、裁判の事前面接、セラピストの筆記録、裁判での証言など多くの法的書類から再構成したものだが、スティーブ・モエンとの面接により、基本的な事実に誤りはないことが確認されている。

現実に戻ってこれるなら何でもしよう。しかし何をやっても無駄だった。これこそが現実なのだ。彼は寝室にいた。時間は午後九時。妻のデビーが彼を告発したばかりだった。四人の娘のうち二人を、十年も前から性的に虐待していたというのだ。

デビーは詳細を語った。その声は、不自然なほどに落ち着いていて、遠い所から来るように聞こえた。二十二歳の長女、クリステンは最近、父から性的虐待を受けたという記憶を回復した。彼女はまた、十五歳の妹であるジェニファに対し、父がジェニファを犯すところを見たような気がすると言った。クリステンがジェニファのカウンセラーに電話をかけてこのことを伝えると、カウンセラーはすぐにデビーを呼びだし、二人はCPS（児童保護局）に連絡を取ることに決めた。

「児童保護局だって？」とダグは尋ねた。聞いたことが信じられないという様子だ。

デビーはうなずいた。「ジェニファのカウンセラーとCPSのケースワーカーは、しばらくの間、あなたに家を出てもらうようにと言ったわ」。

「でも子どもを虐待なんてしていないよ」とダグは抵抗した。

「あなたが否認モードにあるかもしれないと、私は注意されているのよ」

「そんなことするはずがないじゃないか」

「あなたが否認するということはね、あなたは危険だということなのよ」

「お願いだから、デビー、言ってよ。……僕が何をしたっていうの？」

「あなたは深い否認モードにあるのよ」

＊＊＊

三週間後、ダグは心理学者のオフィスで心を落ちつかせようと努力していた。性的逸脱度の評定を受けるのだ。資格のある心理学者から評定してもらうか、さもなくば家を出て子どもたちと二度と会わないこと。これがデビーの最終通告だった。四十代半ば、小柄で華奢な体つき、三つ揃えを着て近眼のぶ厚い眼鏡をかけたダグは、緊張しながら待っていた。家族にふりかかった災難のなかで、藁にもすがるような気持ちだ。彼は大きな製材会社の自然資源弁護士だった。だから争いごとの交渉をしたり、議論を和解にもちこんだり、妥協案を勧めたりということには慣れている。彼は繰り返し考えた。互いに話し合いさえすれば、考えや感じていることや事実をすべてテーブルの上に出しさえすれば、和解案のようなものが成立して、すべては元通りになるのに。

しかし、誰も話をしてはくれなかった。彼が子どもに何をしたというのか、誰も教えてはくれなかった。ジェニファは家を出て、友人の家に泊まっている。彼はジェニファに手紙を書いたが、デビーの許可なしに郵送しようとは思わなかった。デビーは手紙を読むと、ジェニファに渡しておくと言った。だが本当に渡してくれたのかどうか、ダグには知る由もない。彼はまた、家族で教会に行くことはできないかと尋ねた。だがデビーはあなたは「とんちんかんなことを言っている」と言った。デビーはダグが付き添いなしに末娘のアンナ――彼女はダグを告発してはいない――と会うことさえ許してくれなかった。

この短い三週間のあいだに、ダグの人生は丸裸にされてしまった。彼は混乱し、苛立ち、気が変になりそうだった。前ぶれもなく突然号泣した。入り組んだ法的な問題に専念することができず、仕事は手につかなかった。友人や仕事仲間が慰めてくれたり、アドバイスをくれたが、彼らの言葉は自分をさらにみじめにするだけだった。刑事法の弁護士が、言うことなすことすべてに気をつけるようにと忠告してくれた。「このところ性的な虐待を専門とするお粗末なカウンセラーがわんさか出てきているんだ。ろくに訓練も受けていないのに、やることは政治的な連中だ。彼らには性的虐待で告発された奴を助けるつもりなんかさらさらない。それには少なくとも二つのわけがある。第一に、彼らは医療過誤による裁判を恐れている。もしも治療している人物が外で猥褻行為でもしたらどうする？　第二に、児童保護局は弁護側についているカウンセラーとは一切かかわりをもたないんだ。経済的な問題さ。カウンセラーは弁護側にいるんじゃ食べていけないのさ」と彼は内情を語った。

「ネイグルさん」。低い声で彼は我に返った。バーカー博士はダグと握手し、暗いオフィスへと導いた。壁には本が並び、ふかふかの心地よい椅子が置いてある。自己紹介がすむと、心理学者は新しいクライエントに何が問題かを話させた。

ダグは自分の知っていることだけを手短かに話した。妻は長女のクリステンが性的虐待のかどで私を告発したと言っている。クリステンは私が妹のジェニファも虐待したと信じている。彼らが言うところの虐待については、それがいつ、どこで、どのように起きたのか、細かいことは一切聞かされていない。またジェニファがクリステンと同様、私に虐待されたと思っているのかどうかも分からない、と。

「何をやって告発されたのか、私には見当もつきません」。ダグは懸命に感情を抑えながら言った。「デビーは何も話してくれないし、私には子どもを虐待した覚えなんてないんです。告発に対し、私は責任を取ろうと思っています。虐待は実際にあったが、娘は記憶を抑圧してしまったのだと言います。それで私も同じように記憶を抑圧してしまったのだと、そう思い込もうとしました。デビーがそういうのを抑圧というと教えてくれたのです。本当に、そういう可能性だって進んで受けいれたいくらいです。でもどうして自分が子どもに猥褻行為をしておきながら何ひとつ覚えていないのか、納得がいかないのです。そんなこと不可能ですよ。デビーはよくあることだと言うんですが」。

ダグは泣きだした。そして「とても辛いです」と弁解するように言ったが、涙を拭おうとはしなかった。「すっかり混乱し、苛立っています。私は告発されているのに、何でそうなったのか分からないんです。助けを得るためにどうすればよいのか、どこに行けばいいのか、誰に頼めばよいのかも分からないんです」。

「お薦めしたいことが二つあります」。クライエントが落ち着くのを待ってから、バーカー博士は言った。「第一に、性的逸脱度の評定を受けるべきだと思います。そして第二に、この状況を乗り切るために、カウンセリングを継続的に受けることを強くお薦めします。私はそのどちらかを行うことはできますが、両方は無理です」。しばらく話しあった後、ダグは女性のカウンセラーによるカウンセリングを受けることに同意した。彼はカウンセリングのセッションに、妻や娘が一緒に来ることを望んだ。彼らも女性になら話しやすいのではないかと思ったのだ。そしてバーカー博士に性的逸脱度の評定をしてくれるよう頼んだ。

「今まで何人ぐらいにこういう評定をされたんですか？」とダグは尋ねた。

「二千人以上ですね」。

二千人！　とダグは思った。まだ中年とまではいかない心理学者にとって、ずいぶんな数のように思えた。次の質問には多少の勇気がいった。「で、先生のお考えでは、二千人のうち何人ぐらいが無実だったんですか？」

バーカー博士はしばらく躊躇したが、ついに口を開いた。「一人か、まあ二人」。

次のセッションで、ダグは一連の心理テストを受けた。その後、バーカー博士は彼の性に関する履歴を細かく尋ねた。ダグはプライベートなことについてあけすけに話すことには慣れてはいなかった。エルヴィスやサンドラ・ディーとともに青年期を迎え、ジョン・ケネディの暗殺とともに二十代を終えた「真面目な」世代なのだ。だがダグは恥ずかしさを乗り越え、あくまでも誠実にすべての問いに答えようと努めた。

十一、十二歳の頃、ボーイ・スカウトの仲間と性的な冒険をしてみたことがある、と彼は言った。「オーラル、それともアナル？」バーカー博士はペンを止めて尋ねた。そんなんじゃありません、とダグは答えた。ただちょっと触って試してみただけです。中学、高校時代、彼は時折デートをし、キスや愛撫も経験した。だがそれも深刻なものではなかった。単科大学での半年間に彼は性的関係をもち、大学卒業後、すぐにデビーと結婚した。ダグは妻に忠実だった。職場の女性と何度か「事故」がなかったわけではないが、悔いが残る出来事も、何年も前のことになっていた。

結婚してから二十三年が経ち、彼らはお定まりの性生活を送っていた。セックスは妻が望むよりも彼が望むとのほうが多いように思えた。だが、それはよくあることだ。大きな問題ではないだろう。ダグは、自分がどちらかといえば受け身の人間であり、人の欲求にしたがうほうが楽なのだと説明した。決して「マッチョ」ではない。喧嘩や論争が嫌いで、調停や和解を好むほうだ。デビーが嫌なら無理強いすることは決してなかった。この一、二年、デビーはセックスに関心がなくなってしまったようだ、とダグは言った。たぶん私のせいだろう。私は世界一セックスがうまいというわけではないから。

しかしそれでも、と彼は声を大にして弁解した。パートナーが興味を示さず、自分からは決してセックスしようとはせず、しかもできるだけ早く終わりにしたいというのが見え見えだとしたら、それほどハッスルできないんじゃないでしょうか。たぶんデビーは四人の子育てで、それに仕事ばかりで時間がとれない夫と暮らす疲れやストレスもあって、セックスへの関心がなくなってしまったのかもしれません。週末に二人だけで出かけて、電話、宿題、喧嘩、泣き声、医者の予約、スポーツの行事、締めきりなどから逃れてしまえばセックスはうまくいくんです、と彼は言った。

「それって普通のことじゃないですか?」。ダグはバーカー博士に尋ねた。「中年となった今、それ以上、期待できますか?」。

バーカー博士は問いには答えず、じっと彼を見た。

「デビーは信心深いんです」。ダグは突然ギアを入れ換えた。「五、六年前、彼女はコロサイ人集団というグループに入りました。彼らの主張によれば、キリスト者だと思っている者のほとんどは〈救済〉されない、というのです。〈真のキリスト者〉はほんのわずかしかおらず、残りは新時代の陰謀の犠牲者だというのです(訳注:〈新時代の陰謀〉とは、水晶占いや天使を信じるといった〈新しい〉ものの見方、およびそれを普及しようという陰謀のこと〉。デビーは自分が新のキリスト者で、私は違うという結論に達しました。そう気づいて、彼女はずいぶん苦しんだようです。けれど同時に〈私は誠実だけどあなたは違う、私は信心深いけれどあなたは違う〉というような満足感もあったようです。私にはこの宗教が恐ろしかった。この宗教は怒り、恐れ、不信につき動かされているように見えたからです。平和と喜びはどこにいったのでしょう？　恐れ、不安、不信、怒りを与える宗教なんて、どこがいいんですか？」。

　バーカー博士は椅子をずらした。

　ダグは説明した。「なぜこんな話をしたかというと、それから数年後、デビーはコロサイ人集団から脱落してしまったからです。私たちはそのことについてひとことも話し合いませんでした。でも私はほっとしていたのです。ところが私がクリステンとジェニファにいたずらしたとデビーが告発した数日後、デビーはこう言ったのです。彼女は私のせいであの集団から抜けたのだ、と。彼女自身は決して抜けたくなかったのに、私があの集団を嫌がるから彼女は抜けなくてはならないと思ったのだそうです。このことがセックスの問題の原因の一つになっているのかもしれません。もしかしたら、告発とも何か関係があるのかもしれません」。

　バーカー博士は丁寧に話を聞き、ノートをつけ、ときどきうなずいた。だが彼は明らかに、デビーではなくダグ自身について、デビーの宗教ではなくダグ自身の性的体験について話を聞きたがっていた。そして穏やかに、ダグがティーンエージャー相手に行っているボランティア活動へと会話を移した。あなたは不遇な若者たちのために何年も活動してこられたわけですが、その間、あなたに好感をもった少年または少女はいませんでしたか？そしてあなたが彼らに好感をもったことは？

　相談にのってやる若者に身体的魅力を感じることはままある、とダグは認めた。だが一度たりとも不適切なことを言ったり行ったりしたことはない、と彼は強調した。

「でもあなたがティーンエージャーに引きつけられる要素のなかには性的なものもあるんでしょう？」バー

カー博士は尋ねた。

「まあ、そういう可能性もあるかもしれません」とダグは言った。「魅力的な子は多いし、彼らと一緒に活動するのは楽しいです。でも彼らとの付き合いで、性的なことが起きたことは、どんなに小さなことですら、決してありません。私はティーンエージャーとの活動にまつわる問題をよく知っていますし、彼らと付き合いでは、私は常に繊細で責任ある態度を取ろうと心がけています」。

こういった質問の行き着く先がどこなのか、ダグにはよく分からなかった。ダグは彼の家族が「OPK」、他人の子ども（Other People's Kids）と呼んでいる人びとと問題を起こしたことは一度もなかった。何年もの間、彼は問題を抱えたティーンエージャー、家出少年、里子、教会の若者グループのメンバーたちに忠告、友情、情緒的・金銭的な支援をしてきた。デビーも、家族で「OPK基金」なるものを作ろうと提案したことがある。それは週二五ドルの予算を、OPKのためのピザ、ハンバーガー、ボーリング、ミニゴルフ、映画などに使おうというものだった。彼らは何度か一時的に里子を受け入れたりもした。そのなかにライアンという酒と麻薬の問題をかかえたティーンエージャーの家出少年がいた。あるときライアンは三日続けてどんちゃん騒ぎをやり、両親に返済すべき給料を使い果たしてしまった。デビーは彼を家から追い出してしまったが、ダグは行方を探し、食べ物を買い与えたり、殴られて救急病院にいる所を迎えに行ったり、麻薬取り引き人に追われていると聞いて両親の元に送り届けたりした。世の中には彼のことを気づかう人もいるんだと気づいてもらうため、カードや手紙を書いたり、プレゼントを送ったりもした。

こういったことは、世間を住みやすくするための小さいが誠実な努力であり、善良で健康的な活動だ。だが、バーカー博士の質問の行き着く先はこういうことらしかった。ダグはティーンエージャーに異常なほど捕われている。それは青年期にボーイスカウトで体験したホモセクシュアルな体験から生じているのだ、と。

「ティーンエージャーとの問題については、いくらかお手伝いできると思いますよ」。突然バーカー博士は言った。「アンモニアの瓶をあげましょう。性的な関心や衝動を感じたら、蓋を開けて中味を嗅いでください」。

ダグは忠告を受け入れようと努力した。ここでは医者が専門家なのだし、その権威や診断能力を疑おうという気もなかった。だが性的履歴に関するきわめて侵入的な質問を甘んじて受けているのは、ＯＰＫの問題を解決するためではない。娘にいたずらをしたという偽りの告発を受けたから、ここに来ているのだ。

「このことについてはいずれ別の機会に」とダグは言った。「今私は重大な家族の問題を抱えています。そのことで助けが必要なのです。嘘発見器はどうでしょうか？　無罪を証明するためならポリグラフだって受けますよ」。

「それには反対です」とバーカー博士は言った。「感情の問題が大きくかかわっていますし、チャージは曖昧です。だから読み取りに誤りが生じるリスクが高いのです」。

「では自白剤は？」ダグは藁にもすがる気持ちだった。彼は民法の弁護士だ。法学部を出て二十年になるが、刑法の経験はなかった。だが彼はここに真実や正確さという問題がかかわっていることを知っていた。薬物は真実を明らかにするのを助けてくれるかもしれないと思ったのだ。できることは何でも試してみたかった。

バーカー博士はきっぱりと首を横に振った。彼はこう説明した。「アミタールナトリウムを使うと、空想によって作られた感情や思考が、まるで事実を思いだすかのように現れることがよくあるんです。経験を積んだ臨床家でさえ、事実と空想を見わけるのは大変難しいんですよ」。

「じゃあ、人から私がやったと言われていることを、私が本当にやったのかやらなかったのか調べるには、いったいどうすればいいんですか？」。ダグは質問の論理がねじれていることに気づいていた。こんなに苦しくなければ笑ってしまうところだ。

「あなたにできることは何もありません」とバーカー博士は答えた。「あなたが記憶を抑圧しているかどうか確実に知る方法はないんです」。

「分かるように説明してくださいよ」。ダグは感情を抑える努力をしながら言った。外に現れた怒りは、実は彼の内部に高まりつつある恐れの感情でもあることを、彼は承知していた。「私が〈子どもを虐待した記憶などありません〉と言ったところで、あなたや他の評定者たちは、虐待などなかったと信じてはくれないんでしょう？私が記憶を抑圧しているためにその出来事を思いだせないのだとしたら、その場合、私は有罪ですよね。でも私が否認モードにあるために思いだせないのだとしたら、その場合も、それは私が有罪であることの証拠になるんですよね」。

「確かに複雑ですね」。バーカー博士は認めた。彼はノートを見返してから尋ねた。「思春期を迎えたのはいくつの時ですか？」。

ダグはため息をついた。まだ続くのか。「十一歳の誕生日のすぐ後、射精が始まりました」。

「早期の射精は、性的虐待を受けたというサインであることが多いんですよ」とバーカー博士は言いながらノートに記入した。「射精に関して問題はありませんでしたか？」。

「二十代のときには早漏の傾向がありました」とダグは答えた。「でもセックスのとき、ゆっくり行うように努力したら、問題はなくなりました」。

「早漏も性的虐待を受けたというサインである可能性があります」とバーカーは言った。

ダグは混乱した。バーカー博士は私が子どもの頃、性的虐待を受けたとでも言いたいのだろうか。

心理学者は時計を見て終わりの時間だ、と言った。「来週また同じ時間にお会いしましょう」。彼は言った。

「今度は奥さんにも一緒に来るように言ってください」。

一週間後、バーカー博士がデビーと一時間半も話をしている間、ダグは受付で待たされていた。やっと呼ばれてオフィスに入ると、バーカー博士は重大な決定をしたと彼に告げた。ダグは家を出るべきだというのだ。

ダグは驚いた。「他のカウンセラーでも同じ決定が下されるのでしょうか？」と彼は尋ね、デビーのほうを向いて言った。「他のカウンセラーの意見も聞いてみたいんだけど、そうしてもいいよね」。

「資格があり評判もよいエキスパートなら、たいてい私と同じ考えでしょう」とバーカー博士は静かに言った。

ダグがバーカー博士の意見を疑ったことで、デビーは怒っているようだった。

ダグは他の心理学者に相談するというオプションについて考えてみた。バーカー博士はこの地域では性的虐待については名の通った最高の専門家だ。もしも自分が他の心理学者に相談するとしたら、予約をとるのにまた何週間もかかるだろう。そしてまた同じような質問に答え、同じような感情的体験を繰り返さなければならない。そして同じ場所に落ち着くのだとしたら、どうだろう。第二の意見を求めることは、家族が元どおりになる過程を遅らせ、妻を余計に疎外するだけなのかもしれない。

「それがいいとお考えなら、そしてそれが家族にとって一番よいことだというのなら、私は家を出ることにしましょう」とダグは言った。

バーカー博士はデビーに向かって言った。「ご主人はいつもあんなふうに衝動的になられるんですか？」。

その後のセッションでは、彼は自白しなければという圧力をさらに強く感じるようになった。娘を虐待したと認めさえすれば助けてあげることができるのに……バーカー博士は、そう信じているようだった。だがダグは知りたかった。やってもいないことをどうやって自白しろというのだろう。

バーカー博士は彼の質問に答えて言った。「もしもあなたが自白し、長期間のカウンセリングを受けることに同意されるなら、有罪にはならないと思いますよ。あなたは子どもたちに会うこともできるし、集中的な治療の後、家に戻ることもできるでしょう。生活は正常に戻りますよ」。

「思いだせないことを認めることはできません」とダグは繰り返した。「でも記憶を抑圧している可能性については考えてみたいと思います。記憶を回復するのに役立ちそうなテクニックを教えてください。やってみたいと思います」。

「おそらく視覚的イメージ訓練が役に立つでしょう」とバーカー博士は示唆した。デビーは最近、バーカー博士に、夫は叔父のフランクから性的虐待を受けていたのだと思う、と打ちあけていた。フランク叔父はダグの母親の弟で、ダグよりも十五歳年上だった。ダグが生後三か月の頃から一緒に住むようになり、一九八七年に亡くなるまで三十三年間、ダグと同じ家にいた。バーカー博士はダグに、叔父から不快に感じるような仕方で触られたことがないかと尋ねた。ダグは否定した。フランク叔父は少し変わった人だった、とダグは認めた。だが彼は決して性的ないたずらなどしなかった。

「リラックスして、子どもの頃住んでいた家の様子を想像してみてください」とバーカーは指示した。「あなたは幼く、傷つきやすい年頃です。フランク叔父さんの部屋に行ってみようと思いました。部屋がどんな様子か、どんな匂いがするか話してもらえますか？」。

「湿っていてかび臭いです」とダグは目を閉じ、言った。「フランク叔父の部屋は地下室で、壁の上のほうにたったひとつだけ小さな窓がありました」。

「ベッドかけはどんな感触ですか？　腕や脚で感じることができますか？　性的興奮を呼び起こすものを、何か思いだせますか？」

「ええ」とダグは答えた。「十二歳のとき、そこでマスタベーションしたことを覚えています」。

「どうして十二歳だと分かるんですか？」

「ラジオでスプートニク打ち上げのニュースをやっていました。あれは一九五六年です。私は一九四四年の生まれなので」。

「子どもの頃に戻ってみてください」。もう一度やり直しといわんばかりに、バーカー博士は言った。「汚されたというような感覚を経験したことはありませんか？　プライバシーが犯されたという感覚は？」

「あります」。ダグは真実を伝えたかった。彼には真実以外なかったのだ。

「それはどこでですか？」

「お風呂です」

「誰が一緒ですか？」

「母です」

「何があったのですか？」

「母は私が十か十一になるまで私の身体を洗ってくれていました。私にまかせておいたのではきれいにならない、と言っていました。最後に洗ってもらったときにはもう恥毛が生えており、恥ずかしかった」

「それは性的虐待ですね」とバーカー博士は宣言した。

ダグは納得できなかった。風呂のことで母が「性的興奮」を感じたとは思えなかったし、彼だって感じなかった。しかし数分のうちにバーカー博士は、ダグの母親は彼を虐待したのだと納得させてしまった。セッションが終了したとき、ダグは泣いていた。

数日後、ダグはデビーに、母親から性的虐待を受けていたことが分かったという、感情的な体験について話そうと思った。彼がどんなに努力し、すべての可能性を調べようとしているか、デビーも分かってくれるのではないかと思ったのだ。だがカウンセリングで回復した記憶について話すとデビーは後ずさりし、嫌悪と勝利が入り混じったような表情をした。「分かっていたのよ！」と彼女は叫んだ。「あなたは虐待されていたんだわ。これであなたが子どもを虐待したことの説明がつくわ」。

「何だって？」。ダグは彼女の反応に狼狽した。

「性的虐待は次から次へと世代間で引き継がれることが証明されているのよ」とデビーは言った。「もしもあなたが両親や親類から虐待されていたのなら、あなたが子どもを虐待する可能性だって十分にあるんだわ」。ダグは彼女を見つめることしかできなかった。何もかもが有罪を証明する方向へとねじ曲げられてしまう今、いったい何ができるというのか、何を言えばいいのか。

二週間後、バーカー博士は、評定を締めくくるのに十分な情報を得たと表明した。「おっしゃる意味が分かりません」とダグは抵抗した。「ここで何が起きているのか、私には全く理解できません。私は中心人物の一人なんですよ。私や妻との面接を数回行っただけで、どうして私の状態が分かるというんですか？　先生は子どもとも、両親とも、私の友人とも話をしていないじゃないですか。私のことだってご存じないと思いますよ！　これだけの情報で、どうして私を評定し、これからの人生に影響を及ぼす意見書を書くことができるのですか？」。

バーカー博士はクライエントをなだめようとした。レポートの最終版を作る前に草稿を渡すから、それを読んで欠けているところを埋めてほしいとも言った。

ダグはその申し出を断った。「子どもを虐待した覚えがないのに、どうして欠けたところを埋めるなんてできるんですか？」と彼は尋ねた。「本物のデータ、確固たる事実が必要なんじゃないんですか？　当てずっぽうや推測や抑圧された記憶についての話なんかじゃなくて。真相をつきとめるためだったら、何だってやりますよ。嘘発見器の検査（ポリグラフ）も受けます。自白剤だって飲みますよ。何でもやります。だからどうすればいいか教えてください。おっしゃる通りにしますから」。

「嘘発見器や自白剤はリスクが大きいんですよ」。バーカーは先の忠告を繰り返すように言った。「弁護士に相談したほうがよいかもしれませんね」。

「法的な問題なんてありません。これからもないはずです。これは医療の問題、精神医療の問題なんですよ。

家族がバラバラになろうとしているんです。助けが必要なんです」。

バーカー博士は一瞬クライエントを見つめたが、ゆっくりと首を振った。そして便箋に手を伸ばし、嘘発見器操作官の氏名と電話番号を書き記し、予約を取るにはしばらくかかるかもしれないと言った。

「その間私は何をすればいいでしょう?」とダグは尋ねた。

「この問題を乗り切るために、カウンセリングが必要ですね」とバーカー博士は言い、女性の同僚を紹介した。


「子どもを虐待したことが認められない理由を書きだしてみてください」とそのカウンセラーは指示した。

「そんなの簡単ですよ」とダグは言った。「理由はたくさんあります。まず、子どもをもつ親なら、我が子を傷つけようとは決して思わないでしょう。それに傷つけたりすれば刑務所行きだし、仕事も友人も失い、追放されてしまうでしょう。理由はたくさんありますよ。でも、私は子どもを虐待した覚えはありません。第二に、私は子どもを虐待するような人間じゃありません。自分の子ならなおさらです。児童虐待は考え得る犯罪のなかで最も恐ろしい犯罪だと思います。私は子どもたちを愛しており、意図的に傷つけるなんて決してしません」。

ダグは「意図的に」という言葉を使ったのは間違いだったかな、と思った。カウンセラーは彼が子どもを非意図的に虐待したと思うのではないか?「意図的に」という言葉は抑圧の理論をより実質的で重みのあるものにしてしまうのではないか?

「子どもを虐待したことを認めたくない、と言うんじゃないんです」と彼は注意深く説明した。「そうではなくて、私は虐待したことを覚えていないんです。そんな恐ろしいこと、忘れることはできないと思います。私の神経はそんな風にはできていない。人は私が子どもを虐待し、記憶を抑圧したのだと言います。でも一連の出来事、あるいは出来事を丸ごと全体完璧に遮断してしまうなんて、どうしてもそんなこと考えられないんです」。

「日常生活では、たくさんのことを忘れているんじゃないですか?」とカウンセラーは尋ねた。

「もちろん」とダグは答えた。「過去に起きたことの多くを私は忘れてしまっています。誰だってそうでしょう」。

「それにあなたは楽観的なタイプじゃありませんか？　よいほうに考え、可能性を信じる？」

「そうですね、私はそんなタイプです」

「あなたが子どもを虐待したと信じる理由がデビーにはある、という風には思いませんか？」

「確かにデビーは理由があると言ってますね」。ダグは認めた。

「どんな理由があると言っているのか、挙げてみてくれませんか？」

「デビーは娘たちを信じると言っています。そして娘たちは明らかに私が虐待したと思っています。デビーは私が子どものころ虐待されたと信じており、児童虐待は世代を超えて受けつがれると言っています。でも、私は子どもの頃虐待されたなんて思っていません。それにもっと大事なことですが、私はどんなことがあっても決して子どもを虐待するような人間ではありません。私が子どもを虐待してその記憶を丸ごと抑圧してしまうなんて、そんなこと絶対に起り得ないんです」。

「どうしてそんな風に言えるんですか、ネイグルさん？」カウンセラーは苛立っているようだった。

ダグは自分が子どもに対して抱いている気持ちを説明しようとした。彼は子どもを何よりも、仕事や自分の命よりも愛していた。子どもを身体的に、あるいは性的に痛めつけてその愛情に背くなどできるはずがない。彼の母親は彼のプライバシーに配慮が足りなかった。だから彼は、デビーが思っているのとはむしろ逆に、子どもの要求にはより配慮するようになったのだ。

我が子を虐待するような人間ではないこと、そうではなく紳士的で繊細な人間であることを証明しようと、彼は逸話となるような記憶を探した。そして「五年生旅行」という家族の行事のことを思いだした。四人の子どもがそれぞれ五年生になると、彼はその子を特別の旅行に連れて行った。それは二人だけの一週間の旅行だった。

彼とクリステンはワシントンＤＣに行き、ホテルと友人の家に泊まった。アリソンはワシントンＤＣ、それからフロリダ州オーランドに行き、ディズニー・ワールド、サーカス・ワールド、キプロス・ガーデン、マリン・ワールドを見物した。彼とジェニファはワシントンＤＣとバージニア州ウイリアムズバーグに行き、彼とアンナはオレゴン州アッシュランドのシェイクスピア祭に行った。どの場合も、十一歳の少女とホテルにチェックインすることで自意識過剰になったことを覚えている。彼は娘たちのプライバシーを守り、シャワーにも身支度にも髪を結うのにも十分な時間を与えた。彼はカウンセラーに、子どもの要求に対しては繊細であるよう努力した、と説明した。

「ネイグルさん、あなたは思いだしたいことだけを思いだしているんですよ。あなたがそうありたいと願う自己像に沿うように、記憶を並べかえているんです」とカウンセラーは言った。

「では、私が覚えていない記憶だけが重要だとおっしゃるんですか？　子どもたちと過ごしたすばらしい記憶はおそらく偽りなのだと、そうおっしゃりたいんですか？」とダグは尋ねた。

「そうです。私が言いたいのはそういうことです」とカウンセラーはきっぱりと言い、首を振った。*

四月。このひと月間、ダグは子どもを虐待した「記憶」を思いだそうと努力した。だがどんなに努力しても、記憶は白紙のままだった。とうとう彼は妻に懇願した。「どんなことを思いだせばいいのか分からないまま記憶を回復しようなんて無理だよ。クリステンとジェニファは私が何をしたと言っているの？」。

デビーはジェニファのカウンセラーに相談しなければ詳しいことは何も明かせない、と言った。数週間後、ダグはデビーに電話をかけ、話してもよい情報があるかどうか尋ねた。

＊　一年後、このカウンセラーはダグ・ネイグルの弁護士に対し、ダグに記憶を思いださせようと圧力をかけたことを認めた。もしも彼が自白すれば、刑務所に入らずにすみ、最終的には家に戻り家族と再会できると信じていた、というのである。

「私はジェニファのカウンセラーと一緒に、ジェニファの記憶が戻るよう頑張っているところなのよ」とデビーは言った。

「記憶が戻るって、何の?」

「詳しいことは言えないわ」とデビーは言った。「ジェニファのカウンセラーは、あなたは自分一人で思いださなければならないと言ってるわ。彼女はあなたの記憶を汚染したくないのよ」。

ダグは今こそ切り札を出すときだと決心した。「バーカー博士がクリステンと面接したんだけど、クリステンはもう、私がジェニファを虐待するのを見たとは言ってないんだよ、知ってる?」。これが彼のもつ唯一の切り札だった。「クリステンは私がジェニファを触っているところを実際に見たわけではない、と認めたんだよ。彼女が見たのは私がジェニファとベッドで寝ころんでいるところだけだ。二人ともきちんと服は着ていたし、私の両手は見えるところにあったんだ。ジェニファはベッドカバーの下に入っていて、私はベッドカバーの上にいたんだよ」。

「夜、子どもたちが寝るとき、僕はいつも一緒に横になっていたよね。デビー、覚えてるよね」。思わず強い口調になった。「それだけなんだよ。ただジェニファと一緒に横になって、話をしながら、眠るまで一緒にいてやっただけなんだ。クリステンが言ったことには性的な接触は含まれていなかったんだよ。クリステンがバーカー博士に話したことをジェニファに伝えてくれ。そして、彼女自身に結論をださせてくれよ」。

「それはできないわ」とデビーは言った。「虐待がなかったかもしれないなんて話したら、ジェニファが混乱するだけだもの」。

「真実で混乱なんかしない」。ダグは突然かっとして言った。「君とカウンセラーはありもしないことを思いださせようとして、ジェニファを混乱させているんだ。君が言わないなら私が言うよ」。

一九九〇年五月十日、デビーはダグに彼のオフィスで会おうと言ってきた。彼女が入ってきた瞬間、ダグは何か根本的なことが変わったのだと悟った。足元で大地が揺らぎ、安定が失われた。頭がふらつき、めまいを感じながら、ダグはデビーに外で歩きながら話そうと言った。

「何かがあったんだね」。しばらく黙って歩いていたが、やがてダグは言った。

「ジェニファが記憶を回復したのよ」。デビーは言った。彼女は異常なほど落ち着いていて、すべてがコントロールされている、という感じだった。「これであなたを起訴できるわ」。

「起訴？　私を起訴しようというの？」。体がすうっと沈んだ。妻の子どもに対する愛情に訴え、ダグは助けを求めようとした。「子どもたちのことを考えてみてよ、デビー。法廷での争いが子どもたちにどんな影響を与えるか」。

デビーはダグをにらみつけ、鞄を肩にかけ直した。その表情はどんな言葉よりも彼女の気持ちを表していた。

「とうとう追いつめたわ」

「法廷で争えば私たちはバラバラになる。デビー、お願いだから。君とは争いたくないんだよ。どうにかして切り抜けたいんだ」

痛々しい声を聞いて、彼女は少し態度を軟化させた。「こんなことになったのは残念だわ」と彼女は言った。

ダグのオフィスに戻ると、彼女はダグの上司に会う約束を取りつけた。後で分かったことだが、デビーはこのとき、裁判がすむまではダグを解雇しないでくれと上司に頼んだのだった。

五月十九日、ジェニファが記憶を回復してから二十日後、特殊暴行部の刑事がダグに電話をかけてきた。

「あなたに嘘発見器の検査を受けていただきたい」と刑事は言った。

「弁護士を雇うようにと言われているんですが」とダグは答えた。

「雇う前に受けたっていいでしょう」と刑事は言った。

「検査は受けたいと思っています」とダグは言った。「でも基本的なルールを理解しておきたいんです。私は虐待という特定の出来事について、質問を受けるんですよね？　私が何で起訴されるのか、誰も説明してくれません。もしも質問が特定の出来事について尋ねられるのでなかったら、検査は正確でないかもしれないと、私は忠告を受けているんです」。

刑事が答えられずに黙っているとダグは繰り返した。「もしも質問が十分に特定化されたものでないと、はっきりとした結果が出ず、有罪になってしまう可能性があるんです」。

「あなたが公式に起訴されないうちは、申し立てについて具体的にお話することはできません」と刑事は言った。

「嘘発見器操作官の選定や検査の施行方法について、私が意見を差しはさむ余地はあるんですか？」とダグは尋ねた。

「ねえ、ネイグルさん、私が刑事であなたは被疑者です。仕切るのは私で、あなたではありませんよ」。

「そういうことなら私は弁護士を雇い、それからあなたに連絡します」とダグは言った。

「もちろん、それはご自由に」と刑事は言い、言葉をつけ加えた。「でもね、私はあなたが有罪だと思いますよ。あなたは性的逸脱度の評定を受けた。無罪だったらそんなの受けやしませんよ」。

ダグは友人の弁護士に電話をかけ、刑事弁護士を推薦してくれるよう頼んだ。誰もが推薦したのはスティーブ・モエンだった。彼は人から「理路整然」「慎重」「非常に注意深い」「知性的」などと形容される人物だ。ダグはモエンと会い、モエンは彼を弁護することを引き受けた。

「刑事は私が性的逸脱度の評定を受けたために、私を有罪だと思っているんです」とダグは弁護士に説明した。

「当然ですよ」とモエンは言った。「有罪を認め、判決が出るのを早めたいと思うとき以外、被疑者は性的逸脱度の評定なんて受けないものです」。

則物的な物言いに、ダグは気力を失った。私の人生について話をしているんじゃないか。私の家族、私の評判、私の仕事。これらはみんなつながっている。

「全く、理解できません」とダグは言った。「デビーは私に評定をうけるべきだと言ったんです。評定を受けなければ子どもたちには会えないって。評定を受けることが有罪の証拠として取られるなんて、そんなこと誰も教えてくれなかった」。

「弁護士を雇うのが遅すぎましたね」。モエンは静かに言った。

「でもこれは精神医療の問題でしょう。法の問題じゃない」。ダグは怒りを押さえ切れずに言った。

「でも今は違いますよ」。モエンの話しぶりはダグに、中学の頃、ちょっとした違反を犯して副校長室に呼びだされたときのことを思いださせた。「ここは小学校じゃないんだ」。副校長は低い声で警告した。「これは重大なことなんだよ。君は大変なことをしでかしたんだ」。

「バーカー博士が評定の最終報告書を書くのを止めさせたほうがいいですね。お望みなら、私がやってあげましょう」とモエンは言った。

「でもデビーがそのことを知ったら、それは有罪のさらなる証拠だと言うでしょう」。

「彼女が何と思おうと、大した違いはありませんよ」。

「私にとっては大違いです。一番大切なのは夫婦関係を元に戻すこと、そして家族が元通りになることなんです」とダグは言った。

「私たちにとって一番大切なことは、あなたを牢屋に入れないということです。可能ならばね」とモエンは言った。「私は特殊暴行部の刑事に電話をかけて、あなたが警察の嘘発見器による検査を受けないと伝えます。

このような事件では、嘘発見器は大変リスクが大きいんです。今この時点でそのリスクを負うことはありません。また、あなたは姿勢を低くして、目立たないようにしていてください。この起訴については誰にも話さないこと」。

だが、ダグの態度が気にかかったモエンは質問した。「あなたは自分が置かれた状況について、何人ぐらいの人に話しましたか？」。

「何十人にもです」とダグは打ち明けた。「仕事の同僚、家族、友人、教会の会員など」。

モエンはため息をついた。「これからは、身を低くしていてください。何もせず、何もしゃべらないように。どんなことでも不利な証拠として使われる可能性があるのですから」。

ミランダの会（訳注：被疑者に黙秘権を行使するよう勧める団体）の警告のようだ、とダグは苦々しく思った。でも、人が犯罪を犯して告発された場合、犯人は普通、自分が何をしたのか知っているんじゃないだろうか？　私がいったい子どもに何をしたのか、いつになったら告発の理由を教えてもらえるんだ？　そして今現在、私はどのように生活していればいいんだろう？

「身を低くなんてしていられませんよ」と彼は弁護士に言った。「苦しすぎます。私が置かれた状況――これはあなたの言い方ですけど――は人に話さずにはいられません。そうでないと身が持ちませんよ。私は妻も子どもも失い、地域の子どもたちを助けるという生きがいまでなくしてしまったんです」。

「ご存じでしょう、有罪宣告を受けたらあなたは法的な仕事をする資格を失うんですよ」。モエンは本棚をかき回し、弁護士の資格剝奪に関する規定を取り出し、さっと目を通した。

「そんなこと思いもよりませんでした。私に残されているのは仕事だけです」。ダグは話を止め、自分を立て直そうとした。「私だって刑務所に入るのは恐ろしい。でも、子どもたちが今経験していることを考えると、もっと恐ろしくなります。彼らは私に傷つけられたと思いこんでいます。苦しんでいます。彼らがこんな苦しみを受けなければならないなんて、私には耐えられません。どうして静かにしていることができるでしょう。家族が引き裂かれようというときに、どうして身を低くなんかしていられるでしょう?」。

モエンはクライエントの情緒的状態を憂慮した。ダグには心理的な助け、性的逸脱度の評定者、バーカー博士には与えることのできなかった助けが必要だ。「誰か、苦しみや混乱を乗り切る助けとなるような人を紹介しましょう」とモエンは言った。「カーソン博士は性的虐待の事例について経験が豊富な法精神科医です。いや、法学のことであなたを彼に紹介するわけではありませんよ。カーソン博士はたいへん洞察力のある人です。家庭内のかっ藤や緊張を理解する助けとなってくれるでしょう。家族を元通りにするのにも、力を貸してくれるかもしれません」。

カーソン博士はダグの話を聞き、医療的・性的な履歴について質問した。それはバーカー博士のときに経験したことと同じだった。だが、今回は以前ほど不快ではない。おそらく、とダグは考えた。私が打ちのめされ、消耗しきっているからだろう。あるいは、こんなに大変なことに巻き込まれてしまって、自分のプライバシーや尊厳なんて大したことじゃなくなってしまったからかもしれない。

三度めのセッションのとき、カーソン博士は単刀直入に尋ねた。「あなたはやったんですか、やっていないんですか?」。

「やっていないと思います」

「はいかいいえ、やったのかやっていないのか」

「分かりません。やっていないと思います」

「思います、とは言わないで」。カーソン博士は我慢できないという風に、鉛筆で机をコツコツ叩いた。「そういう答え方じゃ、よく分からないんですよ。みんなあなたがやったと思ってしまいます。やったんですか、やっていないんですか」。

「やってないと思います」

「やってないということですね」

「やっていないと、思います」

「そんな言い方は止めなさい」。カーソン博士は苛だち、声を荒立てた。「やったかやってないか、分かってるんでしょう？　あなたにしか分からないんですよ。やったんですか、やってないんですか」。

「やってないと思います。いえ、いえ、やってません」

「いいえ」と答えるのがなぜそんなに難しいのか、ダグは自分でも不思議だった。彼はデビーに告発された夜のことを思いだした。「絶対に虐待なんかしていない」と彼はデビーに言った。するとデビーは怒り出し、彼が「否認モードにある」と決めつけた。「あなたは深い否認モードにあるのよ」と彼女は言った。そのときからダグの人生は統制不可能になったのだ。ジェニファは家を出、彼自身も家を出るはめになった。付き添い人なしに末娘に会うことさえ許されない。そしてもうすぐ刑事責任を問われることになっている。

告発を否認して何かよいことがあっただろうか。悪いことばかりだ。「覚えていない」というだけではなぜいけないのか。デビーやカウンセラーはこの言葉を受けいれるか、それとも彼を嘘つき呼ばわりするかのどちらかだ。タグは立ち上がり、告発する人びとと向き合おうと努力した。だが「いいえ、虐待などしていません」と言えば、妻と娘を指さして、彼らこそが嘘つきだと言うことになる。そんなことはできない。妻子は世の何ものにもかえがたい存在だ。彼らを裏切ることはできない。子どもを虐待し、記憶を抑圧してしまったなどという可能性はなさそうに思えるが、でもその可能性とも向きあいたい。だからこそ明朗な意識で、精一杯の誠実さをもって「いいえ、私は覚えていません」。あるいは「記憶に偽りはありません」と言うのだ。

ダグは困惑した面持ちでカーソン博士を見た。精神科医だというのに、なぜ人の心が理解できないのだろう？

「やったのなら、覚えているでしょう？」とカーソン博士は言った。「嘘をついているか、虐待はなかったか、どちらかなんだ。あなたは嘘をついているんですか？」。

「いいえ、嘘なんかついていません」

嘘をついているんですか？　カーソン博士は同じ問いを百回も尋ねたに違いない。そのたびに、ダグは静かに、しかし誠実に「いいえ」と答えた。だが何度も繰り返されるこの問いに、ダグは苛立っていた。彼が一生懸命自分の感情を整理し、説明しようとすると、カーソン博士は突然「あなたは嘘をついているんですか？　やったんですか、やっていないんですか？」と聞くのだ。彼は質問で気が狂いそうだった。質問にはうんざりし、あきあきしていた。

「止めてください！」あるときダグは言った。「私は嘘なんかついていません。自分の言葉を変えようとも思いません。もしも先生が信じてくれないのなら、私にできることはもう何もありません。こんな馬鹿げたゲームはあきあきだ」。

彼の怒りやフラストレーションをよそに、カーソン博士は彼をじっと見つめた。博士は牛追い棒の代わりに質問を使って、私に何か行動をとらせようというのだろうか？

「先生はわざと私を怒らせようとしているんですか？」。ダグは精神科医に尋ねた。「それが先生の目的なんですか？」。

「あなたはなかなか怒らないんですね」。カーソン博士は冷静に言った。

ダグは自分が怒りを表すのが苦手であることを白状した。そして自分がたびたびかかる消化不良と不眠症は、感情に蓋をしてしまうことから起きているのだろう、と言った。一九七一年、彼は前立腺の感染症にかかったが、それはなかなか完治しなかった。精神科医の友人は彼がうつであると言い、うつの原因を明らかにして治療しない限り、感染症は治らないだろうと説得した。ダグは忠告を受け入れ精神科医に診てもらうことにしたが、その精神科医はダグに、デビーに対する不満があるのだろうと示唆した。

「デビーに対してフラストレーションがあるのは自分でも分かっています」。ダグはカーソン博士に言った。「結婚生活のさまざまな局面で、デビーとのコミュニケーションは難しいと感じてきました。デビーは私本人よりも私のことを理解していると思っているみたいです。そして彼女はいつも私が怒りっぽい、攻撃的な人間だと言っています。でも私は自分が怒りっぽく攻撃的だとは思っていません。友人や同僚も、私をそんな風には見ていません」。

「おそらくデビーは自分のなかにある感情や状態をあなたのなかに見出したのでしょう」とカーソン博士は言った。ダグはその可能性を少し考えてみた。あり得ないことでもない、と思えた。デビーは彼を「操作的」とか「支配的」と言うが、他人は彼女のことをそう見ていた。彼女は彼を愛想がない人間だと言っていたが、彼女のほうこそ通り行く人をぼんやりと見ていて会話の糸をとぎれさせてしまう、そういうタイプの人間だった。もしかするとデビーは子ども時代に虐待されたと感じていて、それを我が子に投影しているのかもしれない。文字通り虐待されたのではなく、虐待されたと感じただけなのかもしれないが。そしてその苦しい、ぼんやりとした気持ちが今になって夫や子どもとの関係に影響を及ぼしているのかもしれない。何年も前、デビーの妹たちが、私たちは姉さんに育ててもらったも同然なの、と言うのを聞いたことがある。十代の頃、デビーは父親にとって娘というよりも相棒であり親友だった。二人の間に何か不健康なことがあったのか？　ダグは思いをめぐらせた。だから彼女は、私が子どもたちとふざけたり仲よくしたりすると、いつも嫉妬したのだろうか？

「あなたは反撃に出なくてはなりません」とカーソン博士は言った。

「反撃って何に？　まだ分からないんです。私が何と戦うのか！」

「あなたが子どもたちを虐待していないのなら、彼らにそのことをはっきりと力を込めて言うべきです。屈してはなりません。泣きべそかいたり、ぐちを言ったりするのではなく、立ち上がって戦うのです！」

カウンセリングの最中、カーソン博士はクライエントの怒りを自ら演じているようにも見えた。ときどき声を荒くし、テーブルを叩いて強調し、手で扇ぐようにしてフラストレーションを表明するのだ。その怒りや苛立ちを見ながら、ダグは博士がなぜこんなことをするのかと考えた。私に怒りの手本を見せてくれているのだろうか？ 怒りを表す方法、怒りを感じる方法を示してくれているのだろうか？ 博士の怒りは演技なのか、本物なのか？ 何に対して怒っているのか？ 自分がオフィスに入る前から怒っていたのか、それともダグの苦しみが彼に影響したのか？ いったいどっちがクライエントでどっちがカウンセラーなんだ？

ある日、ダグは言った。「先生はまるで怒る方法を教えてくれているみたいですね。私個人のカウンセリングならそれも大切でしょう。でも、これは私個人の問題じゃないんです。妻と子どもがかかわっているんです。先生はもしかして、私に家族を傷つけるようなことをさせようというんじゃないでしょうね」。

「私の役目はあなたを助けることです」。カーソン博士はそれしか言わなかった。

「私は先生の助けが必要です。でも妻や子どもを助けるためのアドバイスも必要なんです。どれが私を助けるためのもので、どれが家族を助けるためのものなのか、知りたいんです。どっちがどっちなのか教えてください」。

「残念ながら、私にはそんな風に分けて考えることはできないんですよ」と博士は言った。

ダグは頭を抱えた。当然だ。カーソン博士は精神科医で、心が読めるわけじゃない。クライエントにとって何が最善で、家族にとって何が最善なのか分かるはずがない。そんなことクライエントにしか分からないことだ。だが他に情報もないのに、子どもにとって何が最善かどうすれば分かるというのだろう？ ダグはますます混乱し、わけが分からなくなった。そうだ、博士の言う通り自分を弁護し、無実を主張してみよう。だがそうはいっても、まずはどのようなリスクがあるか検討する必要がある。私がそんな行動をとったら家族にどのような影響が生じるだろう？　ダグは自分がモエン弁護士のような考え方をしているのに気がついた。注意深く身を低くし、すべての可能性を考えてから行動を起こす……。だがダグはこの注意深いアプローチに常に賛同しているわけではなかった。注意深く行動を制限したほうがよい場合もあるが、怒りやフラストレーションを表すほうがよいこともあるのだ。だが、いつ何をし、いつ何を感じ、いつ何を言えばよいのだろう。

彼は、自分が出口のない二重の拘束に囚われていることを悟った。ダグは、弁護士から注意深く行動するようにと教えられた。弁護士は、ダグが何か言ったりしたりするのを心配している。一方、彼は精神科医から自発的に感情を表現することを学んだ。精神科医は、ダグが子どもを傷つけやしまいかと恐れることを積極的に言ったりしたりするよう望んだ。いったいどのような状況で、どのような割合で、どちらの態度をとるのがよいのだろう？

混乱してはいたが、ダグは二人に感謝していた。彼らは今までとは異なる思考や行動のパターンを教えてくれたからだ。スティーブ・モエンは注意深く事実を見出そうと努力し、着実に考える人だ。もしも判決が感情によってではなく、事実と理屈によって出されるのであれば、モエンは勝つだろうと思われた。だがモエンはクライエントのことについて、あまりにも注意深く防衛的だ。彼の忠告にしたがっていると、家族はもっと離ればなれになってしまうような気がした。

弁護士とは逆に、精神科医は彼を立ちあがらせ、家族との関係を傷つける危険さえ犯させようとする。ほとんど無謀と言ってよかった。だがカーソン博士の下で、ダグは自分が以前よりも強くなったように感じた。怒りをうまく表せるようになり、告発された日から重くのしかかっていた被害者のマントを投げ捨てることもできるようになった。彼はまた、妻がどのような行動を取るかうまく予測できるようにもなった。デビーは子どもをダグからできる限り離しておこうとやっきになっている。そのため子どもたちはダグの側の話を全く聞けないでいた。おそらくカーソン博士は正しい。子どもたちに私の無実を伝える方法を探さねばならない。

彼はジェニファと会うことはできなかったが、数週間に一度の割合で、アンナと数時間を過ごすことは許されていた。面会のとき、ダグはアンナに自分に対する告発は偽りだとを話す決心をした。私は決して姉さんたちを虐待してはいない。子どもたちを傷つけるなんて絶対にしない、と。数週間後、アパートの自室で一人で夕食を食べているとき、彼は家族に会いたいという強い衝動に駆られた。たまりかねて家に電話をかけるとアンナが出た。二人は数分間話し、電話を切る前に、彼はどんなにか彼女を愛しているか告げた。

翌日、デビーからものすごい剣幕で電話がかかってきた。「アンナがあなたと電話で話したと言ってるわ」。彼女はなじるように言った。「こういう操作的なことをしてあの子を混乱させるのは止めてちょうだい」。

「声を聞きたかったんだよ」。ダグはカーソン博士の忠告通り、自分を弁護しようとした。「アンナに会いたいんだ」。

「私のルール下でね」とデビーは言い、電話をがちゃりと切った。

ダグはその夜、妻に手紙を書いた。頻繁に電話をかけたいという気持ちを説明し、より自由にアンナと会うことができるよう交渉したいと書いた。そして彼はデビーの返事を待った。一週間後、デビーが連絡してきた。ダグの教会の牧師を交えて会おうということだった。

「私は離婚の申し立てをしているの」と彼女は宣言した。「本当は離婚なんかしたくないのよ。でもCPS（児童保護局）が来て子どもたちを連れて行ってしまうのが恐いのよ」。

「何のことか分からない」とダグは言った。

「あなたが子どもに会いたいなんて脅かすからよ。あなたが子どもから離れていてくれないからよ。どうにかして子どもを守らなくちゃ」。

「でも君はアンナに会わせてくれないじゃないか！」。ダグは声を低く保とうと努力した。「アンナと会うのも、話をするのも、手紙を書くのも許してくれないんじゃないか。君のルールじゃ子どもとのつながりがなくなってしまう。私を告発していない娘とさえね。私はただ、またアンナに会えるようにルールを変えてほしいだけなんだ」。

「検察官は思ったより早く動いてくれないのよ」。デビーは夫の目を見ずに言った。「あなたの行動のせいで、私は離婚の申し立てをするのよ。そうすることであなたに対する禁止命令が得られるから。子どもたちをそっとしておいてほしいわ」。

禁止命令だって？　禁止命令を得るのに離婚する必要はないと、ダグは言ってやりたかった。しかしそれを言って何になるのか。どちらにせよ、彼は子どもたちに会わせてはもらえないだろう。

デビーの表情が変わった。「ジェニファがあなたに会いたいって。車で待っているわ」。

「ジェニファが私に会いたいって？」。ダグは何が起きているのか分からなかった。たった今アンナ、告発に加わっていないアンナとの面接を差し止めようと禁止命令の話をしていたところじゃないか。それなのにデビーはジェニファ、忌まわしい罪でダグを告発しているジェニファと会わせるというのか？　デビーに告発を突きつけられて以来、ダグはジェニファと会うことも話をすることもなかった。あれから五か月が経つ。

デビーは部屋を出、数分後、ジェニファが入ってきた。

「ジェニファ」。ダグは声にならない声で言った。肩を抱き、ぎゅっと抱きしめたい。しかしそれはしなかった。「牧師さんにいてもらったほうがいいかい？」。

「どっちでも」。彼女はそう言ってニコリと笑い、肩をすくめた。「どっちでもかまわないわ」。

ダグはスティーブ・モエンの忠告を思いだした。気をつけて。普段とは違うことや少しでも疑いを生じるようなことはしないように。彼は牧師にこの面接に付き添ってくれるよう頼んだ。ダグはジェニファに学校のことや友人のこと、夏休みの計画などについて尋ねた。やがて質問の種もつきて、一瞬、居心地の悪い静けさが二人を襲った。

「お父さんはやったんだと思うわ」。ジェニファはついに口にした。「でも許してあげる。私、教会のキャンプに行ったんだけど、そこで友だちが私と一緒に祈ってくれたわ。怒りも恐れも、もうないのよ」。

ダグは娘から目をそらすことができなかった。大好きなジェニファ、彼は心の中でそう言った。大好きな、大好きな……。

「会えてよかったわ」。彼女が言った。

「私もだ」。ダグはどんなに彼女に会いたかったか、極力見せないようにと努力した。何であれ、彼女を驚かしたり、彼女に影響を及ぼしたりしたくなかったからだ。「今度は一緒にピザかハンバーガーを食べよう。お前と私とママとアンナで」。彼は言った。

「いいわね」。彼女が言った。「そうしたいな」。

一週間後、彼はデビーに電話し、一緒に会う約束をしようとした。「とんでもない！」とデビーは言った。

「なんで？」

「検察官と約束したのよ。もう決して子どもたちをあなたに会わせないって」と彼女は答えた。

九月十四日、ダグ・ネイグルに対する刑事訴訟が起こされた。訴因は一九八四年十二月から一九八五年十二月七日まで、すなわちジェニファが十歳の頃に起きたとされる第一級強姦罪、およびジェニファが八歳から十二歳になるまでの四年間に一度ずつ起きた、計四回の猥褻行為だ。これら五つの訴因はどれも重罪だ。どの訴因であっても、有罪判決が出れば彼は速やかに弁護士の資格を剝奪され、投獄を命じられることになるのだった。

九月二十二日、ダグは無罪を主張し、妻と四人の子どもとの接触を禁ずる命令に応じた。彼は郡の留置場で調書を取られることになり、待機用の独房に入れられた。汚物がこびりついた便器はトイレットペーパーと排泄物でつまっていた。

調書を取る警官が書類に記入しているとき、彼は「ドロドロの離婚劇でしょう」と口をはさんだ。だがダグは驚いた。書類には離婚のことは何も書かれていなかったのだ。思わず涙が出そうになった。最も似つかわしくない場所で、理解と善意のようなものに出遭った気がした。

数時間後、留置場から解放されて、ダグはスティーブ・モエンと会い、弁護の計画について議論した。ダグは「私は協調的なアプローチを取りたい」と弁護士に言った。「中立の専門家を呼び、事件にかかわるすべての人に対して面接してもらいます。そのうえで状況を評価してもらい、検察側にも弁護側にも同じ報告書を出してもらうようにしたい。検察側にそう申し入れるべきです。私はすべての権利を放棄しますから」。

モエンは深く息を吸い、ゆっくりと吐いた。ダグ・ネイグルのような依頼人は初めてだ。ダグはスタンフォード大学法学部卒の、大変頭の切れる男だ。北米で活躍している最も有能な環境資源弁護士の一人である。なのに、彼はまるで少年のようだ。ナイーブで、騙されやすく、人をすぐに信頼し、無邪気だ。脱俗的とさえ言ってもいい。

「協力することで何か失うことがありますか?」。刑事法には開示権がないと知り、ダグは驚きながら言った。民事訴訟における最初の課題は対立する両サイドからすべての書類を集め、目撃者のリストを作り、目撃者や専門家が正確に何を言いたかったのか宣誓供述書を取ることだ。民法ではショウ・アンド・テル（訳注：事物など見せて語ること）が基本なのに、刑法ではハイド・アンド・シーク（訳注：かくれんぼ、隠したものを探すこと）が基本なんだ。

モエンが問いに答えるのを待たずに、ダグは言った。「私は嘘発見器の検査を受けます。そうすれば私が真実を語っていることが判明するでしょう。検察側もこんなことはなかったのだという可能性をもっとよく考えてくれるかもしれません。実際、これは本当に恐ろしい誤りなのですから」。

「嘘発見器はリスクが多すぎます。あなたがパスするという保証はないんですよ」とモエンは言った。

「パスしますよ。真実を話すんですから」とダグは言った。

「嘘発見器はね、訴訟における焦点化された質問への精神物理学的な反応を測定するんです」。モエンは慎重に説明した。「真実を語っているからといってパスするとは限らないんですよ。それにパスしたとしても、嘘発見器は法廷では認められていないんです。だから、検査を受けてもそれだけでは問題は解決しないんですよ」。

どうすればこの弁護士に自分の考えを理解してもらえるだろう、とダグは考えた。「今すぐコミュニケーションを取る必要があると思うんです。でないと法廷で闘うしかなくなってしまいます」と彼は言った。「家族がバラバラになってしまうんですよ。そうしたら、もう決して修復できないでしょう。どうぞ私に嘘発見器の検査を受けさせてください。そして無罪を証明させてください」。

「限界についてちゃんと理解してくれるのなら、同意しましょう」とモエンは言った。「第一に理解してもらいたいのは、あなたがパスしても検察側はそれを無罪の証拠としては受けいれない、ということです。検察側に他の証拠も検討してくれるよう説得することはできるかもしれません。でも彼らがより慎重に注意深く検討してくれるかどうかは、保証の限りではないんです。第二に、もしもどうしても嘘発見器の検査を受けたいのなら、個人経営で、今現在警察とかかわりのない、評判のよい操作官の所で受けることをお勧めします。そうすれば、万が一あなたがパスしなくても、警察の尋問官や検察官はその情報をあなたに不利な証拠として使うことはできないでしょう」。

ダグはこれらの条件をのんだ。そして個人経営の操作官の下で検査を受けることにした。だが、操作官から結果を見せられると、ダグは驚愕した。

「何かの間違いだ」と彼は言った。「どうしてパスしなかったのか、わけが分かりません。でも私は絶対に子どもを虐待なんかしていない。もう一度受けさせてください」。

何日かしてダグはもう一度操作官に会った。ダグは懇願したが、操作官は再テストをしてはくれなかった。

「あなたは感情的すぎます。混乱しすぎています。あなたはまたパスしないでしょう」。彼はそう言い、忠告してくれた。「いいですか、あなたはこれが戦争だと認識しなくてはなりません。闘わないと、お子さんに破滅させられてしまいますよ」。

「子どもたちと闘うことなんかできない」。なぜ皆、私に怒り、闘うように言うんだろう。そう思いながら、彼は言った。「子どもに対する怒りはないんです。彼らも被害者なんですよ。私はカウンセラーと、ときには妻に対して怒りを覚えます。しかし子どものことは愛しています。それに妻のことだって、だいたいは愛しているんですよ。離婚せずにやり直したいんです」。

「格調高いお話ですが」とポリグラフ操作官は言った。「でも態度を変えないと刑務所に入ることになりますよ。子どもたちに反撃するか、あなたが破滅するか。どちらかしかありません」。

ダグは家に帰り、ひざまずいて何時間も祈った。しばらくすると心が落ち着いてきた。いわゆる専門家たちは皆間違っている。私は子どもたちを愛し続けよう。愛は憎しみに勝つと信じよう。

しかし翌日、ダグは非常に苛立たしい気持ちで目が覚めた。子どもたちはなぜあんなことを言われるがままに信じてしまったんだ。彼は自問した。あの子たちは私や家族に対して何をしているか、分かっているんだろうか。孤独感と悲壮感から彼は叫び声を上げ、怒り狂い、むせび泣いた。だが突然、怒りが失せた。消耗してはいたが、突然の洞察に心は静まった。もしかしたら私は自分で思う以上に子どもたちのことを怒っているのかもしれない。嘘発見器はこういう深い癒されない怒りを拾い出したのかもしれない。彼はカーソン博士に手紙を書き、嘘発見器による検査に落ちたこと、しかし新しい洞察を得たことなどを伝えた。

嘘発見器操作官と長い時間やりとりしたことやカーソン博士に手紙を書いたことを話すと、弁護士は怒った。「あなたが検査に失敗したと検察官が知れば、奥さんの耳にも届かないはずがありません。感情が支配するこの事件では、誰もが有罪という結論に飛びつくでしょうよ」。モエンは息まいた。「法廷でデスマッチをする以外、この事件を合理的に解決する方法はありませんね」。

「でも結果について嘘をつくわけにはいきません」とダグは答えた。「私はすべてのことについて完璧に誠実でありたいのです。私に残されているのは誠実でいることだけなんです」。

モエンは努めて静かに話そうとした。「ダグさん、あなたを有罪だと思っている人たちは、疑惑を証明するために検査の結果を使うでしょう。分かってくださいよ」。

「私を有罪だと決めこんでいる人には、何を言ったって無駄です。無罪だと信じてもらうことはできませんよ」とダグは言った。

モエンは論じた。「あなたにとって一番大切なのは身を守ること、訴訟におけるあなたの立場を強くすることなんですよ」。

「違います。私にとって一番大切なのは家族です」とダグは反論した。だが、何が一番大切かということについてモエンには同意できないものの、ダグは心の内にある迷いや怒りの意味にも気がついていた。やってもいないことで刑務所に入れられたくはない。どこの時点で、私は自分を救うために家族を犠牲にするのか。我が身の自由か、ジェニファからの愛と尊敬か。この恐ろしい選択を突きつけられたら、私は法廷で立ちあがり「娘は嘘をついています」と言えるのか。ジェニファに対し、そんなことができるのか。私はもう十二分に失った。この悲劇は父娘が法廷でお互いを嘘つき呼ばわりしながら、背信へと堕ちるのだろうか。今まで信じてきたものをすべてあきらめなければならないのか。

「原告側と連絡を取るのは止めなければなりません」とモエンが言った。「カーソン博士が検察官と会う予定をキャンセルします」。

「やめてください。コミュニケーションのラインは確保しておいてください」とダグ。

彼らは言い争った。モエンは相棒の弁護士を呼びいれ、二人してダグに立場を理解するよう説得しようとした。彼らはダグに迫った。「これは民法じゃないんです。刑事訴訟なんですよ。検察官はあなたが子どもを性愛の対象にする変質者、娘を強姦するような人間だと思っているんです。彼らはコミュニケーションなど望んでいません。あなたを有罪にしたいんです。刑務所に入れたいんですよ」。

ダグが頑としてゆずらないのを知ると、モエンはカーソン博士に電話をかけた。驚いたことに、カーソン博士はダグに同意した。原告側とコミュニケーションを取るべく努力すべきだ、というのだ。

「もうこの仕事から降ります」とモエンは言った。

「私が依頼人なんですよ、全くもう」。ダグはイライラしながら言った。「私の人生なんです。私がリスクを負うと言っているんです」。

モエンと相棒は別の戦略を試みることにした。「あなたはたいへん難しい依頼人です」。二人は言った。「あなたはナイーブで、騙されやすく、人を信じやすい。こんなに複雑な法的決定をすべきではないんです」。

ダグは言い返した。「あなた方は支援してくれてはいますが、私のことを理解してはいませんね。それに、私の家族なんかおかまいなしなんです。あなた方は私を無罪にして自分の腕を自慢したいんだ。私の家族が崩壊したってどうってことないんですよ」。

だが、最終的には弁護士たちが勝った。カーソン博士が検察官と会う約束は取り消された。

「お次は彼がカーソン博士に書いたという手紙だ。嘘発見器による検査にパスしなかったと書いたそうだが、それはどうしようか？」モエンは相棒に尋ねた。「検察側がこのことを知ったらカーソン博士の努力も水の泡だ。心理学者に精神科医にカウンセラー。たくさんの専門家を動員して問題を解決し、家族を元通りにしようと頑張ってくれているのに」。

「私ならかまいませんよ」。ダグは二人の会話に口をはさんだ。子どもがいたずらをして、兄さんたちを困らせている、といった感じだ。「心の中をさらけ出せないんじゃ、精神科医の所に行っても仕方がないでしょう」。

とうとう弁護士たちは、カーソン博士がダグのカウンセリングを続行できるよう決定した。だがカーソン博士を専門家証人として用いるのは危険すぎる。

「嘘発見器の検査に落ちたということを、誰か他の人に話しましたか?」モエンは聞いた。

「母、それから姉に。それと職場のクリスマスパーティで、三十人か四十人の人に。教会の人にも何人か」。ダグは闘いを挑むように言った。顎を突き出し、訴えられるもんなら訴えてみろ、とでも言うようだ。

「あなたはデビーさんと同じ教会に行っているんですか?」とモエンは尋ねた。

「かつてはね。でも今は別の教会に行っています」

「じゃあ、新しい教会の人たちに話したというわけですね」

「いいえ、どちらの教会の人たちにも話しました」

表情からスティーブ・モエンが何を考えているのか、ダグには十分推測できた。こいつはもう絶対だめだ、と。

「ねえ」とダグは弁護士を慰めるように言った。「私だって大変なんです。やることをやらないと前に進めないんですよ。人びとに話し、彼らの忠告を聞き、自分のやり方に筋を通したい。娘にいたずらしたかどで告発されるなんて、生半かなことじゃないんですよ。あなただったらどうします?」。

「私だったら嘘発見器のことは黙ってますね」とモエンは言った。

裁判のひと月前、モエンはダグに相談があると告げた。「問題があるんです」。弁護士は、ジェニファとスティン博士の会話録を手渡しながら、ダグに言った。スティン博士は弁護側に雇われた法心理学者だ。子どもの虐待事件には公正で中立な立場をとっており、法学界では名の知られた権威である。

モエンは会話の逐語録を音読し始めた。

ジェニファ・ネイグル：シャワーを浴びていたときのことを覚えています。年は、九歳ぐらいだったと思いますが、はっきりしません。突然、父が裸で私と一緒にシャワーを浴び始めました。父は私を石鹸で洗い始め、それから股の所までくると、突然血が出てきました。どんな風に出血したのかは分かりません。そのことは覚えていないんです。また父がいつ、どんなふうにその場を去ったのか、何か他のことをしたのかも覚えていません。ただ、風呂場で血を流しながら泣いていたのを覚えています。

モエンは読むのを止め、反応を伺うようにダグのほうを見た。「困ったことに、これはかなり具体的な記憶ですね」。とうとう弁護士は言った。

ダグは恐怖に身震いした。弁護士は私を疑っているんだろうか？　「昔は一緒に風呂に入ったりシャワーを浴びたりしました」。ダグは説明しようとした。「娘の身体を洗ってやったこともあります。でもそれは娘がまだ小さかった頃のことです。一歳か二歳、せいぜい三歳頃までです。娘が大きくなってからは一緒に風呂に入った覚えなどありません。私自身、大きくなってからも母に風呂に入れてもらい、それが嫌だったので、こういう状況には敏感なんです。子どもには決してそんなことしていません」。ジェニファは記憶を混ぜこぜにしてしまったのだろうか、とダグは考えた。小さい頃、私と一緒に風呂に入った記憶を後の記憶、彼女が自分を傷つけて、それを洗い流しているときの記憶に結びつけてしまったのかもしれない。決して起きていないことなのに、どうしてそこまで細かく話すことができるのか？

「二十四ページでは、クリステンが登場します」。モエンは言った。「数年前、クリステンはヨーロッパから、妹のジェニファ宛に手紙を書いています。クリステンは叔父から虐待を受けたと言っていたようです。そして他にも自分を虐待した人がいると思い込んでいたようです。ジェニファはステイン博士にこう話しています。〈姉のクリステンは誰か他の人からも虐待を受けたと言っていました。でも、それが誰か、姉には思いだせなかったんです。それで誰か心当たりがあるなら教えてほしい、と私に言いました。でも私にも分かりませんでした〉。ステイン博士はこう尋ねています。〈分かっていたけど教えてあげなかったんですか。それともあなたにも分からなかったんですか?〉。ジェニファは〈分からなかったんです〉と答えています」。

モエンはページを繰った。「さあ、ジェニファが虐待のことを初めて思いだした箇所に来ましたよ。〈カウンセリングが終わる寸前でした。……クリステンが入ってきて、私に父のことを話したんです。クリステンは父がどんなことをしたか話し、私にも同じことをしたんじゃないかと思う、と言いました。姉には確信があるわけではありませんでした。でも私にはピンときたんです。本能的に分かりました。弾がお腹にドカーンと当たったみたいに……。姉が言ったことは本当だと分かったんです〉」。

鍵を握っているのはデビーだ、クリステンじゃない、とダグは思った。「分からないんですか?」。ダグはモエンに言った。「私が子どもを虐待したと言い出したのはデビーなんです。そして皆、お互いに強化し合ったんです。私が虐待したとクリステンから暗示されるまで、ジェニファは何の疑いももっていなかった。でも一度暗示が植えつけられると、〈記憶〉は成長し始めます。そしてクリステンやデビーやカウンセラーは、ジェニファが思い出した記憶は文字通りの真実だと繰り返し言ったんです。すべてはデビーから始まり、デビーで終わっているんです。デビーは家族の者に、私が子どもの頃虐待されていたというありもしない話をし、ジェニファとクリステンに私が虐待したと思い込ませてしまいました。会話録を読めば、私の考えが正しいことが分かりますよ」。

モエンはダグとデビーがかつて夫婦問題を相談したことのあるカウンセラーから、一九九一年二月二十二日付の手記を受け取った。二年前、クリステンやジェニファが性的虐待について話し始めるずっと前のことだが、カウンセラーは次のように書いている。「デビーは夫に対して、あることを主張した。……二人の言い分を吟味したところ、私には夫の言い分のほうが信頼性があるように思われた」。しかしデビーのカウンセリングについて証言したり議論したりすることには倫理的な問題がある。そのため、この心理学者の手記は法廷では認められないだろう。また、たとえカウンセラーが証言の依頼に応じたとしても、デビーは医者が証人になることを阻止するクライエントの特権を行使し、その証言を排斥するだろう。

それに、事態はもっと複雑だった。家族全員に面接を行った法心理学者、スタイン博士は、デビーが首謀者であるというダグの説には同意しなかった。一九八九年、クリステンはジェニファに宛てた手紙で、フランク叔父から虐待された記憶を回復したと打ち明け、自分を虐待した人物は他にもいると思うと書いた。当時、クリステンは犯人を思いだせず、ジェニファに思い当たる人物はいないかと尋ねた。ジェニファはスタイン博士に「誰も思い当たらなかった」と話している。だが後に、クリステンは犯人は父親だったと思いだし、ジェニファも父親から虐待されたかもしれないと暗示した。そのとき突然、ジェニファは姉の言葉は真実だと「非常にはっきり」悟ったのだ。

モエンは、ダグが裁判に何を期待しているか知っていた。ダグは家族に起きたことの真実を見極め、自説が正しいことを証明したがっていた。だが腕のよい刑事弁護士なら、弁護側は何も証明できないことを知っている。事件について合理的な疑いを超える証明を要求されるのは検察側だ。もしも法廷で、モエンがこの病んだ家族の複雑な心理の渦を解明しようとすれば、弁護側の最大の主張——何が起きたのかは誰にも確定できない——をぼやかすことになり、検察側にさらなる武器を与えかねなかった。

デビーかクリステン。どちらが先かは分からないんだ、とモエンは思った。「検察側からの申し出を伝えるのも私の仕事ですからね」と彼は咳ばらいをして言った。「今朝、検察側は、あなたが有罪を認めるという条件で和解にしたいと言ってきました。彼らの考えはこうです。あなたは刑務所に入る必要はありません。でも、背徳的な行為によって、弁護士としての資格は剝奪されます」。

ダグはモエンが言っていることが信じられなかった。私の弁護士なのに、私に有罪を主張しろと言うなんて！「有罪の主張はしませんよ」。ダグは怒りに声を震わせながら言った。「決してしません。いつか子どもたちも、あんなことはなかったと気づくでしょう。本当になかったのですから。そのとき、私が有罪を認めなかったということは、大きな意味をもつんです。もしも私が有罪を認めれば、子どもたちの一生はめちゃくちゃになるでしょう。必要なら私は死ぬまで刑務所で暮らすことにしましょう。でも決して有罪は認めません。絶対嫌です」。ダグは弁護士が自分の言葉を理解していないのではないかと、言いつのった。

ダグはドアを叩きつけるように閉め、オフィスを出た。彼はモエンが検察官の申し出を静かに語った様子を思いだし、大きく身震いした。ダグには分かっていた。刑務所に送られるのを恐れて有罪を認めれば、子どもたちは彼の無罪を決して信じてはくれないだろう。彼は一生、娘をレイプした変質者というレッテルを貼られて生きていくのだ。突然、現実の重さが彼を襲った。私は牢屋に行くんだ。

バタンと閉まったドアに、モエンはビクリとした。そしてしばらくの間、考えをまとめようとじっとしていた。「抑圧」なんて言葉は聞かなければよかった、と彼は思った。スティン博士が法廷から要請されて行ったジェニファとの面接。その逐語録を取り上げ、彼はもう一度読み返してみた。それから机の向こうにある黒いノートに手を伸ばした。ノートにはジェニファがかかっているカウンセラーのメモ書きのコピーが入っている。おそらく十回くらいは、このメモ書きを読んだだろう。カウンセラーのあまりにも簡潔な記述——三、四文の簡単なまとめだ——とスティン博士がジェニファに行った面接の綿密な逐語録の違いに、モエンは改めて驚いた。

ジェニファがカウンセリングを受け始めたのは一九八九年六月二十一日だ。その二日前、ジェニファは店頭で買うことのできる興奮剤、ヴァイアリンを大量に飲み、自殺を図った。うつの原因を尋ねられると、彼女は最近あった嫌な出来事をいくつか挙げた。学校の「お高くとまったお金持ち」が気にいらなかったし、親友はカリフォルニアに引っ越してしまったばかりだった。他の友人も遠くにしかいない。だが自殺を企てた具体的な理由は、説明できなかった。

カウンセラーが両親について記述するよう求めると、彼女は父親を一生懸命で他人を思いやる人物だと述べた。ジェニファは父親が「ちっちゃな子どものような振り」をする、と書いている。またジェニファは母親を、きわめて几帳面で感情を表さない、感覚の鈍い人だと表現している。

ジェニファが父親のことを「小さい子ども」のようだと述べているのを見て、モエンは思いあたることがあった。ステイン博士との面接でも、彼女は同じようなことを言っている。モエンはステイン博士による四月十五日付の面接逐語録を取り出した。面接の中頃でジェニファはステイン博士にこう言っている。「父は子どもが大好きなんです。ちっちゃないとこが来ると、父はいつもみんなと一緒に遊ぶんです。それに教会のティーンエージャーたちともよくつきあっています！　そう、そんな感じ。父はいい父親でした。たくさんの人が……、うーん、父はぼうっとしていることが多くて、いつも何でも忘れてしまうんです」。

そして次のページ。「友だちのお父さんに比べ、父はずっとたくさん私たちとつきあってくれました。いろんな所に連れて行ってくれたし、いろんなことを一緒にやってくれました。そして父は百点を取れとか、子どもに完璧で真面目であることを要求するような、そういう父親ではなかったんです。そういうタイプの父親じゃなかったんです」。

ステイン博士が父親から嫌なことや恥ずかしい思いをさせられたりしたことはないかと尋ねると、ジェニファはこう答えた。「まあ、普通のお父さんがやるようなことかな。友だちが一緒なのに、車の中で歌を歌ったり、そんなことです。……父は変わってるんです……いつも歌ってました。何を歌ってたかな？〈クレメンタイン〉……歌ったり踊ったりしました。これはとっても恥ずかしかったわ」。

「友だちはお父さんのことを馬鹿なお父さんと思ってたんじゃないですか？」

「ええ、思ってたわ」とジェニファは言った。

モエンはダグ・ネイグルのことを思い描き、思わず笑みを浮かべている自分に気がついた。ぶ厚い眼鏡をかけた中年の顧問弁護士、ダグ・ネイグル。その彼が思春期の娘やその友だちの前で歌ったり踊ったりしている。クライエントのこんな側面はついぞ見ることはできなかった。

面接も終わりに近づいたころ、ジェニファは次のように語っている。「昼間の父は、理想的な父でした。でも夜は、恐ろしいことをしたんです」。

モエンはカウンセラーのノートに戻った。そしてスティン博士の丁寧な逐語録と、カウンセラーの簡単なまとめ――おそらく面接から数時間たって書かれたものなのだろう――の違いに、再び驚いた。三回の面接の結果が一ページにまとめられていることもよくあった。このようなノートでは、カウンセラーが何と言った結果、どのような反応が生じたのか、どのような表現で質問したのか、どんな期待をもっていたのかなどを知るのは不可能だ。カウンセラーは誘導的または暗示的なコメントをしたのか？ ジェニファはカウンセラーの質問にどのように答えたのか？ ジェニファは躊躇したり、口ごもったり、質問を繰り返したり、答えるのを拒否したりしたのか？ また、カウンセラーが抱いている仮説に何らかの形で抵抗するということがあったのか？ ノートだけでは、これらの問いに対する答えは得られなかった。*

カウンセリングの面接がテープ録音されていれば、この事件はずいぶん違ったものになっていただろう。モエンはそう思わざるを得なかった。すべてのカウンセラーがクライエントとの面接を録音ないし録画していたらどうか？ そのような資料があれば、面接で起きたことを確定することはできるだろうか？ 質問の仕方や身振り、考える間合い、クライエントの思考を口をはさむことなく黙って見守るといった方法で、カウンセラーはどの程度、彼らの思考を形づくることができるのか？

一九八九年九月二十日の面接でも、ジェニファのカウンセラーはネイグル家の履歴や雰囲気について情報を集

＊ これはよくある問題だ。セラピストのノートはしばしばたいへん簡潔で、面接で何が起きたのか全体像が分からないことが多い。

め続けている。ジェニファはこのときもまた、父は仕事中毒で、しばしば頭がいっぱいで忘れっぽく、しかし愛情豊かな善い人格であると述べた。

十月四日、カウンセラーはクライエントの履歴情報を集めつつ、過去の虐待の可能性に焦点を当て始めたと書いている。

過去の虐待の可能性。この言葉を見たとき、モエンは眉をしかめた。過去の虐待の可能性なんて、誰が持ち出したのだろう。カウンセラーか、クライエントか？　空白の多い謎めいたノートからは、またもや答えを得ることはできなかった。

一九八九年十月十一日、ジェニファは孤独感と家族からの疎外感について話をした。面接は十月、十一月と毎週一回ずつ行われたが、カウンセラーが繰り返し書いているコメントは「改善が見られない」である。カウンセラーがクライエントにもっと話させようとしていることが、ノートから明らかに見て取れる。ジェニファは自尊心の問題は「改善」してきたと報告した。引き続き、二人はうつの原因を探している。

十二月十三日、カウンセラーは「改善が見られない」状態はまだ続いていると書いている。ジェニファは意見を述べ、気持ちを表現するのが楽になったという。だが、うつの原因は特定できないでいる。

一九九〇年一月二十四日、ジェニファは改善しつつある、とのみ記入がある。

一九九〇年二月二十日、カウンセラーはクリステンから電話があったと書いている。クリステンはカウンセリングで父親から性的虐待を受けた記憶を回復した。そしてこの記憶を共有することで妹を助けられるかもしれないと言う。カウンセラーはクリステンの電話についてジェニファと話し合った。ジェニファは姉のことを心配はしたが「具体的なこと」は何も思いだせなかった。ジェニファは翌週、クリステンと一緒に面接を受けることに同意した。

「具体的なこと」という言葉に、モエンは違和感を感じた。カウンセラーはジェニファに、クリステンが話した虐待について何か具体的なことを知っているかと尋ねたのか？　それともジェニファが受けたかもしれない「具体的なこと」を思いだすよう示唆したのか？　あるいは、ジェニファが自分から具体的なことを探し始めたのか？　それともカウンセラーが、そこにはない具体的な記憶を探し始めたのか？　またもや答えを得ることはできなかった。

一九九〇年三月七日、八か月間続いたカウンセリングで初めて、カウンセラーは一ページを割いて記述している。二月二十日、クリステンによる先の電話に応える形で面接が行われた。実のところ、クリステンはその電話で――ここでカウンセラーは初めて明かしているのだが――父から虐待されたという記憶だけでなく、ジェニファもまた犯されていたと信じるに足る具体的な「出来事」を目撃したと語っていた。ジェニファと一緒に受けた面接で、クリステンはこの出来事について詳細を語ることはしなかった。だがジェニファは混乱し、取り乱し、クリステンがカウンセラーに電話をかけたのはそんなことを言うためだったのかと、恐れの感情をあらわにした。

三月十三日、カウンセラーはこう書いている。同僚に相談したところ、児童保護局に通報したほうがよいと忠告された、と。児童保護局は州の機関で、児童の性的虐待の申し立てについて――たとえその虐待が現在続いているものでなくても――調査する義務を負っている。二日後、デビー・ネイグルがカウンセラーに会いに来て、ジェニファを父親とともに家に置いておいてよいものか意見を求めた。デビーは子どもたちは安全だと確信していたが、カウンセラーはジェニファが一時的に身を寄せる場所を探したほうがよいと忠告した。

同日、カウンセラーはこの事例を児童保護局に通報した。

三月二十六日、カウンセラーはデビーからバーカー博士の忠告を伝える電話を受けた。バーカー博士によれば、ジェニファが自宅に戻れるよう、ダグは少なくとも半年間、家を離れるのが望ましいということだった。同日午後、四人の姉妹がカウンセラーのオフィスに集合し、各々の気持ちや体験を話しあった。次女のアリソンはクリステンとカウンセラーに対し、はっきりと敵意を表明した。父が子どもに虐待するはずがないというのだった。アンナは取り乱した。ジェニファはクリステンを支持した。この面接で四人がコミュニケーションを深められればよいのだが、とカウンセラーは書いている。

二日後、ジェニファはカウンセリングを続けるべきかどうか分からなくなったと言った。理由を追及したカウンセラーはこう結論している。ジェニファは過去の性的虐待について調べる苦痛から逃れようとしているのだ、と。

翌ひと月間、ジェニファは引き続きカウンセリングを受けることに同意はしたものの、うつ状態になり、話をすることができなかった。クリステンとの面接がもう一度行われ、カウンセラーはその様子を五つの単語で表している。

「クリステン　支持的。ジェニファ　未だに　うつ」。

四月二十五日、ジェニファは未だにうつ状態で、性的虐待の可能性については心が揺れている。だが五月九日、動揺と混乱は突如、終焉を迎えた。ジェニファは記憶を発見したのだ。それは驚くほど明快で、焦点もよく合っていた。彼女は四年生か五年生の頃、父親にレイプされた記憶を思いだした。また四歳か五歳の頃、父親が腕をつかみ、彼女の上に乗ったことも思いだした。また父親が近づくと泣いて足をばたつかせ、叫び声を上げたことも、父親が首すじや胸にキスをし、ペニスを触らせ、手を彼女の脚の間に入れたことも思いだした。

また、ずっと小さい頃から虐待されていたことも思いだした。彼女はこのことを確信していた。というのはその二日前、母親の妹が、ジェニファは二歳になる前から虐待されていたのに違いないと言ったからだ。まだ赤ん坊の頃、ジェニファはベッドで横になっている叔母の上にはいはいでよじ登り、身をくねらせるような格好をしたのだという。赤ん坊のませた「性的行動」を見た叔母は、ジェニファが父親から虐待されているせいだと考えた。

六月、ジェニファ、クリステン、アンナ、デビーの四人は三週間、ヨーロッパを旅行した。一方、ジェニファのカウンセラーは、自助本『生きる勇気と癒す力』の共著者、ローラ・デイヴィスのワークショップに出席した。

七月二日、ジェニファはカウンセラーに、過去の虐待について話すことには意味があると思うようになった、と告げた。カウンセラーは彼女に『生きる勇気と癒す力』を与え、ワークショップで得たアイデアについても話した。多くのサバイバーが記憶を作りあげてしまったのではないか、気狂いになってしまうのではないかと悩んでいると、カウンセラーは話して聞かせた。それから父親を許すべきかどうかということが問題になった。カウンセラーはジェニファに、父親を許す必要はないと言った。

一週間後、ジェニファはまた別の虐待の記憶を回復した。今度は四歳の頃の記憶だ。父親が彼女の口の中に射精した。彼女は嘔吐し、父親は彼女を叩いた。

七月十一日、ジェニファは臨時の面接をしてくれるようにと頼んだ。罪悪感と屈辱感、それに虐待が起きたのは自分のせいじゃないかという恐れにさいなまれてのことだ。カウンセラーは虐待が起きたのは彼女のせいではないと安心させ、このことについてはもっと多くのカウンセリングが必要だと書いている。

八月から一九九一年一月までの間に、カウンセラーは二十三回の追加面接を行っている。だがこれらの面接の記述はたった十ページしかない。会話は友人、ボーイフレンド、自尊心の問題にまで及んでいる。絵画療法はジェニファの怒りや悲しみを和らげるのに役立ったようだ。彼女はしばしば記憶に対する悲しみを語った。だが、「改善」はし続けている。

ノートは一月二十九日、次のような記述で終わっている。「近づいてきた裁判のことでジェニファは落ち込んでいる。特に法廷から要請された心理学者との面接を恐れている。心理学者が彼女の側の言い分に耳を貸してくれないのではないかと心配なのだ」。

モエンはカウンセラーのノートをフォルダーにしまい、もう一度スティン博士とジェニファの逐語録がとじられたノートに手を伸ばした。スティン博士こそ、ジェニファが最後の面接でカウンセラーと話し合った、弁護側に雇われた心理学者である。もう十回目位になるだろうか、逐語録を読むたびに、モエンはスティン博士がジェニファの言い分をよく聞いてやっているだけでなく、彼女の怒りや裏切られたという気持ちにも強い共感を示していると思うようになった。

五月二十九日、裁判のひと月前、最後から二回目の面接でスティン博士はジェニファに、父親がどんな人物か尋ねている。

スティン：お父さんはどんな人？

ジェニファ・ネイグル：それほど情が深いというわけではありません……父はしょっちゅうぼうっとしています。上の空なんです。お父さんはいないも同然だったんです……父はいつも仕事で忙しかった……働きすぎです。

その後、面接の最後のほうでこんな会話が出てきている。

スティン：お父さんは自分勝手？

ジェニファ・ネイグル：そうは思いません。父は家族にはあまり愛情をそそいでくれなかったけれど、他人には情が深いんです。少年たちに。

スティン：お父さんも同じようなことを言ってました。でも率直に言って、私にはお二人とも正しいとは思えませんね。私見にすぎませんが。

ジェニファ・ネイグル：お父さんが自分勝手ではない、ということが？
ステイン：いいえ、お父さんは自分勝手だと思いますよ。
ジェニファ・ネイグル：というと？
ステイン：お父さんは誰の近くにもいなかったんじゃないんですか？　だから誰にも何も与えられない。
ジェニファ・ネイグル：そうかしら。父は家族には何もしてくれませんでした。それは認めざるをえません。でも、父のことを尊敬している少年たちはたくさんいます。ご存じでしょう？　たくさんです。
ステイン：プレゼントをもらったり、どこかに連れて行ってもらったりするよりも、もっとたくさんのことが必要なんですよ。あなたは情緒的に傷ついている。そしてそれは、お父さんがあなたを支えてくれなかったからだと思いますよ。
ジェニファ・ネイグル：他の家族だって情緒的な支えにはなっていないわ。
ステイン：同感ですね。さて、面接を終える前に何か話しておきたいことはありませんか？　お家で、あるいは里子も含めた家族において、あなたとお父さんの関係に光を当ててくれるようなことが何かあれば。
ジェニファ・ネイグル：私たち、家族じゃないと思います。少なくとも私は家族の一員ではなかった。もしかしたら私以外のみんなが家族だったのかもしれません。分からないけど。
ステイン：それは真実ではないと思いますね。でもたとえそれが真実でも、あなたの責任でそうなったのではありませんよ。
ジェニファ・ネイグル：カウンセラーたちもそう言ってるわ。
ステイン：そう信じてくれるといいんですが。
ジェニファ・ネイグル：信じようとしています。

スティーブ・モエンは、この事件の謎は最後の一ページの会話――モエンのような法関係者が精読できるように、きれいにタイプされ、コピーされ、三つ穴の黒いノートに閉じられたその会話――にあると確信した。ジェニファは子ども時代を通じ、情緒的な傷を深く負った過敏で孤独な少女だった。彼女は母親を冷たく愛情のない、感情の機微が分からない人物だと見ていた。それで父親に愛情と支えを求めたが、父親に対する気持ちには強い葛藤があった。ダグはかつて、家族の複雑な感情ダイナミクスを整理しようとして、こう語ったことがある。「私はジェニファと仲よくしたかったんです。でも彼女はいつも私と距離を置いていました。私は彼女が母親を守ろうとしているんだと思いました。私が上の二人の娘と仲がよいので、母親は嫉妬していましたから」。彼はまた、ジェニファが東部の祖母の家に泊まりに行ったときに書いた手紙のことも話した。ダグは娘にこう書き送った。「父さんはジェニファのことをもっとよく知りたいんだよ」。

だがジェニファは、「自分の空間」が必要だからお父さんとは距離を保っていたい、でもお父さんの気が向いたときには、いつでも私や友だちをドライブに誘ってくれていいのよ、と返事をよこした。ダグはジェニファの「空間」の欲求を尊重したが、できるときにはいつでもジェニファや友だちをさまざまな活動に連れて行った。しかし、それでもコミュニケーションはうまくいかなかった。ダグはジェニファと、二人の緊張関係について話をしようとしたことがある。ダグは言った。「仲よくできなくて残念だよ。でも、君がお母さんと仲よくしてくれていて、父さんは嬉しい」。

「でも私はお父さんとのほうが仲がいいわよ、ね、お父さん」とジェニファは言ったという。

モエンはダグが思いだした会話や、職務上知り得たダグの家族に関する詳細を思いだしながら、考えをめぐらした。この家族では確かに何かが間違っている。ダグ、デビー、そして子どもたちは、おそらく一時的にでさえ完全に「正しい」関係を結んだことはなかったのだろう。しかしたとえそうだとしても、どの書類を読んでも、誰に面接しても、ダグの人格について知り得たすべてのことをもってしても、彼が子どもへの性的虐待で有罪だとは、モエンには到底思えなかった。

裁判は三週間にわたって行われた。ダグは陪審員を要求する権利を放棄し、運命の判決をマルコルム・ワード裁判官に預けた。

デビーは次のように証言した。夫が子どもたちを虐待していたなんて信じたくない。だが子どもたちの話を聞くと、彼がやったと結論する以外にはない、と。証言台に立ったデビーは沈着冷静で、自己を完璧に統制しているように見えた。モエンはダグに「検察側にとっては最高の証人だ」と耳打ちした。しかしダグは証言台で打ち解けた様子のデビーが気にいらなかった。裁判官が入廷する前、彼女は副検察官と話をし冗談を言い合っている様子だった。まるで楽しんでいるみたいだ、とダグは思った。証言台で笑ったり冗談を言ったりするなんて、娘の性的虐待で訴えられた夫の妻がすることだろうか？　全く理解不能な世界に来てしまった。これからどんな目にあうのだろう？　デビーの次はジェニファだった。ジェニファは法廷で、次のように証言した。父が虐待したという「可能性」は現実だという強い感覚がある。最初は具体的な出来事を思いだせなかったが、この感覚は、虐待があった証拠だと思う、と。記憶の多くは一九九〇年の夏から秋にかけて戻ってきた。彼女はそれらを「産出」した過程について、詳しく説明した。不安で神経質になっているときや、落ち着かず眠れないとき、外傷的な記憶が無意識から現れそうなのが分かる。強力なサポートシステムがあると確信した後は、彼女はリラックスし、心が彷徨うのにまかせ、記憶を意識へと流出させることができたのだという。

証言の間中、ジェニファは父親のほうを見ないように努力していた。それでも彼女が怒りに震え、感情的になったとき、検察官が彼女の前に立ちはだかり、被告席が見えないよう配慮した。この特別な瞬間は、まさに劇的なメッセージを発した。父親の姿を見るだけでも辛いんだ。この子の人生がどんなに苦しいものだったか想像してみてください。検察官の行動はそう語っているかのようだった。

ワード裁判官は裁判の冒頭で、クリステンに関する証拠は、唯一、ジェニファの記憶の形成におけるクリステンの役割にのみ限ると決定した。それでなくても十分複雑な事件なのに、クリステンが申し立てている虐待の記憶まで入ってくると、事態はますます複雑になる。そう裁判官は判断したのだ。クリステンは自分の虐待の記憶について話すためジェニファのカウンセラーに電話をかけたこと、ジェニファも虐待されていたのではないかと疑っていたことを証言した。彼女はまた、電話をかけたのは妹のカウンセリングの進展を助けるためだと説明した。反対尋問において、モエンはクリステンがジェニファのカウンセリングに干渉したこと、父親がジェニファを虐待したと暗示し、偽りの記憶の形成を助けたことを示そうとした。

次女のアリソンは、最初告発にショックを受け、完全に父親の肩をもつつもりであったと証言した。しかし裁判に至るまでの間に、母親や姉妹に対立してまで父親の側に立つことはできないと思うようになったという。母親はどんな人かと尋ねられ、アリソンは「うつ的」と表現した。そして弁護側から尋ねられるまでもなく、三月二十六日、四人の姉妹がジェニファのカウンセラーのオフィスで会い、議論したことについても話した。このときアリソンとクリステンの間で言い争いがあった。アリソンはクリステンが「嘘をついている」と言った。アリソンはまた、クリステンは「たくさん嘘をついてきました」、彼女の嘘はこれまでにも家族にたくさん被害を与えてきたんです、と証言した。

デビーの妹マージは、一九七六年にあったある出来事から、ダグはジェニファを「二歳になる前から」虐待していたと思うようになったと証言した。当時二十一歳のマージは、デビーとダグがヨーロッパ旅行に行っている間、ひと月間ネイグル家の子どもたちの世話をした。ある晩、当時二十一か月のジェニファがベビーベッドでむずがったため、マージはジェニファを抱き上げ、自分のベッドの横に寝かせた。するとジェニファは小刻みに身体をくねらせたのだという。マージはこれを性的なものだと解釈した。そしてジェニファは父親からこの「性的行動」を学習したのだと信じた。反対尋問で、マージは一九九一年五月七日、ジェニファが記憶を「回復」する二日前に、ジェニファにこの話をしたことを認めた。

検察側の最後の証人はジェニファのカウンセラーだった。カウンセラーは、クライエントが回復した記憶は基本的に正確だと述べた。モエンは反対尋問で、カウンセラーがクライエントの言い分を「歴史的な真実」という観点から批判的に査定しようとしなかったことを示した。カウンセラーは「クライエントの心の中にあること」に配慮する義務はあるけれども、とモエンは譲歩した。でも、性的虐待の告発にかかわる記憶については、その出来事が正確かどうかにも注意をむける義務があるんじゃないですか？　もしもカウンセラーが査定しないのであれば、もしも事実を確定するうえで批判的な思考を否定するのであれば、実際にはない症状のためにクライエントを治療することにもなりかねないのではありませんか、と。

＊＊＊

ダグは証言台に立ち、自分の子も他人の子も決して虐待したことはないと証言した。検察側はダグが若い頃、ボーイスカウトの少年たちと経験した性的体験について詳しく尋ねた。

さまざまな証人が、ダグ・ネイグルは誠実な人だと証言した。ダグが教会で親しくしていた十五歳の青年、ス、ス、スコット・ジャンセンは、一九九〇年四月、デビーやジェニファらとメキシコに伝道旅行に行ったときの話をした。彼の記憶によれば、ジェニファは旅行の間、三回、この問題を話題にした。そのときジェニファは、母や姉やカウンセラーは彼女が父親から虐待を受けたと思っているが、彼女には記憶がないのだと言ったという。モエンに尋ねられ、スコットはジェニファの言葉をそのままこう伝えた。「母はそれが真実だと言い張るし、カウンセラーも母も本当のことだと言い続けている。でも私には覚えがない。みんな私の言うことを聞いてくれない」、と。

ネイグル家のかかりつけの小児科医は、通常の身体検査の過程で性的虐待の兆候や症状の有無もチェックすると証言した。ジェニファとその姉妹を検査したどの年度においても、虐待の疑いを示唆するようなものは何もなかった。また四人の専門家が弁護側に立って証言した。ステイン博士はジェニファ・ネイグルとの面接、および法的査定の結果について報告した。カナダの心理学者ユイル博士は、真実の告発と偽りの告発とを弁別する方法には問題が多いと訴えた。カーソン博士は児童の性的虐待の専門家という立場から、ダグの青年期の同性愛的体験は「正常」の範囲であり、三十五年後に彼が娘をレイプしたという告発の根拠にはならないと証言した。そしてロフタス博士は暗示が記憶に及ぼす影響について、いくつもの証拠を提示した。

一九九一年七月一日月曜日、最終弁論が行われた。同日、ワード裁判官は判決を発表した。証言について口頭で長時間にわたる検討を加えた後、ワード裁判官はダグ・ネイグルに無罪判決を言い渡した。

ダグはデビー、アリソン、アンナが急いで法廷を立ち去るのを見た。無罪判決。これは具体的に何を意味するのか？　無実だということか、それとも有罪でないというだけなのか？　無罪判決は彼の人生を返してくれるのか？　家族を元どおりにしてくれるのか？　無罪判決のおかげで彼は刑務所に行かなくてもすんだ。それは有難いことだ。だが、それ以外に何があるというのか？

ジェニファは一群の人びとに囲まれていた。ダグが会ったこともない人びとだ。検察官の机に近づき、彼は娘に話しかけてもよいか尋ねた。

「もう止めるわけにはいきませんね」。主任検察官はふてぶてしく言った。

ダグは娘を囲んでいる人びとに近づいた。「ジェニファ、話をしてもいいかい？」。彼は尋ねた。

何人かがジェニファに耳打ちした。「話す必要ないのよ」という声をダグは聞いた。一人の女性がジェニファの肩に手を回し、父親と顔を会わせなくてもすむように、身体を向こうに向けさせた。そのとき突然、ジェニファは人びとの間を割って出てきた。「私の父よ」。彼女はダグのほうに歩きながら言った。「愛してる」。ダグは言った。「いつだって愛してるよ」。

ジェニファは抱きついて、ダグの首に頭をうずめて言った。「お父さん、私だって」。この言葉は彼の心を揺さぶった。

翌三日間、ダグは何度も家族に連絡しようとした。だが電話には誰も出てくれなかった。四日め、やっとデビーの声を聞くことができた。ダグはアンナかジェニファと話がしたいと頼んだ。だがデビーは二度と家に電話をかけないでと言い、今後、家族との連絡はすべて離婚弁護士を通すようにと付け加えた。

弁護士はダグがジェニファに会えるよう取りはからってくれたが、いざという時になってデビーは会合をキャンセルした。デビーはダグに言った。私もカウンセラーも、ジェニファにあなたとの連絡を断つように言っているのよ、少なくとも一時的にはね。ジェニファをあなたに会わせると、彼女に「混乱したメッセージ」を与えることになるのよ。

ダグはジェニファのカウンセラーに電話をかけ、留守電にメッセージを残した。だがカウンセラーはかけ直してこなかった。出てくれるまで電話を切らないと言うとやっと出てきたが、彼女はこう言い放った。あなたが状況を勝手に解釈しようとするので、私はジェニファやデビーに、あなたに同調しないようにと注意した。あなたが書いた手紙や文書は読まないし、会いもしない。二度と連絡しないでほしい、絶対に。ガチャリ。

アンナとアリソンは、将来は和解したいが今は彼と会う心の準備ができていないと、ダグの離婚弁護士を通して伝えてきた。ジェニファはダグが電話でカウンセラーを攻撃してからというもの（これはジェニファの表現だ）、彼と会うのを拒んだ。彼女は明らかにダグがカウンセラーを訴えるつもりだと誤解していた。

一九九二年一月半ば、ジェニファは病院の精神科に入院することになった。だが二週間後、保険会社から請求書を受け取るまで、ダグはそのことを知らないでいた。

三月一日、ダグは友人からの知らせでジェニファがまた精神科病棟に戻ったことを知った。彼女は家で母親と暮らすことを拒み、今までとは違った暮らしを求めていた。

十日後、ジェニファは精神科から退院し、一時、友人の家に身を寄せた。

裁判の後しばらくしてダグとデビーは離婚した。ダグは今、再婚している。新しい妻は職業関連のカウンセラーで、前の夫との間に成人した子どもが二人いる。彼女のため、そして自分の精神衛生のため、ダグは今の生活に浸りきっていようと試みる。それはときにはうまくいって、彼はかなり長い間、子どもたちに会いたいという苦悩から逃れることができる。だが時折、痛みと苦しみが予告なしに襲ってくる。デビーとの暮らしを思いだし、一緒に過ごした楽しい時に思いを馳せる。二人の結婚はうまくいかず、子どもたちに大変な犠牲を強いることになった。でもそれは彼らが悪人だったからではない。意図してお互いを、また子どもたちを傷つけたわけではない。彼は何度も自分を納得させようとした。何か恐ろしいこと、理解を越えたコントロール不可能なことが起きたのだとしか言いようがない。一度動き出したら、もう止めることはできなかったのだ。

自分の家族がなぜ、どうしてこんな悲劇に襲われたのか、ダグは理解しようとは思っていなかった。災害は理由なく起きるものだ。戦争、台風、交通事故、脱線事故、建物からの落石。これらはただ起きるだけ。測り知れない理由により、今回はたまたま彼の身に災難が起きた。

彼は一日中何度も、ときには正式にひざまずき、ときには簡単にささやくように神に祈る。ジェニファが苦しみから解放され、癒され、過去に終止符を打つことができますように、と。いつ何時またジェニファが自殺を図ったと電話が来るのではないかと、彼は恐れていた。彼女がそのうちどうにかして自殺に成功するかもしれないという不安を追い払うことはできなかった。彼は連絡を取ることが許される日を夢みながら子どもたちに手紙を書き、それを特別の場所にしまっている。再会し、彼らを抱きしめ、どんなに愛しているか、どんなに会いたかったか伝えられる日を心待ちにしている。

彼は告発やカウンセリングや裁判の情景を脇に追いやり、過去を再構成する術を身につけた。少し前の苦しい記憶は未だ割り込んではくる。だが心に残る昔の楽しい記憶に焦点を当て、それを前面にもってくることがうまくなった。望みさえすれば、家族がかつて一緒で幸せであった時のことを思いだすことができる。ダグ・ネイグルは記憶が不正確だということを知っており、この「心地よい」記憶にも歪みや誇張があるだろうと理解している。しかしいかに拡張、矮小化、整形されようとも、そういった記憶の細部は彼を慰め、ハッピーエンディングの可能性はまだあるという希望を与えてくれた。

彼が好んで思いだすある記憶。それは特に鮮やかに心に残っている。スタイン博士とジェニファの会話録から、ジェニファもまたこの記憶をはっきりした心地よい記憶として覚えていることを彼は知っていた。過去へと旅をし、豊かな色彩と感覚が溢れる記憶に浸されるとき、ジェニファもまたこの同じ出来事を等しく心地よいものとして思いだしているかもしれない。彼はそう考えるのが好きだった。そういうとき、彼はジェニファのすぐ傍らにいるように感じる。彼女がそこにいるのを感じ、感情を分かちあい、彼女の願いを理解できるかのようだ。記憶のなかで、二人は同じ気持ちを味わう。

二人は木のボートをピュージェット湾の静かで冷たい水面へと漕ぎだした。ふんわりと空に浮かぶ雲は、日が暮れるにつれてピンク色に染まっていく。岸から一〇〇ヤードほど漕ぎだし、水はボートの下で上がったり下がったりしていた。七、八歳のジェニファは赤みがかったブロンドの髪をポニーテールに結わいている。彼が鰊のうす切りを針につけるのをジェニファは見て、鼻をしかめた。「気持ちわる〜い」。彼女はクスクス笑う。だが父親の勇気をたたえている様子が見てとれる。

ボートが静かに揺れる。しばらくすると糸が曲がり、ジェニファは子ども独特のかん高い声で叫んだ。「魚！

魚！」そして彼女のお気に入りの部分。リールを巻き、獲物——たいていはメバルかアミアだが、小さなサケが捕まることもあった——が姿を現す。だがその後は彼女の大嫌いなパート。父親が小さな木のバットを取りだして魚の頭を叩くとき、ジェニファは目を閉じ、手を耳にあてた。

二人は西の山の端に日が刻々と沈む様子に驚きながら、ボートを漕いで岸に戻る。深く繁りそびえ立つ、先が尖った木々。木立ちに沿って続く小道を、不安そうなジェニファの手をつないで歩く。と、タコマへと南下する船が霧笛を鳴らし、ジェニファは飛び上がった。

「もう暗いよ、お父さん」。木々の背後にある暗闇を気づかいながら彼女は言う。

「大丈夫、父さんが守ってあげるから」。彼はジェニファをなだめる。

「本当?」。ジェニファは尋ねる。

ダグは答えた。「本当だとも。いつもずっとね」。

第9章
記憶を掘り起こす

諸症状の原因である近親姦を見つけ出すには、カウンセラーはかなりの掘り起こし作業を行わねばならない。

――ウェンディ・モルツ／ビバリー・ホルマン『近親姦と性――理解と癒しへの手引き』

ジェニファ・ネイグルは、父親から虐待された記憶を回復する前に、本を二冊与えられた。一冊は薄く、もう一冊は厚いが、両方とも近親姦からのサバイバルと回復を扱った本である。前者は『近親姦：サバイバー読本』というレイプからの解放協会発行の一〇ページから成るパンフレット。学校カウンセラーから手渡された。後者は『生きる勇気と癒す力』で、カウンセラーから与えられたものだった。四八五ページという長さの違いはあるが、どちらにも似たような、抑圧や抑圧された記憶のカウンセリングに関する基礎的で核となる概念が含まれている。

・近親姦と子どもの性的虐待は、疫病のように蔓延している。パンフレットによれば、四人に一人の女性、六人に一人の男性が子どもの頃に何らかの性的虐待を受けるという。また『生きる勇気と癒す力』には、女子の三人に一人、男子の七人に一人が十八歳になるまでに何らかの性的虐待を受けるという統計が示されている。

・大人になって生じる心理的な病い、例えば不安、パニック、うつ、性的機能不全、人間関係の問題、虐待的な行為、摂食障害、孤独感、自殺傾向などの多くは、子どもの頃に受けた性的虐待の後遺症を反映している。
・抑圧という無意識的で防衛的なメカニズムにより、多くのサバイバーが外傷的な記憶を完全に封印している。
・記憶を回復するには、その記憶が真実で正統なものであることを認め、受け入れることが大切だ。
・カウンセリングやグループ療法を受けることにより、癒し、解決、再生が可能になる。

簡潔にまとめれば、中心的なメッセージはこうなるだろう。近親姦は疫病であり、抑圧はいたる所にある。回復は可能で、カウンセリングが助けとなる。

本章では、まずこのような一般的概念について詳しく検討し、それから抑圧された記憶を回復するための技法について述べることにしたい。なお、ここで用いる「抑圧」は、「普通にいう忘れること」以上のものを意味している。普通、忘れるということは、思いだす時が来るまで出来事や体験をしばらくの間考えないでおくことである。だが抑圧は、単発的または継続的な外傷体験を積極的に無意識へと消し去る。そして抑圧された記憶は、クライエントが多くの「記憶作業」、例えば暗示的な質問、誘導による視覚化、年齢退行、催眠、身体記憶の解釈、夢分析、絵画療法、怒りと嘆きの作業、グループ療法などを経た後、カウンセリングの過程で回復することが多い。

こういった過激な治療の技法が真実の探究に役立つのか、私たちは懐疑的である。だが、子どもの頃の性的虐待や外傷的な記憶が真実でないというつもりはない。性的虐待を受けた子どもたちの外傷体験を疑うつもりはないし、忘れられない虐待の記憶を耐え忍ぶ人びとの体験を疑うつもりもない。そして、あまりにも辛くて何年も言葉にできなかった記憶を、細心の注意と共感をもって呼び戻そうと努力する、カウンセラーたちの技能や能力を疑うつもりもない。

拷問に等しい行為を受けた多くの人びとが、何年もの間、過去の暗い秘密を背負って生きている。彼らはカウンセリングという支持的で共感的な環境にあって初めて、子ども時代の外傷体験を語る勇気を得る。私たちはこれらの記憶について議論しようとは思っていない。そうではなく、一般に「抑圧された記憶*」と呼ばれる記憶、いわば探し求めるまでは存在しなかった記憶に対し、疑問を投げかけているだけなのだ。

一般的な教義

近親姦は疫病だ

近親姦サバイバーの運動で第一に語られる最も強い主張は、近親姦が想像以上に多数発生しているということである。精神科医であるジュディス・ルイス・ハーマンは、近親姦を「女性が体験する一般的かつ中心的な出来事」と呼んでいる。またカウンセラーであり有名な作家でもあるE・スー・ブルームは著書『秘密のサバイバー』で「近親姦は疫病のように蔓延しています。……いつの時代をとってみても、私が診ているクライエントの四分の三以上は子どもの頃、面識のある誰かから虐待を受けています」と述べている。

そしてすぐさま統計資料が提示され、近親姦が至るところにあるという警告が強化される。例えばビバリー・エンゲルは三つの研究から得た統計を著書『無垢であることの権利——児童期性的虐待外傷の癒し』に引用して

* 抑圧に関する議論が白熱し、収集がつかなくなってきたため、臨床家や児童保護を主張する人びとは、抑圧された記憶のことを表すのに「失われた」「埋もれた」、または「解離した」記憶といった同義語を用いることが多い。だが心理学者デイビッド・ホームズが書いているように、「どんな名前で呼ばれようとも抑圧は抑圧であり、証拠の欠如はどの同義語にも当てはまる」。

いる。第一は一九八五年、『ロサンジェルスタイムズ』が行った調査。子どもの頃、性的虐待の被害に遭った成人は推定三千八百万人にも上るという。第二は、児童の性的被害に対する治療プログラムに報告された二十五万件の事例を、ヘンリー・ジャレット博士が検討したもの。女性の三人に一人、男性の七人に一人が十八歳になるまでに性的虐待を受けているという。第三は社会学者であるダイアナ・ラッセルが一九八六年、九百三十人のサンフランシスコ在住の女性に対して行った調査。調査対象の三八パーセントが十八歳になる前に何らかの虐待を受けていた。この調査では、非身体的な接触（性器の露出など）をも含めると、調査対象の半分以上が虐待の経験を報告している。

これらの統計資料は驚くべきものだ。だがこれを慰めと受け取ることもできる。エンゲルはこう書いている。「安心なさい。あなたは痛みを抱え、一人ぼっちだと感じているかもしれません。でも、そう思う必要はありません。あなたに似た人たちがたくさん、同じような痛み、恐れ、怒りに苦しんでいます。あなたは一人ぼっちではありません」。

統計資料の次は、近親姦の定義と説明が続く。質問が投げかけられ、力強い答えが返ってくる。ブルームは次のように書いている。

性交がなければ近親姦とは呼べないのでしょうか？　性器がかかわる出来事でなければ近親姦とは言えないのでしょうか？　接触がなければならないのでしょうか？　答えは否です……近親姦は性交を含むとは限りません。実際、身体接触はなくてもよいのです。子どもの空間や感覚が性的に侵される可能性は他にもたくさんあります。例えば言葉や音によって。また、直接的な関与はなくても、子どもに性的情景や行為を見せることによって近親姦が生じる可能性もあります。

ブルームは近親姦の虐待事例をいくつか示している。子どもが使用しているトイレの前をうろつく父親、子ども部屋にノックもせず、いきなり入る父親、妹の服を無理やり脱がせようとする兄、生徒に膝に乗るよう命令するスクールバスの運転手、四歳児にポルノを見せる叔父、嫉妬から娘のボーイフレンドを独占したり、逆に彼のことを邪推したりする父親、年ごろの青年に性的体験を根掘り葉掘り尋ねる親戚など。近親姦があったかどうかを決定するうえで、出来事それ自体はさほど重要ではない。「どんな風に」扱われ、触られたのかという、子どもの主観的な経験が重要なのだ。かくして神父さんが「どんな風に」さよならのキスをしたか、ベビーシッターが「どんな風に」子どもを風呂にいれたか、その「どんな風に」から、性的虐待の有無が推察される。

『生きる勇気と癒す力』の著者であるバスとデイビスも、子どもや青年が主観的にどのような身体的、情緒的、精神的体験をしたかによって、行為が近親姦的であったか否かが決まると言う。そして身体接触を含まない近親姦行為、「信頼感の侵害」の例を挙げている。

身体接触を含まない虐待もあります。父親がトイレの入り口で、あなたがトイレに入るのを意味ありげに見たり、横目で見る、叔父さんが裸で歩き回ってペニスを誇示したり、異性との冒険談を話したり、あなたの身体について尋ねるなど……。性的侵害の方法はいくらだってあるのです。心理的な虐待もあります。目立たないようにしているのに、母親の再婚相手があなたのことをいつも見張っているように感じる、近所の人があなたの身体の変化におせっかいな関心を示す、父親があなたをムードいっぱいのデートに誘い、ラブレターを書いてよこすなど。

ビバリー・エンゲルは自分の体験を例に挙げ、虐待か否かを決定するのは子どもの側の不快感、つまり遭遇したために生じる不安や恥ずかしさだということを強調している。どの程度不快だったかは出来事から何年もたった後、後づけ的に推定してもよい。

　高校の頃、私の母はだらしなく酔って感情的になることがよくありました。そしてときどき私の口に大きな「べとべと」のキスをしました。今私はこう分析しています。母は無意識のうちに、私に性的な誘いかけをしていたのだと。

　でも、と教室の後ろにいる懐疑主義者は手を挙げる。それは大人になったビバリーが何十年も前の記憶を再構成し、分析したものではありませんか？　青年期のビバリーはキスされたとき、あるいは直後、そのような感情に気づいていたのでしょうか？　キスそのものよりも母親が「だらしなく酔っていた」ことのほうが悲しかったという可能性はありませんか？　ビバリーが大人になってから行った解釈は、彼女が何年間も臨床家として訓練を受け、近親姦のサバイバーとつきあうなかで明確にされ、精練されたものではないでしょうか？　不安をかもしだす、でも比較的「無害な」体験の上に植えつけられた解釈だと言うことはできませんか？

　こういった懐疑的な質問は全く的はずれだと評される。青年期のビバリーが感じたことや知覚したことは問題ではない。なぜなら当時、彼女はまだ若く未熟で、状況を適切に推定し理解することができなかったからだ。大人になって過去を振り返ることができるようになって初めて、彼女は過去の体験の意味を理解することができた。彼女が記憶を思い返すなかで虐待されたと感じたのなら、おそらく彼女は虐待されたのだ。記憶はなくてもかまわない。

抑圧はいたる所にある

自助本の著者であるジョン・ブラッドショーは、彼が発行している月刊誌『リアーズ』のコラムで次のように明言している。「近親姦の被害者の約六〇パーセントは、その後何年も性的虐待のことを思いだすことができません」。彼はこの統計の出典を示していないが、ブルームもまた、著書で同様の数字を挙げている。

経験から言えば、外傷体験をもつ女性のうち、それを思いだし、虐待だと同定することができる人は、半分もいません。ですから、世の女性の半分以上が子ども時代の性的外傷のサバイバーだということもあり得ます。……文字通り、何千万人もの「秘密のサバイバー」が虐待という過去の、目に見えない重荷を背負っています。

ブルームはこの本の後のほうで、「実際、サバイバーにおいては、何らかの形態の抑圧が必ず存在します」と書いている。

カウンセラーのレネ・フレデリクソンもその数が驚くべきものであることに同意している。彼女は最初、記憶の抑圧を報告するクライエントがあまりにも多いので懐疑的であった(「これはある種の伝染性ヒステリアに違いないと思いました」)。しかし最終的には、埋もれた記憶は過去を正確に表していると信じるようになった。確信が強まり、彼女は抑圧について調べようと学術雑誌を検索した。だが残念なことに、フロイトの試論――フロイトはクライエントが有する虐待の「ファンタジー」について考察している――しか見つけることができなかった。「抑圧された記憶について学ぶには、私自身の観察と同僚の体験を頼りにするしかなかったのです」。

やがてフレデリクソンは事の重大さを認識し、『抑圧された記憶――性的虐待からの回復の旅』を著す決心をした。そうすることによって「恐ろしい出来事を何年間も、ときには子ども時代全般にわたり閉ざしている何百万人もの人びと」を助けようとしたのだ。「彼らは自分の身に何が起きたのか必死に探し求めています。彼らには道具が必要です」。

バスとデイビスもまた、サバイバーにおける抑圧はよく見られる現象だと言う。「思いだすこと」という章で、彼らは読者に次のように語りかける。「たとえ虐待のことを思いだせなくても、あなたは一人ぼっちではありません。記憶のない女性は多く、最後まで思いだせない人だっているのです。でも、だからといって彼らが虐待を受けなかったというわけではありません」。

学術研究者も——数字には多少慎重だが——抑圧が外傷体験に対する一般的な反応だということに同意見である。精神科医であるアリス・ミラーは嫌な考えや感情をしまいこんでしまう心の働きを、普遍的・一般的なものであるとし、次のように記述している。「子どもが体験する葛藤は、すべて闇の中に隠され、閉じこめられてしまいます。それと一緒に、後の人生を理解するための鍵も隠されてしまうのです」。

精神科医、心理学者、ソーシャルワーカーの多くは抑圧という「隠れ家」の真の姿が最終的には回復すると信じている。「侵入する過去——記憶と刷り込みの可塑性」は外傷体験を専門とするカウンセラー(トラウマティストと呼ばれることもある)がよく引用する学術論文だが、この論文の著者B・A・ヴァン・デル・コークとオンノ・ヴァン・デル・ハートは、抑圧に関する歴史的な経緯を簡単に紹介している。彼らの主張によれば、精神分析学(「抑圧された欲求と本能の研究」と定義される)は百年近くもの間、「記憶が心理的病いの核となり、解離というプロセスによって現在の生活に影響を及ぼし得ることを無視してきた」。だが、一九八〇〜一九九〇年代になって、ようやくこのことを認めるようになったのだという。

外傷体験の実情、その現実の姿はあまりにも恐ろしく、既存の心理枠組みには収まりません。そこでこれらの現実は解離し、後に感覚や運動の断片となって舞い戻り、侵入してくるのです。

人気作家や学術書の著者の多くが、記憶の遮断は防衛的なものだと考えている。ではなぜ、埋もれた物をわざわざ掘り起こす危険を冒さねばならないのか？　その理由は、過去の破片や断片が現在の生活に侵入し、刺すような苦しみや悲しみの原因となるからである。記憶を掘り起こし、粗い切れ端にやすりをかけ、なめらかにする。それを開かれた自己へとすべり来ませない限り、過去から逃れ、解放される道はないのだ。ヴァン・デル・コークとヴァン・デル・ハートは次のように説明している。

外傷体験の記憶は恐ろしい体験の断片、同化できない断片です。ですから既存の心的スキーマに統合し、語ることのできる言葉へと変換しなければなりません。このことを達成するために、外傷体験のある人は記憶へと立ち戻り、記憶を完了させなければならないのです。

人気作家もまた、卑近なメタファやあまり厳密でない言葉を用いて同様のことを述べている。ジョン・ブラッドショーは『リアーズ』のコラムで、人は心の中の不安と対決しなければならないと説く。「人生の真実から逃れようとしても傷つくだけです。内にいる悪魔を指差し、どんな恐怖も包み隠さず話そうとするとき、助けが得られます」。

この「恐怖」は無意識の心の中にある。無意識の心は仮説にすぎないが、多くの人気作家が実質的なものとして重視している。例えばレネ・フレデリクソンは、無意識の心の働きや無意識は現在形でしか機能しないという。彼女はこの特徴について、混乱はあるが興味深い説明を行っている。

無意識は常に現在形で作動します。記憶が無意識の中へと埋もれるとき、その記憶は今まさに起りつつある虐待行為として、無意識の中に保存されます。記憶を抑圧することの代償は、心がその虐待が終わったことを知らないということです……完了しなかった記憶の断片は常に「戻ってきてはあなたを脅かす」ことになるのです。

でも、と懐疑主義者は再び手を挙げる。虐待の記憶がないのなら、なぜ今ある問題が抑圧された記憶、「完了しなかった記憶の断片」によって生じたと分かるのですか？　「論より証拠」が問いへの答えだ。あなたの人生に何か問題があるのなら、あなたは虐待を受けていた可能性がある。あなたが虐待を受けたと思うのなら、そう感じるのなら、あなたは確かに虐待を受けていたのだ。忠告は続く。あなたにとっての真実以外、問題にしないようになさい。なぜなら、あなたが感じることこそが真実であり、それだけが必要な証拠のすべてなのだから。

近親姦からの回復を目指す一般書においては、懐疑主義者は叩かれることが多い。また、サバイバーは近親姦の生起率に関する研究報告書を信じないようにと忠告を受ける。E・スー・ブルームによれば、近親姦に関する研究は「真実を隠し、嘘を支える」のに使われてきた。「……人生の体験を数量化することは、誤りではないにせよ、その豊かさを切り捨てることになりかねません」。ブルームはまた、ジュディス・ルイス・ハーマンの言葉を引用している。ハーマンによれば、近親姦の問題を正確に査定できるのは臨床家だけである。「現在用いられているどんな質問紙も調査票も、優れた臨床家の洞察には及びません。おおざっぱな社会科学的研究では検出できない微妙な情緒障害を、臨床報告は明らかにすることができるのです」。

心理学者ジョン・ブリエールも、最近、ある会見で同様の意見を述べた。抑圧された記憶療法は一時的な流行だという批判（社会心理学者リチャード・オフシーは彼独特の毒舌で、記憶療法は「二十世紀で一番面白いいんちきの一つだ」と言った）に対し、ブリエールは次のように答えた。「多くのサバイバーがやっと発言できるようになった今、この気運が懐疑主義によって消し去られることのないようにと願っています。性的虐待の蔓延は〈上昇傾向にあります〉。何百万もの人びとが心の奥底で、性的虐待は実際に起きて<u>いる</u>と知っているのです」。

ということは、抑圧された記憶に疑問を抱く記憶研究者や統計学者は、サバイバーに対立するだけでなく、真実にも対立している、ということになる（いわば、暗黙の告発だ）。これをかわすのは容易ではない。さらに会見が進むと、ブリエールが次のように信じていることも明らかになった。彼は、サバイバーの話が偽りであることを示そうとやっきになっている懐疑主義的研究者がいる、と考えている。

他の問題については科学的な態度を取れる人たちが、この問題については——たいしたデータもないのに——何十万人ものサバイバーの記憶が偽りだとやっきになって証明しようとしています。私はこのことに怒りと悲しみを感じます。結局のところ、私たちは苦しんでいる人を問題にしているのではないでしょうか。苦しみにある人は常に百パーセント正確だとは限りません。でも自動車事故など、他の体験をした人の話なら、これほど厳しく問いつめることはしないでしょう。性的虐待の話となると、彼らはとたんに受け入れなくなるのです。

なぜ懐疑主義者は、真実を受け入れられないのか？ それは彼らが（いわゆる）否認モードにあるからだ。『ニューヨークタイムズ・ブックレビュー』に、心理学者であるキャロル・タヴリスによる批判的なエッセイ「近親姦サバイバー生産機械に気をつけて」が掲載されたことがある。そのとき、カウンセラーやサバイバーは編集長宛に怒りの手紙を多数送りつけ、タヴリスは真実を直視するのを恐れているのだと非難した。エレン・バスは懐疑主義者の否認について、次のよう説明している。

多くの子どもたちがひどい虐待を受けているという現実を直視するのは、つらいことです。そんなことは空想、ごまかし、作り話だと片付けてしまうほうがずっと楽でしょう。誰かに洗脳されて虐待されたと信じるようになったというほうが、現実——子どもの頃に味わった苦悩——を直視するより簡単なのです。

少なくともこの点については、懐疑主義者とサバイバーは同類である。両者とも否認の影響を受け、真実の光がさえぎられているからだ。尖った葉を何枚もはがさないと「芯」にまで行きつけない野菜、アンチョークのように、否認は具体的、現実的なものとして示される。だが、どうすれば否認の葉をはがすことができるのか。

レネ・フレデリクソンは『リーダーズ・ダイジェスト』の「引用名言集」から「信じなければ見えないものがある」という句を引用している。科学的な方法論に立つ研究者にとっては、真実にたどり着けるはずだという信念に頼るのはルール違反である。だが頑固な科学的懐疑主義を追い払うことがフレデリクソンや他の人気作家の関心事ではない。彼らの目標は、サバイバーが否認を乗り越えられるように助けることであり、その最も効果的な方法が、とりあえず渦中に飛び込み記憶作業を「やってみる」ことなのである。埋もれた記憶を発掘するための方法が一杯つまったツールボックス、記憶作業を始めてみれば、取り戻すことのできた記憶の重みが、否認を打ちまかしてしまう。フレデリクソンは次のように説明している。

記憶が十分取り戻せれば、臨界量に達します。臨界量とは、抑圧された記憶がすべて真実であったと感じるのに十分な感覚のことです。……十分な量の記憶を十分な回数求めれば、ある瞬間、抑圧された記憶は真実であったと分かります。長い間嘘をついているとそれが本当のことのように思えてくるという法則がありますが、これはちょうどその反対。抑圧された記憶について長いこと話していると、ある時直感的にそれは真実だったと分かるのです。

回復は可能である

サバイバーが「臨界量」を達成すると、回復への道はそこからまっすぐに伸び、癒しが始まる。勝利と復活の領域。それが回復だ。この領域に入ると、人は旅を始める前に比べ——フレデリクソンの言葉によれば

――「ずっと賢く、美しく」なる。回復の過程でサバイバーは自己を改革し、活力を取り戻し、罪悪感や自責の念を捨て、失われた自尊心を回復し、新しいエネルギーと生きる力を実感し、子どもの頃の傷を癒すのだ。

だが癒しを旅の目的、痛みの消去だと誤解してはならない。回復は生涯にわたるプロセスであり、心を乱す上り坂や下り坂、回り道やUターンはこれからもたくさんある。心理学者のジョン・ブリエールは回復や癒しの過程が永遠に続くものであることを、次のように説明している。

以前面接していたあるサバイバーは、カウンセリングが終了したとき、こう尋ねました。「私は本当に治るんでしょうか？」。彼女が聞きたいのは「もう苦しむことはないのでしょうか？」ということだと思えました。そこで私はこう答えました。悲しく、分かりにくい回答です。「いいえ、苦しみがなくなるということは決してないでしょう。少なくとも、苦しみが完全になくなることはないと思います。あなたは今、絶望の淵にいる。そこで考える限り、苦しみのないのが最高だと思えるかもしれません。それは分かります。でも（カウンセリングの）目的はそれだけじゃないんです」。

「じゃ、何が目的なのですか？」。彼女は尋ねた。

「自由、ではないでしょうか？」。私は示唆した。

彼女はほほえんだ。

自由。真実。正義。まさにアメリカ的な価値だ。

回復はやがて真実、そして正義の戦いの光を放つようになる。この戦いは抑圧に終止符を打ち、性的虐待や、その他あらゆる恐怖や偏見に苦しむ人びとと連携する、包括的な戦いである。サバイバーはこの運動が自らの癒しに止まらず、世界の癒しにまで寄与すると励まされる。マイク・ルーは『被害者はもういらない』にこう書いている。「思うに、すべて同じことなのです。子ども、海、魚、地球。気にかける人とかけない人がいる。……つまり、自らを癒すことなくしてどうして世界を癒すことができるのか、ということなのです」。被害者やサバイバーでなくても、特権を持ち、権能感がみなぎるこの集団に加わることができる。そして女性であることは有利に働く。エレン・バスは『誰にも言えなかった――子ども時代に性的暴力を受けた女性たちの体験記』の導入部に、こう書いている。「私自身はレイプの被害者ではありません。でも私は女性です。そして娘の母親でもあります」。

私は怒りと癒し、そして新しい世界の創造に携わっています。新しい世界では、子どもたちは自分の身体に統制感をもち、抗議し、確信をもって助けを求めることができるよう励まされ、力を与えられます。つまるところ、私は意識の回復にかかわっているのだと思います。そこでは子どもの性的虐待は――女性、森林、海、地球に対する虐待と同様――繰り返されることのないよう歴史として記録されます。

『生きる勇気と癒す力』で、バスとデイビスはこのことをもっとあからさまに述べている。それは当然、政治的にも正当な意見だ。

あなたはまず第一に自分を癒すべきですが、それを終えたとしても癒す義務から解放されるわけではありません。子どもの性的虐待の原因となる恐れ、憎しみ、剝奪、身勝手、放任は、他の虐待や攻撃の原因でもあります。このような行為は社会そのものに織り込まれ、世界全体に重くのしかかっています。原子力廃棄物、季節労働者が働く農園の非人道的な状況、クー・クラックス・クラン（訳注：白人至上主義を唱える秘密結社）の横暴など。

『生きる勇気と癒す力』によれば、抑圧の被害者は自らを癒すだけでなく、全世界をも癒すことができる選ばれた少数者である。

自分を癒すことは地球を癒すことにもなるのです。あなたがこの世界を大切だと思わないのであれば、もう望みはありません。虐待者がエル・サルバドルの大量虐殺を気にかけ、資金援助を止めるよう政府に働きかけるでしょうか。臆病で、あなたの苦しみに耳を貸そうともしない母親が、子どもの証言が容易になるよう法制度の変更を求めて戦うでしょうか。幼児性愛者が毒性廃棄物に関心をもつでしょうか。

公正と不正について、虐待と尊厳について、苦しみと癒しについて知っているのはあなた自身に他なりません。明晰で勇気があり、生活の質を高め、それを持続させようという思いやりをもっているのはあなたなのです。

懐疑主義者や信心のない者が憂慮するのももっともではないか。サバイバーへのねっとりとしたあいまいなメッセージは、世界をはっきりと二分化する。われわれ対彼らという精神構造、区別と差別を生む独善主義、知る努力を怠る白黒の二極化を作りだしてしまうのだ。

『生きる勇気と癒す力』からの引用「幼児性愛者が毒性廃棄物に関心をもつでしょうか」の意味するところを考えてほしい。世界はそれほど簡単に善悪に還元されるものなのか。同様の例がアーサー・ミラーの『るつぼ』の一場面にもある。副知事ダンフォースがマサチューセッツ州、セーレムの戸惑う住民たちに宣言する箇所だ。

だが理解せねばならない。……あなたがたは法廷の意見に賛成するか反対するかのどちらかなのだ。両者の間に道はない。現代ははっきりとした、厳密な時代だ。私たちはもはや、善と悪が混ざりあって世を混乱させた、あの薄暗い夕暮れ時に生きているわけではない。ほら、神の恩寵により、輝ける日が上った。光を恐れない者は光を称えるはずだ。あなたがたがその仲間であるようにと私は願っている。

ミラーはセーレムの魔女狩りをマッカーシー主義の赤狩りになぞらえ、両者に共通するのは「世を照らすロウソクを揺るぎない手で掲げる」信念のもとに成長した「偏狭な独善」だとして恐れた。子どもの性的虐待を撲滅し、成人サバイバーの苦しみを和らげようとする熱狂のなかで、私たちは（一部の人たちだけが真実と呼ぶ）光によってめくらましにあっているのではないか。過去の歴史において、誤った道義的信念が世界を純粋な善・悪に二分したのは一度だけではない。私たちは今、この同じ信念の餌食になっているのではないか。

具体的な方法

頂きに通じる道が一つだけということは決してありません。……記憶を回復する方法は創造力と同じように無限です。

――レネ・フレデリクソン『抑圧された記憶』より

以上、抑圧された記憶のカウンセリング（あるいは単に「記憶作業」と言ってもよい）の概念枠組みについて述べてきた。以下、具体的な作業を紹介することにしよう。カウンセラーは埋もれた記憶を掘り起こすのに、さまざまな道具を用いる。

直接質問すること

クライエントがカウンセリングを受けに来て、うつ、不安、自殺傾向、性的問題、摂食障害、さまざまな中毒症について既往症を語ると、多くのカウンセラーはほぼ自動的に性的虐待が原因なのではないかと疑う。疑いを抱いたカウンセラーはどう行動すればよいのか？　『生きる勇気と癒す力』は直接的なアプローチを勧めている。

虐待の疑いがあるときは「子どもの頃、性的虐待を受けたことがありますか？」と単刀直入に尋ねなさい。これはあなたが問題にしようと思っていることを知る、単純かつ明快な方法だといえます。またクライエントに、あなたが性的虐待を扱うことができるというメッセージをはっきりと伝えることにもなります。

カウンセラーであるカレン・オリオは、臨床家は性的虐待についてもっと経験を積まねばならない、以前はタブー視された話題も進んで持ち出さねばならない、と述べている。

性的虐待を発見できるか否かは、臨床家が性的虐待の可能性を積極的に考えるか否かにかかっていると思います。……たくさんのカウンセラーが、経験不足や無関心であるために、正しい質問をしなかったり、また性的虐待の指標を見すごしたりしています。これは残念なことです。……直接尋ねない限り……サバイバーは過去の虐待について話してくれないかもしれません。

近親姦の被害者を千五百ケース以上も治療したというカウンセラー、スーザン・フォワードは、著書『欺かれた純真な魂』で、クライエントに対する彼女のアプローチをこう述べている。

いいですか［と彼女は被害者に語りかける］、経験から言えることなのですが、あなたと同じような問題を抱えている人たちの多くが、子どもの頃、本当に辛い出来事を体験しています。殴られるとか、いたずらされるとか。あなたにもそのようなことがあったのではないでしょうか。

クライエントに「子どもの頃に虐待を受けたかのような症状ですね。そのことについて何か話してくれませんか？」とか「性的虐待を受けた人のような話しぶりですね。何をされたのか話して下さい」とまで言う同僚がいる、とある臨床家は告白している。

クライエントが虐待の出来事を具体的に思いだせない場合、カウンセラーは記憶が抑圧されている可能性を考えてみるようアドバイスされる。抑圧は記憶を意識から消してしまうだけでなく、それ自体が虐待の指標かもしれないからだ。「サバイバーが子どもの頃のことを思いだせないとか、記憶がたいへんあいまいだと言う場合は、常に近親姦の可能性を考えなければなりません」とカウンセラーであり作家でもあるモルツとホルマンは臨床家に忠告している（『性と近親姦』）。心理療法家であるマイク・ルーも同様だ。「子どもの頃の記憶に空白部分があるという人がいると、私は虐待の可能性を疑うことにしています」。

「ぼんやりとした感情」も、抑圧された虐待の記憶が無意識から意識へと染み出てきた兆候かもしれない。カウンセラーのビバリー・エンゲルはクライエントにこう助言している。「少しでも疑いがあれば、少しでも記憶があれば、いかにぼんやりしていても、それは本当にあったことかもしれません。あなたは事実を否認し、記憶を封じ込めているのかもしれないのです」。

疑いは常に必ず確信へとつながる。エンゲルは「心理療法家として十五年仕事をしてきましたが、性的虐待を受けた疑いのあるクライエントで、後にそうでなかったと分かった人は一人もいません」と書いている。バスとデイビスもこの説を支持している。

私たちが診てきたクライエントで、性的虐待を受けたと考え、しかし後でそうでないことが分かったという人は一人もいません。疑いは常に逆の方向、つまり疑いから確信へと進みます。もしもあなたが虐待されたと思い、あなたの人生がその兆候を示しているのなら、あなたは確かに虐待されたのです。

症状のリスト

1　自分のしたいことが何かわからないで困るということがありますか?
2　新しい経験をするのが怖いですか?
3　人から何か暗示されると、従わなければならないように感じますか?
4　人から暗示されたことが命令のように感じられ、従いますか?

この短い症状リストはジョン・ブラッドショーの『リアーズ』一九九二年七月号のコラムから引用したものだが、もともとは彼の著書『帰郷』の長いチェックリスト「疑いの指標」の一部である。ブラッドショーは『リアーズ』のコラムで、これらの質問項目に対し以下のような簡単な分析を行っている。

これらの質問に一つでも「はい」と答えた人は、発達の初期において何らかのダメージを受けた可能性があります。それは生後九〜十八か月の頃、はいはいし始め、生得的な好奇心によって周囲を探索し始めた頃のことです。

ブラッドショーは一九九二年八月号のコラムで、「近親姦の典型的被害者」と彼が考える人びとの特性を、もう少し具体的な質問項目の形で示している。このリストには無気力な態度や摂食障害に関する多数の質問、さまざまな身体的症状に関する質問の他、はっきりとした性的な傾向性にかかわる質問項目が九つ含まれている（「ほとんど、あるいは全くセックスに関心がない」「たいして楽しむこともなく、乱れたセックスをする」「早熟で、十歳になる前から性的な行動を示した」「覚えている限り、誰ともセックスしたことがない」など）。そしてこれらの特性があることは認めながらも近親姦の記憶はないという読者に対し、次のような簡単な試行を勧めている。「性的虐待を受けたことがあるという仮説を受け入れてみましょう。そして、あなたが認めた特性を意識しつつ、仮説について考えながら半年間暮らしてみましょう。そして記憶が戻ってくるかどうか見守ってください」。

ブラッドショーが提供しているのが症状リストのファーストフードなら、E・スー・ブルームのはグルメ料理への誘いである。「近親姦サバイバーの後遺症チェックリスト」と大仰な名前のついた症状のメニューには、近親姦サバイバーたちの特性や性格が三十四項目あがっている。その項目のほとんどが複数の内容や拡張を含み、なかには矛盾する内容の項目さえある。

No.３：身体が自分のものではない感じがする。自分の身体がしっくりこない。身体が示す兆候に気づかない。身体を慈しむことができない。ボディイメージが貧弱。性的な関心を引くことを恐れて身体のサイズをごまかす。

No.５：夏でもたくさんの衣服を着込む。ぶかぶかの衣服。服を脱ぐべきとき（水泳、風呂、就寝など）も、服を脱ぐ気になれない。トイレを使うとき、プライバシーを過剰に気にする。

No.９：目立たないでいたい。完璧でありたい、または完璧に駄目な人間でありたい。

№32：音をたてないようにする（セックスの最中や、泣いたり笑ったりするとき、その他身体が活動するとき）。言葉に過敏である（自分の言葉を注意深くモニターする）。聞いてもらいたいときにこそ、声が低くなる。

この短い例だけからでも（実際のリストはペーパーバック本の五ページにも及ぶのだが）、こう言えるのではないか。もしもあなたが貧弱なボディイメージをもち、だぶだぶの服を着、完璧でなければならないと感じ（あるいは完璧に悪者でなくてはならないと感じ）、静かに話し、セックスのときに声を出すのが嫌いであれば、「あなたは近親姦のサバイバーである可能性がある」と。（ところで、これらの項目をチェックするときには、一部は当たっているが、他の部分は当たっていないということもあるだろう。だが、読者はスコアの付けかたについて、何の指示も与えられていない。読者は少しでも当たっているところがあれば、○をつけてしまうのではないか）。

レネ・フレデリクソンの著書にも「抑圧された記憶の一般的兆候」を示す症状チェックリストがある。六十五の質問項目は七つのカテゴリー（「性」「睡眠」「恐怖と魅惑」「摂食障害」「身体的諸問題」「強迫的行動」「情緒的な兆候」）に分かれており、特に恐怖、先入観、行動パターンに焦点が当てられている。症状の例をいくつか見てみよう。

・これまでの生活で、性的に乱れていた時期がある。
・よく悪夢をみる。
・なかなか寝付けない、安眠できない。
・地下室が怖い。

・やり過ぎるまでやってしまい、どこで止めたらよいか分からないことがある。
・新聞、雑誌、テレビなどで虐待の被害者を見ると、その話を聞いて泣きたくなることがよくある。
・すぐ驚く。
・ボーッとしたり、白昼夢に陥ることがある。

一般に、症状リストは、虐待のダメージがどの程度か、また虐待が現在の生活にどの程度影響を及ぼしているかをサバイバーが認識できるように作られている。バスとデイビスは七十四の質問項目を「自尊心と個人の力」「感情」「身体」「親密になること」「性」「子どもと親業」「本当の家族」という七つの広範なカテゴリーに整理している（『生きる勇気と癒す力』）。各セクションには「あなたは今どの地点にいるか？」という質問が見出しとして付されており、次のようなメッセージを送っている。虐待によってこんなにたくさんの傷が生じた、しかしあなたは生き抜くだけで精一杯で、それに気づかなかったのだ、と。以下は「自尊心と個人の力」のセクションにある十五の質問項目からの抜粋である。

・自分が人と違っていると感じますか？
・気力が湧かなくて困るということがありますか？
・自分は完璧でなければならないと感じますか？
・過去の不愉快な出来事の穴埋めをしようと、仕事や活動に打ち込むことがありますか？

警告。このような症状リストの問題点は、近親姦という顕微鏡レンズを通すことにより、比較的問題のない「正常な」人格特性の一部までもが異常で逸脱したものに思えてしまうということである。何ということもない気質が、自ら覆い隠した邪悪で暗黒の秘密の兆候になってしまうのである。症状リストは網を打ち投げ、どんな人をも捕獲する。心理学者キャロル・タヴリスは次のようにコメントしている。

　同一の項目が、愛情過多だと思っている人にも、自傷傾向のある人にも、否、単に二十世紀後半を生きる現代人になら誰にでも、当てはまってしまいます。症状リストは一般的すぎて、どんな人でも——少なくとも一時的には——該当してしまうのです。このリストに引っかからない人はいないでしょう。

　上のこととも関連するが、次のような問題もある。こじつけに近い項目ほど（すぐ思い浮かぶのは、だぶだぶの服や地下室への恐れといった項目だが）、性的虐待の後遺症として一般に認められているもの（極端な驚愕反応や児童期の過剰性行動など）と組み合わせられると、より確かに、もっともらしく聞こえてしまうのである。正常な行動や反応が性的虐待を暗示するものとして解釈されるのなら、どんな行動だって兆候となり得る。そして症状リストの項目に○印がつけばつくほど、読者は自分がサバイバーかもしれないと思ってしまうだろう。この項目は当てはまらなくても、次の項目、あるいはその次の項目なら当てはまるかもしれない、と。

　ブルームは自作の症状リストの目的について、はっきりと次のように述べている。「この後遺症チェックリストは、記憶がなくても性的虐待を受けた可能性はある、という暗示を与える診断用具として使えることが分かってきました」［強調は筆者による］。クライエントはなぜこんなにあからさまな、（そして明らかに意図的な）暗示にかかってしまうのか。なかにはクライエントが虐待など受けていないという否認にこだわり、カウンセラーのほうが折れて通常のカウンセリングに戻る場合も、クライエントがカウンセリングをやめてしまう場合もあるだろう。例えば弁護士のデニス・ヘリオットは、父親が自殺した後、ひどいうつに悩まされてカウンセラーに助けを求めた。だが彼が直面している問題について話そうとすると、このカウンセラーは決まって何かもっと別のこと――彼が直面できないか、直面することを避けている何か――が起きているとほのめかした。「何か別のこと」の謎はヘリオットを脅かし、彼のうつはもっとひどくなった。何が問題だというのか。カウンセラーが下した診断に、彼は呆然となった。彼女はこう告げたのだ。「どうお話したらいいか分からないのですが、でもあなたは私が診ている他のクライエントと大変よく似た症状を示しています。そのクライエントというのは、悪魔儀式の虐待の被害者です」。ヘリオットはそれまで悪魔崇拝や儀式による虐待について話したことなど一度もなかった。彼はただちにカウンセリングを取りやめた。

だがもっと傷つきやすい、自信のないクライエントのなかには、埋もれた記憶を見つけ出し、悲劇に終止符を打とうという探索活動にからめ取られる人もいるだろう。オレゴン州に住むある女性は、助けを求める長い手紙を書いてよこした。記憶の変容や偽りの記憶移植に関する私の研究を耳にしてのことだ。許可を得たので、彼女の苦しみの手紙の一部を紹介しよう。

三年前、私はうつや不安の症状を解決しようと、個人のカウンセリングにかかるようになりました。数か月もしないうちに、このカウンセラーは、私の情緒的な悩みの原因は、子どもの頃に受けた性的虐待ではないかと暗示するようになりました。そして彼はこの診断に確信をもつようになっていったのです。……私には虐待に関する直接的な記憶はありません。……気にかかるのは、そんなに恐ろしいことが起きたのに、なぜ私はそれを全く覚えていないのか、ということです。この二年間、私は思いだすことばかりに力を費やしてきました。……でも未だにそんなことがあったのかどうか分からないのです。……こうじゃないか、ああじゃないかと考えるのにはもう耐えられません。

こうじゃないか、ああじゃないかと考える作業を耐え得るものとするため、カウンセラーはどのようなことをするのか？　近親姦からのサバイバルや回復に関する書物には、それぞれ独自のカウンセリング技法が紹介されている。抑圧された記憶を回復する具体的な方法が書かれた本もいくつかあるが、最も具体的で詳細なアドバイスを提供しているのは、レネ・フレデリクソンによる『抑圧された記憶――性的虐待からの回復の旅』だ。博士号をもつフレデリクソンは、国有ラジオ、ケーブルテレビネットワーク（CNN）、「オープラ」など、多くのラジオやテレビのトーク番組に登場し、抑圧された記憶を取り戻すための具体的な技法について話している。そして彼女の本は、抑圧された記憶療法を行うカウンセラーたちによって「サバイバー」にも広く紹介されている。

フレデリクソンは埋もれた記憶を掘り起こし、抑圧された記憶のミイラ化した残骸に命を吹き込む基本的な技法を七つ述べている。イメージ作業、夢作業、日記法、身体作業、催眠、芸術療法、感情作業。こういった技法や類似した技法は、多くの臨床家、特に「記憶作業」を行うカウンセラーによって用いられている。以下、もう少し細かく見てみることにしよう。

イメージ作業

サラは子どもの身体が荒々しく壁に打ちつけられるフラッシュバックに悩まされていた。「記憶」がイメージという形で現れていると考えたフレデリクソンは、サラに「イメージ作業」を試みるよう促した。イメージ作業とは、イメージにかかわるあらゆる場面や感情を細大もらさず記述し、妥当だと思えばいつでも主観的な解釈をつけ加えるというものだ。サラは内面の真実に焦点を合わせ、イメージによって引き起こされた物語を語り始めた。そのとき彼女が語った言葉は、常に現在形であったという（フレデリクソンはイメージ記憶は無意識の中にあり、そこではすべてが現在形で進行すると注釈している）。

一つ、また一つとイメージが付け加えられ、「記憶」は一人の子ども――それは二歳の頃のサラ本人だった――が祖父と野外のトイレにいるという動く映像を作りだした。サラは祖父が彼女をトイレに連れて行き、鍵をかけるのを「見る」。そして祖父がペニスを出して彼女の股の間にこすりつけるのを見つめる。「こんなこと、私が作りあげているだけのようにも思えます」。突然、サラはイメージの「スライド・ショー」を中断し、言う。

だがフレデリクソンはクライエントに続けるよう促す。「記憶を取り戻す作業では、最初のうち、それが真実かファンタジーなのかは問題ではありません。［サラの］心の中にあるもの、今現在、真実であるように思えるものが重要なのです」。サラは余儀なくイメージを発展させる。そして祖父が彼女に向けて射精したのを思いだす。それから祖父は片手で彼女をつかみ、便器へと押し付けた。身体が便座にぶつかり痛かった。

サラの記憶は驚くほど明快で鮮やかで、会話（「誰もお前のことなんか気にかけちゃいないんだ、と祖父は言っています」）、音（「祖父は変な声で小さく笑います」、臭い（「ひどい臭い」）、感情（「とても怖い」）などが、事細かに思いだされている。そして野外トイレから出て感じたことを、彼女はこう記している（ここでもまた現在形が用いられている）。「世界がこんなにも眩しく美しかったとは、驚きです」。

サラのイメージ作業を紹介するにあたり、フレデリクソンはこれらのイメージが無意識から浮かんできた真の記憶だということに、何の疑いも示していない。

無意識から意識へと浮かんできたイメージは、顕在化する準備が整った外傷的な記憶の断片です。瞬間的に心をよぎる光の点は、最初のうち、神秘的で不明瞭なものにしか見えないかもしれません。しかしこれらはあなたが埋葬した虐待の出来事の不完全な残骸です。その出来事の断片が出口を求めて、意識の中へと侵入してきたのです。無意識の世界にまで追い求めてください。そうすれば抑圧されていた記憶を取り戻すことができるでしょう。

フレデリクソンはこういったイメージが真の記憶だということに、何の疑いも示していない。彼女はサラについてこう書いている。「彼女は虐待の記憶をイメージによって取り戻すことができました。……サラの人生につきまとっていた記憶は、とうとう完全に発掘されたのです」。

無意識から来るこれらのイメージは、誇張されたり漫画のようであったりすることも多い。だがそれは「正確な虐待のひとこま」なのだとフレデリクソンは主張する。だが一方で、彼女は少なくともカウンセリングの初期においては、真実か否かは重要ではないと繰り返し述べている。「作業の初期においては、思いだされたものが……作りだされたものなのか、それとも真実なのかは問題ではありません。真実か否かは後で決定すればよいことです」。

埋もれた記憶を掘り起こし、甦らせる方法としてイメージ作業を薦めているのはレネ・フレデリクソンだけではない。『生きる勇気と癒す力』では、バスとデイビスが「イメージ構成」という作業に依存した方法を挙げている。サバイバーはこの方法を用いることにより、「自分や家族の過去について知り得なかった事柄を、一つずつつなぎあわせる」ことができるのだという。

あなたが本当のことを知ることができないでいる過去の出来事を一つ、家族の歴史のなかから拾い出してみてください。父親が子どもの頃のことでもよいし、何か、母親があなたを守ってやれなかったときのことでもよいでしょう。そして知る限りの細部情報を使って、あなた自身の物語を作ってみてください。知る限りの知識を用い、体験や出来事の裏づけを取り、実際どんなことがあり得たのかイメージしてみてください。

警告。「あなた自身の物語を作ってみてください」とか「実際にどんなことがあり得たのかイメージしてみてください」というのは、フィクションを作るのには重要な方略である。だが、そういった方法を使えば、失った過去や保管場所を誤った事実を掘り起こせるとでもいうのだろうか。認知心理学者は、イメージに熱中しすぎると現実と想像の区別が難しくなることを知っている。また法心理学者は、誘導されたイメージは催眠で生じるのと似た解離的な症状を促進する――つまりイメージは催眠同様、記憶を回復する方法としては信頼できない――ことを確認している。

つまり、物語を作るということは、イメージした出来事を実際の出来事と取り違えるという、重大なリスクを生じさせることになる。人は自分で作った話を信じてしまいかねないのだ。

夢作業

夢作業の理論はこう説く。夢をみている最中は無意識への「情報路が開く」ので、サバイバーは抑圧された記憶を暗示するシンボルや「指標」を探しさえすればよい、と。フレデリクソンによれば、サバイバーは進行中の記憶の断片リストと「接近シンボル」（以下に定義を示す）をもっている。この夢のシンボルに焦点を合わせれば、抑圧された記憶の破片を取り戻すことができるのだという。フレデリクソンは埋もれた記憶に関する無意識からの力強いメッセージを含む夢として、六つのタイプの「抑圧された記憶がもたらす夢」を挙げている（訳注：ここでは五つが挙げられている）。

- 悪夢。悪夢の特徴は、夢によって生じる強い恐怖感である。もしも悪夢が特定のシンボルや兆候を含んでいるなら、それは性的虐待のサインかもしれない。そのシンボルとは、強姦犯、殺人犯、精神異常者、ストーカー／寝室、浴室、地下室、倉庫、屋根裏部屋／ペニス、乳房、尻／瓶、ブラシの柄、棒／血のしたたる生贄、手足の切断、共食い、黒いガウンを着た人びと、そして悪魔などである。

・繰り返しみる夢。悪夢の場合もそうでない場合も、同じ人物、状況、行動の夢を何度も繰り返しみること。これらは「無意識からの緊急のシグナル」である。
・性的虐待の夢。フレデリクソンによれば、これらの夢は具体的ではっきりとした性的虐待を含んでおり、抑圧された記憶を表していることが多い。具体的な性的虐待の行為とは、レイプ、オーラルセックスまたはアナルセックス、子どもや青少年の虐待、覗き、獣姦などである。
・接近シグナル（訳注：接近シンボルと同じ）を含む夢。接近シグナルを含む夢は、埋もれた虐待の記憶が存在することを示唆している。よくある接近シグナルとしては、閉じたドア、鍵のかかったドア、神秘的な通路、貯蔵された物、隠された物、コミュニケーションがとれない子ども、守ってやらねばならない子ども、水（特に水への恐れ）、蛇、男根の象徴などがある。
・強い感情を喚起こする夢。些細でつまらない夢の中にも抑圧された記憶の断片が含まれていることがある。

意識に残る、印象深い鮮明な夢をみたら、以下のステップから成る夢作業を試みるとよい、とフレデリクソンは勧めている。

・夢を性的虐待というテーマまたはシンボルに向かって推移させてみる。
・シンボルに関連する感情、考え、解釈を人に聞いてもらう。
・より多くの情報を探し、細部を拡大し、自由連想を行うことで夢を明確にする。
・「夢作業」によって虐待の解釈が得られ、明確になってきたら、虐待の全体的な輪郭を描いてみる。

多くのカウンセラーが夢作業は強力な道具だと認めている。ブルームは次のように書いている。「意識的な思考は制御されている可能性があります。また、意識的な気づきは、防衛によって変化してしまうことがあります。しかし、目が覚めている間は注意深く覆われている真実も、眠っている間に漏れ出すことがあるのです」。ビバリー・エンゲルも同様のことを述べている。夢は「たいへん啓示的です。目覚めている間は直視したくない、あるいは直視できない記憶を示してくれます」。エンゲルはジュディという女性の体験を示している。ジュディは兄から性的虐待を受けたことを忘れたことはなかった。だがある晩、彼女は父親にもいたずらをされた夢を見た。「ジュディはワギナに恐ろしい痛みを感じ、溢れ出す記憶とともに目を覚ましました。この夢は確かに真実だ、と彼女には分かりました」。

警告。これらの夢は「真実」なのか。それともクライエントの抱える恐怖、不安、不確実性を説明し解決しようと、カウンセラーとクライエントが共同で作業した結果「作られた真実」なのか。繰り返しになるが、イメージ作業と同じく、心理学者は夢と現実の対応づけが信頼できるものなのかどうか疑問を呈している。心理学者であるブルックス・ブレニースは、最近、夢と外傷的な出来事との関係について詳細な文献レビューを行った。その結果、たとえ裏づけのある出来事の記憶であっても（例えば実際にあった自動車事故など）、夢と現実の出来事の類似性はほとんど見出せないことが明らかになった。夢はむしろ外傷体験と比喩的に類似している。ブレニースは次のように結論している。

特定の外傷体験が変形することもなく、予測可能な形で夢の内容へと受け渡される、という考えを支持する実証的証拠は皆無であり、臨床的証拠もほとんどありません。夢が外傷体験と同一または同型だとする考えは疑問です。

夢は日常の出来事の「残存物」から成ることが多い。とすれば、カウンセリングや記憶作業に参加しているクライエントが虐待に関する夢をみたとしても驚くには値しない。にもかかわらず、カウンセラーが信念や偏見にもとづいて夢を解釈したらどうだろう。そしてクライエントが、夢は抑圧された子ども時代の虐待の、無意識から来る直接的なメッセージだと聞かされたらどうか。彼らはカウンセラーの解釈を喜んで受け入れてしまうかもしれない。

日記法

フレデリクソンは記憶には五つのタイプがあるという。（意識の中にある唯一の記憶である）再生記憶と、（無意識の中にあるとされる）イメージ記憶、感情記憶、行動化記憶、身体記憶だ。イメージ作業と夢作業は、イメージ記憶（「イメージという形で意識へと侵入してくる記憶」）と感情記憶（「特定の状況に対する感情的反応の記憶」）を用いる。一方、日記法は行動化記憶、すなわち「忘れていた出来事を何らかの身体的活動を通じて自発的に行動化する」記憶に接近する。

日記法で仮定されるプロセスは、焦点――つまり、身体感覚、イメージ、夢や悪夢から得られたシンボルなど――から出発し、最終的にはイメージや無意識から浮かんだメッセージを言葉で記録する、というものである。フレデリクソンによれば、この方法で抑圧された記憶を取り戻すために、三つの基本的技法がある。

第一は、自由連想。イメージ、感情、身体感覚など、心に浮かぶものすべてを整理したり分類したりすることなく書きだすという技法である。フレデリクソンによれば整理は右脳の活動であり、「あなたの知りたがっていることに左脳がアクセスするのを妨げ」るのだという（訳注：一般には「整理」は左脳の活動だとされる）。

第二は、虐待的な出来事を考え、その物語を書くという技法である。本当にあったことでも、イメージしたことでもよいが、大切なのは、できるだけ速いスピードで書くことである。フレデリクソンによれば、そうすることにより「過去の外傷的な出来事を選別する作業が無意識のうちに行われ、〈物語〉が書ける」のだという。いわく、「何かを速いスピードでやろうとする場合は、空想よりも実際の体験に頼るほうが楽だからです」。

第三の技法はクイックリスト。焦点や質問に対する直接的な反応を、推敲、検閲、修正、構成することなく、急いで書きだすというものだ。

フレデリクソンは「クイックリスト」と日記法に関して、興味深い事例を挙げている。アンは祖母に虐待されたと信じていた。記憶の端々があるし、説得力のある夢もみるのでそう思ったのだ。だが彼女は虐待の詳細を思いだせないでいた。そこでカウンセラーは彼女に紙とペンを与え、祖母がアンにした虐待的な行為を五つ、立ち止まって考えたり、正確かどうか悩んだりすることなく書きだすよう求めた。アンはすぐに具体的な出来事を八つ走り書きした。祖母がアンの猫の首を吊ったこと、祖母が彼女を枕で窒息させようとしたこと、具体的な性的虐待行為などの記憶だった。リストを読み上げると、アンは打ちひしがれ悲しみにくれた。だが自分に何が起きたのか少なくとも「基本」は分かったという思いから、安堵も得たのだった。

フレデリクソンは、無意識に接近しやすくするために、日記を左手で書くという小さな工夫を勧めている。そうすることで右脳、つまり創造的で直観的で統合的な脳の箇所への接近が促進されるからだ。ブラッドショーも『帰郷』という著書で、同様のアドバイス、つまり利き手でないほうの手を使って書くよう勧めている。そうすれば脳の統制的で論理的な側面を回避し、「インナーチャイルドの感情に接触しやすくなる」のだという。

警告。日記法は「リスクの多い作業*」だと多くの認知心理学者が感じている。特にクライエントが意識の流れ

* S・リンゼー・D・リード（印刷中）『心理療法と子ども時代の性的虐待の記憶』（*Applied Cognitive Psychology*）（訳注：Lindsay, D. S., & Read, J. D.〈1994〉Psychotherapy and memories of childhood sexual abuse : A cognitive perspective, *Applied Cognitive Psychology*, 8, 281-338.）

を無批判に追い求め、心に浮かぶことすべてを内容を評価することなく書くよう促されるといった場合は、注意が必要だ。また、日記法がカウンセリングの他の技法と一緒に用いられたり、使用に際してカウンセラーが記憶の回復に関する信念——例えばクライエントの症状は子どもの頃の性的虐待を反映しているとか、癒されるか否かは記憶の回復に依存するとか、日記を書けば正確な記憶が現れやすいなど——を表明すると、実際には虐待を受けていない人の心に、偽りの記憶や信念が生じる可能性は高くなるだろう。

なお、記憶に関する科学的研究は膨大だが、無意識の心に何種類もの記憶が存在するという証拠は見あたらない。したがって「イメージ」「感情」「行動化」「身体」といった記憶は、直観的・衝動的な心の部分についての興味深い理論ではあるが、証明されてはいないと見るべきだろう。また「インナーチャイルド」は明らかにメタファであり（実際、メタファの「感情」に「触れる」ことなど可能だろうか？）、非利き手で書くと「インナーチャイルド」に接近できるという証拠もない。さらに、整理や分類や思考、つまり推論や分析を反映する認知的な活動が、無意識から生じた記憶への接近を妨げるという証拠もない。

「クイックリスト」に対する最後のコメントはこうだ。多くの心理学者は、「思考」を回避するような心の理論は再考すべきだと考えるだろう。

身体作業

心が忘却という無意識の選択をしても身体は覚えている、というのが「身体作業」の背後にある理論である。外傷的、虐待的な出来事が起きると、心は扉を閉じ、記憶を無意識の引き出しにしまい込んでしまう可能性がある。だが身体は常に虐待されたときの感情を覚えている。そこでマッサージ療法や身体を使った技法で「身体記憶」に接近すれば、過去の真実を明らかにする糸口を見つけることができる。

フレデリクソンは身体作業によって記憶を掘り起こすプロセスを、次の三段階に分けて記述している。

・エネルギー。身体は記憶をエネルギーの形で保持している。身体の特定の部分に触れたりマッサージすると、閉じ込められていたエネルギーにアクセスでき、記憶を刺激することができる。
・顕在化。保持された記憶が五感のいずれかを通じて現れる。
・解決。記憶が流れ始めると、怒りと悲しみもまた解放される。そしてサバイバーは、過去の真実の前に身をゆだねる。

身体記憶は五感のどの感覚によっても刺激され得るようだ。身体記憶の例を挙げよう。ブリーチや新しい皮革の匂い、マウスウォッシュや歯磨き粉、ドアがきしむ音、ズボンのチャックが降ろされる音、酒やタバコの味、眠たい感覚、刺すような痛み、あるいは後背部、腕、爪先、肩その他の過敏症。身体記憶が現れるときの体験は非常に心地悪いものである。『生きる勇気と癒す力』で引用されているあるサバイバーは、次のように述べている。

身体記憶は生じても、何の映像も得られません。突然叫び出し、身体の中からコントロールできない何ものかが出てくるように感じます。それが生じるのはたいていセックスの最中や後、または争いの最中です。何らかの原因で感情が高まると、意識的な映像は描けなくても身体の中に記憶が甦り、内部から叫びが生じるのです。

臨床家は、クライエントが虐待の記憶を思いだすときに生じる強い生理学的反応を、身体記憶の証拠だと考えている。臨床心理学者であるクリスティーヌ・カートスは、*Journal of Child Sexual Abuse* という学術雑誌に掲載された論文で、次のように述べている。記憶は、身体記憶や知覚を通じ、生理学的に戻ってくることがあります。サバイバーは色、具体的な風景、イメージなどを想起し、音を聞き、匂い、香り、味覚を体験するかもしれません。身体が痛々しい虐待のレミニセンス（訳注：前に思いだせなかったことが後で思いだされること）に反応するかもしれません。また虐待の記憶が回復し、治療が行われている過程で、身体的な障害が現れることもあります。……痛み、病気（医学的な診断がつかないことも多いのですが）、吐き気、麻痺や無感覚といった転換症状（訳注：抑圧による葛藤が身体的症状として現れること）を通して、記憶が身体的に現れることもあります。

E・スー・ブルームは、身体記憶と身体作業に関する一般的な理論を、次のようにまとめている。

身体は近親姦の記憶を覚えています。私は、感情や体験が身体作業によって劇的に現れ、回復した事例をたくさん耳にしています。……このカウンセリングはかなり以前からありますが、言葉を中心とするカウンセラーはそれを真剣に取り上げようとはしませんでした。もっと真剣に取り上げるべきです。身体作業は、言葉を中心とするカウンセリングでは接触できない記憶や感情を解放することができます。

警告。無意識の記憶が行動に影響を及ぼし、身体的な症状を作りだすというのは、理論的には不可能なことではない。だが、筋肉や細胞の反応が具体的なエピソード記憶を表すと、確信をもって解釈できるだろうか？　そのような主張を支持する証拠はない。身体記憶にかかわる症状が、実際の出来事の記憶により生じたのか、クライエントが抱えている問題や病的な執着から生じたのか、単に偶然生じただけなのか、決定は不可能だと科学者は指摘する。心理学者であるマーチン・セリーグマンは次のように言う。「科学で何かを証明するには棄無仮説を立てなければなりません。科学的な信頼性を達成するには、仮説は反証され得ることを示さなければなりません」。だが身体記憶の理論は、棄無仮説の可能性を拒否する。身体記憶の理論は、証明することも反証することもできないのだ。

催眠

フレデリクソンによれば、催眠は「イメージ記憶」を通じて無意識に接近し、埋もれた記憶の想起を促すのだという。催眠によって抑圧された記憶を取り戻す最も一般的な方法は、「年齢退行」である。トランスが誘導されると、カウンセラーはクライエントに時間を遡り、重要と思われる年齢でストップするよう指示する。「年齢退行した」クライエントが、心に浮かぶ情景、イメージ、感情などを語るうちに、「直面できるようになった虐待の記憶が、無意識から現れる」のだという。

フレデリクソンは、催眠は魔法の自白剤ではない、催眠はクライエントが「真実」と直面できるようになったときにのみ有効だ、と警告している。この警告を拡張し、近親姦のサバイバーには催眠は禁忌だと言う臨床家もいる。例えば『被害者はもういらない』を著したマイク・ルーは、催眠の誤使用や誤適用は「危害を及ぼす可能性がある」と書いている。「記憶は理由があってブロックされている」のだから、「対処できる前に引き出してしまうメリット」には疑問を感じると、彼は言う。彼はまた、記憶回復作業における「急場しのぎ的な解決」精神にも懸念を表明している。

虐待の記憶を回復することを主たる目標にする意義が、私には分かりません。これでは記憶が回復しさえすればすべて解決されるという、誤った印象を与えてしまうでしょう。この誤った考えを受けいれた人たちは、記憶を取り戻してもすべきことはまだたくさんあると気づいたとき、落胆するのではないでしょうか。

さらなる警告。心理学者スティーブン・ジェイ・リンとマイケル・ナッシュは、最近の論文で次のように指摘している。

催眠に付随するさまざまな特徴は、個別的にも、複合的にも、疑似記憶を作りだす危険性を高めます。アメリカ医学会による一九八五年の報告書*やその後の研究が、このことを支持しています。これらの研究が強調しているのは、催眠を用いると、想起される記憶の正確さはほとんど変わらないのに確信度だけが上がる、ということです。

質問が繰り返されると「記憶は――事実として正確か否かにかかわらず――凝固する傾向がある」とナッシュは警告している。カウンセラーが記憶は正確な事実だと信じている場合、問題はさらに大きくなる。「臨床家から記憶は正確だというメッセージを与えられれば、クライエントは自分の記憶に確固とした、しかし保証のない信頼を置いてしまうでしょう」。

一九九二年のアメリカ心理学会での口頭発表で、ナッシュは催眠にかかった被験者が七十〜八十歳にまで年齢前進、つまり逆向きに年齢退行し、まだ経験していない出来事を想起した事例について論じた。彼はまた、彼が治療したあるクライエントについても言及した。この男性は宇宙人に誘拐されたことがあると信じていた。彼は宇宙人が精子の標本を採取するためにペニスに取り付けた、ハイテクな機械についても大変細かいところまで語ることができた。

「私は三か月間かけて、このきわめて催眠にかかりやすい男性をうまく治療することができました。その間、

＊ アメリカ医学会による科学事情会議の報告書「催眠を用いて記憶を更新することの科学的評価」を参照のこと。この報告書は *The Journal of the American Medical Association*, April 4, 1985, Vol. 253, 1918-1923. に完全な形で掲載されている。

私は通常の掘り起こし技法を用い、また二度、催眠を行いました」とナッシュは大筋を語った。

治療開始後二月ぐらいで、この男性の症状は緩和してきました。よく眠れるようになったし、緩黙やフラッシュバックもなくなりました。人間関係も通常に戻ったし、仕事の生産性も上がってきました。治療の効果があったのです。でもはっきり申し上げておきますが、彼は治療に訪れたときと全く同様、宇宙人に誘拐されたことがあると信じたまま治療を終えました。事実、彼は私の助けに対し「記憶のギャップを埋めて下さり」ありがとうと言いました。この男性の言葉を聞いて私がいかにがっくりきたか、これ以上お話しなくても分かっていただけると思います。

ナッシュはクライエントが信じていた誘拐の物語と、成人サバイバーによる性的虐待の記憶の回復とを比較している。

以上は、クライエントが頑なに信じ込んだファンタジーの明快な事例です。このファンタジーが真実でありえないのは確かですが、それでも、抑圧された外傷的な記憶の兆候はすべて備えていました。私は性的虐待を受けた成人女性の治療も行いますが、右の男性が外傷に関して示した臨床的な症状と、性的虐待を受けた女性が示す臨床的な症状を見分けることはできません。それればかりではありません。（訳注：抑圧された記憶療法で言われている通り）この男性は、外傷体験の報告を精緻化し、自分の世界観に統合するにつれ、症状がよくなっていったのです。

まとめるにあたり、ナッシュは臨床家たちに、外傷的な記憶の治療は注意深く、慎重に行うようにと忠告している。「結局のところ、私たち（臨床家）にはクライエントが信じている過去のファンタジーと、過去の正しい記憶とを区別することはできないのです。実際、両者には何ら構造的な違いはないのかもしれません」。

催眠を研究しているキャンプベル・ペリーも同様の意見だ。ペリーはカウンセラーがクライエントの「疑似記憶」を作りだし、それを正当化しているのかもしれない言う。

年齢退行によって現れた記憶は事実かもしれないし、嘘かもしれません。また作話かもしれないし、催眠療法家が不適切な暗示で偶然作りだした疑似記憶かもしれません。ほとんどの場合、専門家にさえ区別は不可能です。どの可能性が高いのか、せいぜい事実の裏づけを求めて正当化するのが関の山です。

臨床心理学者であり催眠療法家でもあるマイケル・ヤプコは、著書『虐待の暗示』で、クライエントを被暗示的な状態にするのに正統な催眠テクニックはいらないと強調している。クライエントはカウンセリングにかかっているというだけで、直接的・間接的に示される信念や暗示の影響を受けやすくなっているというのだ。ヤプコはカウンセリングでかかわった「驚くべき」出来事について述べている。

ある女性が電話をかけてきて、自分が子どもの頃虐待を受けたかどうか、催眠をかけて調べてもらえないか、と言いました。私は、あなたはどうして虐待を受けたと思うようになったのかと尋ねました。すると彼女は、自分に自信が持てなくてカウンセラーに電話をかけたところ、そのカウンセラーはまだ一度も会ったこともないというのに、あなたは虐待を受けたことがあるに違いない、いつ、どのように受けたのか調べるために催眠をかけてもらいなさい、と言ったというのです。

ヤプコによれば、このような事例は一、二ではない。彼はこういった事例を「最悪の愚行」であり、「医療過誤にも等しい」と言う。

絵画療法

レネ・フレデリクソンによれば、絵画療法は、無意識にある二種類の記憶、つまり行動化記憶（忘れたはずの記憶が、自発的に身体的に再現される）とイメージ記憶（意識の中にイメージとなって現れる記憶）に接近するという。視覚的な表象を創りだすことにより、サバイバーは記憶や記憶の断片を再現することができる。また、サバイバーは完成した絵を手がかりに、抑圧された記憶を回復することができる。

フレデリクソンは絵画を通じて記憶にアクセスし、記憶を精緻化する基本的方法を三つ挙げている。

- イメージ再生。クライエントは特定のイメージを焦点として選び、描き、その後に起こり得ることを描写するよう指示される。当てずっぽうの推論が行われることも多い。「あなたが一番うまく推量できること、それが実際にあったことなのです。これが鍵です」とフレデリクソンはアドバイスする。
- 検索済みの記憶。検索された記憶に細部の情報をつけ加え、記憶をより個別的で具体的なものにする。
- 絵画の解釈。この最終段階では、作品に特定のシンボル、主題、対象が繰り返し現れていないか検討する。繰り返し現れるシンボルを見つけ出し解釈することは、抑圧された記憶を取り戻す助けとなる。

フレデリクソンのクライエントの一人、ビーは、絵を描くことが大好きだった。彼女は自分の感情を理解しようと、絵画療法を受けることにした。彼女の絵には、いつも同じような恐ろしいシンボルが描かれていた。血、五線星形、ガウンをまとった人びと、悪魔、そして「幼児を貫く巨大なペニス」。ビーは次第に、自分が記憶に基づいて現実の場面を再現しているのだと信じるようになった。あるとき、彼女は山羊と幼児がガウンをまとった人びとの集団に囲まれている絵を長い間見つめていた。が、やがてそれが現実の記憶だと感じ、声を上げた。「記憶だと分かる前から、記憶を描いていたんだわ!」。

子ども時代の性的虐待の記憶を「産出」する助けとなるよう、カウンセラーは描画を勧めることが多い。「例えば寝室がどんな様子だったか想像し、描けそうなら描いてみてください。簡単にスケッチしてみるだけでも、ブロックされていた感情が出てくることがあります」とキャサリン・ローランドは書いている。「虐待が寝室かその近くで起きたのであれば、ベッドを描くことで自分にさえ分からなかった感情が蘇ることもあります」。それを手がかりに「探り」を入れれば、家族が性的な行為に対し一般にどのような態度であったか明らかにすることもできるでしょう。また作品の細部に言及することにより、クライエントが「疑いと恐れに関する深い意味を探る」のを支援することもできます。

警告。絵を描くことで、抑えられていた感情に接近することは可能かもしれない。だが、その感情を用いて「疑いと恐れに関わる深い意味」を探るのは、適切なことだろうか? 深い意味はどのような結論を導くのか? 絵や視覚的な表象によって記憶が想起されたとしても、それが正確かどうか判断する信頼のおける方法は存在しない。ここでもまた、注意が必要だ。

感情作業

感情作業は「感情記憶」、フレデリクソンの定義によれば、特定の状況に対する感情的な反応の記憶に接近する。記憶そのものは抑圧されているかもしれない。だが孤立した感情は留まることなく記憶という「住処」を求めて心を脅かす。虐待を受けたという感情は対応する記憶がないままに存在し、サバイバーは現実とは無関係にも思える強い感情と感覚により大きな影響を受ける。もしサバイバーが「私は性的虐待を受けたことがあるように思うのですが、それはただ、そう感じるだけです」と言ったとすれば、彼女は感情記憶を体験しているのだ。

サバイバーは当然のことながら、さまざまな感情を体験する。だが、そのなかでも悲しみと怒りの二つの感情は普遍的なものとみなされ、「感情作業」の基礎となる。理論はこう説く。自分の感情に触れることができたサバイバーは、それを解放するための苦しい過程に進むことができる。感情が現れ始めると、抑圧された記憶も一緒に出てくることが多い。構造化された嘆きの作業、グリーフ・ワークがどのように進むか、フレデリクソンは次のように説明している。

身体を丸めたり、横になったりして、ゆっくりと深呼吸を始めます。悲しみの感覚を感じたら、感情とともに声を出してください。嘆きの感情はゆっくりと時間をかけて大きくなってゆきます。たいていの場合、嘆きは波のように訪れます。ですから、もしも嘆きの感情が途中で消えてしまっても、がっかりしないで下さい。それは必ずまた訪れます。嘆きの波に触れることができたら、悲しみ、泣き、涙を流してください。嘆きの感情が深まると、それに連なる記憶も浮かんでくることがあります。

嘆きの作業は、怒りの作業レイジ・ワークへと変わることも多い（また、その逆も多い）。怒りの作業の目的はサバイバーの怒り、憤り、敵意を、その源泉、つまりサバイバーを虐待した者へと焦点化させることだ。怒りの作業のために、臨床家はさまざまな方法を用意している。テニスラケット、ゴムホース、棒のように巻いたタオルや新聞紙、「対決バット」（発砲ゴムでできた柔らかい棍棒）などで床、壁、古いソファ、クッションの山などを叩くこと。使用済みの卵の容器やアルミ缶を踏みつぶすこと。空手キックの練習。素手で電話帳を引き裂くこと。ただひたすら、可能な限り叫び続けること。

『生きる勇気と癒す力』では、あるサバイバーが怒りの作業で体験した感情の解放を以下のように記述している。

実際には、怒りの作業はそれほど恐ろしいものではありません。むしろ大変楽しいものです。愛情あふれる安全な環境に守られているので、何をしても、何を言っても大丈夫。義父の顔をゴム・ホースで叩いたってかまいません。こう思ったのを覚えています。「悪くないわ。これだったら誰も殺さないですむもの」。私はときおり作業を止め、部屋を見回してはこう思いました。「なんということ、私がこんなにも怒り散らしたとは！」。私はデンバー市の電話帳を完全に破き、ついに抹消してしまいました。それでもまだまだあるぞ、という感じでした。呼吸を整え、鼻をかまなければならないこともあったと思います。そして悲惨な様子を見てはこう思ったのを覚えています。「ああ、これがすべて私の内にあったんだ」。怒りがこんなにもあったということにびっくりしてしまいました。

警告。感情作業によって導かれた記憶が空想、制作、作話ではなく、本当にあったことの記憶だという保証はない。ゆえに、精神分析学者アリス・ミラーがカウンセリングの「目標」として述べた結論を、ここでも繰り返すのが慎重な態度であると思われる。「クライエントが子ども時代の過去を真に感情的に体験し直すことができたなら、そうすることで生きているという感覚を取り戻すことができたなら、精神分析の目的は達成されたといってよいでしょう」。

目標が達成された後、クライエントの人生を決定するのはクライエント自身だ、とミラーは言う。「精神分析学者の課題は、クライエントを〈社会化〉したり、〈教育〉したりすることではありません（制度としての教育も、です。なぜなら教育は、それがどんな形態であっても、クライエントの自律性をおかすことになるからです）。また、〈クライエントに迎合するような友情〉を提供することでもありません。これらはすべてクライエント個人の問題なのです」。

過去も、そしておそらく現在も、カウンセリングは人が責任ある存在となれるよう助けを提供するものである。だが感情の発散を重視するあまりにカウンセリングが虐待になる恐れもある、と言うカウンセラーもいる。心理学者マーガレット・シンガーは、この問題を次のように正しく指摘している。

> 最終的にカウンセリングがうまくいけば、クライエントはより自立し、責任をもち、成熟し、人生をうまく管理できるようになるでしょう。しかし今日、クライエントはカウンセラーが認めるような仕方で感情を表出するよう期待されています。私は多くのクライエントから、常に怒り続けるようにとカウンセラーから指示されたと聞いています。これが本当なら、カウンセリングによってどうして成熟し、独立し、機能する市民となることができるでしょう？　癒しの仕事であるべきものが「クライエントを傷つけてはならない」と要請する標準的なケアや治療からはるかに離れていることに、私は戸惑いを感じます。

集団療法

集団療法は個人のカウンセリングを補う強力な技法であり、回復の過程で重要な役割を担うと考えられている。マイク・ルーは、グループで培われる親交と団結が重要な効果をもたらすと強調する。グループでは、近親姦サバイバーの仲間が「あなたの話を聞き」「信じ」「虐待や後遺症の話は真実だと理解してくれる」。彼らにそれができるのは、「彼らも同じ体験をしたことがある」からだ。

話を聞き、信じ、真実だと理解すること。これらは岩塩のようにサバイバーの記憶を堅くし、凝固させる。「ずっと非現実的であるように思えていた記憶も、グループの仲間と話すうちに、実質的な重みを帯びてきます」

とフレデリクソンはサバイバーたちに示唆している。

集団療法は記憶の回復を早める方法としても効果的だ。あるメンバーが記憶について語ると、他のメンバーは順に自分の記憶をその記憶に重ね合わせ、関連づけようとする。そのとき、回想と感情の「連鎖」が生じる。バスとデイビスはこう助言する。「何が起きたのかはっきりしないのなら、他の人たちの話を聞いてみてください。そうすれば、あなたの記憶も刺激されるでしょう。彼らの言葉が埋もれた感情を解放してくれるかもしれません」。ジュディス・ルイス・ハーマンは『心的外傷と回復』という本で、集団療法を高く評価している。グループでの作業は記憶を刺激し、文字通り記憶の回復を保証するという。

外傷体験に焦点化したグループで生じる凝集性により、クライエントは想起と嘆きの課題に取りかかることができます。外傷的な記憶を回復するうえで、グループは多大な刺激を提供します。メンバーが体験を詳しく語ると、それを聞いた他のメンバーは、必ずといってよいほど新しい記憶を思いだすことができます。近親姦サバイバーのグループでは、記憶の回復を目指すメンバーはほぼ全員、記憶を回復することができています。健忘症のために思いだせないと感じる女性も、覚えていることをできるだけたくさん話すよう励まされます。グループは絶えず新鮮で情緒的な洞察を与えてくれます。それは、新たなる記憶への架橋となるのです。

警告。多くの心理学者や精神科医が、連想記憶を刺激し解放することは集団療法の重要な機能だと認めている。だが同時に、彼らは連鎖の過程が突然制御できなくなることもあると警告している。精神科医であるポール・マックヒューは、虐待の記憶をもつ人と、虐待された可能性を信じてはいるが記憶がない人とを一緒のグループにするのは危険だと言う。このような「混合」グループの圧力は、疑似記憶を作りだす可能性があるからだ。例えば、生後十二か月の頃、おむつを換える台の上で性的ないたずらをされた記憶を回復したサバイバーは、後になって以下のように証言した。「グループでは仲間からの強い圧力がありました。どんどん思いださないと、仲間として認めてもらえなかったのです」。

心理学者であるクリスチーヌ・カータスは、集団療法が「安全、支持、理解」の貴重な源泉になると確信している。だが同時に、「メンバーが長時間にわたって感情に流されることのないよう、カウンセラーはグループでの過程を注意深くモニターし、一定のペースを保つよう」体制を整えておくべきだとも忠告している。ジュディス・ルイス・ハーマンも同意見だ。記憶は大変速いスピードで想起されることがあるので、「その過程が個人やグループにとって耐えられる範囲に留まるよう、スピードを落とすことも必要だ」と、彼女は言う。外傷体験にもとづくグループの主たる焦点は、安心感を打ちたてることだとハーマンは結論している。

もしも安心感という焦点が失われてしまったら、グループのメンバーは過去に受けた恐怖の体験と、現在の生活に潜む危機感によって、容易に互いを脅かす存在になってしまうでしょう。ある近親姦サバイバーは、他のメンバーの話を聞くのがどんなに嫌だったか、こう語っています。「同じような体験をした人たちと会えば問題に対処しやすくなると思い、グループに参加しました。でもグループに入って一番辛かったのは、参加しても問題は解決しないと分かったことです。グループは恐怖を倍加させただけでした」。

対　決

抑圧された記憶を取り戻したサバイバーは、選択肢を与えられる。一つはそのままカウンセリングを続行し、個人単位の、非闘争的な仕方で嘆きと怒りを解決するというものである。もう一つは、虐待した人物と対決することにより、虐待に対し（また自分自身のために）立ち上がることである。対決は容易なことではなく、リスクがないとは言い切れない。したがって、サバイバーに対決を決意するよう安易に迫ることはできない。近親姦サバイバル本の著者たちは、サバイバーの側に十分な準備が整い、回復が順調に進んだときにのみ、対決の可能性を考えるべきだと警告している。対決しないという選択肢があることも、サバイバーは保証されているのだ。マイク・ルーは対決という微妙な問題を扱った章で、次のように述べている。「暴漢との対決は困難で複雑です。……それは高度にプライベートで、個人的な決定です。ある人にとっては、対決は回復の過程における論理的で必然的なステップであるかもしれません。でも別の人にとっては、対決は危険で自己破壊的な行為であるかもしれないのです」。

だがこれらの本には、真実を語ることで得られる癒しの力についても多くのことが述べられている。「あなたがどんなに傷ついたか家族に話すことは、最も効果的な癒しとなるでしょう。今こそあなたは真実を語る自由を得たのです」とフレデリクソンは述べている。サバイバーが得るのは真実を語る「自由」だけではない。語る権利も得るのである。バスとデイビスは「開示と対決」という章の冒頭で「すべての人が人生について真実を語る権利をもっています」と述べている。

真実を語るとき、私たちは「権能感」（エンパワメント）という感覚をもつ。権能感とは、フレデリクソンの定義によれば、「精神的、身体的、感情的な強さ」である。対決は通過儀礼、つまり被害者からサバイバーへと変身するための厳しいが重要なステップとして演出される。E・スー・ブルームは言う。「虐待者と対決することにより……サバイバーは究極的に力を回復することができます。対決することにより、私は泣き寝入りしなかった、圧力に屈しなかったと宣言することができるのです。〈私はあなたが何をしたか知っている。そんなことをする権利はなかったのに〉と宣言する機会を、対決は与えてくれるのです」。

近親姦サバイバル本には、対決に備えるための具体的なアドバイスも書かれている。支援体制を強化し、動機や期待を注意深く分析すること、そしてリハーサルを行うこと。最初はまず、支援してくれる人びと、カウンセラーやグループのメンバー、友人、配偶者、恋人らに自分の体験を話してみるのがよい。友人やカウンセラーに手紙を書き、フィードバックを求めることで自分の感情を探ってみるのもよいだろう。また、対決の場面を思い描き、雄々しく自信に満ちた、冷静沈着な自分の姿を想像することもできる。そしてロール・プレイや心理劇を行い、カウンセラーやグループのメンバーとともに、さまざまな対決のシナリオの下稽古をすることもできる。

十分な準備が整ったら、彼女は家族に「真実を話す」ことができる。実際に対決するときは、疑いやあいまいさを見せてはならない。真実だと分かっていることを明確に述べ、何よりも、虐待によってどんな影響を被ったか詳しく話さなければならない。「抑圧された記憶について、ためらってはいけません」とフレデリクソンは忠告する。

「ただ話せばよいというものではありません。真実だと信じ、明言するのです。何か月か何年か先、細かい点で間違いが見つかるかもしれません。そのときはいつでも、謝って修正すればよいのです」。

対決においては、虐待者が無実の申し立てをしたり、怒りを表明したりする可能性があることも予想しておかねばならない。「否認に遭遇する覚悟をしなさい」とマイク・ルーは書いている。

議論や討論の場にならないようにしなさい。虐待者にあなたの記憶以外のことを話すチャンスを与えてはなりません。彼女はあなたに嘘をついたことがあるのだということを思いだしなさい。あなたの銃に頼り、フラストレーションに陥らないようにしなさい。

虐待者が否認し続け、サバイバーの話を拒否したなら、その時こそ、抑圧の問題を持ち出す時かもしれない。「虐待者は虐待の記憶をすべて抑圧してしまっているかもしれない、とほのめかしてもよいでしょう」とフレデリクソンは助言する。しかしどんなに犠牲を払っても、真実か否かという論争になることは避けねばならない。

暴漢を説得し変化させるのはサバイバーの仕事ではない。開示と対決の目的はただ一つ、自由になり、力を取り戻し、これ以上怯えたりコントロールされることのないよう自分自身に証明すること、そのことにより自分は二度と犠牲者にならないと保証することなのだ。ルーの言葉によれば、対決は「自尊心のための行為」である。『生きる勇気と癒す力』には成功した対決の劇的な事例がいくつか示されている。

二十年前、ある女性は祖父の葬儀に出席し、参列した人びとに、祖父から受けた仕打ちを話しました。またカリフォルニア州のサンタクルーズでは、「レイプに対抗する女性たち」という運動に参加するボランティアの一団がレイプのサバイバーに付き添い、犯人の仕事場へと乗り込みました。サバイバーが犯人と対決できるようにです。彼女が犯人からされたことを読みあげる間、十～二十人の女性がこの男性を取り囲み、彼女をしっかりと支えました。……あるサバイバーは、兄の結婚式の当日、兄の行いを暴露したと語ってくれました。彼女は兄から受けた行為を正確に書きだし、コピーを作り、受付に立ち、参列の客一人ずつに封をした手紙を手渡しました。「この結婚式に対する私の気持ちです。お家に帰って読んでください」と言いながら。

警告。死の床、受付の列、そして一対一の対決。被疑者が有罪であっても無罪であっても、これらがもたらす影響は、被疑者だけにとどまらない。サバイバー自身に対する打撃も考慮すべきである。実際、「何か月か何年か先、細かい点で間違いが見つかった」らどうすればよいのか。「そのときはいつでも、謝って修正すればよい」と断言することは、告発が関係者全員の人生に悲惨な影響を及ぼし得ることを無視している。家族は引き裂かれ、人間関係は修復できないほどに変化し、人生は破壊されるのだ。

三十五歳の娘が母親に、父母から受けた性的虐待の記憶を回復したと語った。この母親は夫を亡くし、自分自身もガンで残りいくばくもない命だった。二日後、告発された母親は「生きる目的を失った」とメモを残し、車ごと崖から飛び降り自殺した。娘は今、自分の記憶は誤りだったと思っている。対決とその余波がこの女性に及ぼす長期的な影響を、誰が測れるというのだろう?

犯人を訴えること

『生きる勇気と癒す力』には、成人サバイバーを弁護する弁護士、マリー・ウイリアムズによる、五ページほどの節が含まれている。ウイリアムズは最近実施された出訴期限の変更について簡単に述べ、例として、カリフォルニア州で制定された三年間の出訴期限法——子どもが家族から性的虐待を受けた場合、民事訴訟を起こすまでに三年の期間を保証するという法令——を挙げている。この新しい法令では、被害者は二十一歳の誕生日までに訴訟を起こすか否かの選択をすることができる。この法令に遅延発見法を適用すれば、サバイバーは記憶を発見した日から訴訟を起こすまでに三年の期間を有することになる。サバイバーが虐待の記憶を抑圧し、何年、いや何十年もその被害に気がつかなかったとしても、(おそらくはカウンセリングの最中に)記憶を発見してからなお三年、訴訟を始めるために猶予があるということになる(一九八八年に『生きる勇気と癒す力』が発行された後、二十以上もの州が子どもの性的虐待に関する出訴期限を修正した)。

『生きる勇気と癒す力』では、「お金を得る」という主題に、丸々一ページが割かれている。ウイリアムズは和解金の範囲について述べ(「私は二万ドルから約一〇万ドル〈訳注:約百万から一千万円〉の範囲で和解を成立させてきました」)、和解金の平均額は将来もっと上がりそうだという脚注をつけている。*また、「放任」によって生じた被害を住宅所有者の保険制度に求める可能性についても、検討が行われている。

---

* 実際、抑圧された記憶を主張するサバイバーは、一〇〇万ドル(訳注:約一億円)かそれ以上の和解金を得ている。

最後の節は、法的訴訟の利点と欠点について触れている。訴訟に決着がついても、サバイバーは「失望や落胆を経験することが多く」「気持ちの立て直し作業は引き続き必要」だという。しかし訴訟を起こすことで得られる利益は相当なものらしい。

私の経験では、このような訴訟を起こしたクライエントはほぼ全員、裁判のおかげで成長し、治癒力を強め、個人の力や自尊心を高めることができました。……また私のクライエントの多くは、多大な解放感と勝利感を得ています。彼らは訴訟を起こしたことで強くなりました。そして、何もなかったんだとか、両親は健全なやり方で彼らを愛し、慈しんだのだというファンタジーから一歩外に踏み出たのです。サバイバーにとっては通過儀礼ともなる、有効な分岐点になりました。

そして節の最後には、成人サバイバーによる訴訟を専門とする弁護士の氏名、住所、電話番号の一覧表が載っている。

E・スー・ブルーム著『秘密のサバイバー』には「犯人を告発する」という二ページの節がある。そこでは法的訴訟から得られるイデオロギー上の利益が高く評価されている。法的訴訟により、サバイバーは「彼らを見捨てた組織から法的是認を得るチャンス」を与えられるのだという。「裁判に勝つということは、組織が〈然り、確かに何かが起きた。そして然り、虐待者にはそのようなことをする権利はなかった〉という確認を与えることになるのです」。ブルームはまた、訴訟を起こすための現実的な理由についても述べている。「(女性の賃金はもともと低いうえに)クライエントは虐待による障害のせいで、収入がさらに減っています。そのような女性が多大な医療費や心理療法にかかった費用」を支払うのに、和解金を用いることができるというのだ。

そうして抑圧された性的虐待の記憶という不可思議で神秘的な問題に、現代的な論理的結論が出されることになる。すべてがうまくいかなかったら（否、すべてがうまく行かなくなる前にと言ったほうがよいかもしれない）弁護士を雇い、被害に対して訴訟を起こしなさい、と。

いくつかの最終的な警告

レネ・フレデリクソンの著書のなかほどに、二行から成る注意書きが埋もれている。この警告がかった忠告文をここでも繰り返すことにしよう。よくある主張「記憶を取り戻すことが一番の癒しだ」はこの忠告文が指し示す真実とのバランスの上で理解されねばならない、と信じつつ……。

あなただってカウンセラーだって、偽りの現実を真実として受けいれたいとは思わないでしょう。それこそ狂気の極みなのですから。

真実と偽りの現実感とを区別する確かな方法が存在すればよいのだが、しかしそんな方法はないし、「抑圧された」記憶にかかわるほとんどのケースについては、将来もそんな方法を見つけることはできないだろう。問題の根底にあるのは信念だ。何かを信じれば、それは本人にとっての真実となる。真実を信じる心を揺るがすために他人がとやかく言えることはほとんどない。

残念なことに、カウンセラーであっても他の人びとと同様、真実の純粋な光を見分ける能力があるわけではない。心理学者であるマイケル・ナッシュがファンタジーと現実とを見分ける臨床家の能力について述べた結論を、ここでもう一度繰り返すのがよいだろう。「結局のところ、私たち（臨床家）にはクライエントが信じている過去のファンタジーと、過去の正しい記憶とを区別することはできないのです。実際、両者には何ら構造的な違いはないのかもしれません」。

第10章
私が欲しかったもの

「子どもの頃、性的虐待を受けたことがありますか？」と尋ねられたとしましょう。答えには「はい」か「分からない」の二つしかありません。「いいえ」と答えることは不可能なのです。

――「オープラ」で、ロザンヌ・アーノルド

一九九二年三月の末、アイオワ州シーダーラピッズに住むマイク・パターソンという男性から電話があった。娘に、と彼は切り出した。性的虐待という極悪非道の行為のかどで告発されたのだという。告発の根拠は、最近カウンセリングで回復した抑圧された記憶だった。

「極悪非道」と彼は繰り返した。「この半年というもの、たくさんの専門家から話を聞きました。そのたびにこの言葉が出てくるので、辞書を引いてみたんです。極悪非道というのは〈非常に邪悪なこと。厳しい糾弾に値すること。〉と書いてありました。でも、性的虐待も極悪非道でしょうが、誤った告発も極悪非道でしょう。その両方に終止符を打たなければならないと思うんです」。

彼は、記憶の働きや「抑圧と呼ばれているもの」の性質とその現実、そして誤起訴された親が取り得る防衛策などについて話してくれそうな人すべてに会うようにしているのだ、と説明した。「ロフタス先生」と彼は誠実なもの言いで訴えた。鼻にかかった強い中西部なまりが、一言ひとことはっきりと、受話器から伝わってくる。

「なかったことを、どうやって証明すればいいんですか？　私は何もしていないと、どうすれば証明できるんでしょう？」。

「そんなこと、不可能なんですよ」と彼は自問自答した。「それで他のことを試してみようと思い立ちました。事態が急激に悪化したのは、娘が、名前はミーガンというんですが、カウンセラーに会うようになってからです。心理精神的な問題、被害からの回復、機能不全家族などを専門とするカウンセラーです。そこで、このようなカウンセリングで実際に何が起きているのか調べてみたほうがよいと思い、女性の私立探偵を雇いました。彼女に娘と同じような問題を抱えたクライエントの振りをしてもらい、身体にマイクをつけてもらって、カウンセリングを録音したんです。先生は暗示とか偽りの記憶の形成に関する実験をなさってますよね。これらのテープにご関心があれば、と思ったのですが」。

「カウンセリングセッションのテープをお持ちだというのですか？」。私は尋ねた。これは心躍るニュースだ。もしもマイク・パターソンが、カウンセラーに悟られることなくカウンセリングでの会話を録音したテープを持っているとしたら……。今まで誰も手に入れることができなかったものを、彼はもっているということになる。抑圧された記憶のカウンセリングに批判的な人びとは、カウンセラーによる暗示や期待、想起を促す圧力などが、記憶回復の過程に影響を及ぼすと疑っている。だが彼らにはそれを証明する手だてがない。手元にあるのは、カウンセラーやクライエントがカウンセリングで起きたことを想起した、主観的な回想録でしかないからだ。これらの回想録は、心理学者が「回顧バイアス」と呼んでいる影響を被っている可能性がある。回顧バイアスというのは、私たちが過去のことを思い返すとき、誇張や、推測や、単なる希望的観測などによって、記憶のなかの特定の事柄を変化させたり、記憶の間隙を埋めたりすることをいう。私たちは自分のことを「良く」（つまり、幸福で、知的で、寛容で、情深く、我慢強く、慈悲深いというように）思える具体的事実を思いだしやすく、反対に、「悪く」（冷たく、思慮が浅く、支配的で、粗雑で、悲観的で、頑固で、自分勝手であるというように）思える具体的事実を無視しがちなのだ。

記憶研究が困難である理由の一つは、客観的な報告の欠如である。人が過去の出来事を想い起こした場合、（しかもその出来事を確定したり否定したりできるビデオやテープがない場合）、私たちは一体どうやって、真に起きたことを知ることができるだろう？　例えばあなたが食生活での脂肪の摂取量と乳ガンの発生率に関心をもつ研究者だったとしよう。そして乳ガンの患者群と健常者群に面接を行い、食生活や食習慣について質問したとする。だが対象となった女性は、たとえ質問に正直に正確に答えたつもりでも、ついうっかりと誤った、または歪んだ回答をしてしまうかもしれない。それは尋ねられた過去の特定の日に何を食べたかはっきりと思いだせないからかもしれないし、また、摂取した食物のうちヘルシーな食物を誇張し、ヘルシーでない油っぽい食物を――それも食事の一部であったかもしれないのに――過小評価してしまうからかもしれない。

被験者の回想が正確でない理由が何であるにせよ、あなたは誤った結論を出してしまう可能性がある。だが回顧バイアスや通常の記憶変容過程を回避するために、被験者を欺き、彼らの台所や食堂にこっそりと隠しビデオを設置したらどうだろう（まあヒューマン・サブジェクト委員会はこの手続きを決して許可してはくれないだろうが）。主観的で回顧バイアスのかかった反応を客観的なビデオ録画と照合すれば、より正確な「真実」が手に入るのではないか。

カウンセラーがクライエントに質問するやり方、クライエントと話すやり方を記録した客観的で証明可能な「真実」。これこそ、マイク・パターソンがもっていると主張したものである。彼のテープは、娘の記憶が真か偽かを決定するのには使えないかもしれない。だが少なくとも、娘が受けたカウンセリングで何が起こったのか、その可能性を知る助けとなる。

「テープは全部で四本あります」とマイクはいう。「合法かどうかは分かりません。でも法的な問題は気にしていないんです。私は娘が暗示的なカウンセリング技法の被害者だと考えています。娘は運の悪いことに、悪意はないが経験不足なカウンセラー、世界中のすべての問題が性的虐待によって説明できると考えているカウンセラーに助けを求めてしまったんだと思います。この考えを証明するため、私はすべきことをやったまでです」。彼は声を和らげた。「復讐しようというのじゃないんですよ、ロフタス先生。娘を取り戻したい、ただそれだけです」。

数日後、ずっしりと重い小包がフェデラル・エクスプレス便で送られてきた。カウンセリングを録音した四本のテープの他に、青いバインダー・ノートが入っている。ノートはきちんとラベル付けされた五つのセクションに分かれており、何百ページもの手紙、メモ、研究論文、法関係の書類などがとじられていた。私はすべてのページに目を通し、学生の一人にカウンセリングのテープを書き起こすよう頼んだ。それから数か月後、私はアイオワ法曹協会で講演をするためにシーダーラピッズに行き、その日の午後をマイクと妻のドーンと共に過ごした。二人は私を家に招き、たくさんのアルバムやビデオを見せてくれた（「これはミーガンが二歳の頃」「ほらミーガンが卒業式で賞をもらっている」「この写真は私たちが最後にミーガンに会ったときに撮ったもの……」）。そして彼らは私の帰り際に、さらに数百ページもの手紙や資料をもたせたのだった。

パターソンは告発され、家庭は崩壊したが、私は彼の無実を信じている。しかし、たとえ彼の無実や誤起訴が証明されたとしても、この事例はそれ以上の何事をも証明しているわけではない。クライエントに暗示を与えるカウンセラーがたくさん存在するという証拠にもならないし、クライエントが暗示に迎合し、偽りの記憶を作りだすことの証明にもならない。パターソンの事例はさまざまな「真実」、つまり証明可能な真実や証明不可能な真実に満たされた、ひとつの特殊事例にすぎないのだ。

一九八五年十一月十五日、ミーガンは雑貨店で買ったのだろう、六×九インチの便箋を使って、両親に元気な手紙を書いている。丸くて流れるような文字は、興奮と無邪気な熱狂とを伝えている。ほとんどの文に感嘆符！がついていて、どのパラグラフにも最低ひとつは、二重下線で強調した単語が含まれている。

三ページの手紙の冒頭には「母さん、父さんへ」とある。「二人とも元気？　私は最高！」。ミーガンは快調に書き進み、前の晩、両親がかけてよこした長距離電話に対する感謝（「私のことを愛してくれているんだなって、心から感じたわ！」）やその週には試験が一つしかないという安堵感を伝えている。お願い、家賃を払いたいから口座にお金を振り込んで。疲れているけど平気よ。感謝祭に帰るのが待ちどおしいわ、など。そして最後のサインは「大好きよ。ミーガン」となっている。

十六か月後、一九八七年三月二十七日、ミーガンは両親に当てて、やはり愛情のこもった手紙を書いている。当時ミーガンは大学院に進学し、社会福祉の修士論文作成にむけて勉強中だった。「忙しくって手紙を書く暇もないの。父さん、母さんのことを愛してるって伝えたいのに」と彼女は書いている。また次の段落では、両親に車を買ってもらったこと、学部と大学院の学費を払ってもらったこと、家族旅行に連れて行ってもらったこと、一人旅の資金をもらったことなど、その愛と支えに感謝している。だがミーガンが何よりも感謝しているのは、彼女が心の問題に取り組むことについて、両親が何の疑いもなく愛情と励ましを送ってくれたことだ。彼女はこう書いている。「私は必ずしも完璧というわけではなかったわ。でも、私は母さんも父さんも大好き。二人の愛情と支援、そして教育には感謝のしようもないほど。私にできる精一杯のことは、ありがとうって言うことよ。そしてどんなにか私が二人のことを想っているか、伝えること。言葉には表せない感謝と愛情をね」。

一九八七年、十一月、ミーガンはテレサ宛てに心の内を明かす、長い手紙を書き送っている。テレサは十五歳の家出少女で、当時、パターソン家で一時的に保護されていた。感謝祭の休暇で帰ったとき、ミーガンは母親とけんかをしたが、テレサはそれを自分のせいだと誤解していた。ミーガンは事実を説明するために手紙を書いたのだ。実のところ母親は、ミーガンが恋人と同棲しているのを知ってひどく怒ったのだった。

次のページで、ミーガンは自分が父親としっくりいっていないと告白している。父と私はタイプが違うのだ、と彼女はいう。「私はいつも抱きしめていてほしい、愛情を欲するタイプなの」とミーガンは書いている。「私は父から〈大好きだよ〉と言ってほしい。でも父はそういうタイプじゃないのよ。父にはハグとか愛情のこもった言葉は必要ないの（私が父のことを好きだと言うと、父はまんざらでもなさそうなんだけど）」。

ミーガンは続ける。何年もの間、私はこの問題をどうにかしてくださいと神様に祈り、神様はいつも助けてくれた。でも大学が始まるととても忙しくて神様に助けを求めることも止めてしまった。私が怒りや不満を表すようになると、父との関係は急速に、着実に悪くなっていった。「私は後悔するようなことをたくさんしてきたのよ。人も自分も傷つけて。外面は楽しそうで、自信ありげに見えるかもしれないけど、内面は助けを求めているの。今だってとても苦しいけど、この苦しみはもう三年も続いているわ。私の人生はめちゃくちゃ。神様の助けと、両親の助けとで、私は自分を立て直そうとしているところ」。

彼女は手紙をこのような言葉で閉じている。「誰にだって過ちはある。無意識のうちに人を傷つけることだってあるわ。でも話し合い、相手のことをいかに気づかっているか伝えることで、改善できると思うの。誰にだって愛が必要よ！」。

それから三か月後、デモイン（訳注：アイオワ州）の姉の家で初孫の誕生を祝うパーティが開かれたとき、ミーガンは両親と会った。マイクとドーンは赤ん坊を腕に抱き、嬉し涙を浮かべていたが、ミーガンはうなだれ、心奪われた様子で離れた所に立ちつくしていた。その夜、ミーガンは性的虐待を受けたことがあると両親に告白した。

「誰がそんなことを？」。両親は驚いて尋ねた。

「パ、パ、パトリックよ」。ミーガンは、養子である兄の名を言った。パターソン家に引き取られたとき、パトリックは十五歳だった。ミーガンの説明では二人はキスや愛撫をしたが、性交に至る寸前で止めたのだという。ミーガンはパトリックより三歳年下で、当時十二歳だった。だから合意のうえとはいえ、このような性的交渉は虐待になるとミーガンは信じていた。

ドーンは困惑した。そんなことがあったなんてどうして気づかなかったのだろう？　末っ子のミーガンがこんな記憶の重荷を十年以上も背負ってきたなんて、きっと恥ずかしくて秘密を親に打ち明けることさえできなかったのだわ、とドーンの胸は痛んだ。だが娘のことを心配しながらも、ドーンは心の片隅でミーガンの告白のタイミングに違和感を感じていた。ミーガンはなぜ姉の出産という特別の時を選んで、辛く苦しい記憶を打ち明けたのか？　彼女はなぜ楽しい瞬間を悲しいものにしてしまったのか？

四か月後の一九八八年六月、ミーガンはアイオワ大学から修士号を授与された。彼女は実家から車で二時間ほど離れたデモインに住み、ホームレスの人びとにかかわる仕事に就いた。だが割り当てられたケースは重く、彼女は情緒的に消耗した。毎週かけてくる電話で、彼女は生活を絶えず脅かす容赦ないストレスについて不満を訴えた。八月、同棲していた恋人と別れると、彼女はうつと不安で自分を失ったような状態になった。マイクとドーンはミーガンの深酒が過ぎるのではないかと心配した。彼らには酒を飲む習慣がなく、家で使う薬品といえばマイクの狭心症のための「心臓の薬」と、ドーンがときどき飲む偏頭痛のためのアスピリンぐらいのものだった。彼らはドラッグやセックスのことでは少し「堅い」のかもしれないと自認し、心配のあまり威圧的にならないようにと気をつけていた。

とはいえ、彼らは末娘のことを心配せずにはいられなかった。毎週の電話で、ミーガンはますます否定的、悲観的になっていった。彼女は冷たく断定的に、親戚の者たちを「病気」呼ばわりし、専門家の助けが必要だと言った。いとこの一人は「注意欠陥障害」、別の親戚は「境界性人格」、また別の親戚は「妄想性人格」だというのだった。電話口にいるのが母だけのとき、ミーガンはいつも父親を「感情欠陥障害」だと厳しく非難した。「父さんは私の心の中のことには全く関心がないみたいね。私にだって父さんが必要なのに、いつもすごく忙しくて、他のプロジェクトや他の人たちのことで一杯なのよ」。

「ミーガン、父さんはあなたが踏んでいるのと同じ土を大切にしているのよ」。ドーンは物事を「半分しか入っていないカップ」ではなく「半分も入っているカップ」と見られるようにと、言葉を探した。「ね、今は生活が大変でストレスがいっぱいあるのは分かるわ。でも私たちがあなたのことをどんなに愛しているか思いだして。家族での楽しかったときのこともね。旅行や、休暇や、クリスマスのことなんか……」。

「え、どんなときのこと？　まあ、母さんにとっては楽しかったのかもね。ね、母さん」。ミーガンは最後の「母さん」を告発するかのように言い捨てた。「でも、それが私にとってどんなものだったか、少しでも考えてみたことある？」。

ドーンは自分の考えを押しつけないようにしようと決めた。ミーガンは頭のよい子だ。これまでと同じく、人生の危機を切り抜けることができるだろう。中学生の頃、彼女はマリファナを吸ったり新宗教に足をつっこむ不良グループにいたことがある。そのときもマイクとドーンは悩んだ。結局はマイクがミーガンとじっくり話をし、その結果、ミーガンは「自分を統合する」（これは彼女の言葉だが）ことができた。彼女は新しい友人を作り、教会の青年会で多くの時を過ごし、「奉仕」の生活にいそしんだ。

「このことだって長くは続かないわ」。これまでも子どものことで大変な時期をやり通せるかどうか不安になったとき、何度となく口にした言葉だ。この言葉をドーンは繰り返した。ドーンはミーガンを信頼していた。ミーガンが古き良き常識をつかって、生活を元通りにできると信じていた。人生はときに悪い球を投げてよこす、それは確かだ、とドーンは自分に言い聞かせる。でも親が子どもの人生を生きてやるわけにはいかない。できるのは子どもを愛し、良き道徳的価値をもって育て、彼らの判断を信頼してやること。彼らだって過ちは犯すだろう。でも子育ての最初の十五年か二十年、うまくやっておけば、後はすべてうまくいくだろう、と。

ドーンの楽観的な予想は裏打ちされた。一九八八年、ミーガンがよこした手紙は、両親に迷惑をかけたことを謝り、彼らの常なる愛と献身に繰り返し感謝していた。彼女はこう書いている。「自分に問題があったことはよく分かっているわ。理解してくれて、そして見捨てないでいてくれて、ありがとう」。

それから一年半が過ぎた。一九九〇年一月、ミーガンは同棲していた別の恋人とも別れてしまった。「彼はひどい酒呑みだったのよ」と彼女は両親に言った。「私はもう共依存的な関係にうんざりしたの」。実を言えばドーンだってこの若者のことは少しも好きではなかった。だがドーンには、ミーガンが彼女の人生からこの若者をいとも簡単に追い出してしまったことが驚きだった。ミーガンはこの若者にいくつかのラベルを貼りつけ、船の外へと放り投げてしまったのだ。

「ところで」とミーガンは言った。「私、診てもらうカウンセラーを変えたんだけど、話したっけ？ 新しいカウンセラーは私と同じくらいの年、三十代半ばでね、被害者の回復や近親姦からのサバイバル、それに機能不全家族などを専門としているのよ」。

「ずいぶんとたくさん専門があるのね」。ドーンはできるだけ明るく、励ますように言った。だが、これらの専門が気掛かりでもあった。かなり分散した領域なのに、すべてを一人で「専門」にするなんて、本当にできるのかしら？ それに「被害者の回復」とか「機能不全家族」だなんて、どうして？

「彼女は本当にすごいのよ」とミーガンはそう言い、突然深刻な口調になった。「私たち、急速に進んでいるの」。一九九〇年二月十日、父親の誕生日に、ミーガンは電話で自分がアル中だと打ち明けた。父への誕生祝いとして、彼女は禁酒し、断酒会に入る決心をしたという。マイクとドーンは驚いた。彼らがもっていたアル中患者のイメージといえば、街角で小銭をせびり、茶色の紙袋に入れた安ワインを呑む浮浪者の姿だったからだ。だが禁酒を主義とする二人は、ミーガンの断酒の決心を心から応援した。

三か月後の母の日に、ドーンはミーガンから重い小包を受け取った。中には、五百ページもあろうかという本が入っている。『生きる勇気と癒す力』という本だ。「一体全体、これは何？」。ドーンはマイクに尋ねた。マイクはページをめくった。そこには「癒しへの決心」「起きたのだと信じること」「怒り：癒しの真髄」「開示と対決」などの章があった。

ドーンは本の副題を見ながら言った。「ミーガンは性的虐待という考えに囚われすぎているんじゃないかしら？　パトリックとの二週間のせいで、彼女は本当に〈子どもの頃に受けた性的虐待のサバイバー〉ということになってしまったのかしら？　ミーガンは私たちのことを怒っているのかもしれないわね。何も気づかなくて、パトリックから救ってやることができなかったから。ミーガンは何を言いたいのかしら？」。

マイクは達観していた。「ミーガンは難しい時期にある、知的で傷つきやすい一人の女性なのさ」と彼は言った。「黙ってミーガンの支えになってやろう。必要なときにはいつもここにいるからと伝えてやろうじゃないか。やがて、すべてよくなるだろうさ」。

一九九〇年十月十五日、ミーガンから「ドーン・パターソン様」という宛名の手紙が届いた。暗く重い筆跡が紙面に広がり、怒りと憎しみを表している。まさにこの怒りと憎しみのなかで、手紙は書かれたのだろう。重く歪んだ文字を見ただけで、ドーンは娘が大変なことになっているのだと理解した。ミーガンはこれまでに黄色いリーガル用紙に手紙を書くことはなかった。また母親にだけ宛てて手紙を書くこともなかった。

「断酒してからというもの、とてもつらい日々を送っているわ」とミーガンは書いている。「この数か月間は、表面に現れ出ようとする記憶にも悩まされている」。どんな記憶が現れ出ようとしているのか、彼女はくわしくは書いていない。だが彼女は繰り返し、「安全」を保つことの重要性を強調していた。それは、禁酒することや断酒会に出ることによって得られるのではなく、「近親姦サバイバー」の集会に出ることによって得られるというのである。

安全？　ミーガンは「安全」という言葉で何を意味しているのだろう、とドーンは案じた。繰り返せば繰り返すほど、この言葉の意味は分からなくなる。ミーガンは猫と遊んだり、ぬいぐるみの熊を抱きしめたりすることで、自分を「安全」に保っているのだと説明している。書き綴る筆跡は濃く、強い。力を振り絞って紙面を強調しているかのようだ。ドーンには、ミーガンが歯ぎしりしている様子が目に見えるようだった。

私は自分がちゃんとしていないと感じる。いつも何かが足りないと感じる。他人のようになれれば、愛される価値があるんだろうと思う。カウンセラーは私のことをよく支えてくれるし、自分が好きになれるように助けてもくれる。母さんと父さんはいつも自分で物事を考える空間を与えてくれたわ。でも、今ある問題を解決するには、さらに多くの空間が必要。私は今抱えている問題を、いつの日にかすべて丸ごと解決しようと頑張っているのよ。

「空間」「安全」「サバイバー」「記憶」「いつの日にかすべて丸ごと」……これらの言葉は何を意味しているのか、何を表しているのか、とドーンは思いをめぐらした。だがドーンは感謝祭がわずか四週間先に迫っていることを考えて、心を落ち着かせようとした。ミーガンが来たらすぐにみんなでテーブルを囲み、よく話し合ってみることにしよう、と。

感謝祭の三日前、もう一通手紙が届いた。それからというもの、マイクとドーンはこの手紙を「感謝祭の手紙」と呼んでいる。この日、ドーンは早く仕事を切り上げて家に帰り、小切手帳と買い物リストを持つと、混み合う前にスーパーに行こうと急いで家を出た。三人の子ども、二人の養子、子どもたちの配偶者、孫、ジェニーおばさんとその家族たち、全部で二十人以上もの人が集まる予定だった。二五ポンドの七面鳥で足りるかしらと考えながら（彼女はご馳走の余りを客に持たせるのが好きだった）、ドアの所を見るとフェデラル・エクスプレス便の封筒が届いていた。宛名はミーガンの筆跡だと分かるが、差出人の住所はない。

ドーンは深く息を吸った。悪いニュースだ。お金がなくて節約しているとこぼしてばかりのミーガンが、帰省する二日前に、なんでわざわざ高いお金を払って速達便を送るだろう。彼女は震える手で封を開けた。

手紙の日付は十一月十五日だった。ミーガンは一週間前にこの手紙を書き、それがちょうど感謝祭前に届くように発送を遅らせたのだ。

「感じていること、体験していることを分かってもらおうと何度も努力したつもりよ。でも、もううんざり」と彼女は十月の手紙と同じ、暗く、怒りを込めた筆跡で書き始めている。「性的虐待の記憶、特に両親にかかわる記憶がたくさん浮かび上がってきた。現れた記憶により、私は親子の関係を「休止する」決心をした。誰も私に連絡しないでほしい。親、きょうだい、養子、祖父母、叔母、叔父、従姉妹の誰も。「自分を守り、あなた方の影響から逃れるためには何だってするつもりよ。カウンセラーともたくさん話し合ったわ。彼女は私の考えに完全に賛成してくれている。私たちは、正しい方向へと進んでいると思うわ」。

引っ越したけれど、新しい住所は教えない、とミーガンは書いていた。また電話帳には載せていない新しい電話を手にいれた、とも。職場の友人や同僚は、彼女宛ての電話をチェックするよう指示されている。緊急の場合は、両親はカウンセラーを通して彼女に連絡を取ることができるということだった。

「タイミングが悪いのは分かってるわ」とミーガンは手紙の終わりで書いている。「でも関係を終結するのにいいタイミングなんてあるかしら」。

「あなた方の影響から逃れる」「タイミングが悪い」「関係を終結するのにいいタイミングなんてない」……。ドーンは、この手紙はカウンセラーのオフィスで、カウンセラーの方向づけと忠告とを受けながら書かれたものだと思った。これは娘の言葉ではない。誰か知らない人の言葉だ。

二日後、感謝祭のためにパターソン家の長女、キャシーが帰郷した。彼女もミーガンの手紙を持っていた。

キャシーがミーガンの記憶を「正当化」するのを断ったため、ミーガンは、もうキャシーに連絡をとることはできないと書いていた。手紙には、あなたが「思いだしたくない」のは分かる。でも私は自分の話を聞き、同情し、信じてくれる人に囲まれている必要がある、それを理解してほしかった、と書いてあった。そして手紙は次のような警告文で閉じられていた。「子どもの話をよく聞いてあげて。そしてお願い、絶対に母さんと父さんの所に子どもだけで置いておくことのないようにね」。

ドーンは悲しみから病いに伏せた。食べることも眠ることもできず、ただ泣くばかりだ。マイクは手紙を読むと受話器を取り上げ、電話をかけた。だが警告通り、ミーガンにつながることはなかった。彼らはまた、ミーガンの古い住所に手紙を書いた。だが手紙は「転送先不明」の印が押されて戻ってきた。マイクはミーガンのカウンセラーに手紙を書いたが、返事はなかった。ドーンはカウンセラーに便箋十枚にも及ぶ手紙を書き、娘に何が起きているのか教えてほしいと助けを請うた。だが、この願いも聞き入れられなかった。十か月間、ミーガンとの連絡は彼女の弁護士を通じてのみ行われた。この弁護士は、信託資金に対するミーガンの希望（信託資金に対する父親の委任契約権を破棄し、彼女自身が管理するというもの）を伝えてきた。

一九九一年九月九日、また手紙が届いた。封筒はマイク宛てで、「マイケル・パターソン様」という書き出しだ。とうとう真実を語るときが来たわ、あなたたちが私にしたことをすべて思いだしたから、とミーガンは書いている。最近受けた年齢退行カウンセリングによって、記憶が戻ってきたのだという。幼い頃、たった十一か月の赤ん坊だった頃、父さんが部屋に来て私を殺すのではないかと恐怖でひきつったのを思いだしたわ。また母さんが私を落ち着かせようと精神安定剤を飲ませたのも思いだした、と。

近ごろ、ベッドで横になっているときに「身体記憶」を体験したのよ。身体全体が麻痺するの。「何か重要なこと」が表面に出てきそうだという気はしたけれど、金縛りで身動きできないでいた。すると突然、身体が記憶の波と言葉にできない恐ろしい痛みで痙攣し始めた。痛みはワギナから始まり、身体を通って口から抜けて行き、私は痛みで「出血したわ」。恐ろしく、気持ちが悪い、恥ずかしい記憶だった。そして私は、幼い頃に暴力的に繰り返しレイプされたことを思いだした。あれは母さん？　ぼんやりとした夢から目覚めた後、自問したわ。でも母さんの顔は、イメージにはぴったりこなかった。記憶はゆっくりと、でも真実を知っているという逃れられない感情とともに蘇ってきた。私は父さんに、十八か月の頃から大学で家を出るまで、繰り返し耐え間なくレイプされていたのよ。

なぜ？　これは質問でもあり、告発でもあった。なぜ、あなたは私をレイプしたの？　なぜ、あなた自身の血であり肉である我が子を犯すことができたの？　なぜ、無防備な私の身体を侵す権利があると、あなたは思ったの？　なぜ、なぜ、なぜ、なぜ？　虐待の細部は細かく、入念に記述されていた。ミーガンは肛門に入った父親のペニスを思いだした。突き上げられるたびに吐きそうになるのを思いだした。父が彼女の右手を取り、射精するまでペニスをこすらせたのも思いだした。

なぜ私があんなに怒っていたのか、まだ分からないの？　なぜ私があなたを追いやり、永遠に放っておいてほしいと思ったのか分からないの？　私が欲しかったのは愛情と慈しみ。欲しかったのは保護と育みと導き。なのに私は侵され、恥ずかしめられた。これ以上、あなたには私の父親であってほしくない。もうあなたなど必要ない。人生には私を愛し、大切に思ってくれる人が他にもいる。父親なしでも生きられるし、むしろもっと元気になるでしょう。

「私が欲しかったのは……」。マイクは手紙を下に置き、妻のほうに腕を広げた。妻は悲しみにむせび泣いていた。「なんてこと」と彼女は何度も言った。二人は長い間、抱きあっていた。ドーンはマイクの胸に顔を埋めて泣き、マイクは四ＬＤＫの家から裏庭へと通じる窓を冷めた目で見つめていた。こぎれいに手入れされた裏庭の後ろには金網のフェンスがあり、その後ろには高校の校庭が広がっている。ふと記憶が蘇り、長いこと思いだすことのなかったイメージに、マイクの心は乱れた。それは学校のある、普段の日だった。仕事からいつになく早く、昼食前に帰宅した彼は、裏庭でミーガンが友だちと遊んでいるのを見つけた。彼が裏庭に面した台所の窓を強く叩くと、二人はパニックになり、大慌てで一メートル以上もあるフェンスを乗り越え、校庭をつっ切って校舎のほうへと駆けて行った。この規則違反の埋め合わせに、ミーガンは土曜日一日中、庭の草むしりをさせられたのだった。

マイクは現在へと心を移した。秋の新学期が始まったばかりで、校庭の芝はきれいに刈られている。彼は明るいエメラルド色の芝、金色やオレンジに紅葉した楓の葉に注意を集中しようと試みた。するとまた別の記憶が蘇った。短く刈った芝の校庭で、彼は他の親たちと並んで息子のフットボールの試合を応援していた。ずいぶん昔のことだ、と彼は思った。するとまた別の記憶が蘇った。フェンスを飛び越えて（六年前のことなのに、今よりずっと若かったものだ）、ミーガンが学校対抗の陸上競技でハードル走を走るのを見に行ったときのことだ。ミーガンは目立たなかったが、よくがんばった。何ごとにも努力する子だった。

彼は目を閉じた。どれもずっと昔のことなのに、心の中に蘇る場面はとてもはっきりしていて鮮明だ。ミーガンの恐ろしい記憶、彼が登場しはするが、彼自身は覚えていない記憶は、これら日常のたわいない記憶と同じく、詳しく具体的なのだろうか？　カウンセラーと不安や苦しみについて話しているうち、ミーガンの「記憶」は突然、何の前ぶれもなく戻ってきたのだろうか？　マイクが今でもはっきりと覚えている楽しい思い出を、ミーガンもまだ覚えているだろうか？

ドーンはすすり泣き、マイクは窓の外を見つづけた。ドーンの涙が止まり呼吸が落ち着いてくると、マイクはやさしくドーンから腕を離し、彼女の目をのぞきこんだ。「大丈夫？」と彼は尋ねた。彼女はうなずいた。彼はドーンを居間のソファへと誘い、手をつないだまま腰をかけた。

「ミーガンには何か問題があるんだ」とマイクは言い、自分の声が冷静で落ち着いていることに驚きを覚えた。「僕たちは長く待ちすぎたのかもしれない。こうなる前に手を打たなければならなかったんだ。もう遅いかもしれないが、何があったのか、ミーガンを取り戻すために何ができるのか調べてみよう」。「取り戻すって？」。ドーンは尋ねた。このところ耳にしたさまざまな言葉同様、取り戻すという言葉も意味がわかりかねた。

「ミーガンはカルトか何かに入っているんだろう」とマイクは言った。「誰か、あるいは何かが彼女の心を支配し、記憶を変えているんだ。あの手紙はミーガンが書いたんじゃない。ミーガンはあんなこと書きっこないし、私があんなことをしたなんて、信じるわけがないだろう。僕たちのミーガンは決してそんなことはしない。何かがあったんだ。僕はそれが何なのか、調べるつもりだ」。

この九月の手紙は、それ以前とそれ以後とを画した。「それ以前」は、まだあの恐ろしい「記憶」が存在せず、ミーガンはミーガンのままだった。「それ以後」、ミーガンは別人になり、彼女の記憶は家族を捕虜にした。九月の手紙を受け取る前、マイクはミーガンがやがて正気に戻り、「サバイバル・カウンセリング」が彼女や家族に対して行った仕打ちに気づくだろう、ぼんやりと漂う記憶は真実ではなく、空想、幻覚、妄想以外の何ものでもないと分かるだろうと考えていた。理屈と常識が勝つと信じていたのだ。だが九月の手紙を読むと、彼はもはや単純で合理的な結末は望めないと悟った。

「あなたが私にしたことをすべて思いだしたから……あなた自身の血であり肉である私を犯したのよ。これ以上、あなたには私の〈父親〉であってほしくない」。これらの文を読んだとき、マイクは困難な問題という領域を越え、心の病の世界に踏み込んだのだと知った。善き価値をもった事々はすべて、卑劣な悪意とねじまがった敵意とで消し去られた。この悪意と敵意はどこから来たのだろう？　……マイクには分からなかった。理解できなかった。内に隠れたどんな力が、思慮深く優しい、愛すべき我が子を意地の悪い自己中心的な人間に変えてしまったのか？　賢く思いやりのある娘が、なぜ自分で作りだした苦しみの大きさを理解できないのか？　もっと悪いことに、彼女は人に負わせた悲しみの傷を思いやることができなくなっている。自分の苦しみ、それに増殖し転移し命を脅かす虐待の「記憶」とで消耗し切っているからだ。善きものを悪しきものへと変えてしまう、このねじ曲がった悪はどんな性質をもっているのか？

上の問いを、彼は何度も問うた。朝、シャワーを浴び髭を剃りながら、昼間、仕事に集中しようと努めながら、そして夜、ドーンと手をつないでソファに座り、じっと宙を見つめながら。そしてついには何もできないほどに疲れ果て、悩みの尽きない、心休まらない眠りへと落ちるのだ。どうしてこんなことが起きたのか。長い間共に暮らしてきたミーガンだ。父のことも母のこともよく理解しているはずだ。二人が彼女をどれほど愛し、大切にしているか、また彼女の笑顔、心、存在そのものが二人の生きがいだということも。なのにどうして、あんな告発をつきつけることができるのか。ミーガンはこれまでずっと、心優しい良い子だった。突然理解できない偽りの告発で私たちの心を切り裂くなんて、どうしてできるのか。

カウンセリングに問題があったのに違いない。それだけは確かだ。ミーガンの手紙を読み返してみなければならない。すべてが変わったのは、一九九〇年一月、彼女が恋人と別れ、カウンセラーを替えたときからだ。その一か月後、彼女は断酒会に入り、近親姦サバイバーのグループに参加するようになった。三か月後、彼女はドーンに『生きる勇気と癒す力』を送ってきた。そして六か月後、彼女は両親を性的虐待で告発し、家族との連絡をすべて断ち切ってしまった。そしてこの最後の手紙には、父親が彼女をレイプした様子が鮮明に、克明に描かれている。

ミーガンが受けたカウンセリングには問題がある。あのカウンセラーは確かに変だ。カウンセラーは、なぜ私たちに直接話をしてくれないのか？　カウンセラーはなぜ、手紙に返事をくれないのか？　なぜミーガンに家族との連絡を一切断ち切るよう勧めたのか？　カウンセリングの目的は癒し、統合することだ。クライエントの心に怒りや憎しみを植え付けたり、家族を意図的かつ無造作に修復不可能な状態へと粉砕することではないはずだ。

マイクには理解できなかった。彼はノートと書類ホルダーを持ち出し、今までの手紙をすべて、注意深く読み返した。そして一九九〇年六月、感謝祭の手紙を受け取った二週間後、カウンセラーに宛てて一通の手紙をタイプした。彼はできるだけ職業人的に、判断を控え、合理的に書こうと努めたのを覚えている。手紙はビジネス箋にタイプされていた。

私はミーガンの父親です。ミーガンが受けている治療が最良かつ最適か、心配しております。……ミーガンが心理学者か精神科医による診断をまだ受けていないようであれば、検査を受けさせ、どのような病か正確に診断することが望ましいと考えております。……ミーガンが手紙で告発している内容は、彼女にとっては真実かもしれませんが、事実ではありません。どなたか経験のある専門家がおられれば、何が現実で何が真実かを判定していただけるのではないでしょうか。そして、ミーガンが空想と現実を区別し、怯えることなく自信をもって生きて行けるよう、助けを得ることができるのではないでしょうか。……どんなことでも、お返事、ご援助、ご忠告いただけましたら幸いです。

手紙の終わりには「よろしくお願いいたします」とある。

マイクは思いだした。この手紙を読んだドーンは「事務的な手紙ね」と言い、すぐに自分も手紙を書き始めたのだ。ドーンの手紙は十ページにも及ぶ、心のこもった手書きの手紙だった。マイクはその手紙を読みながら、心の壁にひびが入り、グラグラと揺れ、二人の上に崩れ落ちてくる気がした。

ドーンの手紙の書き出しはこうだ。「娘に適切な治療を、という悲痛な願いをこめて、この手紙をしたためています。あなた様がこの手紙をすべて丸ごと理解して下さるようにと祈りつつ」。ドーンは彼女の結婚生活と夫に対する変わらぬ愛について、数段落、書いている。「私たちは強い愛情をもって、一つの大きな望みをもって結ばれました。望みとはたくさんの子どもを産み育てることです……。私たちは三十二年間幸せに暮らしてきて、今も深く愛しあっています。マイクは私が今までに出会った男性のなかで最も素晴しい人であり、生まれ変わっても、またこの人と結婚したいほどです」。

また末娘のことを愛情をこめて書き綴る。「ミーガンはかわいらしく愛くるしい子どもでした。宝物のような赤ん坊で、皆から愛されました」。

そしてこんな悲劇が彼らの上に降りかかってきた理由を探し求める。「子育てに関して私が友人や親戚から批判されたことと言えば、私がミーガンを甘やかしすぎたということぐらいです。それはおそらく当たっていると思います。ミーガンはたいへんかわいらしく、すばらしい子で、私はおそらく彼女が欲しがるものは何でも与えてやったように思います」。

だが二人が養子を迎える決心をしたときに、真の問題が始まった、とドーンは振り返る。私たちはミーガンがたった十二歳で養子のパトリックと性的な関係をもったことを、ずっと後になるまで知りませんでした、とドーンはカウンセラーに打ち明けている。ミーガンがキスや愛撫に同意したことは明らかだ。しかし彼女はその後すぐに大きな罪悪感としゅう恥心を抱くようになり、中学校で不適応を起こすようになった。「今思えば、パトリックとのことが原因だったのだと思います。でも私たちはそのことに気づかなかったし、疑いをもつことすらありませんでした。ミーガンが何年もそんな重荷を背負っていたかと思うと、涙が出てしかたがありません」。

ドーンは、娘の苦しみの原因を探し求めている。もしかしたらミーガンは「価値の不一致」のために家を出てしまったのかもしれない。「ミーガンは（私たちが知っているだけでも）六人の男性や少年と性的な関係をもち、高校時代から一人の男性と同棲しています。このことで、強い罪悪感をもったのかもしれません。私たちは娘をそのようには育ててこなかったし、娘もかつては私たちと同じ価値観をもっていたと信じています」。

ドーンは続ける。ミーガンはベビーシッターから虐待されたり、親戚から望ましくないやり方で触られたことがあるのかもしれません。また、情緒的な混乱のなかで記憶を混同し、虐待したのが父親であるかのように思いこんでしまったのかもしれません、と。「私たちには分かりません。これからも分からないでしょう。ただ分かっているのは、私たちは彼女を愛し育むこと以外、何もしていないということだけです。私たちは何をした覚えもありません。完全な親だとはとても言えませんが、彼女も他の誰をも、虐待したことはありません」。

手紙の最後では、親の気持ち、そして明確な理由もなく娘を失うことへの深い悲しみをカウンセラーが理解してくれるよう、懇願している。締めくくりの部分はマイクの心を捕え、しめつけた。

手紙の冒頭で、私はあなた様が子をもつ親であるかお尋ねしました。というのも、あなた様が今私たちが体験している喪失感を分かって下さるかもしれないと思ったからです。お腹を痛めて子を産み、おむつを替え、乳を与え、服を着せる。このようなことが何年も続いたように思えます。それもみな、美しくかわいらしい少女が出現すると思えば、たいへん価値のあることでした。合唱コンサート、賞の授与式、運動会にも出席しました。扁桃腺を取ってもらったり親知らずを抜いてもらうのに、長い予約で身動きできなくなったこともありました（経済的な負担は言わずもがなです）。中耳炎、風邪、はしか、水ボウソウも経験しました。私たちはいつも彼女と一緒にいました。力の限り愛してきたというのに、今はこの状態。愛し慈しんできた娘から二度と話したくないと告げられる、そんな悲惨なことが親にどのような影響を与えるか、お分かりでしょうか？　この荒廃し理屈の通らない告発について、娘は何も話してくれようとはしません。事の真相を確かめようにも、私たちは娘と連絡を取ることができません。……マイクは事務的な手紙を書きました。これが男のやりかたなのでしょう。でも、彼の心は死にかけています。マイクは心臓を患っているので、私は彼がこのことで死んでしまいやしないかと心配です。もはや、時間の問題です。

私たちは娘を愛しています。彼女を引き留め、関係を修復するためになら何だってやります。何があったのか分かりませんが、理解したいのです。ミーガンの祖母、叔母、従姉妹、姉、兄。皆、心を痛めています。これらの者たちも、これまで彼女を愛し、慈しむこと以外、何もしていません。それなのになぜ罰を受けねばならないのでしょう。分かりません。どうしてなのか、どうぞ教えてください。

マイクは手紙を日付順に並ぶよう確かめながらフォルダーに戻した。それからもう一度娘の手紙を出して読み返してみた。この筆跡に触れることで、便箋ににじむインクから魂の苦しみが感じ取れないか、痛みが理解できないかと期待しながら……。手紙の内容に彼の心が乱れることはなかった。この告発がシーダーラピッズ中に知れ渡ろうとも、一向にかまわなかった。性的虐待など決してなかったと、誰よりも彼自身がよく知っていたからだ。誰が何と思おうとかまわない。気にかかるのは悲しみに打ちひしがれた妻、長女、息子、そして魂を盗まれたミーガンのことだ。ミーガンは家族を捨ててカウンセラーやサバイバーのグループを取った。マイクとドーンの娘であることをやめて「近親姦サバイバー」になった。何がミーガンを執念深く危害を加える人間へと変えてしまったのか、マイクは追及しようと決心した。

「もはや、時間の問題です」と、ドーンはカウンセラーへの手紙に書いている。マイクの心臓を心配してのことだ。マイクは妻の心配に微笑んだ。娘を取り戻すまでは心臓だってもつだろうさ。狂気に終止符を打ち、愛する娘を取り戻そうと、彼は受話器を取り上げ、連絡を取り始めた。

六週間後、マイクは民間の調査機関であるファルコン・インターナショナル株式会社から最初の報告書を受け取った。人に金を払って娘をスパイさせるなんて、罪悪感を感じる。だがマイクはそれを振り払い、合理的な考えで心を静めようとした。これは復讐ではない。私は娘を取り戻したいのだ。ミーガンが今どこにいて何をしているのか、どんな友人がいるのか、どんな服装をしているのか、どのように行動し、感じているのか。それが分からなければ、ミーガンを助けることはできない。麻薬をやっていないか、重い精神病、または身体的な病を患っていないか、洗脳されるような宗教集団に入っていないか、知る必要がある。確固とした具体的な事実を知る必要がある。情報なしには先に進むことができないのだ。

調査会社はミーガンがどこにいるかを見つけだし、住所、借家の資産価値、家主の氏名、電話番号、そして彼女が同棲している相手——フリーのカメラマンとして断続的に仕事をしている「白人男性」、ポール・ウインター——などの情報を報告してきた。

報告書には、ミーガンとポールには日中、定まった行動パターンがなく、一日中家にいることもあるようだ、とある。州および郡の社会福祉課に問い合わせたところ、ミーガンはそのどちらの課でも働いていないことが分かった。

彼らの住まいからゴミを回収する試みは失敗に終わった。ゴミ収集の当日、ミーガンはバスローブのまま家から現れ、収集車にゴミ袋を直接を投げ入れたからだ。

二ページの報告書のまとめは以下のようなものだった。

現在のところ、ミーガンは名の通った大きな宗教集団には属していないようです。貴殿が心配しておられる問題は、ミーガンのカウンセラーが直接行ったか推薦したカウンセリング、および支援グループの集会により生じた、直接的または間接的な影響によるものと推察されます。

マイクは「おとり工作員」のシャロンと数週間の間、電話で何度もやりとりをしながらカウンセリングに対する戦略を練った。シャロンは睡眠障害とうつに悩む、離婚した女性を演じることになった。彼女は飲酒に関する軽い問題と、母親および義父との緊張した不自然な人間関係について相談する。カウンセリングの最中、彼女は録音マイクを身につけ、カウンセラーとの会話をテープに録音する。そして各セッションの終了後、対話についての詳細な報告書を作成し、オリジナルのテープと一緒にマイクに速達便で送ることになった。

二週間後、マイクはシャロンから最初の小包を受け取った。彼女は無事ミーガンのカウンセラーと接触し、最初の二時間のセッションを終えたばかりだった。報告書を読みながら、マイクは「道が開けそうだ」と思った。一方、ドーンにはそれほどの確信はなかった。これはマイクのアイデアだ。この方法にリスクを上回るほどの利益があるのかどうか、彼女は納得できないでいた。ミーガンが私立探偵や秘密の録音のことを発見したらどうなるのだろう？　ミーガンは私たちを許してくれるだろうか？　ドーンはこの計画が裏目に出て、今ならまだ可能性のある幸せな結末までをも奪ってしまうのではないかと恐れた。

だがマイクは、どれだけ確信できるかはともかく、これはミーガンに起きたことを知る唯一の方法だと主張した。そこでドーンもこの戦略が破滅でなく善へと導いてくれるよう祈りつつ、報告書を読んだ。実際、彼女は娘のことを――たとえこのような方法で、他人の目と耳を経て得られた情報であったとしても――知りたくてたまらなかった。

今、彼らは少なくとも、現実の部屋で現実の人と現実の会話をしているミーガンの姿を思い描くことができた。彼らは少なくとも当て推量や不安で一杯の憶測ではない、確固とした情報を得ることができた。報告書を読むだけで、ドーンはミーガンを身近に感じることができた。少なくとも娘はまだ生きていて、この土の上を歩き、呼吸をし、語り、他者と会話していると、自分を安心させることができたのだ。

午後一時二十五分、シャロンは平屋立てのオフィスビルに入った。誰も応対にでてこなかったので、彼女は数分間部屋の中を見回した。中央の応接エリアにはオーク材でできた布張りの椅子が三脚、それに『ニューヨーカー』『タイム』『ニューリパブリック』などの雑誌が置かれたサイドテーブルがある。ここには誰もいないようだ。シャロンは応接エリアとついたてで仕切られた小さな台所へと入った。台所の戸棚にはハーブ茶と普通のお茶、ココア、そして発砲スチロールのカップが備えられている。細い廊下がいくつかの部屋へと通じていた。明らかに職員の談話室だと思われる最初の部屋だけ、ドアが開いている。彼女は本棚をチェックし、本の題目をノートに走り書きした。『自分を癒す』『自分を愛しなさい』『あなたの人生を癒して』『記憶、夢、反射』『甘い苦しみ』『心を取り戻して』『親密』。

廊下を進むとFという部屋から女性が現れ、自己紹介した。「こんにちは、あなたがシャロンさん？　よくいらっしゃいました。私がケイトです」。ケイトは三十代半ばの、幾分ふっくらした魅力的なカウンセラーだ。カジュアルなタートルネックのセーターとスラックスを身につけていた。髪は短く、ちょうど耳の上でカットしている。化粧っけがなく、アクセサリーもつけていなかった。彼女は気持ちよく笑いかけ、新しいクライエントをカウンセリング室へと招き入れ、ドアを閉めた。

およそ二・五メートル四方の小さな部屋だった。二人がけのソファに小さなクッション、黒いビニールのリクライニングチェア、どうということもないサイドテーブルが二つ、それに小さな本棚がある。壁を見たが資格証明書や博士号証書、免許証書といった類のものはなかった。本棚やテーブルにはさまざまな種類の香炉やロウソクが置いてあり、その周りには緑色のフェルトのリボンに縫いこまれた真鍮（しんちゅう）の鈴、装飾的な陶器の象とキリン、緑のヒスイでできた小さな仏像などが飾られている。壁にはコアラ、シマウマ、雌ライオンなど、動物の写真がたくさん貼ってあった。また大きな動物のぬいぐるみがいくつか、壁や家具にもたせかけられていた。

ケイトは質問紙をはさんだクリップボードを、新しいクライエントに渡した。質問紙には、氏名、住所、職業、紹介者、保険会社、相談内容、症状、薬、これまでのカウンセリング歴を書くようになっている。シャロンは一〇分ほどかかって質問に答えたり、適切な欄に印をつけたりし、それから二人は話し始めた。ケイトは何度もクリップボードに目を落としながら、シャロンが書いた回答やコメントにもとづいて質問をした。ケイトはまず、シャロンが以前参加していたグループカウンセリング（離婚を支援するグループ）、飲酒のパターン、最近のうつ期間、睡眠障害、ホルモンの変化（「身体のほてりや閉経の兆候はありませんか？」）などについて尋ねた。それからシャロンの子ども時代の記憶について聞き始めた。

「あなたの一番昔の記憶は何ですか？」とケイトは尋ねた。

シャロンは、自分が「とても小さいとき」おまるに座っていると父親が発泡ゴムのボールを投げてよこしたという記憶を話した。「父は私がトイレに行けるよう、リラックスさせようとしたんだと思います」とシャロンは言った。

「あなたは記憶に自信があるほうですか？　たとえば各学年であったことなど、区別して思いだせますか？」とケイトは尋ねた。

「思いだせないこともあります」とシャロンは認めた。「記憶忘れというか、ところどころ何があったか全く思い出せない期間があります」。

ケイトは一瞬、質問紙に目をやって言った。「では、ここに書いてある驚愕反応について。ぐっすり眠っているのに起きてしまうほどの症状がある場合、それは記憶、ドキドキするような、刺激性のある、恐ろしい、そんな記憶と関連があることが多いんです。身体はこんな風に一般化して、記憶を覚えているんです。このような症状はどこからともなくやってきて、ひとりでに生じることもありますが、多くの場合、人が記憶の断片を回復しようとしたときに起こります。過去に何か本当に恐ろしいことがあったと認識する。そうすると、それが睡眠を妨げるようになるのです」。

ケイトは通常の効率的な睡眠が及ぼす効果や、酒や麻薬がレム睡眠（訳注：深い眠り。急速眼球運動 REM が間歇的に生じる）に与える害などについてしばらくの間話した。その後で彼女はこう言った。「記憶にないことが無意識から意識へと入りこんでくるとしたら、どういう形でか染みこんでくるようなことがあったら、そしてそのことについてあなたが何も覚えていないとしたら、恐ろしいことでしょうね」。

「でも、どうすればそんなことがあったと分かるんですか?」とシャロンは尋ねた。

「驚愕反応それ自体が、何かあったことを示唆しています。この前提に立って、あなたを過去へと連れ戻してもいいかしら。でもそれにはまず、私はあなたによく信頼してもらわなければなりませんね。これは怖い作業ですもの」とケイトは言った。

クライエントの信頼を得るために、ケイトは自分の学歴——彼女は臨床心理学の修士号を取得していた——とカウンセリングに対する彼女の姿勢、「慣習にとらわれない」アプローチについて語った。説明によれば、彼女は他の多くのカウンセラーとは異なり、「短期間のカウンセリング」をモットーとしていた。ただし例外が二つある。ひとつは化学物質依存症の人びと、もうひとつは「真のトラウマ」を体験した人びと、「……つまり近親姦サバイバー、レイプの被害者、ベトナム帰還兵、身体的な虐待を受けたり、精神的な拷問を受けた人たちです」。

どのクライエントについても、彼女は「実際に」やらせてみる方法を好んだ(「水上スキーを習いたい人がいたとします。水上スキーについていろいろ話して聞かせることはできるでしょうが、一番よいのはその人を連れ出し、水に入らせ、スキーをはかせ、取っ手の握り方を教えて、実際にやらせてみることでしょう」)。彼女はまた、クライエントと一時間以上共に過ごすよう心がけ、宿題を出すことに価値があると信じていた。「そうすることでお金を払っただけの効果が得られるのです」。

ケイトが治療の方針について話した後、シャロンは尋ねた。「先生は、私がどういう方向に進めばよいとお考えですか?」

「そうですね。今日お聞きした限りのことで言えば、今、この時点においては、少なくとも、アルコールが問題のすべてではありませんね」とケイトは答えた。彼女はシャロンに六十日間禁酒し、気分や睡眠パターンに変化がないか様子を見るようにと提案した。それから「無理のないダイエット、無理のない運動、無理のない睡眠」の利点について語った。

セッションは明るい感じで終了した。ケイトが言った。「さっき、あなたは私たちがどういう方向に進めばよいかと聞きましたね。私はあなたに聞きたいわ。あなた自身はどこに向かいたいの？」。

シャロンは答えた。「大声で笑い、毎日が楽しいと思えるようになりたいんです。いつも疲れている状態から抜け出して、気分の浮き沈みがなくなるように。そして怒りを追い出してしまいたい。こういうことをすべてやり過ごして、自分の人生を楽しめるようになりたいんです」。

「価値のある目標ね」とケイトは答えた。彼らは四日後に二度めのセッションの約束をした。

＊＊＊

二度めのセッションのテープを聞き、分析を読むと、マイクとドーンはがっかりした。このセッションでは特に変わったことも注意を引くようなこともなかった。私立探偵は添付された手紙にこう書いている。「カウンセラーはセッションの間、ずっとアルコールについて論じていました。そして女性のニーズに応えた断酒会の集まりが土曜日の朝あるので、そこに行くようにと指示しました。次の面接では睡眠障害の解決に向けて作業をする予定です。この問題が解決されれば、恐怖とパニックはなくなるということです」。

数日後、シャロンから電話があった。予想される問題について話し合うためだ。彼女はマイクに言った。「カウンセラーから、次のセッションで私に催眠をかけてよいか尋ねられました。驚愕反応――ケイトはそう呼んでいます――の治療をする予定なのですが、そのために私をリラックスした安心できる状態にしたいのだそうです。私はテープレコーダーを身につけるのが心配です。自分が何者で、なぜこんな所にいるのか、うっかり明かしてしまったりしたくないんです」。

テープレコーダーを身につけるのは危険すぎるとマイクも同意した。「でも」と彼はシャロンに指示した。「セッションが終わったらすぐに覚えていることすべてをタイプしてください。そして詳細な報告書を送ってください」。

一九九一年十一月二十三日、マイクとドーンは三回めのセッションの記録を受け取った。それはシングルスペースでタイプされた、五ページにわたる記録だった。二人は記録を読んで安堵と恐怖を交互に体験した。これだ、とマイクは思った。とうとう手にいれたぞ。

ケイトのオフィスに入るとき、私はそれまで泣いていたかのような振りをしました。私は彼女に恐ろしい一週間だったと言いました。月曜と火曜の夜は悪夢を見た、どちらかの晩には腕にするどい痛みを感じて目を覚ました、まるで義父がつねったかのようだった、と言いました。また水曜の夜、私は突然目が覚め、誰かが部屋にいるような感じがして怖かった。でも身体が麻痺し、自分が身体の中にいないような感じがした、と言いました（このとき、私はもっと激しく泣き、ティッシュを使いました）。

すると彼女は椅子に深くかけ直し、私のことを見て、今までとは違った声でとても優しくこう言いました。「シャロンさん、言いにくいことを言わなければなりません。大変な恐怖で、あなたは気が狂ってしまうんじゃないかと思っているようですね」（私は一度も気が狂いそうだなどと言っていません）。

彼女は私にこう言いました。あなたは確かにトラウマによる身体記憶を体験している、それは幼い頃のトラウマだが、あまりに辛くて対処できないため、脳が記憶をブロックしてしまった。そのため、あなたはそのことを思いだせないでいるのだ、と。

私はショックを受けて震える振りをし、手を握り締め、トラウマなど覚えていないと言いました。彼女は首を振り、これはよくあることだ、長い時間がたって記憶が表面に出始めたとき、これと同じような過程を体験する人は多いのだ、と言いました。

こんな体験をする人が本当にたくさんいるのかと聞くと、彼女はうなずきました。どんな人たちかと尋ねると、彼女は「ベトナム帰還兵、地震のサバイバー、近親姦のサバイバーなどです」と言いました。

私はベトナムに行ったこともないし、地震に遭ったこともない、とカウンセラーに言うと、彼女はうなずき、「分かっています」と言いました。

このとき、私は静かに泣き始めました。すると彼女は本棚の所に行きました。そして読んでもらいたい本がある、それを貸し出したいのだが、と言いました（その本は本棚にありませんでした）。私は本の名前を尋ねました。彼女は『生きる勇気と癒す力』だと言いました。彼女はすべてのサバイバーにこの本を薦めていると言い、ただこの本は一度に読むのは困難なので、少しずつ読まねばならない、と言いました。

それから彼女はE・S・ブルームの『秘密のサバイバー』を取り出し、表紙を開けて、近親姦サバイバーの症状を四十以上も読み上げました。その症状の三分の二について、彼女は私のほうを見ては頭を縦に振りました。こうすることで彼女の診断を確定するかのように。彼女の声はとても小さくて、ときどき聞こえないこともありました。

彼女は近親姦サバイバーの会合リストを示し、そのなかでも特に三つの会合を薦めました。

続けて彼女は、夜寝るときどうしたら自分を安心させられるか、話しました。就寝時には常夜灯をつけ、後ろにまくらを並べ、寝室のドアを開けたままにし、怖いときに抱きかかえるぬいぐるみの動物を買い求めるようにと言いました。また夜を怖がる小さな子どもがいるかのように、自分自身を扱わなければならないとも言いました。この小さな子どもを安心させることが私の仕事だというのです。何度か繰り返した後、彼女は、私の中にいる小さな子どもを優しく扱うようにと言いました。

マイクはドーンと目を合わせ、二人は泣き始めた。

四回めの最後のセッションは、録音されていた。マイクとドーンはテープのバックアップを取りながら、そして自分たちの目的のために重要だと思う会話の箇所を書き起こしながら、テープを注意深く聞いた。セッション開始後数分たったところで、シャロンとケイトは次のような会話をしている。

シャロン：問題は、私には記憶がないということです。前にお話したとき、うん、先生は私が近親姦のサバイバーか犠牲者だとかなり確信をもっていらっしゃるようでした。
ケイト：私が確信できることはただ一つ、あなたが何らかのトラウマを体験したように見えるということです。そしてあなたのような体験、反射、反応がある場合、それは何らかの虐待にかかわるものであることが多いんです。
シャロン：先生のおっしゃる、身体記憶のことですね。
ケイト：そう、身体記憶。
シャロン：そして睡眠の……。
ケイト：睡眠の障害。
シャロン：ええ。
ケイト：そうだとは言っていないんです。あなたにも分からないんでしょう？　私はただ、自分がこれまでに経験してきたことをあなたの中にも見いだしているだけです。情景の記憶もないのに、そんな可能性を考えるなんて恐ろしいこと……。でも、何かが表面に出ようとしています。

約一〇分の後、このような会話があった。

ケイト：あなたの中に、そんなことは絶対になかったと信じたい部分があることを認めなくてはなりません。そして、あなたはその部分を必要としているのだと、理解しなくてはなりません。あなたが怒りを感じることがあればいいのですが。今、怒りを感じていますか？
シャロン：お話しした通り、以前のことを考えると怒りを感じます。実際に体験したことのようにね。でも、なぜ私は思いだせないのでしょう？　本当にそんなことあったのでしょうか？　怒りというよりも、フラストレーションを感じます。

そしてセッションの一番最後で、カウンセラーとクライエントは抑圧、そして記憶の回復作業について話し合った。

シャロン：普通、取り戻すまでにはどれくらいかかるのですか？　さっき、記憶の回復について話しましたよね。催眠か、自己催眠だったかと思いますが。
ケイト：そういうことがなくても記憶を回復する人はいますよ。記憶はひとりでに蘇ることだってあるんです。周囲の何かがきっかけになってね。ドカーンというような感じで記憶の回復が起こり、突然、記憶全体を思いだす人もいるんです。
シャロン：そんなときはどのように対処すればいいんですか？　もしも記憶がそんな風にやってきて、野球バットのように、頭をガーンと打つようなことがあったら。

ケイト：そうですね、記憶は、普通、野球バットのように頭をガーンと打つようなことはありません。たいていは準備が整ってからくるんです。大きな変化が起こり始めて、適切な状況のもとで記憶が戻ってくる。そうするといつでもドカーンという感じがするのです。ドカーンという感じがして、それからこう思うんです。「何が起きているの？　どうしてそんなことが起きるの？」。そして大きなドカーンが続いて起こります。ガーンと打たれるというのとは、ちょっと違うのよ。それは恐ろしく、頭が混乱するようなことなんです。

シャロン：今起きていることは統制不可能だわ。

ケイト：落ち着いて座っていられる時間を少しとってみてください。夕方でも午後でも午前中でもいいわ、安全に感じられる時間をとってみて。そして見えるもの、感じるものをクレヨンやマーカーで描いてみてください。どんな風に見えるか、紙に描いて見直してみるの。そうすれば周囲や背景に何があるか、よく分かると思います。もっとたくさん情報が得られ、統制感を得るためにできることも見つかるかもしれません。記憶を締め出すことはできません。記憶は回復されなければならないんです。情景が思いだせない人はたくさんいるんですよ。

シャロン：ということは、情景が思いだせない場合もあるってことですね。何かがあったとしても、その記憶を決して得られないということが。

ケイト：その通りです。

シャロン：だとすれば、私はいつまでも悩み続けるでしょう。

セッションは数分後に終了した。

「間違いない」とマイクは言った。「カウンセラーが問題の根源だ」。

ドーンもうなずいた。彼女は私立探偵の報告書と娘の手紙のなかに、同じ言葉やフレーズがあるのを見出した。「安全に保つ」「あなたの中にいる子どもを抱きしめなさい」「空間をとって」「記憶を表面に浮かび上がらせて」「身体記憶」「近親姦サバイバー」。ドーンは思いをめぐらした。この一人のカウンセラーのオフィスで、どれだけの若い女性が悲しい過去の秘密を見つけるのか。何十年も埋もれていたのに突然「大きなドカーン」で人びとを襲う記憶によって、どれだけの人が両親を告発するのか？　どれだけの家族が破壊され、どれだけの両親が嘆き、成長した子どもたちのどれだけが、なぜ突然、過去の暗く恐ろしい秘密が明かされたのかと、思い悩むのか？

録音テープ、それに洗脳、プログラム解除、抑圧された記憶療法などの専門家から得たアドバイスを武器とし、マイクとドーンは次のステップ、介入へと進む決心をした。計画は、ミーガンの高校時代の親友、ジュディがおとりになってミーガンを「おびきよせる」というものだった。ジュディはパターソン夫妻に二人のためなら何でもすると言った。彼女はマイクとドーンを第二の両親のように思っていたし、パターソン氏が実の子はもとより、人に危害を加えるとはとても信じられなかったからだ。ミーガンは「深い淵にはまってしまったんだわ」とジュディは恐れを言い表した。

計画は単純だった。ジュディがミーガンに電話をかけ、学会に出席するためデモインに行くつもりだと話す。そしてミーガンに、土日、ホテルに泊まりに来ないかともちかける。ミーガンはそれは楽しそうだと同意した。そして二人は電話で笑い合った……。それは、昔のようだった。

彼らは注意深く、計画の次の段階をおさらいした。一九九二年、二月十四日、ジュディがデモインに飛ぶ。同日の朝、パターソンの親友四人が、同じホテルにチェックインする。彼らは万一の場合に備え、宿泊してくれることになっていた。マイクとドーンはこれらの人びと、そして前の晩にコネチカット州とフロリダ州から飛行機で訪れるプログラム解除の専門家と合流する。昼食を取りながら計画の最終確認を行い、午後五時頃、マイクとドーンはホテルを出て、長女のキャシーの家で夜を待つ。

一方ジュディは夕食後ミーガンに電話をかけ、ホテルに着いたと連絡する。ミーガンはホテルにやってきて、ジュディの部屋でしばらく話をするだろう。九時ごろ二人は間食のために下のレストランに下りる。そこで二人はジュディの「友人たち」——実はプログラム解除の専門家——に「出くわす」。ジュディ、ミーガン、そして「友人たち」はジュディの部屋に戻る。そこでプログラム解除士たちは正体を明かし、両親が彼女のことをどんなに愛し、どんなに寂しがっているか説明する。そして回復した記憶は文字通りの事実ではないこと、催眠、年齢退行療法、身体作業、夢分析その他の侵入的な治療技法によって心に移植された空想の産物であることを、ミーガンに理解させる予定だった。

計画通り、ジュディは夕食後、ミーガンに電話をかけた。だが電話は留守電になっていた。ジュディは一晩中電話をかけたが、応答は留守電ばかりだった。翌日、彼女はミーガンの家を尋ねたが、誰もおらず、ミーガンの車もなかった。その日の午後遅く、ジュディはミーガンのルームメイトを探し当てた。だが彼は口をきかず、ミーガンの行方も教えてくれなかった。そして月曜の午後、ジュディはかつての親友に一目も会うことなく、デモインを去った。

綿密に考えぬかれた計画は、粉々に打ち砕かれた。その後、パターソン夫妻が砕かれた破片をつなぎ合わせようとしていると、キャシーが有力な情報をくれた。この介入が予定されていた当日の朝、ミーガンがたまたまキャシーに電話をかけてきたのだという。キャシーは、夕方両親が来て週末を過ごすことになっている、と話した。

ミーガンは一瞬、口ごもった。「二人の様子はどう?」と彼女は尋ねた。

「まあまあよ。でも、二人ともあなたがいなくなって寂しがってる。洗脳されたんだって思ってるわ」とキャシーは答えた。

「実はこの週末、ジュディもこっちに来るのよ」。突然、ミーガンが言った。「ちょっと変だと思わない？」。

キャシーは自分の過ちに気がついた。が、時はすでに遅しだ。ミーガンは明らかに、彼らが町を去るまで身を隠すことにしたのだった。

この週末、マイクは一五〇〇〇ドル（約百五十万円）を費やした。だが一ペニーだって無駄ではなかったと彼は思う。このおかげで上の娘キャシーが救われたのかもしれないからだ。キャシーはミーガンから、「否認」を乗り越え、性的虐待の「抑圧された」記憶を回復するために、ケイトと会うよう圧力をかけられていたことを認めた。ミーガンが現れなかったとき、キャシーはプログラム解除士と二日間過ごすことに同意した。そして私立探偵が収録したカウンセリングのテープを聞き、ミーガンのカウンセラーが発した暗示的な圧力について話し合った。キャシーはこのカウンセラーと会う予約をすでに取っていたが、キャンセルした。


介入が失敗に終わってからほぼ三年が過ぎた。キャシーはミーガンにも両親にも忠実であろうと努力している。彼女は状況についてどちらかとだけ話したり、どちらかにだけ荷担したりすることを避けていた。マイク・パターソンは、娘を取り戻す努力をあきらめたわけではなかった。彼は嘘発見器によるテストを受け、通過した。またプロジェクトチームを組織し、ディナー発表会を開催した。偽りの告発を受けたと主張するアイオワ州の家族が二百以上も集まったときには、自宅を解放し、集会場として提供した。全国認定カウンセラー協会、アメリカ家族財団、アメリカ退職者協会など、カウンセラー、家族、高齢者にかかわりのある多くの組織に、手紙を書き送った。彼はまた、全国および地方のテレビやラジオ番組のプロデューサーに連絡を取り、「記憶作業」の危険性や偽りの記憶の形成について、専門家にインタビューするよう働きかけもした。彼は文字通り、何百人もの弁護士、裁判官、立法家、社会学者、心理学者、精神科医などに助言を求めている。

マイクは最近、州の専門委員会で証言した。この専門委員会は子ども時代の性的虐待に関する出訴期限法の修正を委任されていた。修正案は一年の出訴期限を三年にまで延長するというもので、もしもそれが通過すれば、サバイバーは記憶回復後、彼らの言うところの虐待者を告訴するまでに三年の期間を有するというものだった（すでに述べた通り、二十以上もの州がそのような法律を通過させている）。マイクは、法律は次のように書き換えられるべきだと提案した。すなわち被害を受けたと主張する者、その家族、そして彼らが言うところの犯人に対し、独立の立場にある専門家が面接を行い、結果を書類にまとめ、報告書として提出するよう義務づけるというものである。彼はまた、州は原告、被疑者、家族に対し心理検査を義務づけるべきだと要求した。カウンセリングで回復した「抑圧された」記憶によって性的虐待の告発がなされた場合、それが真実かどうか確かめる助けとするためである。彼は以下のように述べている。

もしも娘が誰かから性的な暴行を受けたりレイプされたりしたら、私は法律で可能な限りの刑を犯人に与えるべく要請するでしょう。もしもカウンセラーが内観的な治療法を使って娘の心にありもしない記憶を作りだしたとしたら、そのカウンセラーは現実の暴漢と同じ罪を犯したことになると思います。正義は法律で可能な限りの刑を、そのカウンセラーに要請するでしょう。

今日、全国的にはびこっているように見える偽りの告発は、三重の悲劇を産みだします。実際に虐待を受けた子どもにこそ費やすべき時間や努力、そして資金が、虐待を受けていない子どもの調査に費やされてしまいます。第二に、虐待を受けていないのに受けたかのように誘導された子どもは、実際には虐待などなかったというのに、一生、トラウマを背負って生きてゆくことになります。そして第三に、偽りの告発を受けた親や家族はトラウマを背負うことになります。無実の家族が破壊されてしまうこともあるのです。

虐待を受けた人にも、虐待を受けていないのに受けたかのように思いこまされた人にも、そして虚偽の告発を受けた人にも益するような、バランスのとれた法律を作っていただきたいと思います。

マイクの証言には熱がこもっており、説得力があった。法律は棚上げとなり委員会へと差し戻された。現在、委員会でマイクが要求したように、外部の専門家による調査を義務づけるよう修正がなされつつある。

マイクとドーンは告発された親たち四十人とともに州の心理学委員会に出向き、ミーガンのカウンセラーや抑圧された記憶療法にかかわるその他数名のカウンセラーに対して苦情を訴える手続きを取った。だが委員会は第三者の苦情によってカウンセラーを調査することはできないという結論を出した。クライエントの秘密保持の原則を犯すというのだった。

パターソン夫妻は娘のカウンセラーに対し、愛情からの孤立化（訳注：ミーガンを家族から孤立させたこと）のかどで訴訟を起こそうと考えた。だが最終的には法的行為は取らないことにした。怒りや憎しみが増しても問題は解決しない。法廷がカウンセラーのカウンセリングの方法を非難したとしても、勝利は何ら現実的な意味や価値をもたないだろう。パターソン夫妻が本当にほしかったもの。それは、国中のどんな法廷をもってしても得ることはできなかった。

ミーガンはいなくなった。ミーガンを見つけられるのは、ミーガンだけだ。おそらくいつの日にか、彼女の家路へと向かう長い旅が始まるかもしれない。

第11章
棒と石

棒と石とで、骨は折れても、言葉じゃ絶対傷つかない。

——有名な童謡の繰り返し部分

クライエントを装い隠しカメラをつけたCNNレポーターが、オハイオ州の心理療法家のオフィスに行き、自分の症状を説明する。うつ状態が八か月も続き、落ち込んで結婚生活は危うくなっている。性的な問題も起きている。第一回めの面接の最後で、彼女は近親姦サバイバーだと診断された。

「あなたは、性的なトラウマを体験した女性と同じような症状を抱えているようですね」とカウンセラーは言う。

疑似クライエントは虐待の記憶はないとカウンセラーに告げ、「こんな女性が他にもたくさんいるんですか？」と尋ねる。

「それはそれはたくさん」

「で、皆、覚えていないんですか？」

「ええ、覚えていないんです。何も記憶がないんです。実際のところ、あなたが私に話してくれたことがあまりにも典型的なので、聞いていて圧倒されてしまいました、本当に」

二回めの面接で、CNNレポーターはカウンセラーにこう言う。「私は全く記憶がなくて混乱しています。そんな辛い目にあったのにすべて忘れてしまうなんて、どうしてそんなことがあり得るのですか」と。

「つまり、何か嫌なことがあったなら、そのことは忘れないだろうと思うんです」とレポーターは言う。

カウンセラーは答える。「そう、その通りです。何か嫌なことがあったら、あなたは確かにそのことを忘れることができないでしょう。でも、何かとてもとても嫌なことがあなたの身に起きたら、それがあまりにひどくて対処できないようなことだったら、あなたは忘れてしまうんです」。

抑圧された性的虐待の記憶に対する不信感が、メディア間で広がっている。「記憶による罪」と題された、このCNNの特別レポートもその一つである。他にも「フィル・ドナハウス」「サリー・ジェシー・ラファエル」「モリー・ポヴィック」「オープラ」「ソーニャ・ライブショウ」「フロントライン」「フロントページ」「四十八時間」、「六〇ミニッツ」などが、抑圧された記憶の信頼性と正統性を問う番組を特集し、カウンセラーは国中いるところでクライエントの心に偽りの虐待の記憶を植え付けているのかもしれない、と示唆する報道を行った。

「オープラ」は記憶が抑圧されていたと主張するゲストにこう尋ねた。「記憶がないままに人生を送るなんて、どうしてできるんでしょう?」。

また「モリー・ポヴィック」に登場したゲストは残酷な虐待の記憶について語ったが、それは悪魔信仰によるもので、出産したばかりの赤ん坊を儀式のなかで殺すといったことも含まれていた。モリー・ポヴィックは明らかに懐疑的だ。彼は聴衆にこう問いかけた。「記憶がこんなにはっきりとし、暴力的だというのに、彼女はなぜ一年前に突然記憶を思いだしたのでしょう。忘れていたという長い期間は、どうなっていたのでしょう?」。

当初、この戦いは、啓発された児童虐待提唱家と、追い詰められた父権主義者軍団との、善玉・悪玉がはっきりしたこぜり合いだった。だがいつの間にか、この戦いは、善玉と悪玉が絶えず入れ換わる、混沌とした戦争へと移行してしまった。カウンセラーは突然悪玉となり、金に目の眩んだ盗賊、権力を手に入れるためなら何でもやってのける欲深で思想的な熱狂者……として告発されることになった。彼らはクライエントに今流行の、だが誤った病名を巧みに信じこませる。そして心理的な病を癒すのではなく、逆に作りだし、家族を引き裂いてしまう。カウンセラーはセーレムの魔女狩りハンターやマッカーシー時代の赤狩りハンター、あらゆる石をひっくり返し、繁みを覗き、先入観で決めつけた悪を捜索した者たちになぞらえられた。

新聞や雑誌の記事は懐疑的（これを、カウンセラーたちは「反撃」と呼んでいた）になっていった。ジャーナリストであるデビー・ネイサンは性的虐待、身体的虐待、情緒的虐待、放任のサバイバーのために開かれた、四日間にわたる長期キャンプに参加し、その体験を『プレイボーイ』に掲載している。初日の朝、三十五、六人の女性が、ぬいぐるみの熊やその他の「抱きしめるためのおもちゃ」を手にしっかりと持ち、六人のカウンセラーのいる部屋に集合した。部屋には「家具としては、マットレスが置いてあるだけ」だった。マットレスの上には分厚い電話帳がある。サバイバーは立ったまま、あるいはマットレスに座って、電話帳を虐待者だと思ってゴムホースで殴打するよう指示された。

ほとんどの女性は近親姦サバイバーか、悪魔儀式による虐待の被害者だと自己紹介した。だが「ドナ」という女性の番になると、彼女は言葉少なに自分は情緒的な虐待のサバイバーだと自己紹介した。そのときの「彼女の顔は涙で歪んでいた」。

「あの」と彼女は涙にくれながら言った。「私は、自分がここにいる価値のない人間のように思えてしまうんです。私は近親姦の記憶がない自分が恥ずかしい」。

カウンセラーのリーダーであるベスというソーシャルワーカーは冷静だった。「あなた方のうち、虐待の記憶がないという人はどれくらいいますか？」と彼女が尋ねると、十一人の女性が手を挙げた。「ね、見てごらんなさい」。ベスは明るく言い放った。「記憶がない人たちがこんなにいるんです。皆さんは全員、ここにいる価値があるんです。記憶のあるなしにかかわらず、何があったかなかったかにかかわらず、ね」。

やがて、血みどろの物語へと突入する時がきた。一人、また一人と悪魔信仰の虐待について身の毛のよだつような話を語ると、恐怖のレベルはますますつり上がり、それは文字通り虐待物語の競いあいと化した。アンドレアはロウソクで身体が貫かれる様子、剣で刺し抜かれる子ども、そして人肉喰いの狂乱場面を思いだした。キャシーは三人の赤ん坊（自分の子だ）を殺し、肝臓をえぐり出す様子を思いだした。またテレサは、自分の父親はキャンプから数マイルしか離れていない所で悪魔信仰を司る王だと言った。彼女は最近父親からレイプされたが、それは父親が彼女をはらませ、生まれてくる赤ん坊を悪魔の捧げものにするためだということだった。*

これらの記憶に比べると、ドナの記憶は全く影がなかった。「後でドナはこう言った。〈神様、悪魔信仰で性的虐待を受けた人たちがいるんです。その後で私が父から勉強のことでどんなに嫌味を言われたか話したとしても、聞いてくれる人がいるでしょうか？〉」。

だがキャンプの最終日、ドナは集会のメンバーに次のように宣言した。

「昨夜、夢を見たんです。近親姦の夢です」と彼女は言った。落ち着き、安心したという様子だ。「父だけではなく、他の人たちもいました。私は気持ちがよかったのです。私はそのことで罪悪感を覚えました」。

カウンセラーのベスはタイミングよく応答し、「ドナ」と呼びかけた。「あなたは今スタートを切ったのよ。あなたのなかの子ども［つまり、インナー・チルドレンのことだ］の準備が整ったら、もっと多くの記

＊　儀式における虐待、拷問、殺人などの話に付随する問題は、では赤ん坊はどこにいるのか、である。ほとんどの場合、このような申し立てはカウンセリングのなかでのみ行われ、それ以外の場では論じられないので、調査が行われることもない。だが事例が警察に通報されるか、法廷での聴取がなされれば、ＦＢＩその他の警察機関が介入する可能性もある。しかし全国で行われている多数の捜査にもかかわらず、警察官は悪魔信仰や赤ん坊を生贄にする宗教集団といった陰謀を支持する証拠を見出してはいない。儀式による虐待に関するＦＢＩの専門家、ケニス・ラニングは、現在のところ証拠は不十分であり、「犠牲者がなぜ本当とは思えないことを本当であるかのように申したてるのか、その説明は警察ではなく精神衛生の仕事だ」と述べている。さらなるコメントについては、文末の注を参照のこと。

憶が蘇るでしょう」。皆が微笑んだ。

デビー・ネイサンの記事は『プレイボーイ』の一九九二年十月号に掲載された。その同じ月、抑圧された記憶に対する懐疑的な記事が『ロサンジェルスタイムズ』にも載っている。

長い間埋もれていたかのように見える記憶は、純粋なファンタジーであったり、子どもの頃に起きた嫌な出来事の変容であったりする可能性がある、と多くの科学者が警告している。……抑圧された記憶はトレンディな病名だ、カウンセラーはこの病名を不当に、危ういやり方で、あらゆる心理的病の症状を説明するのに用いている、と手厳しく批判する者さえいる。

また、同月下旬、『タイム』は次のように報道している。

記憶から引きずり出された体験は事実とは異なる可能性がある。想起の過程は再生ではなく、再構成なのだ。……批判的な人びとは誘導的な質問、そして子どもの性的虐待に関する過剰な情報が問題なのだという。これらの質問や情報によって、被暗示性の高い成人や子どもが、実際にはなかった猥褻行為の記憶をあったかのように思い込んでしまうことがあるというのだ。

「子ども時代の性的虐待に関する根拠のない告発により、北米の多くの家族が引き裂かれている」と『トロントスター』の記事は伝えている。告発されたある親は次のように語っている。「カウンセラーと呼ばれている連中のなかに、ナイフとフォークで脳をいじくり回している輩がいるんです」。

『ニューヨークタイムズ』の科学記者、ダニエル・ゴールマンは「子ども時代のトラウマ：記憶は創作か？」という記事の冒頭で、魔女裁判を引き合いに出している。

悪魔か、はたまたセーレムか？　大人になって突然子ども時代の外傷的な出来事を思いだすという事例が多数生じ、記憶や外傷体験を研究する心理学者の間で議論が沸いている。……このような事例の嵐をセーレムの魔女裁判で起きたヒステリーや偽りの告発になぞらえて批判する者もいる。

『サンディエゴ・ユニオントリビューン』の見出しはこうだ。「記憶の専門家いわく、カウンセラーがヒステリーを作りだしている」。

カウンセラーが押し売りしている幼児期の記憶は現実には到底あり得ないものだ、とアメリカの一流大学で心を研究している精神科医、社会科学者、記憶の専門家諸氏は言う。彼らは次のように批判する。カウンセラーの多くは心理学の修士号や博士号をもっておらず、科学的に根拠のない理論を受け入れてしまっている。そして善意ではあったとしても、クライエントの心に虐待されたという考えを注入する。多くのケースにおいて、そのような虐待はなかった可能性が高いのに、彼らは過去の虐待を、心の病に対する包括的な、しかし根拠のない説明にしてしまっているのだ、と。

『フィラデルフィア・インクワイア』のコラム記者、ダレル・シフォードは、カウンセラーを批判する連載コラムを書いている。カウンセラーは「掘って掘って、とうとう……目的のものを見つけだすまで掘り続ける。実は目的のものなど初めからなかったのだとしても」。またシフォードは、カウンセラーが向き合わねばならない法的問題や、心理療法の専門性を危うくするかもしれない圧力について、歯に衣着せることなく述べている。いわく「偽りの告発という問題は、一九九〇年代のカウンセリングを揺がすビッグバンになると私は思う」。

専門家組織が徹底的に調査すれば、資格を失うカウンセラーもでてくると思う。それにクライエントだってやがては自分が何をされたか気づくだろう。そのときには医療過誤で訴訟を起こされるカウンセラーもでてくるはずだ。

シフォードはさらにこう示唆する。「掘って掘って、掘り続ける」カウンセラーには、彼ら自身に何か大きな心理的問題があるんじゃないか、と。

こういうカウンセラーが親とどういう関係にあったのか、私は疑わずにはいられない。カウンセラーは彼ら自身、子どもの頃に虐待を受けたことがあるのではないか？ そのため、あらゆるところで虐待の痕跡を見出してしまうのではないか？ それとも何か他の理由があるのだろうか？ ご都合主義とか、他の可能性を無視してしまうとか。

カウンセラーは公衆の面前で名誉と専門性、それに哲学までをも打ち砕かれ、当然のことながら怒り、恐れた。またカウンセラーから「記憶」を植えつけられたと信じるにいたった元クライエント——彼らは自分たちのことを「リトラクター」（撤回者）と呼んでいた——はカウンセラーに対して冷たいあだなをつけたりもした。彼らは暴行犯（パーペトレイター）のことを省略して「パープ」と呼んでいたが、これを模擬してカウンセラー（セラピスト）を「サープ」と呼び始めたのだ。

カウンセラーは心の傷だけでなく、このような侮辱にも対処せざるを得なくなった。

そして巻き返しが始まった。カウンセラーは懐疑主義者のことを、女性や子どもや被害者の敵、重篤な否認モードにある右よりの反動主義者とこき下ろした（ある著名な児童擁護主義者は「反撃のゲリラ」とまで言った）。が、一方では懐柔策もとった。例えば敵の陣地に行き、自分たちを非難する者から理解と支援を得ようするなどである。彼らは幾人かの懐疑主義者を味方につけようと望んでいた。

私は彼らの重要なターゲットになっていた。理由はいくつかある。まず私は科学者であり、女性であり、極端な人たちが起こしている戦いでは比較的中立の立場をとっていた。また私は記憶の可変性を研究領域とする記憶の専門家だ。私の業績は価値ある略奪品と見えたのかもしれない。カウンセラーや児童擁護主義者は、私をうまく取り込めれば、敵の隊列を巧みにさばき、戦略的に有利になれると期待していた。

もしも私が科学者という立場から動くことを拒めば、彼らは私の女性であるという点に働きかけることができた。筋肉隆々の左脳主義者たちと隊列を組むよりももっと重要なことがあるだろう、というわけだ。抑圧をめぐるこの対立は、子どもの虐待を阻止するための戦いでありながら、急激に男性対女性、父権主義対母権主義という争いの形態をとり始めた。カウンセラーは感情の高ぶりから緊張した声で、そしてぎりぎりのところで押しとどめた怒りのもとで、私にこう言った。（私のような）懐疑主義者は女性運動が勝ち取ってきた成果を破壊してしまう、と。あるカウンセラーは、こうも言った。抑圧された記憶に対する「大規模な否認」の結果、「女性や子どもに対する反撃」が生じている。このことに対し、あなたには個人的な責任がある、と。また、こうも言われた。あなたは自分の内の女性サイドを顧みていない、あなたは視野の狭いインテリだ、本来自分の属していない領域に鼻をつっこむのは止めなさい、あなたは甘んじて自分の研究成果を、男性が優位に立ち、女性・子どもが犠牲者になる社会の存続を望む人びとに使わせてやっている、とも。端的に言えば、私は女性として間違ったサイドにいる、カウンセラーと戦うのは止めて、彼らに与しなければならない、というのだった。

私はバランスや歩み寄りを重んじる人間だ。対立や論争はいとわないが、合理的に話し合い、異なる外気に知的にさらされることを好む。そして、人を裁くことは嫌いだ。そういうわけだから、私はカウンセラーの議論に弱いのだった。社会心理学者であるリチャード・オフシーは、抑圧された記憶や「記憶作業」と名のつくものすべてを「有史以来、アメリカの山師のほか誰も記録したことがないような今世紀最高に面白いいかさま治療」だとして、退けていた。私が彼との共著を断ったとき、うわさはすぐに広まった。私はリチャードに、カウンセラーを「山師」だと退けることはできないし、抑圧された記憶療法を「いかさま治療」だと決めつける十分な根拠も持ち合わせていない、と言った。リチャードの目標と固い決心は立派だ。彼は重要な点をつくために、批判も村八分も恐れない。だが私はこのような厳しい即決裁判に自分の名を連ねたくはなかった。

また、私がシアトルのハーバービュウ性的暴行センターのセンター長ルーシー・バーライナーと、*the Journal of Interpersonal Violence* という学術雑誌に共著で論文を書いたという話も、巷を駆けめぐった。ルーシーは友人だ。私たちは年がら年中議論しあうことに疲れ果て、折り合いがつけられる場所を探し始めた。そして論文でこう主張したのである。世界を単純に「犠牲者を重んじる人びとと真実を重んじる人びと」に分割するのは止めよう、なぜなら「……これは偽りの二分法であり、結局のところ、私たちは皆、苦しむ被害者と真実の両方を大切に思っているからです……」。論文の最後には、コミュニケーションのルートをいつも開けておくようにと提案した。「とりわけこの重要な対話をよどみなく流れるようにしておくことは、すべての人にとって有益なことだと思います」。

こんなことがあってから、上のような理由、そして私にもよく分からない理由により、カウンセラー、児童擁護主張者、そして多くの同輩のフェミニストが私の所に来るようになった。彼らは手紙をよこしたり、本やパンフレットや学術論文を送ってきたり、留守電にメッセージを残したり、研究会の合間に会いに来たり、「ちょっと話をするために」シアトルまで飛行機でやって来たりした。話を聞いてほしい、と彼らは懇願する。話を聞き、理解してもらいたいだけだ、と彼らは言った。

エレン・バスは、もっとも早く電話をかけてきた人の一人である。彼女は留守電に長いメッセージを残していた。* エレンは言わずと知れた、『生きる勇気と癒す力』の共著者である。この本は、告発された親たちのうっ積した怒りや恐怖を集める避雷針のような働きをしていた。彼らはこの本に「怒る勇気」というあだなさえつけていた。

臨床家と研究者は休戦し、話し合いをもったらよいのではないか、とエレン・バスは柔らかい気持ちのよい声で希望を語った。「共通の土壌を見つけられるんじゃないかと思います。たこ壺に入ったままお互い切りつけあって、時間とエネルギーを無駄にするんじゃなくてね」と彼女は提案していた。

私はこのメッセージを保存し、何度か聞き直してみた。これは面白い展開だ。「筋金入りの信奉者」であるカウンセラーと「懐疑的」な研究者・記憶の専門家が会ってお互いの差異を理性的に論じあうことができるかもしれない。共通の土壌を確保することができるかもしれないのだ。だが内心、騙し討ちに合うかもしれないと恐れたことも事実だ。カウンセラーは最後の決着をつける準備に余念がないと、リチャード・オフシーは信じていた。彼は抑圧された記憶論争は「カウンセラーの世界でのOK牧場の決闘」になると予見していた。

「これは単なる科学的な論争ではないよ」と彼は私に警告した。「真実と正義にかかわるイデオロギーの戦い、正しいか誤りかに決着をつける戦いなんだ。カウンセラーたちは名誉をかけている。身を守るために必死で戦うだろう。彼らを信用してはいけない。あまり近づかせてもいけない。でないと、彼らは君の心臓を打ち抜くだろうよ」。

＊　エレン・バスとの会話は、私の手記と記憶からの再構成である。

三週間後、私はエレンとベルビュー・ハイアット・ホテルで会った。彼女はそのホテルでちょうどワークショップを終えたばかりだった。近親姦サバイバーにカウンセリングをする人たちのために企画された、専門的なワークショップだ。私たちは握手をし、挨拶を交え、マッシュルームオムレツとクロワッサンの遅い朝食をとるために食卓についた。

「で、」と私は単刀直入に尋ねた。「攻撃されていると最初に気づいたのはいつでした？」。

彼女はにこやかに笑った。灰色がかった自然な縮れ毛。チャーミングな笑顔。私はこの女性を初めから気にいっていた。「『生きる勇気と癒す力』が出版された後、私は数か月、ヨーロッパを回っていたの」と彼女は言った。

「だから抑圧された記憶、特にこの本に対して起こった反撃については全く知らなかったわ」

彼女は思慮深げに話し始めた。「ところが数か月前カリフォルニアに戻ったら、共著者のローラ・デイヴィスが書類の山を持ってきたの。新聞の切り抜き、社説、学術論文、告発された親からの手紙、偽りの記憶症候群対策財団*の発行物など。とても強烈で、量も多かったわ。私の第一声は、ああ、これじゃ訴えられてしまう！　でした。でも、ローラは私を見つめてこう言ったの。〈それは愉快。私の最初の反応は、ああ、これじゃ殺されてしまう！　だったんだもの〉」。

私はマイク・パターソンやダグ・ネイグルなど、告発された親たちのことを思い浮かべた。彼らに殺人ができるだろうか？　いや、できないだろう。子どもが戻るという望みを失わせるほどの恐れや悲しみに比べれば、怒りなど二次的な感情だ。私は人工中絶にかかわるすっきりとしない論争を連想した。反対する人びとは中絶を行う

＊　偽りの記憶症候群対策財団（False Memory Syndrome Foundation）は「抑圧された」記憶に基づき、虐待のかどで告発された家族のための支援団体である。趣意書によれば、この協会の目的と機能は「偽りの記憶症候群が蔓延している理由を探究し、偽りの記憶症候群のさらなる事例が生じることを防ぎ、偽りの記憶症候群の一次的、二次的被害者を救済すること」である。

医者を銃で攻撃している。人工中絶の問題と偽りの記憶の問題にはどのようなアナロジーがあるのだろう。どちらが「撃つ」側で、どちらが「撃たれる」側なのか？　どんなイデオロギーあるいは個人的な理由で、そういうことが起きるのか？　私はまた、論争に巻き込まれた人びとが暴力の可能性まで考えていることに驚いた。確かにメディアがカウンセリングによる「虐待」を取り上げるようになってからは、脅迫や警告が増えていた。ちょうどその週のことだったが、威力ある悪魔信者の知人だという女性からのメッセージが私の留守電に入っていた。その悪魔信者は電磁力を用いて世界中に信号を送り、人びとの心をねじ曲げるのだという。「この話を聞けば、人びとを悩ませているのは心の中の力ではなく、悪魔の力なのだと分かるでしょう？」とその女性は語っていた。私はこのテープを何度か聞き直してみたが、結局、悪魔はどちらの味方なのか分からなかった。

ときどき、世の中が本当に変になってしまったと感じる。

「私たちを分断している怒りを乗り越えて手をつなぎ、性的虐待の被害者を助けるにはどうすればいいのかしら？」と私は尋ねた。「あなたは毎日サバイバーと話をし……」。

「毎日そして毎晩ね」。エレンはそっと口をはさんだ。

「そう、毎日毎晩、話をし……」と私は続けた。「あなたは彼らの話を聞いて、記憶は抑圧され、何十年も経って突然思いだされることがあると信じているのね。でも私には科学者として、その根拠を突き止める義務がある。抑圧された記憶が真実だという証拠はどこにあるの？」。

するとエレンは、ある親しい友人のことを話し始めた。その女性はセックスの最中に、突然二十年前の記憶を思いだしたのだという。彼女は説明のつかないうつの問題を抱えており、セックスのときはいつも心が定まらなかった。だが、ついにパートナーから何か悩みでもあるのかと尋ねられたとき、何の前触れもなく、突然記憶が戻ってきた。そのときは身体が宙を彷徨い、心が舞ってコントロールできず、悲しみとしゅう恥心に打ちのめされたという。そしてとうとう初めて彼女の内からさまざまなイメージが、真実だという感覚とともに沸き上がってきた。ずっと前、私は誰かに苦しめられた。そして何を言おうとしているのか自分でも予想がつかないうちに彼女は震え、むせび泣き、とうとう口から言葉がこぼれ出た。「私は虐待されていたのよ」。

　彼女にとって、続く数か月は地獄のようだった。記憶が徐々に蘇り、虐待したのは祖父だったと彼女は結論を出した。いつ起こるか分からない切れ目のないフラッシュバックに悩まされ、彼女は不眠症、うつ、情緒不安定、泣き出したら止まらない状態に苦しんだ。だがそのなかでも特にひどかったのは、脱力感を伴う疑いと不信感だった。こんなことはなかったのかもしれない。私は話を作り上げているだけかもしれない。エレンは彼女に、あなたの痛みは大変強くすべての感情を呑みこんでいる、だからあなたの記憶は本物に間違いないと保証した。こんな拷問をわざわざ進んで受けようと思う人などいないわ、と。

　エレンは話し終えると、私に理解してほしいと訴えた。懐疑主義を乗り越えてくれと言いたそうだった。「サバイバーはとても苦しんでいるわ」と彼女は言った。「こんな痛みや苦しみを伴う物語を、誰が好き好んで作り出すかしら?」。

「お友だちの記憶を補強する証拠はあったの?」と私は尋ねた。

「ええ、もちろん」とエレンは答えた。彼女が家族に尋ねたところ、兄弟姉妹の誰もが、祖父の家で起きた異様で変わった出来事のことを思いだした。虐待はなかったと否定する母親でさえ、祖父が「変人」であることを認めたのだった。

「その家庭では、何か変わったことが起きていたのかもしれないわ」と私は認めた。「でも、それが彼女が虐待されたことの証拠になるの?」。私は告発された親たちが引き合いに出す『生きる勇気と癒す力』の一文を思いだした。「あなたには虐待されたことを証明する義務はありません。……証拠を要求するなんて不合理です」。訴えられた男性や女性——たいていは六十代か七十代だ——には、子どもを虐待したという記憶はない。告発されて狼狽し、彼らは私に同じ問いを問いかける。「私たちはどうやって自分を弁護すればよいのでしょう?」。

エレンは防衛的になることなく、私の問いに簡潔に、明快に答えた。「記憶は完全じゃないし、過去を思いだせば間違いや誤りが生じるということも分かってるわ。でも、彼女の記憶の中心部は、何の影響も受けてはいなかった。記憶に伴う感情は適切でその場に合ったものだったの。彼女は身体記憶によって虐待の恐怖を物理的に再体験した、つまり痛みを感じ、恐れと不安を再び耐えしのんだのよ。そして記憶が戻ったときには、嫌悪をもよおすような細部まで思いだしたの。経験もないのにこのような細部を思いだし、苦しみを感じることは絶対にないと思うわ」。

私はエレンに、先に述べたリトラクター（撤回者）のことや、他の類似した事例について話した。これらの女性はカウンセラーによる暗示や期待、そしてトランスライティング、年齢退行、夢作業、芸術療法などの技法により、記憶を作りだしてしまった。隅々まではっきりとした、苦しみの感情に満たされた虐待の記憶を回復したのだ。そしてその誰もが、当時は「身体記憶」であると信じていた症状を経験している。彼らは苦しみに耐えかねて自殺をはかったり、重篤なうつで入院し、精神安定剤や抗うつ剤など大量の鎮静剤を投与されたりした。だがそれでも彼らの記憶は偽りだった。カウンセラーから「脱出」し——これは彼らの言い方だ——、抱えている問題について適切な心理的援助を見出したところ、記憶はたちまち煙と化し、現実という強い風に吹き飛ばされていったのだ。

「リトラクターね」とエレンは繰り返した。「彼らのことは初めて聞いたわ。ご存じの通り、私の世界はサバイバーでいっぱいだもの。私はサバイバーとともに作業し、話し、泣いているのよ。私は彼らの苦しみを和らげるために人生を捧げているわ。なぜって、これは私が生きている世界だから。私は性的虐待が大量に広がっていると強く感じている。今、こうやって話している最中にも、子どもたちが虐待されていることを私は知っている。被害者にとって真実を話すことがどんなに大変かということも知っているわ。そして彼らがどんなに自分の話を信じてもらいたがっているか、これもよく知っている。これが私の現実なのよ」。

「子どもの虐待が社会の重要な問題であることは否定しないわ」と私は言った。「そして虐待された子どもや成人したサバイバーの痛みや苦しみが軽んじられたり、見過ごされたりしていいとは、一度も、決して言っていない。でも私の現実はあなたのとは違っている。記憶を歪ませ汚染することがどんなに簡単か、私は知っているわ。記憶が暗示、空想、夢、恐れを取り込んで再構成されるということもね。私は虚偽の告発をされたという人たち――彼らは自分や家族に何が起きたのか必死に理解しようとしている――とずいぶん話をしてきた。私は彼らの話を聞き、苦しみに心を動かされているのよ。あなたは世の虐待者にこれ以上被害者を傷つけないでと言いたいでしょう。私も同じように、カウンセラーに対して、記憶がないのに虐待があったと暗示したり、家族に会うのを拒んだりしないで、と言いたいわ。被害者同様、〈あなたが与えている苦しみが理解できないの？〉というわけなの。虐待された親たちから聞く話は、私の感情を揺さぶるのよ。告発する人たちの話があなたにとってそうであるのと同様にね」。

私たちは見つめあった。お互いの異なる現実の間に横たわる溝の深さを測るかのように。

「たぶん私たち、お互いの立場をもっとよく理解できるよう、努力したほうがいいわね」とエレンは言った。「あなたはサバイバーの問題を理解するためにもっと多くの時間をとり、私はリトラクターや告発された親たちの話を聞く時間をもっととるようにできたら、と思うわ」。

「攻撃しあっていてもいいことがないのは確かね」と私も同意した。これはすごく真面目な瞬間だった。だが、私は突然、大きな声で笑いだしてしまった。最近出会った「攻撃」のことを思いだしたからだ。

エレンは笑顔になって言った。「何がそんなにおかしいの？」。

私はびっくりするような出来事について話した。数週間前のこと、カリフォルニアでの会合で講演をした後、私はシアトルに戻る飛行機に乗っていた。隣りの女性はちょうどＵＳＡトゥデーの経済欄を読み終え、窓の外を眺めているところだった。私は飛行機でのお定まりの質問をしてみた。「これからどちらかへいらっしゃるの？

それとも戻られるところ？」。

「シアトルに戻るところ。オーストラリアとニュージーランドで講演とワークショップをしてきたところなの」と彼女は機嫌よく答えた。

「何についての？」と私は尋ねた。

「子ども時代のトラウマを生き抜くことについてよ」と彼女は言った。

私は「まあ、面白そう」というようなことを言ったかもしれない。だが同時に、何でまたこの女性の隣に座ったのかと思いをめぐらした。ジャンボ旅客機には記憶を抑圧したり、抑圧した人の相談にのったりしたことのない人が、少なくとも百人はいるに違いない。「抑圧」という言葉さえ知らない人だって何十人もいるだろう。なのにどうしてそのような人の隣にならなかったのか？

私はそれでなくても少し不機嫌だった。というのも、サンフランシスコで心理学者や精神科医の専門家に講演している最中、彼らは私に野次をとばしたり、ブーイングしたりしたからだ。そんなことまでされたのは初めてだった。今はもう早く家に帰って足を椅子の上に投げ出し、テレビのスイッチを入れたい気分だった（といっても、最後に見たのは「ママは最高」という番組で、フェイ・ダナウェイが髪を染め、ドレスアップをしてジョアン・クロフォードなる人物に扮し、養子に恐ろしい拷問をするというものだったが）。

「で、あなたのお仕事は？」と隣人が礼儀正しく尋ねてきた。

「ワシントン大学で教えているわ」と私はわざとあいまいに答えた。

「何を教えていらっしゃるの？」

「心理学です」

「では、臨床家？」。彼女は興味をそそられたらしく、顔を見ようと椅子のなかで身体をこちらに向けた。彼女は尋ねた。「どんなカウンセリングをしていらっしゃるの？」。

「カウンセリングはしていないんです」と私は答えた。「記憶を研究しているの」。

「記憶」と彼女は静かに繰り返した。「どんな種類の記憶？」。

「記憶貯蔵庫とか検索過程について」。私はできるだけ中立的な言葉で自分の研究を表そうとした。

「で、お名前は何ておっしゃるの？」。突然彼女は尋ねてきた。

私は名乗った。自分の名前を偽るなんてできるわけがない。と、彼女は目を細めて私を見つめた。「まあ、何てこと」と彼女は言った。「あなたがあの女なのね！　あの女なんだわ！」。そして、信じ難いことだが、新聞紙で私をポカポカと叩き始めたのだ。

この部分になったとき、エレンは大声で笑いだした。「冗談でしょう！」。

「本当よ、すべて本当。真実のみを語ります、神よ助け給え」。私は片手を上げ、宣誓の真似事をした。

「で、どうなったの？」エレンは尋ねた。

「その女性、私から早く逃げ出したいとばかりに周囲を見回したわ。でもシートベルトのサインがついていたの。数分後スチュワーデスが来て、二人とも飲み物を頼んだわ。そして残りの時間はずっと、お互いを説得しようと競ったわけ。彼女はオーストラリアに出かける前、私がシアトルのラジオ番組で話すのを聞いていたので、私のことをあくどい高慢ちきだと言ったわ。それに私はすべての時間を犯人を弁護するのに使っていると糾弾もした。そして、抑圧された記憶は文字通りの真実ではないとしても、その人の過去にある恐ろしい出来事や体験のシンボルだと信じている、と言ったわ。〈カウンセリングに来る人はそんなに簡単に誘導されたりしない。心理療法はマインドコントロールじゃないのよ〉と何度も言っていたわ」。

「その点については、彼女が正しいと思うわ」とエレンは言った。「私だって同感。虐待を受けたことのない人に虐待を受けたと信じさせるなんて――それもよく見知った愛していた人による、たび重なる虐待よ――不可能だと思うわ。性的虐待の記憶を移植するという見方は真実をねじ曲げていると思う。もしもカウンセラーが誤った方向に進んでいるなら、たいていのクライエントはそれを率直に指摘するでしょう。その結果カウンセラーは道を正すか、そうでなければクライエントは助けを求めて他に行くでしょう。カウンセリングが暗示的になることはよくあると思う。確かに暗示は、カウンセラーがもっている有力な道具の一つだわ。その結果、元の記憶にはなかった細部がつけ加えられたりすることはあるかもしれない。でも人の心にありもしない外傷的な出来事の記憶を、細部まではっきりとした感情を伴う完全な記憶として植えつけるなんて、できっこないと思うわ」。

「でも私たちはまさにその通りのことをショッピングセンターの実験でやってのけたのよ」と私は反論した。

「その実験についてはよく聞いているわ」とエレンは言った。彼女の口調は、その実験には何の意味もないと伝えていた。「あなたは志願した被験者の心に、架空の出来事の記憶を注入できたという。でもショッピングセンターで迷子になる体験と性的虐待の被害者の体験とをなぞらえることはできないわ」。

「その通り」。私は認めた。「ショッピングセンターで迷子になって怖い思いをすることと、性的ないたずらを受けることとは同じではない。私もこの全く異なる体験が等価だと主張したことはないわ。でも迷子になって怖い思いをするという偽りの記憶を暗示的な質問によって作りだすことは、偽りの虐待の記憶を作りだすのとよく似た心理的メカニズムを含んでいるかもしれない。実験のなかで示そうとしたことは、どうすれば暗示という方法を使って、実際にはなかった出来事の外傷的——あるいはやや外傷的——な記憶を作りだすことができるかだったのよ」。

以前、私は臨床家と児童保護擁護者から次のように攻撃されたことがある。彼らは私の実験室実験は健常な記憶の変容を調べているだけであり、性的虐待のサバイバーたちの体験にまで一般化されるべきではないと言った。ショッピングセンターの研究が初めて報道されたとき、友人の一人であり、シアトルの性的暴力予防機関「恐れに替わるもの」の創設者であり、著名な被害者の権利擁護主義者でもあるパイ・ベイトマンは、『シアトルタイムズ』の意見欄に次のような手紙を投稿した。パイはこう書いている。「ロフタス教授はショッピングセンターで迷子になったという体験が近親姦とアナロジカルだと考えているのだろうか。だとすれば、彼女にはもっと勉強が必要だ」。彼が言いたいことは明らかだ。私は記憶の専門家かもしれない。だが性的虐待については単なる素人にすぎない、というわけだ。

私が書いたトラウマ理論と抑圧された記憶療法に関する批判的な論文が『ハーバード・ヘルス・レター』に掲載されると、最も手厳しい批評家の一人、ジュディス・ルイス・ハーマンは熱のこもった手紙を書いてよこした。ハーマンによれば、弁護士は「子どもの頃虐待されたという主張の正当性を訴える意見に対し、異議を唱える方法を探している」が、私はそういう弁護士に与しているのだという。また、私は「臨床経験も心理的外傷の知識もないくせに」心理療法のプロセスについてあれこれ推測し、抑圧された――または時間がたってから想起された――性的虐待の記憶をもつクライエントにまで、研究成果を一般化しようとしている。さらにまた、とハーマンは続ける。そもそも私などおよびじゃないのに、私は「カウンセラーがクライエントの心に恐怖のシナリオを移植する」と暗示し、そうすることで「よくある偏見」、つまりカウンセラーに支配されるのは恐ろしいことだとか、女性は人の言いなりになりやすく、思慮が浅く、執念深いといったステレオタイプ、そして「性的虐待の存在を否定しようとする普遍的な願望」を世に示しているのだという。私の実験室での研究は、被害者に対する反撃を支え、外傷的な記憶に対する今後の調査・研究を危うくする。また、私の研究は、被害者が沈黙するよう社会的な圧力をかけるのに利用され、活用されている。そうハーマンは結論づけていた。

私はもはや記憶の可変性の専門家、エリザベス・ロフタス博士ではない。反児童・反女性・反被害者の社会運動を許し、研究室の成果をこれらの運動のために喜んで使わせるような思慮のない学者だ、というのだった。院生の一人が作りだした表現を借りれば、私は地獄から来た悪魔のような幼児性愛心理学者、ということになっていた。「先生、忘れないで」と院生たちは私に言った。「この論争は、性的虐待の蔓延や女性運動が勝ち得たものに関わる論争じゃないんです。イデオロギーではなく、記憶についての論争なんです」。

私はこの言葉を常に自分に対して繰り返さなければならなかった。これは記憶についての論争だ。イデオロギーについての論争ではない。問題となっているのは記憶なのだ、記憶、記憶……。

エレンが時計を見ながら言った。「あと一時間で飛行場に向かわなくちゃ。部屋に戻って荷物を整理しながら話さない？」。

私は彼女についてエレベーターに乗り、雪を頂いたオリンピック山の眺望がすばらしい、四階の大きな部屋へと入った。そこでふかふかの椅子に腰掛け、彼女がサバイバーのことや、サバイバーが過去の真実を話すときに示す勇気について、知的に、情熱を傾けて話すのを聞くうちに、私は何かを見逃していたかもしれないと思い始めた。確かにエレン・バスは私が知らない事柄に関する専門家だった。彼女には私には決して持ちえない実用的な知識があり、私にはない洞察力、知識、知性がある。彼女の経験を軽んじるなんて、どうしてできるだろう？成人したサバイバーの記憶に疑問を差しはさむことで、女性運動が勝ち得たものを危機にさらすことなど、どうしてできるだろう？

「これは記憶に関する問題なのよ」と私は言った。自分に言ったつもりだが、声を出していた。「だからこそ私はこの問題にかかわっている。だからこそ私は今、あなたと共にここにいるのよ。合意できる地点を見出すためにね。私は近親姦の蔓延については十分承知しているし、被害者の苦しみにも共感する。そしてサバイバーたちの勇気も尊敬するわ。私は女性運動の敵ではないし、被害者の権利を主張する運動や回復運動の敵でもない。もしも確固たる証拠、例えば性病にかかるとか繊細な細胞に明確な擦傷があるといった医学的な証拠があるのなら、私は虐待の記憶に疑いをもったりはしないわ。また、ずっと忘れられないでいる虐待の記憶も疑わない。そういった記憶はポジティブであれ、ネガティブであれ、他の記憶と同様、信頼できると思うから。私は記憶が自発的に思いだされ得ることも、詳細が忘れ去られ得ることも、虐待の記憶が何年も後に、さまざまな手がかりによって再び活性化され得ることも、疑わないわ」。

私は深く息を吸った。「私が関心をもっているのは〈抑圧された〉というラベルのついた、特定の記憶の集合だけ。議論したいのは、そして調べる権利があるのは、抑圧にかかわるサバイバー・回復運動における、未だよく解明されていない記憶だけなの」。

「でも、なぜ私たちは抑圧についてわざわざ話をしなくてはならないのかしら?」とエレンは尋ねた。「なぜその言葉を避けることができないの? 単純に、ある人が虐待のことを忘れ、後でカウンセリングで思いだしたとしたらどうかしら? 安全な場所で、おそらく初めて自分のことを信じ、自分の体験を正当化してくれる人がいると感じ、記憶は突然戻ってきた。ありそうなことでしょう?」。

「もちろんそうね」と私は言った。「でもそれなら単なる忘却と想起だわ。不思議なホモンクルス(訳注:小人)はいらない。無意識の世界に住むホモンクルスはね、周期的に日の光の中に出て来ては記憶をつかんで地下へと走りこむのよ。そして記憶を無意識の中の暗い片隅に貯めこんで、何十年も待った後、掘り起こしては外へと放り投げるんだわ」。

「でも抑圧を再定義することはできないかしら? 通常の、科学的に認められた記憶のメカニズムのひとつとして位置づけることができるように」とエレンは尋ねた。

「そうしたら、それはもう抑圧じゃないわ」と私は言った。「抑圧は通常の記憶じゃないんだから」。私は通常の記憶プロセスと、抑圧と呼ばれる例外的で異常な、経験主義的には証明できないメカニズムの違いについて説明しようとした。研究者は忘却——おおまかには出来事を思いだせないこと、あるいは過去の出来事の詳細のすべてを思いだせないことと定義される——が生じることを実験室で再現することができる。実験家は時間とともに記憶の形態や内容が失われてゆくことを、多くの証拠とともに示すことができる。

しかし日常経験する記憶の一側面でありながら、実験室で証明するのが難しい記憶現象もある。例えば意図的な忘却と呼ばれる現象。これは不安を喚起する認めたくない考えや衝動を、意識から追い出し、考えないでいるようにする現象だ。例えば私は母の死のことを思うと、そのイメージや感情が大変辛いので、すぐに心の外へと追い出してしまう。意図的に努力して、悲しい出来事を考えないようにしているのだ。これが意図的な忘却だ。だがこれは抑圧ではない。なぜなら母の死の記憶を意図的に心から押しやったとしても、私は母がプールで溺れたことや、その状況を覚えているからだ。

「抑圧が普通の出来事でないことは分かったわ」とエレンは思慮深げに言った。「でも、健忘と似ていない？　健忘症では外傷的な出来事が普通とは違った形で記銘されるでしょう？　外傷があまりにもひどくて、記憶痕跡が無意識の心の奥に半永久的なものとして刷り込まれるという可能性はないかしら？　そして何年もたった後、何らかの刺激によって意識へと戻ってくるというようなことは？」。

これはさらに複雑な問題だ。人がかかる健忘にはさまざまな種類があるが、一般的にはどれも頭部が損傷を被った後に生じる。前行健忘では、脳損傷後に起こる出来事や体験を覚える能力が阻害される。例えばセントラルパークでジョギングをしていた女性がレイプされた事件は有名だが、この場合、彼女は犯人からレイプされたことも、殴打されたことも覚えていない。脳が損傷を受けた結果、外傷的な出来事を心にとどめるための生化学的な過程が阻害されたためだ。

逆行健忘では、脳に怪我や損傷が起こる前の出来事や体験を思いだす能力が阻害される。逆行健忘の例を挙げよう。昼食の約束をしていたある女性が、職場から市街のレストランへと車で向かった。その途中、彼女は赤信号を無視して車を走らせ、大きな交通事故に遭遇した。二日後、彼女は意識不明の状態から目覚めたが、事務所から出たことも、赤信号を通過したことも、配達用のトラックが真横から突っ込んできたことも覚えていなかった。思いだせた最後の場面は、事故に遭遇した日の朝、自分の机でコンピュータにデータを入力していたことだけだった。

だが抑圧はこれらの希有な、しかし記録に残されている健忘とは異なる。抑圧は選択的な健忘、つまり脳が特定の外傷的な出来事を切り取り、編集し、その断片を接近不可能な特別な記憶の「引き出し」にしまいこんでしまうプロセスということになっているからだ。けれども外傷（あるいは心因性）健忘として知られる、別種の健忘もある。このタイプの健忘は抑圧と混同されることが多い。レイプであれ殺人であれ、恐ろしく、また情動的に心を乱す出来事は記憶に情報を貯えるための通常の生物学的プロセスを妨げることがある。その場合、出来事の記憶は不完全な形で記銘されるか、分断された同化できない断片となって刷り込まれる。

一九八二年に発表された論文で、トロント大学のダン・シャクターらは、外傷的な健忘を患う「PN」という二十一歳の男性の事例を記述している。PNはトロント市街で警察官に近づき、背中がひどく痛むと訴えた。連れて行かれた救急室で、彼は名前も住所も、生活にかかわるどんな情報も覚えていないと医者に述べた。PNの写真が新聞に報道されると、従兄弟だという人物が現れ、彼の身元は明らかになった。従兄弟によれば、PNは祖父が大好きだったが、その祖父が前の週に亡くなったとのことだった。PNは祖父のことは思いだせず葬儀に出席した記憶もなかった。だが翌日の夕方、連続テレビ番組「将軍」の最終回で精緻に描かれた火葬と葬儀の場面を見ているとき、彼の記憶ははっきりとしてきた。葬儀の場面を見るにつれ、心の中に祖父のイメージが現れ、記憶が徐々に戻ってきたのだ。*

外傷健忘は一般に多くの記憶や関連する感情、つまり個別の記憶だけでなく感情や思考なども含んでいる。また、普通ならすぐに意識にのぼってくる日常的な情報が思いだせなくなることが多い。「DSM-III-R」（精神疾患の診断・統計マニュアル）――これは医者や心理療法家が精神科の患者を症状によって診断するのに用いるマニュアルだ――によれば、心因健忘は「一度または数度にわたり、重要な個人的情報を想起できないこと。特に想起できないことが多岐にわたり、普通の物忘れでは説明できない場合。なお想起されない情報は外傷的あるい

＊ 外傷健忘は記憶の「ブラックアウト」とは区別されねばならない。後者の場合、病気、アルコール中毒、あるいは脳への大きな損傷によって記憶の形成が実質的に阻害される。このようなブラックアウトの場合は、記憶そのものが存在せず、想起されるものは何もない。

は強いストレスを帯びたものであることが多い」と定義されている。例えば心因（外傷）健忘にかかったレイプの被害者は、暴行の詳細だけでなく、自分の氏名、住所、職業なども忘れてしまうことが予想される。だが通常、健忘は回復し得るものであり、記憶はすぐに戻ることが多い。

ＰＮや上で述べたレイプ被害者の外傷健忘では、かなり多くの個人的記憶が一定期間、影響を受ける。これらの事例は大変興味深く、文献でも特別事例として記述されることが多いが、さらにまた、これとは少し異なる次のような健忘もある。このタイプの健忘患者は、例えば大きなスキー事故に遭遇した後、出来事の記憶は一部忘れてしまうが、記憶の文脈は保持している。つまり記憶が機能しなくなる直前までの出来事は覚えているし、また失われた記憶の後に続く体験も思いだせる。しかし最も重要なことは、この患者は自分が記憶喪失を患っていることを知っている、ということだろう。有意味な過去の記憶の一部を失っていることを、患者は意識しているのである。

これに対し、抑圧された記憶に苦しむ人びとは外傷体験の記憶を失うばかりでなく、記憶を失ったという意識さえ丸ごと失う。文脈のすべてが跡形もなく消えてしまう。そのため、性的虐待や悪魔儀式による虐待の記憶を抑圧していたと主張する人びとの多くが、幸せな子ども時代を過ごしたと信じたまま成長している。過去の異常な、またはショッキングな出来事について問われることがあっても、彼らは「外傷的なことなど全くありませんでした」と答えるだろう。秘密の部屋の鍵を開けるまでは、そんな記憶は存在しない。だが鍵が開けば、隠れた鐘楼から解き放たれたこうもりのように、記憶は外へと飛び発つのだ。

抑圧された記憶をもつ二十五歳のグロリア・グラディの事例は典型的だ。一九八五年一月二日、彼女はテキサス州、リチャードソンにあるミナース・マイヤー診療所に入院する手続きをした。長年抱えている超過体重の問題を解決するためだった。五週間の入院の後も、彼女は毎週行われる個人および集団カウンセリングに参加し続けることにした。両親と一緒に参加したミーティングで、カウンセラーは彼女にどんな悩みでも打ち明け、自己を解放し、自己主張するようにと励ました。当時グロリアが口にした不平といえば、バプテスト派教会の牧師である父親が、日曜日に家族で教会に行く支度をしている最中、無口になるということくらいだった。彼女はまた自宅を出ようかと考えていること、両親もアパートを探すのを手伝ってくれる予定だということなどを話した。

数か月後、カウンセラーはグロリアにこれまでの人生で起きた嫌なことをすべて書いてみるようにと指示した。特定の出来事が思いつかないで困っていると、カウンセラーはグロリアの兄とその妻に、グロリアの記憶を誘発するようにと依頼した。やがてグロリアのリストには、体重のことでクラスの仲間からからかわれたことや、小学校一年のときの悲しい思い出――両親に、あんたはクラスの友だちと一緒にスクエアダンスをすることはできないよ、と言われたこと（だが、彼女は結局ダンスに参加した）――などが含まれるようになった。

最終的には、グロリアは週に二度かそれ以上の頻度で行われる集団カウンセリングに加え、週二度の個人カウンセリングを受けるようになった。彼女は痩せ薬、睡眠薬、利尿剤、抗うつ剤などを併せて飲んでおり、薬を誤って飲みすぎて入院しなければならないことも何度かあった。一九八七年六月二十四日、それは精神科病棟でほぼ二か月過ごした後だったが、グロリアは両親宛てにショッキングな手紙を書き送った。入院している間に子ども時代の「恐ろしい記憶をたくさん」思いだしました。苦しみは「耐え難いものとなり」、両親の手で「虐待されたことを思いだしたときには、文字通り死にたいとさえ思いました」。あなた方は、私の記憶のなかで明らかになった真実を否認し続けています。だから私は「家族システム」から抜けることにしました、と。

二年後、彼女は両親からの連絡を妨げる保護命令を要求する訴訟を起こした。グラディ家の人びとは、法廷で初めて娘の告発を詳しく聞いた。グロリアの証言によれば、父親は彼女を十歳の頃から大学在学中まで繰り返しレイプし、またナイフ、ピストル、ライフルの銃身などで何度も犯したという。また母親は彼女のワギナにさまざまな異物を挿入し、性的虐待を行った。両親、兄、祖父その他の家族のメンバーは、悪魔教のメンバーだとされた。その儀式で、彼らはグロリアの三歳の娘を切り刻み、火にくべ、生贄にし、また五、六回、妊娠した彼女を儀礼によって堕胎させ、胎児の一部を彼女に無理やり食べさせたという。

だがグロリアの身体には何の傷跡も、繊細な細胞の裂傷も、性的拷問を受けた兆候もないと専門家は証言した。医学的な記録、写真、証人による証言も、グロリアの告発とは相入れないものだった。グロリアの妊娠を支持する証言はあったが、警察による捜査の結果、赤ん坊殺害の証拠は見つからなかった。裁判官はグロリア・グラディの保護命令の申請を却下した。

「すべては証拠に依存するのよ」と私はエレン・バスに説明した。「健忘の場合は記録、つまり本人が損傷を受け、記憶の消失はその外傷体験と関連があるという確かで信頼のおける証拠があるわ。でも抑圧された記憶の場合、証拠はどこにあるの？　一般の人がグロリア・グラディのように性的拷問や儀式による拷問を何度も受けながら、どの出来事の記憶もすべて抑圧し、平凡で幸せな家庭生活を過ごしてきたと信じ続けるなんて、証明できる？　作家のベッツィ・ピーターセンは、幼児期から二十代まで父親に何度もレイプされたけれど、その出来事や感情の記憶一切を抑圧したと言ってるわ。そんなことがあり得ると証明できる？　ロザンヌ・アーノルドやその他大勢の人たちは、赤ちゃんの頃受けた虐待の記憶を抑圧し、後で突然それらを鮮明に、細部にわたって思いだしたと主張している。そんなことが可能だと証明できる？　私が求めているのは証拠、つまり抑圧が一般的に起こり得る現象なのか、脳は外傷体験に対してこのように反応することがよくあるものなのか、その証拠だけなのよ」。

私は話し疲れてきた。「私が求めているのは証拠、それだけなの」。

「でもこういった事例はそれ自体、証明になっているんじゃない？」とエレンは疑問を発した。「全国で何千人もの人たちが抑圧された記憶を回復しているという事実こそが、抑圧が存在することの証明になるんじゃない？証人が犯人と被害者の二人しかいなくて、犯人は真実を決して語らないとしたら、どんな補強証拠を要求できるというの？」。

「脳が外傷体験に対しこういう仕方で反応するものなのかどうか、その証拠が見たいわ」と私は答えた。「外傷的な記憶は通常とは異なる仕方で彫り込まれ、あるいは記銘され、心の中の隔離された場所に貯蔵されるという主張を支持する証拠が見たいのよ。抑圧から解放された記憶にもとづいて多くの告発がなされているけれど、私はその、個々の告発を支える確固たる補強証拠が見たいの」。

私たちは行きづまってしまった。エレンは被害者の権利を擁護する者の一人として、信じることこそがカウンセラーがクライエントに与えることのできる贈り物だと信じている。長い間、女性は信じてもらえず、性的虐待の被害者たちは苦しい屈辱の秘密を背負って一人で生きてゆくことを余儀なくされてきた。「私はあなたの言うことを信じている」。この言葉を言うことで、カウンセラーはクライエントに苦しみを語る許可を、彼らが受けた暴行と屈辱のことを話す許可を与えるのだ。このような許可を与えておきながら、突然背を向けて証拠を求めるなどできるだろうか？

「最低限のところ、あなたは抑圧が起こり得ると思う？」。外に出る準備をしながら、エレンは尋ねた。「防衛機構の一つとして抑圧が存在する可能性を信じる？」。

「神を信じるかどうかみたいね」。エレベーターに向かって廊下を歩きながら、私は言った。「信じるかどうかは定義によるわ。神を文字通り、天使にあがめられ、天国の御座にましますまます白い髭をなびかせた物理的な存在だと定義するのなら、私は〈いいえ〉と答えなければならないわ。でも、もしも神をひとつの仮説、可能性だとみなすのなら、私は〈そうね、高き所に何ものかが存在するという仮説を信じるわ。でも信者になるには、証拠が必要〉と言うでしょう。

抑圧にも同じ理屈があてはまると思うの。もしもあなたが抑圧を、心が特定の記憶だけを取り上げ、選択し、心の中の隔離された秘密の部屋に隠し、そして何十年も後、もとの形のまま戻すプロセスだというのなら、私は〈いいえ、今までに理解し、目撃してきたことによれば、そんな風に考えることはできない〉と言わなければならない。でもあなたが抑圧を仮説としての可能性、つまり恐ろしい外傷体験に対して起こる、稀で普通とは異なる変わった症状だと定義するのなら、その仮説を無視することはできないわ。私は〈そうね、そういう可能性もあると思う。でも、信者になるには証拠が必要〉と言うでしょう」。

「でも」とエレンは問うた。「心が記憶を埋めてしまうことを証明するなんてできるかしら？　どんなプロセスが生じるのか、科学的に正確に示すなんて無理だと思うわ」。

「そんなこと言うんだったら、一〇〇万ドル（訳注：約一億円）もの訴訟や死の床での対決は、心がどのように機能するかという仮説にしか依拠しないことになってしまうのよ。そんな訴訟や対決、それこそどうやって正当化できるというの？」

「仮説、そして記憶によってよ」

「誰かが暗示するまでは存在しなかった記憶によってね」

二人を分断し隔てる深いイデオロギーの溝ごしに、私たちは見つめあった。私にも彼女にも、これまで一生懸命努力して得てきたものがある。それを捨て去り溝を飛び超えるなんて、そんなこと、何を信じれば正当化できるというのだろう？

「カウンセラーは牧師じゃないわ。それに抑圧は神学の教えでもない」。エレンは静かに言った。

私はうなずいた。だが、それほど確信があるわけではなかった。

エレン・バスと会ってからひと月もたたないうちに、あるエッセイが『ニューヨークタイムズ・ブックレビュー』に掲載され、それでなくても熱くなっている抑圧された記憶療法の議論に、さらなる火を焚きつけた。それは「近親姦マシンに気をつけろ」と題された巻頭記事で、著者は心理学者キャロル・タヴリス、有名な批判本『誤測定された女性』の著者だった。タヴリスはまず、『生きる勇気と癒す力』のチェックリストに含まれる症状例を取り上げている（「自分が悪く、汚く、恥ずかしいものであるように感じる」「危険な状況で身を守ることができないように感じる」「なかなかやる気が出ない」など）。チェックリストは近親姦の影響の有無を診断するものだとされているが、このリストはあまりに一般的で、「あてはまらない人などいない」とタヴリスは明言する。

タヴリスはさらに論を進め（というよりも、加速してといったほうが当たっている）、自助本の著者たちは元々は近親姦サバイバーの回復運動の擁護者でしかなかった、彼らは単純で貪欲で権力を追求するだけだとこきおろしている。

彼らが被害者に提供するアドバイスが問題なのではありません。彼らが被害者を作りだすために投入している精力が問題なのです。このようにして市場を拡大し、彼らはカウンセリングや自助本を使って治療できるように図っているのです。そしてあらゆるサバイバル本が、記憶や外傷体験に関する特定の仮説を無批判に受け入れ、それにのっとって処方箋を作っています。心理学の研究者が難問に頭を悩ませている間に、彼らは簡単な回答を提供しているのです。

歯に衣着せぬ物言いだけでなく、シニカルな警句もちりばめられている。例えば、近親姦本は互いに「近親姦的」な関係にある、本が本を「産み」、それがまた次を産むというように世界中がこの生き物でいっぱいになるまで増え続ける、と彼女は言う。また、これらの本は少しずつ相互に繋がっており、どの本にも同じ欠陥をもつ遺伝子が組み込まれているとも指摘する。これらの本は「世代」から世代へと、欠陥染色体にも似た情報を伝え続けるというのだ。

近親姦的な仕組みとしか言いようのない仕方で、これらの本の著者たちは、自分の本を支持する証拠を他の著者の本に求めています。つまり、彼らは読者に対し、互いの本を推奨し薦めあっているというわけです。誰かが「女性の半数は子ども時代に性的外傷を体験したサバイバーだ」という、でっちあげの統計を載せたとしましょう。するとこの数字はベースボールカードのようにトレードされ、すべての本に繰り返し引用され、最終的には事実となって大切に保存されることになるのです。こういうサイクルによって、誤った情報、欠陥のある統計、正当でない主張が維持されることになります。

タヴリスは手をゆるめない。彼女は、これら血のつながった学術書に繰り返し現れる「単純な」主題とお定まりの命題を厳しく非難している。

これらの本は型にはまったように、今ある不幸の原因を過去の虐待に求めるよう読者に呼びかけています。夫や子どもとのけんか、性にあわない仕事、あるいは失業、お金の心配などはおよびでない、というわけです。自分が性的虐待の被害者であったことに気づき、これこそが人生のさまざまな問題を説明するのだと気づくこと。これが癒しの定義なのです。

懐疑主義者は反児童・反女性・反被害者主義者だと糾弾されるが、タヴリスは糾弾する者を逆にねじ伏せている。彼らのほうこそ、有能感や力ではなく、女性の傷つきやすさや被害者意識に焦点を当て、その体験を病的なものにしていると告発する。

これらの本はまた、型にはまったように、読者が被害者意識とかサバイバルといった言葉を自己を立て直す物語に組み込むように促します。これらの言葉は物語の大半を占めるようになりますが、その効果はせいぜい「グループに加わり、自分の感情について話しましょう」ということ止まりです。このような物語は女性の気持ちを一時的に落ち着かせても、その他のことは野放しにしてしまいます。そのことが、こういった物語に人気がある理由なのかもしれません。もしも被害者が本当に自分自身を立て直すことができたなら、他は何も変わらなくて済むのですから。

タヴリスは血を吹き出させた。数週間後、多くの反響が活字となったが、それらは剃刀のように鋭利で、犯人に傷を追わせようとむやみやたらに切りつけてきた。

「タヴリス氏は近親姦サバイバーに対し、全く根拠のない意地悪な攻撃をしかけてきました。これには異議を唱えなければなりません」とジュディス・ルイス・ハーマンはいきまく。「もしも彼女が真に近親姦にうんざりしたというのなら、彼女は女性を切り捨てるのではなく、私たちの運動に加わり、性的暴力の疫病を終わらせるよう努力すべきなのです」。

ドロシー・グリーン牧師は嘆く。「タヴリス氏は、記憶——多くの反抗に遭い、心の隠れた部分に根ざす強い痛みにねじ曲げられた記憶——の正当性を疑問視することにより、サバイバーに大変な危害を加えました。サバイバーはそれでなくても自分の物語を信じたくないという強い欲求をもっているのです」。

ベッツィ・ピーターセンは、女性運動に加わる者が攻撃してきたことに驚きの声を上げている。「私の崇拝する作家、明らかに女性主義者を名乗っていると思われる作家からこのような告発がなされるとは、予想だにしませんでした」。

手紙でタヴリスをシグムント・フロイトになぞらえた者もいる。フロイトは「近親姦を受けたという報告はヒステリーをもつ女性のファンタジーに過ぎない」と主張したからだ。

元カウンセラーであった著者、E・スー・ブルームは、なんとタヴリスを世のレイプ犯人や幼児性愛者たちと同列に置いている。「キャロル・タヴリスは、このエッセイを書くことで……〈痴漢、レイプ犯人、幼児性愛者、その他の異常性愛者を支持するサイド〉、加われば必ずや後悔することになるサイドに〈与してしまいました〉」。だが、タヴリスは自分の拳銃を固持した。「すべての家庭に虐待を見出し、存在しなかった記憶を作りだしてしまうこの力、悲愴で破壊的な力が、新しい危険な問題領域を作りだしているのではないかと恐れます」と、タヴリスは手紙のなかで答えている。

政府の政策のいくつかを批判しても反アメリカ主義者にはならないように、この問題を提起しても、私は反フェミニストにはならないと思います。……複雑な問題を極端に単純化する教義を吟味せずに受け入れたとしても、女性の助けにはならないでしょう。フェミニズムが促進されるとも思いません。女性の健康と地位を本当に向上させたいのなら、女性が回復運動によっていかに助けられているかだけでなく、いかに傷つけられているかについても理解する必要があるでしょう。この運動によって――たとえ意図されたことではないにせよ――性に対する全国的なヒステリー感情が高まり、子どもを抱きしめたりキスしたりすることが怖くなるというようなことはないでしょうか（家の中を裸で歩き回るようなことは論外だとしても）？　また、虐待などしていない親によるちょっとした正常な範囲の間違いを、厳しく弾劾するというようなことが促進されてはいないでしょうか？　検討すべきだと思います。

ふたつの敵対する陣営が激しく戦うのを観戦しながら、私はこんなことを考えて、少しホッとしたのだった。少なくとも、今となっては私だけが地獄から来た悪魔的幼児性愛心理学者ではないんだわ、と。

私に対する攻撃は、個人的なものとなっていった。『シアトル・ウィークリー』は私の研究について、また私の研究が抑圧された記憶療法とどうかかわるのかについて、長い記事を掲載した。記者は私の立場を批判してはばからない二人の心理学者、臨床心理学者と認知心理学者にインタビューしている。面白いことに臨床心理学者は私の研究手法を攻撃し、認知心理学者は私を心理分析した。

「彼女は外傷的な記憶を研究してはいるわけではないんです。健常な記憶を研究しているのよ」とジュディス・ルイス・ハーマンは言い、一方、カリフォルニアにあるクレアモント大学院の認知心理学の教授、キャシー・ペズデックは「彼女の研究は興味深いし、ある範囲においては適切だと思います。でも気にかかるのは、彼女が研究成果を領域外のことにまで適用しようと固執していることですね」と言う。そして私の極端な懐疑主義は過去、私の身に起きた問題か、外傷的な体験に原因があるのではないかと声高に案じている。「過去の出来事について、エリザベスは自分に誠実であったのかしらね」とペズデックは言う。「特定の問題について強い立場をとろうとする者は、なぜそうするのかについて誠実である必要があると思います」。

だが、二週間後に寄せられた編集長への手紙には、もっと面白いコメントが含まれていた。手紙を書いたのは精神科の看護婦でもあり実務家でもある人物だ。私の研究が正面記事として掲載されたことを深く憂え、「この記事は私のクライエントや、子ども時代に虐待を受けた多くのサバイバーに破滅的ともいえるほどの影響力を及ぼしました」と案じている。また彼女は私のことを冷酷で怒りっぽい、自己中心的な人物だと非難した。彼女の言葉によれば、私は「女性としての本能的な部分」を閉ざしてしまっているのだという。彼女はまた（訳注：掲載された）私の写真には「強迫的な仕事中毒と、情緒的な苦しみを知性で回避しようとする態度から必死に逃がれようとする、迷い、怯え、怒りを抱えた女性」の姿が反映されているというのだった。

（私は、実物よりもよく撮れているのではないかと思われるその写真を見ながら、こう考えたのを覚えている。私は本当に「迷っている」ように見えるのかしら、と）。

手紙の末尾には、私の研究は法システムに「危険な」影響を及ぼし得る、とある。クライエントは法廷で戦う意欲をそがれ、弁護士は彼らこそが「何が治療的か」を決定できると信じてしまうのだという。いわく、「これ以上ロフタス博士に力を与えてはなりません。彼女を信頼してはいけません。女性、カウンセラー、そして自分の中の女性的な部分を大切にする男性の声に耳を傾けましょう。彼らが父権主義的な狂気に対して上げる声を！」。

＊＊＊

もう一つ書いておきたいことがある。この話に出てくるカウンセラーの実名を明かすことはできない（ここではバーバラと呼ぶことにする）。だが、彼女が知的で考えのしっかりした、情の厚い人間だということは確かだ。また彼女が深く誠実な気持ちでクライエントの世話をしていること、純粋に善かれという気持ちで私に抑圧の現実を一生懸命に説明し、彼女のサイドに加わって幼児性愛者やレイプ犯と対決するよう説得したのも確かだ。だが私と彼女の間で起きたことは、臨床の過程に内在する、ときとして虐待的にもなり得る大きな力について、多くのことを教えてくれた。

バーバラが私に助けを求めて電話をかけてきたのは一九八〇年代の後半だった。彼女は臨床心理学の学術雑誌に投稿する論文を書いているところだった。それは抑圧された性的虐待の記憶に含まれる、検索過程についての論文だった。彼女は性的虐待を受けた成人サバイバーの同定が困難であることを問題とし、抑圧された記憶が通常の記憶と同じ法則に従うのかどうかで、悩んでいた。「意識的な記憶に比べ、抑圧された記憶は事後情報に対してより繊細で変容しやすいのでしょうか？」と彼女は尋ねてきた。

「その答えは抑圧をどう定義するかによると思うわ」と私は言った。「長期にわたって意識することのなかった記憶、つまり過去、何度も意識に上ってくるのとは異なる種類の記憶、という意味で言っておられるの？　もしもそれが〈抑圧〉だというのなら、そのような記憶はとりわけ変化や変容を被りやすいと思うわ」。

その後二、三年間、私たちはときおり連絡を取りあってきた。臨床心理学者と認知心理学者として、記憶の検索過程に関する情報や洞察を分かちあってきたのだ。ところが一九九二年八月三十一日、バーバラは嘆きの電話をかけてきた。USAトゥデーの朝刊で見たという記事についてだ。彼女は見出しとそれに続く文を読み上げた。

抑圧された記憶を疑う人びと

家族は引き裂かれ、無実の人が牢屋へと送られている、子ども時代の性的虐待という根も葉もない「抑圧された」記憶が原因だ、とシアトルの心理学者エリザベス・ロフタス氏は訴える。

「近親姦の被害者がこのような記事からどんな影響を受けるか、とても心配だわ」と彼女は言った。「サバイバーにとってはね、苦しい記憶を打ち明けたり、外傷的な過去について真実を語るのはとても大変なことなのよ。サバイバーはいつでも自分の記憶に疑問を抱き、自分の心を疑っているわ。何百万もの人の目に触れる新聞にこのような記事が載ると、彼らは後退し、臨床家が営々と築いてきた成果は破壊されてしまう」。

「あなたの心配も分かるわ」と私は言った。「それでなくても対立が生じているんだもの。火に油をそそぐ張本人になんか、私もなりたくないわ。それに性的虐待を受けた真のサバイバーが私の言ったことで傷つくかもしれないと思うと、とても辛いわ」。

「だったら、あなたにも何かできることがあるんじゃない？」と彼女は尋ねた。口調が厳しくなっている。「有名なあなたがこんな風に大げさに歪めて言うと、まるで抑圧された記憶など存在せず、偽りの記憶こそがどこにでもあって、抑圧された記憶療法は無能で熱狂的ないかさま連中がやっているかのように聞こえてしまう。あなたは現実の、堅実で善良な臨床家の仕事を誤解しているのよ。あなたが論文に書いている〈あの暴漢が何をしたのか話してください！〉みたいな臨床家の話。そんな話ばっかりで、優れた技能をもつ有能なカウンセラーの引用がないんだもの。あなたは実験心理学者なのに、一体どんな権利があって臨床家の仕事を批判しているの？」。

私はこの議論には特に敏感だった。私はかつて心理療法家である友人から、あなたは臨床の問題について知らな過ぎると言われたことがある。彼は言った。私なら決して記憶の実験研究の専門家のふりをしようとは思わないし、自分に記憶研究を批判する資格があるとも思わないだろう。なのに君は心理療法全体を傷つけるような主張をし、臨床家の仕事ぶりにまで口を出すようなことをしている。そうしていながら、全く後ろめたさを感じていないように見える。これはなぜなんだろう、と。

「確かに、経験のないカウンセラーは多くの害を及ぼし得る」と彼は続けた。「ちょうど経験のない科学者、弁護士、外科医、エンジニアなどが多くの害をもたらし得るのと同様にね。だけど君は、多くの――すべてとまでは言わなくても――カウンセラーが勘を頼りに露骨に暗示的な技法を使っているとほのめかす。これは気に障るし、中傷だと思う。君はカウンセリングを茶化し、皮肉なパロディにし、その結果、性的虐待の現実を歪め、矮小化している。そして、虐待で傷ついた人たちが懐疑的な社会の〈不信〉によってさらに傷つく可能性を、高めているんだ」。

「あなたの研究が本当に虐待を受けた人びとに及ぼす影響が心配なのよ」とバーバラは話し続けていた。

「私だってそのことが心配」と私は言った。「どうすればいいのかしら」。

「話し合いを続けましょう」と彼女は言った。

二か月後、バーバラはちょっと「おしゃべりする」ためにシアトルへと飛行機でやってきた。私たちは丸一日かけて、実験室での研究は現実世界での体験を理解するうえでどう役に立つのかを議論し、また虐待を受けた真の被害者を助けたいという、共通の問題を話し合う方法を模索した。夜は夕飯を共にし、個人的な話もした。私は母の死や、長い間メラノーマ（黒色腫）と闘い苦しんだ父のことなどを話した。

バーバラは暖かく共感的だった。彼女も仕事上の逆境や、人間関係の問題、落胆、夢などを語ってくれた。もちろん抑圧された記憶論争についても話し合った。私は批判の一つひとつ、ときおり投げつけられる的外れな批判にさえどんなに傷つくかを語った。また私に関する意地の悪い手紙を、西海岸エリアの実質上すべての組織集団に対して書き送っている、あるカウンセラーのことも話した。組織の一つで理事を務める友人が、その手紙のコピーに手書きのコメントをつけて送ってくれたことがあった。「この人物は、あなたがビールの中を泳ぐいも虫のような倫理感をもっていると思ってるみたい」というコメントに、私は笑った。だが同時に、傷つきもした。

私は最近かかってきた、高校時代の友人からの電話の話もした。彼女はロサンジェルスに住んでいる。八歳の息子が学校で不適応を起こしたので、検査と評定のためにカウンセラーの下を訪れた。カウンセラーが息子と二人だけで面接したいと言うのでそうさせていたが、しばらくすると心配になり、ドアのところで二人の会話を聞くことにした。

「虐待を受けたことはありませんか？」とカウンセラーは息子に尋ねていた。「何か嫌なこと、変な感じのすることをされた覚えはありませんか？　大事なところを誰かに触られたことは？　あなたのことを虐待したかもしれない人の絵を描いてみて」。この時点で、私の友人は部屋に飛び込み、そういう質問は生産的ではないと思うと言って（「これはずいぶんと控えめな表現だったと思うわ」と彼女は後で私に話したのだが）、息子の手を引いて、オフィスから走り出たのだという。

「人生は日々、ドラマの連続よ」と私はバーバラに言った。「毎日研究室に入ると、こう思うの。さてさて今日は何が起きるかなって。右を見て、左を見て、次は誰が告発されるのかしらって思うのよ。そして次は誰が抑圧された記憶を見つける番かしらってね。数週間前、カウンセリングを受けている弟が電話をかけてきて、新しい展開がありそうだと言うの。カウンセラーに催眠をかけられて八歳の頃まで年齢退行したら、何かで母に叱られているのを思いだしたんだって。泣けてきて、完璧に感情にのまれてしまったそうよ。何があったのか細かいことまでは分からなかったけれど、重要なことに近づいた感じがしたって言ってたわ。研究室でこの話を聞きながら、私はこう思った。カウンセラーに性的虐待の話をさせちゃいけないって。でも、こうも思った。ま、いいか、少なくとも母さんも父さんも死んじゃったんだし。彼が告発したって両親には分からないんだわって。でもそのとき思いついたのは、じゃ、告発できる人が他にいるとすればそれは誰だろう、まだ生きているのは誰だろうってこと。恐ろしいジレンマに陥ったわ。どうすればいいか分からなかった。なぜって、弟はすばらしい進展を遂げていると信じている。彼は自分の感情に触れはじめ、忘れていた感情を感じ始めているわ。でも一方で私は悩むの。カウンセラーがこんな記憶を彼の心に注入するのを、手をこまねいて見ていていいのかしら、とね」。

　私は食事をしている部屋いっぱいの人びとを手で示した。「この部屋にいる人たちの半分は、抑圧された記憶をもっているか、その可能性を疑っているか、どっちかだわ。かけてもいい」。私は言った。「でもね、この世には抑圧された記憶以外のものもあったっていいと思うのよ」。

　バーバラは重々しいまなざしで私のこと見つめた。「ベス、あなたどうしてこのことをそんなに軽く扱えるの？　子どものころ虐待されたとするわね。そのことをただ許して忘れるなんて、本当にできると思う？　虐待を受けても長期間の後遺症に苦しむことなどない、とあなた本当に信じられるの？」。

　私は真実を語った。本当のところ、私はベビーシッターのハワードの記憶に深く苦しんだことがある。私は六歳のころ彼にいたずらをされた。そして私は彼のことをただ許して忘れるなどできなかった。十三歳の誕生日の朝、目を覚ましてこう思ったのを覚えている。ああ、どうしよう。十三歳になったんだ。なのにまだ生理がこないなんて。友だちはみんなきているというのに。次に思いついたことは、私を震え上がらせた。ああ、どうしよう！　私は妊娠しているのかもしれない！（ハワードはただ私を触っただけだったが、こう思ったのだ）。

「何も知らなかったのよね」。私は認めた。「でも、そのときは本当にそう思ったのよ」。

「ああ、ベス。なんて悲しいこと。そんなにつらくて悲しい屈辱的な気持ちで思春期を迎えたなんて」とバーバラは誠実に、心をこめて言った。

「ハワードは私に何をしたのかちゃんと理解していなかったのかもしれない、とよく思うわ」。バーバラがあまりに深く同情してくれたので、私は言った。「彼は十四か十五だった。ナルシスム的な年齢よ。私こう思うの。彼はちょっとした危険を犯してみたかったんじゃないかって。拒否したり、しゃべったりしない〈安全〉な小さな女の子で試してみようって。このことが私に与えるかもしれない長期的な影響なんて考えもしなかったのよ。彼は手荒なことはしなかった。ただ考えが足りなかったのよ」。

「あなた、このことをご両親に話した？」

「いいえ、ずっと秘密にしてきたわ」

「虐待された子どもの典型的な反応ね」。バーバラは言った。

「ええ、分かってる。でも、私はこの記憶を決して忘れたことはなかった。抑圧したこともない。そして私は深く傷ついたけれど、それは過去に残しておこうと決めたのよ。この記憶は過去のものだと思うから」。そう私は言った。

　バーバラは分かるわ、と言った。その夜遅く、二人はさよならのハグをして別れた。

　一週間後、バーバラから手紙がきた。あなたの過去は私にとってもたいへんつらいものだった、と彼女は書いている。ハワードの話には悲しみと、強い、たいへん強い怒りを感じた。あなたの苦しみ、孤独、裏切られたという気持ちをなぐさめる方法をいろいろ考えてみたわ、と。彼女は帰りの飛行機の中で、あるアイデアを思いついた。ヴードゥー教の術者は悪人のシンボルを形作り、それをピンで刺すのだという。彼女は私のためにそれをやってのけた。

バーバラは別の紙に少年の輪郭を描いた。胸の中心にハワードと、特別に大きい太文字でタイプし、その両手と性器にまっすぐピンを刺しこんでいた。ピンの頭は真っ赤に塗られていた。

私はどう理解すればいいのか分からないまま、その絵を長いこと見つめていた。バーバラは私を助けてくれているつもりだ。それはよく分かった。だが、私の苦しみは彼女の苦しみになってしまった。そして私の怒りは、彼女の怒りに呑まれてしまった。これがカウンセリングで起きていることなのだろうか？　クライエントが最も深い恐れと不安を口にすると、カウンセラーはその葛藤のある感情を取りあげて拡大し、シンボルとして再形成するのだろうか？

これが何を意味するのか、私にはよく理解できなかった。だがバーバラが何をしたのかは、よく分かる。彼女は私の記憶を盗み、ピンで刺し、そして血を流させた。

第12章
悪魔を追い出す

計略が霞のように進行している。とても陰湿な計略だ。古い価値やかつての友情に縛られていたら罪を犯すことになるだろう。私は法廷で恐ろしい証拠をたくさん見た。セーレムには悪魔がいる。恐れるあまり、告発された悪魔に従うことのないように。

——アーサー・ミラー『るつぼ』

怪物と戦う者は、その過程で自分が怪物となってしまわぬよう、心せねばならない。

——フレデリック・ニーチェ

ポール・イングラムの事件にかかわるようになったのは、彼の有罪が確定し、判決文が出された後のことである。シアトルのテレビ局に勤める女性プロデューサーが研究室に電話をかけてきたのがきっかけだった。事件のドキュメンタリー番組を製作していた彼女は、警察による釈然としない調書をいくつか読み終えたところだった。

「イングラム氏には尋問官による圧力がかかったとしか思えないんです」と彼女は言った。「調書を読んで、専門の立場からご意見をいただけないでしょうか?」。

警察での取り調べを録音した資料は、書き起こすと何百ページにもなる。読んでみると、私にもこの異様な事件が意味するものが見えてきた。近代的なアメリカの中規模都市。そこで法を遵守する一市民が、誠実な公僕に追及され、身に覚えのない犯罪を自白した。これは現代のセーレム。しかもごく身近な所で起きた事件だった。

ポール・イングラムに何が起きたのか調べるうちに、私は多くの主要人物と知り合いになった。イングラムの弁護士。友人であり同僚でもあったレイ・リッシュとジム・ラビー。この二人はイングラムの証言によって事件に巻き込まれた。カルトの専門家であるリチャード・オフシー。そして新聞記者のローレンス・ライト。ライトは『ニューヨーカー』にすばらしい記事を二回に分けて連載し、イングラム事件を題材とした著作『悪魔を思い出す娘たち』(Knopf, 1994) を著した。これらの著作によって、メディアにセンセーションが起きたのだ。

私はまた、囚人番号二六一四四六のポール・イングラムと文通を始めた。彼は東海岸の刑務所に収容されている。最近の手紙には、人生の「豊かな恵み」について書いてあった。兄弟姉妹が訪ねてきてくれたこと。そしてエアコン付きの独房に移れたこと。そこからは四つの水道タンクと新しいバイパス道路が見えるという。

過去を振り返るとき、ポール・イングラムはちょっとしたマインド・コントロールを行う。外傷体験を直視することを避け、代わりに彼が学んだ教訓に焦点を当てるのだ。彼はつい最近までの出来事を「精神的に混乱していた時期」と呼んでいる。だが婉曲的な表現が嫌いな人からすれば、それは地獄以外の何ものでもない。イングラムは一九八八年十一月から一九八九年四月まで五か月間にわたり、ワシントン州サーストン郡の郡保安官事務所の刑事から尋問を受けた。心理学者や牧師が同席することも多かった。彼らは真実を探究するあまり、イングラムの自己知覚を操作し、不安感と罪悪感を誘発し、自信を低下させ、ついには二人の娘を十七年にわたり性的に虐待したと自白させた。

最初のうち、イングラムの自白は申し立てられた近親姦行為の内容と一致していた。だが途中で不思議なことが起きた。尋問官が悪魔教について暗示したところ、イングラムはそこから出発してとてつもなく異様で血生臭さい行為を自白するようになったのだ。目を閉じ、頭を抱え、忘我の状態で、彼は悪魔や燃えさかる火、血を飲む儀式、嬰児殺しのことなどをぼそぼそと語った。イングラムは保安官事務所の副民事部長であり、地元の共和党の会長も務める信心深い五人の子どもの父親である。その彼が、自分は悪魔カルトの使徒であり、子どもを強姦し、儀式に参加し、幼児を殺したり手足をもぎとったり人肉喰いを犯したと自白したのだ。

指導的地位にある市民が近親姦を犯したという、それなりに衝撃的な事件の一つとして開始された捜査は、暗黒の情熱と、目も眩むような「真実」の探究によって膨れ上がった。それはたちまちヒステリーと化し、過去の記憶――神を恐れる民衆が恐怖、迷信、宗教的な熱にうかされて魔女を弾劾し、村の真ん中に火あぶり用の杭を立てた――を呼び起こした。今と同様、その時代も、悪を恐れる心が悪意を産みだし、悪魔を社会から追い出そうとする消耗的な試みの結果、悪魔は自分たちの魂の中にいることが判明したのだ。

ワシントン州、オリンピアにある命の水教会は、キリスト教の根本主義の一派である。この教会はまた、伝道者エイミー・センプル・マクファーソンが一九二七年に創始したフォアスクエア・ゴスペル国際教会の支部でもあった。フォアスクエア派では、聖書は文字通り神の言葉であり、悪魔は強大な暗黒の力をもつ物理的存在だと教えられる。悪魔は精神的、身体的な病を起こし、魂を堕落させ、傷つきやすい人の心を支配し、汚れた考えや非道義的な行為を吹き込む。悪魔はまた、「悪魔の欺き」という方法を使って、被害者に悪魔の影響に気づかないでいさせることができた。常に覚醒し、祈り、聖書に書かれた神の言葉を学ぶこと。それだけが、営々と繰り返されてきた善悪の魂の戦いにおいて、魂を守る唯一の方法だとされた。

一九七五年、ポール家の人びとは命の水教会に入会し、「新生」した。そしてすぐに活動的なメンバーになった。一九八〇年代初頭、娘のエリカとジュリーは教会が年に一度主催する、二日間のキャンプ、「心から心へ」に参加した。このキャンプは、教会員であるカウンセラーが十代の青少年をバスでブラック湖聖書キャンプ場に連れて行き、二日間、自尊心や性の問題、家族に関する問題などを話し合うというものだった。混乱した心の秘密を涙ながらに打ち明ける若者もいて、グループセッションは感情的、浄化的なものになりがちだった。

エリカとジュリーも秘密を打ち明けたことがあった。一九八三年のキャンプで仲間と話し合っているとき、エリカはレイプ未遂の被害を受けたことがあると打ち明けた。この件は保安官事務所にも通報されたが、真相は、家庭のある男性がエリカを車で送る途中、彼女の膝に手を置いただけだと判明し、調査は打ち切られた。二年後、今度はジュリーが近所の男性から性的に虐待されたと告白した。エリカも同調し、彼女も同じ人物に虐待されたと主張した。この訴えは郡の検察官へと提出されたが、ジュリーが申し立てをうまく説明できず、つじつまがあわない点も出てきて、告訴は却下された。

一九八八年のキャンプには六十人の少年少女が参加したが、この年は、あちこちで衝撃的な啓示があった。カリフォルニアから来たカリスマ的な信徒であるカーラ・フランコが、超能力でグループをとりこにしていたのだ。例えばあるとき、フランコはグループの前でこう言った。暗いたんすの中に隠れている少女の姿が「見える」。近づく足音、鍵穴に差しこまれる鍵の音が「聞こえる」、と。するとグループのなかから突然一人の少女が声を上げ、たんすに隠れていたのは私だと言った。少女は大きな声で泣き崩れ、他のカウンセラーが彼女をなだめようと周りを取り囲んだ。

しばらくすると、フランコはもう一つ、虐待の情景の啓示を語った。血の繋がりのある者が誰かを虐待している、と彼女は言った。すると別の少女が立ち上がり、部屋から走り出た。カウンセラーがこの少女をトイレで見つけたとき、彼女は便器に頭を沈め、自らを溺れさせようとしていた。

二十二歳のエリカ・イングラムは、そのキャンプでカウンセラーをしていた。参加者のほぼ全員がオリンピアに戻るバスに乗り込んだとき、エリカは残っていたカウンセラーに、実は私も虐待されていたと、泣きながら語った。警察の調書によれば、カウンセラーのグループに囲まれて床に座っていたとき、彼女は突然、自発的にこの洞察を得たのだという。

しかしカーラ・フランコは、この出来事を少し違ったものとして思いだしている。キャンプが終了したとき、一人のカウンセラーがフランコに近づいてきて、エリカのために祈ってあげてと頼んだ。フランコは同意し、声を出して祈り始めた。エリカはフランコの足元に座っていたが、そのとき突然フランコに鮮明な洞察が訪れ、フランコは「真実」を知ったのだという。

「あなたは、子どもの頃虐待されていたのね」とフランコは確信に満ちた声で宣言した。エリカは号泣したが何も話さなかった。別の情景の啓示が訪れると、フランコはまたすぐに言葉にした。エリカは父親に虐待され、それは何年も続いたのだ、と。

エリカはコントロールの効かない状態になった。フランコはエリカが泣き止むまで祈り続け、やがて彼女が落ち着くと、外傷的な記憶について調べるためにカウンセラーを見つけたほうがよいと説得した。エリカは感情に打ちひしがれ、うなずいて同意するのがやっとだった。

ポール・イングラムとその妻、サンディ・イングラムが娘たちの態度の変化に気がついたのはこのキャンプの後だ。理由は分からなかったが、エリカとジュリーは引きこもり、話をしなくなった。夫婦は心配した。だがサンディが話そうとしても、二人は「お母さんは知らないほうがいい」と言い、避けてしまう。彼らを怒らせ、もっと遠くに追いやってしまうことを恐れ、サンディとポールはしばらくの間様子を見ることにした。そんな「年ごろ」なのだろうと思ったのだ。

だが九月の末、エリカは突然家を出ると言い出した。その二か月後、高校三年のジュリーも家を出て友だちの家で寝泊りするようになった。感謝祭の前の日曜日のことだ。教会の夕礼拝の後、エリカが母親にレストランのデニーズで会ってくれないかと言った。レストランで、エリカは友人に助けられながら、父親と二人の兄に繰り返し虐待されていたのだと打ち明けた。虐待は一九七五年、彼女が九歳のとき、父親が命の水教会で新生したときに終わったと彼女は言った。

「なぜ話してくれなかったの？」とサンディは娘に尋ねた。

「話そうとしたのよ、お母さん。でも聞いてくれなかった」とエリカは答えた。

夜遅くサンディは夫にエリカの告発をつきつけた。だが彼は、よからぬ仕方で子どもたちに触れたことは一度だってないと否定した。

「事実でないのなら、どうしてエリカはそんな告発をするのかしら？」サンディは尋ねた。

「わからない」とイングラムは答えた。二人は一瞬、見つめあった。彼は付け加えた。「私には暗黒面はないと思うんだが」。

翌朝、サンディは車を運転してジュリーを友人宅に迎えに行き、学校まで送った。この車内でジュリーも母親に、父と兄から性的ないたずらを受けていたと話した。一九八三年、彼女が十三歳のときにその虐待は止んだのだという。

同日午後、それは一九八八年の十一月二十一日のことだったが、ジュリーはレイプ危機センターのカウンセラーに付き添われて警察に行き、尋問官にもっと詳しい話をした。虐待は五年生のときに始まった、と彼女は言った。エリカと共有している寝室に父親がそっと入って来て、二人のどちらかとワギナまたはアナルによるセックスをしたというのだ。ジュリーは数時間前に母親に語った話を変更し、父から最後に犯されたのは三年前、彼女が十五歳のときだったと話した。

夕方、エリカも警察の尋問官による面接を受けた。彼女も話を修正し、一年前に父から病気を移されたと主張した。また何日か後、彼女は虐待についてもっと最近の出来事を思いだしている。九月の末、引っ越しをする少し前、目を覚ますと父親がベッドの横でひざまずき、彼女のワギナを触っていたのだという。

一九八八年十一月二十八日、月曜日の朝、ポール・イングラムは目を覚ますとシャワーを浴び、髭をそり、朝食をとったが、すぐに吐いてしまった。精算の日が近いことを、彼はよく承知していた。緊張のあまり腸は大混乱をきたしていたが、体調は悪くても精神的には娘の告発に応じようと、彼は郡の保安官事務所へと出勤した。職場についておよそ十五分後、彼はガリー・エドワーズ保安官の部屋に呼び出された。エドワーズと郡保安官代理ニール・マクラナハンはイングラムにエリカとジュリーの告発をつきつけ、被疑者の権利を読み上げた。

「娘さんたちが法廷に出なくすむよう、あなたが協力してくれるといいんだが」とエドワーズ郡保安官は言った。

イングラムは「私は虐待などしていません」と言ったが、すぐ後で「私には暗黒面などないと思います」と悪魔や目に見えない力のことなど不思議なことを口にし、否認を変更した。イングラムはこの日まで「暗黒面」などという概念がどこから来たのか知らなかった、と述べている。推測するに、彼はこの言葉をテレビで見聞きしたのかもしれないし、どこかで読んだり聞いたりしたのかもしれない。またイングラムは根本主義教会の信心深い信者だったから、このような考え、つまり悪魔は不信心の弱い心に悪行を吹き込み、その悪意に満ちた行いの記憶を意識から閉ざしてしまうといったこともよく知っていたに違いない。悪の根源的な力である悪魔はどんな時代でも、人の心や記憶をハイテクな技術でかき乱すことができるのだ。

イングラムが「暗黒面」に言及したということは、悪魔による欺きの可能性を認め、彼と家族を脅かしている理解不能な現実を悪魔の仕業として説明する可能性を認めることでもあった。もしも娘たちが真実を語っているのなら——彼は真実だけを話すようにと娘たちに教えてきたのだ——、悪魔が彼に悪行を働かせ、その記憶を消し去ってしまったのに違いない、と。

イングラムは性犯罪担当の刑事、ジョー・ヴァキッシュとブライアン・ショーニングが待つ尋問室へと連れて行かれた。二人ともイングラムのことをよく知っており、この品のよい、幸せそうな結婚生活を送っている働き者、信心深い男が娘を繰り返しレイプし、異常な性行為をし、しかもその行為の記憶がないと言い張っていることにショックを受けた。この男は嘘をついているかとんでもない病気だ、と彼らは思った。

尋問の最初の四時間は録音されていない。だがイングラムは刑事から何度もこう尋ねられたのを覚えている。事実でないとしたら、エリカとジュリーはなぜこんな申し立てをしたのか、と。イングラムは答えられなかったが、家庭に問題があることは進んで認めた。イングラムは自ら問いを発することで、苦悩と混乱を理解してもらおうとした。それは自分でも答えが出せないでいる問いだった。娘たちは私や妻が抱きしめようとすると、とても嫌がる。それはなぜか？ 娘たちとはコミュニケーションをするのがとても難しい。それはなぜか？ そしてエリカとジュリーは突然家を出てしまった。それはなぜか？

刑事たちは特定の出来事に焦点を合わせ、要点をついた質問をするようになった。そして二か月前、エリカが家を出る数日前の夜中あなたは、彼女をレイプしたのではないかと告発した。その晩あなたはどんな服を着ていたんだ？ 夜中に起きるときはたいていえび茶のバスローブを着ることにしています、と彼は答えた。エリカには何と言った？ そして何をしたんだ？ 夜中にエリカの部屋に行きレイプしたなどという記憶はありません、九月だってそれ以外だって、とイングラムは答えた。

あなたは子どもに性的虐待したことを直視できず、記憶を抑圧しているんだ、と刑事は言った。そしてイングラムの記憶を刺激しようと、娘たちの供述から得た情報を少しずつ提供した。イングラムはキリストに助けを求めて祈り始めた。祈りを捧げるイングラムに対し、刑事は現実の厳しさを突きつけ、罪悪感と娘への愛に働きかけた。イングラムによれば、刑事たちは何度もこう言ったという。協力してくださいよ、娘さんを助けてよ、娘さんを助けられるのはあなただけだ、その場にいたんだろう？ 協力してくれないと困るよ、分かってるのはお見通しなんだ、誠実じゃないな、内に溜めてるんだ、出してしまわなくちゃ、何があったか話しなさい。

イングラムには娘を虐待した覚えはなかった。記憶がないのにどうやって出来事を語れるというのか？ だがイングラムの否認に対し、刑事は三つの真実を繰り返すことで対応した。

第一の真実。エリカもジュリーも育ちのよい、責任感のある人間だ。性的虐待や近親姦のようなきわめて重要でゆゆしいことについて、嘘をつくはずがない。イングラムはこの評価に強く同意した。「娘たちは誠実です。嘘は絶対につきません」。イングラムも繰り返した。

第二の真実。性犯罪者は自分の行いの恐ろしさを直視できず、しばしば犯罪の記憶を抑圧してしまう。イングラムは部分的にこのことを認めた。彼自身、レイプ犯や幼児性愛者、残酷な犯罪で起訴された人びとのほとんどが、当該の出来事について否認や記憶喪失を訴えるのを目にしていたからだ。だがイングラムは抵抗した。私は自分が犯した恐ろしい罪に怯えるよりも真実がほしい、進んで罪を自白するつもりだ……思いだすことさえできれば、と。

そして第三の真実。事実を得る唯一の方法は、彼が娘に性的ないたずらをしたと認めること。自白すれば記憶はおのずと戻ってくる。

第二、第三の真実として掲げられた抑圧の理論は、イングラムにとっては理解不可能なものではなかった。悪魔の欺きという、教会の教義を普通の言葉に言い換えたものにすぎなかったからだ。悪魔は邪悪な力を人に及ぼし続けることができるよう、その人の悪行の記憶を消そうとする。だが悪魔に魅入られた者が告白する勇気を奮い起こせば、自分の行いへの洞察が得られ、信頼できる神の御手が、彼を恵みへと導いて下さるのだ。

イングラムは真実に恵まれたいと必死だった。恐れてばかりいるのはもううんざりだ。恐れのあまり胃は固まり、腸はねじれ、心には霞がかかっている。この恐怖は物理的な実在のようだ。彼のなかに居座り、根を張り、膨張し成長し固まっていくように思える。恐怖のなかで、彼は状況を打ち砕く神の声を耳にしたように感じた。自白せよ！　自白せよ！　まるで、神の話しかけられる声が聞こえたかのようだった。

尋問の四時間後、イングラムは公式の供述を行うことに同意した。午後四時二十六分、テープレコーダーのスイッチが入れられた。

「ポール、私はエリカとジュリーと話をしたんだが」と尋問官の一人が言った。「二人とも、ある出来事を具体的に話してくれたんだよ。よからぬ仕方で性的接触をもたされた、ということだ。どういう風に接触したのか、覚えていることを話してくれないかな。どういうところがよからぬことだったのか?」。

「うむ、そ、それを認めるのは、つ、つらいのですが」とイングラムは口ごもった。「でも私は、私は、その申し立ては現実で、私は彼らに暴力をはたらき、虐待し、そしておそらく、それは長い間続いていたのだろうと思います。私は抑圧していたんです。ああ、たぶん自分自身からたいへんうまく遠ざけていたんだが、今、それをすべて思いだそうとしているんです。ああ、わ、私は、二人が語ったことから、そういった出来事が起きたはずで、こういうことを私はやったに違いないと思うんです」。

「じゃあ」と刑事が口をはさんだ。「なぜ、やったに違いない、という言い方をするんだ?」。

「ええと、第一に娘たちは私のことをよく知っています」とイングラムは答えた。「うん、彼らはこういうことについて嘘をつきはしないでしょう。ああ、他にも証拠があるんです。こういうことをやったのは私だという」。

「どんな証拠があるというんだ?」と刑事は尋ねた。

「ええ、少なくともこの二、三年の二人の様子。それに、ああ、私は二人に愛情を示したかったのに、そうできなかったという事実。だ、抱きしめることもできず、いや、愛してると言うことさえ、難しかったんです。で、うん、それは自然なことじゃないと分かっていました」。

「もし私が、あなたはジュリーに性的によからぬ仕方で触ったのですかと尋ねたら、これはね、はい・いいえの質問なんだが、何と答える?」

「はい、と答えなければならないでしょう」とイングラムは答えた。

「じゃ、エリカには?」

「エリカについても、はいと言わなければならないと思います」

「これは、長期にわたって起きたことなのか」

「ハアー、そうです」

「こういったことがあなたとエリカの間で始まったとき、エリカは何歳ぐらいだったんだろう？」

「思いだせないんです。でも、五歳という年齢が、会話で何度か出てきました」

「何か思いだしたか？」

「何も思いだせません」


それは不思議な自白だった。イングラムには虐待の記憶がなかった。にもかかわらず、娘たちが嘘をつくはずはないという理由で、虐待したに違いないと認めたのだ。記憶がないので、イングラムは刑事が言う内容を繰り返し真似て語るだけだった。そのため彼の供述は法的に妥当な自白とは認められそうになかった。刑事たちは熱くなった。彼らはエリカが家を出る前に起きた一番最近の虐待について知ろうとした。イングラムはこのことを覚えているだろうか？

「うむ、私はそう、思いだそうとしているんです。なのに、まだそれが他人ごとのようにしか感じられないんです」とイングラムは言った。「でも、ええと、その証拠、それを自分のことのように思おうとしているんですが、うまくできないんです。でも、うん、私はきっとベッドから起き出て、バスローブをはおって、うん、娘の部屋に行って、ローブを脱いで、うん、少なくとも部分的に娘の服も脱がせて、そして触ったんです。うん、うん、胸、ワギナ、そして、うん、うん、それに、娘に、うん、もしも誰かにしゃべったら、うん、殺すぞって言ったんです」。

「あなたは今、他人事のようにしゃべってるよ。今度は私があなたに直接尋ねるよ。これは実際に起きたことなのか？」

「ハアー」イングラムは深くため息をついた。「未だに何があったかはっきりした情景を描けないんです。あったはずだと心では分かるんですが、でもそれが本当に起きたことなのかどうか、はっきりとした情景が描けないんで、答えられないんです」。

イングラムの要望により、テープレコーダーのスイッチが切られた。ショーニング刑事の記録によれば、イングラムは何度となくキリストの名を呼び、助けを求めたという。ショーニングはまた、イングラムが「トランスのような状態」に入り、忘我の状態のなかで虐待の映像的な情景を語りだしたと書いている。だがイングラムが語ったのは「やったかもしれないこと」であり、感情の動きはほとんど、全くといっていいほど見られなかった。彼は劇の主人公というよりも、離れたところから見ている傍観者のようだった。

テープレコーダーのスイッチが再び入れられたとき、刑事たちはイングラムがエリカの部屋に行き、バスローブを脱ぎ、ベッドの端に腰をかけた夜のことを考えてみるよう求めていた。

「そのとき、エリカは目を覚ましたのか?」と刑事の一人が尋ねた。

「うむ、覚えていないんです」

「バスローブを置いた後、何をした?」

「うん、わ、私は娘の服を脱がせたと思います。うん、少なくとも下着かパジャマのズボンを」

「ちょっと待った。あなたは、思いますと言っている」と刑事の一人が中に入った。「ねえ、やったと思うと言いたいのか、やったと言いたいのか?」

「やったんです」とイングラムは質問に答えた。

「下着を降ろした後、どこを触ったんだ?」

「胸を触り、ワギナを触りました」

「エリカが目を覚ましたとき、あなた、何と言ったんだ?」

「静かにしろと言ったと思います。ええっと、誰にも言うなと。そしてもしも人にこのことしゃべったら、お前を殺すと脅した、と思います」

「待った、また思いますと言ったぞ」。イングラムのつかみどころのない物言いに、刑事たちのフラストレーションは高まっていた。「〈思った〉のか、やったのか？」。

「うん、やりました」

「事がすんでからはどうした？　エリカの服はどうした？」

「お、覚えていません」

「服を着せたかどうか、覚えているか？」

「いいえ」

「事がすんでから、あなたはバスローブを着たのか」

「はい、着ました」

「部屋から出てどこに行った？」

「妻の寝ているベッドに行ったと思います」

午後遅く尋問が終わったときには、イングラムは娘たちに何回も性的虐待をしたと自白していた。彼が思いだした具体的な内容には、エリカがたった五歳の頃から彼女をレイプしてきたことや、少なくとも十年にわたりジュリーを性的虐待してきたことなどが含まれていた。また、ジュリーが十五歳の頃、彼女を妊娠させ、堕胎させたことも思いだした。

だが自白が終わりに近づいた頃、イングラムは再び記憶がないと言い始めている。エリカの部屋に入った後どうしたのかという問いに答えようとしながら、イングラムはこう訴えている。「具体的な事が何も思いだせないんです。何も思いだせないんですよ」。

「部屋に入ってエリカを触ったのが思いだせないのか？」

「思いだせません」

「もしエリカがそれは事実だと言ったら、あなたにとってそれはどういうことになるんだ」

「事実だということです。娘は嘘をつきません。真実しか話しません。そして私もそうしようとしているんです」


イングラムは自殺防止の監視下にある医療用独房、M-1に入れられ、妻のサンディと電話で話す許可を与えられた。二人は電話で導きを求めて祈ろうと話し合った。サンディは彼の聖書と下着を刑務所に届けると言った。その夜、教会の牧師であるジョン・ブラタンが刑務所に立ち寄り、独房で祈りを捧げてくれた。

翌日、十一月二十九日火曜日の朝早く、リチャード・ピーターソンという心理学者がイングラムを訪ねて来た。ピーターソンは、イングラムの精神状態を査定し、彼の安全性に関する参考意見を作成するために検察局に雇われたのだと自己紹介した。イングラムはピーターソンに、娘がこれほど詳細に述べていることを自分がなぜ思いだせないのか説明してほしいと頼んだ。これほど凶悪であさましいことが十七年も続いたというのに、刑事たちは私が記憶を完全にブロックしていると言っています。そんなこと本当に可能なのでしょうか。

性犯罪を犯した者が犯罪の記憶を抑圧するのはめずらしいことではありません、とピーターソンは言い切った。彼らは被害者にしたことの恐ろしさに耐え切れないのです。不道徳で残酷な犯罪ほど抑圧される可能性が高いのですよ、と彼は言い、それでなくても奇妙な事件の筋書きに、もう一つ新たな筋書きをつけ加えた。彼はこう言ったのだ。性犯罪者の多くが、彼ら自身、性的虐待を受けたことがあるのです。あなたも子どもの頃、たぶん五歳の頃――というのは、エリカが五歳の頃、あなたは虐待を始めたのですからね――虐待を受けたのかもしれません。ピーターソンは続けた。あなたが子どもの頃虐待されたのだとすれば、あなたはおそらくその記憶を抑圧することも学んだのでしょう。どんなことでもいいのですが、お父さんや叔父さんに虐待された記憶はありませんか？

イングラムは質問に答えようと、詳しく考えてみた。だが子ども時代の記憶からさらい上げることのできた、多少なりとも性とかかわりのある記憶といえば、四、五歳の頃、母親にささやき声で注意を受けたことくらいだった。母親は彼に、人前でそんなところを掻くのはおやめなさい、と言ったのだ。「ジェラルド叔父さんみたいよ」。母は当時彼らの家に滞在していた叔父を引き合いに出して、そう言った。

ピーターソンは、あなたもそのうちお父さんか叔父さんか、家族の親しい友人に虐待された記憶を思いだすでしょうと保証した。また、犯罪を自白しさえすれば記憶は洪水のように戻ってくる、と刑事と同じようなことを言った。だがイングラムはこれには同意しなかった。この説は期待通りには機能していなかったからだ。一昨日、彼は自白した。だが記憶は洪水どころか小川のようにすら戻ってきてはいない。しかしピーターソン博士が午後の尋問に同席するつもりだと聞いて、イングラムはほっとした。抑圧された記憶の再来を妨げている精神的な障害をどうやって取り除けばいいか、彼がいいアイデアを出してくれるかもしれないと思ったのだ。

予約受付所で、一人の警官がイングラムに弁護士を雇うよう忠告してくれた。元検察官であり、この地域では最も腕がたつという評判の刑事弁護士、エド・スカラーがよい、と彼は言った。だがイングラムはこの忠告にはしたがわなかった。逮捕後五日目からつけ始めた日記に、彼はその理由を書いている。「私の考えでは、エドは……真実を探し出すことよりも、私を釣針から逃れさせることに関心をもつだろう」。イングラムは何よりも真実を欲していた。彼は真実は神からのみ与えられると強く信じていたので、根本主義のクリスチャンである、信心深い弁護士に代理人を頼むことにした。

＊＊＊

十一月二十九日午後一時半、ポール・イングラムは尋問室に入った。その時点ではまだ、彼は刑事がジュリーから二通の手紙を受け取ったことを知らなかった。ジュリーはその手紙で、まだ虐待され続けていると明かしていた。「私はクリスチャンですから、父が私にしたこと、し続けていることを許さなければならないと思います」とジュリーはつづっている。だがそれよりも衝撃的だったのは、その手紙には、父だけでなく彼のポーカー仲間の何人かも虐待に加わったと書いてあったことだ。ポーカー仲間の多くはイングラムとともに保安官事務所で働いていた。彼女は四歳の頃、ポーカー仲間が「一度に一人か二人」彼女の部屋にやって来てレイプしたことを思いだし、こう書いている。「私はたいへん怖くて、何と言っていいのか、誰に話したらよいのか分かりませんでした」。

刑事はイングラムに、ジュリーからは他にも情報を得ているがくわしいことは言えない、と言った。「ジュリーが体験したそのことは、たったひと月前の出来事なんだよ」とジョー・ヴーキックは言った。「とても現実的な話だ。ほんの少し前のことなんだよ。話すのは辛かっただろうな」。

「今度はあなたが話す番だ」とショーニングがつけ加えた。

「でも、み、見えないんです。何も」とイングラムは言った。「心の中で再現できないんです。思いだせるほど深く入り込んでいないんです。そうとしか言いようがありません。まだ見えないんです」。

イングラムは大きな声でしゃべった。失われた記憶への接近法をどうにかして見つけようとするかのようだ。「私の脳か何か、そんなところに入っていけるかどうか。これは私の問題なんだと思います。手がかりさえあればば。でも、今はまだ何もないんです」。

数分後、イングラムは四歳か五歳の頃、叔父から性的虐待を受けたことを思いだした。それはちょうどピーターソン博士が予告した通りだった。「今朝、そのことを考えてみたんですが」とイングラムは言った。「叔父のグレンかジェラルドが見えたように思います。それに私がいて、私はオラルセックスをさせられていました。うん、どんな気持ちだったか、何も思いだせない。うん、はあ、そのこと、そのことだけが思い浮かんだんです」。

刑事たちはいくつかありきたりの質問をした。彼らの関心はイングラムが体験した遠い昔の出来事よりも、彼が最近犯したという出来事のほうにあった。彼らは再び数十年を飛び越えてズームインし、イングラム家でのポーカーパーティに焦点を当てた。誰がいたんだ、と彼らは尋ねた。部局の友人か？　酒を飲みすぎ、酔っぱらって大騒ぎでもしたのか？　女性に関する下品で卑猥な話でもしていたのか？　ポーカーパーティの最中、奥さんはどこにいたんだ？　誰か子どもを見に二階に行った者は？

「ああ」。イングラムは気が狂ったように記憶を探し求めた。「一生懸命やってるんですが、何も、誰も……」。

「ポール、何でこんなことを聞いているのかというと」とヴーキックはさえぎった。「ポーカーのとき、ジュリーが一度か二度、虐待されたと言っているからなんだ」。

「そしてな、ポール、今問題になっているのは、あなた以外にもジュリーを虐待した人物がいたということなんだよ」。ショーニングはもっと詳しく説明した。「彼女は誰かにベッドに縛りつけられ、少なくとも二人にかわるがわる犯され、その間、誰か、多分あなただろうが、見張っていたというようなことまで思いだしているんだ」。

「ほんとに何も見えないんです」とイングラムは言った。心の中で過去を絵巻き物のように巻き戻すことができるかのような言い方だ。「もう少し考えさせてください。その光景に行き着けるかどうか、やらせてください。それが実際にあったとしてみましょう。娘には専用のベッド、ベッドルームがあったはずだ。うん、……そのはずだ」。

「隠しだてしないように」とショーニングはつけ加えた。「これは本当に大切なことなんだ。あなた以外に誰が娘さんに性的ないたずらをしたと思う？」。

「か、考えようとしているんです。その場面に入りこもうと……」

「分かっている。だが、ジュリーは本当に怖がっているんだ。心底恐れているんだよ。その人物はまだそこら辺をウロウロしているんだから」。父親が娘を思う気持ち、娘の身を案じる気持ちに働きかけ、ショーニングは圧力をかけ続けた。「そいつはあなたの友人で、この部局で働いていたか、今も働いているんだ」。

イングラムがどうにか発することができたのは、弱々しいため息だけだった。

「娘さんは怖がっているんだよ、ポール。……そいつはあんたが今も付き合っている人物に違いないんだ、ポール」とショーニングは言った。

「ジュリーはそいつをひどく恐れている」とヴーキックが言った。「ジュリーを守るために手を打たなくちゃならない。……娘さんを守るために、あなたも手を貸してくれなくちゃ」。

「考えているんです」とイングラムは言った。

「一生懸命考えて」とヴーキックが言った。

「そ、そ、そんなに考えられない。いや、考えています」。イングラムは取り乱した。「この部局では、今、それほど付き合いのある人物は思い浮かばないんです。ああ……」。

「ねえポール、ジュリーはこのことを覚えているんだ」とヴーキックは言った。

「うむ、も、もう少し待って」。イングラムは見覚えのあるポーカー仲間の顔を思い返してみた。「ジム、ジム・レイビーとは一緒にポーカーをやりました。ジムとは結構付き合いがありました」。

「ジュリーが話していたのはジムのことなのか？」とヴーキックは尋ねた。

「ちょ、ちょっと、口をはさまないで」。イングラムはぼんやりとしたまま、抵抗した。「いや、分かりません。

……か、考えているんですけど。何か思いだせないか考えているんですけど。ああ、ああ、ジムのことしか思いだせません。……何人か思いだそうとがんばっているんですが。他の人たちのことも思いだそうと……」。

ジョー・ヴーキックはイングラムにイメージの材料をもう一つ提供した。「ポール、あんたが思い描いている情景に縄が見えるかい?」。

「ああ、あなたがそう言ったので、縄が出てきました」とイングラムは言った。「何が思いだせるか考えているところです。ああ、わあ、ベッドの脚、いや、床も見えてきました。ああ……娘は手足を縛られて、うつぶせに寝かされているようです。おそらく床の上にシーツを敷いて、その上に。ああ、何という……」。

「他に何が見える? 他に誰が見える?」。ヴーキックは促した。

「ええと、お、おそらく、ああ、何と、たぶんもう一人。でもその顔は見えません。でもどういうわけかジム・レイビーははっきり見えます」。

＊＊＊

テープに残された会話には、イングラムがこの男のこと、つまりジュリーを犯し、ジュリーが心底恐れている男のこと、そして刑事がこの男を見つけるのに役立ちそうなことを一生懸命思いだそうとしている様子がよく表れている。イングラムは尋問官たちを信頼し、彼らが真実を語っていると信じていた。尋問官たちはイングラムの友人であり、同僚でもあったからだ。と同時に、イングラムは不安と罪悪感から自分への信頼感を失っていた。そして彼の強い信仰心、己の魂を案じる恐怖心は、イマジネーションをかきたてた。

ピーターソン博士はイングラムに、オカルト活動にかかわったことがあるかどうか尋ねた。「クリスチャンに転向する前、黒魔術にかかわったことはありませんか?」。

「ええと、一時、星占いを読んでいたことがあります。ほら、新聞やなんかに出ている、読むでしょ、ほら、何というかな？」

「占星術」とヴーキックが言った。

「そう、占星術」。イングラムは繰り返した。「それ以上のことは何もありません」。

では神を冒とくするような行いや、動物を生贄に捧げるような活動に参加したことは、という問いに、イングラムは「何をおっしゃりたいのか分からないのですが」と答えた。

「悪魔儀式なんかのことだよ」とショーニングが言った。

イングラムはそんな活動については何も思いだせないと否定した。が、彼のなかで何かがはじけた。私は悪魔、悪魔の力に捕えられているのではないか。暗闇の王子に魂を操られているのではないか。家庭を愛し、正しい行いのみを欲していたクリスチャンが、理由もなく突然レイプと幼児性愛の犯人になってしまったのは、そのせいではないか。悪魔がこれらの悪行を計画し、私の心と魂を操ったのだとしたら、悪魔はまた記憶だって消せるのではないか。そう考えれば、突然生じるつかの間のイメージ、まるで神が真実を知らしめようと差し込んだかのような、ラジオの雑音のようなイメージの説明がつくじゃないか。悪魔の欺きだと思えば理解できる。悪魔の欺き以外に考えられない。

この恐ろしい状況を操っているのは悪魔だという考えに、イングラムの心はいくらか和んだ。が、同時に、悪魔は引っかかりやすいターゲットとして自分を選んだのかもしれない、今この瞬間にも自分の運命は悪魔に導かれているのかもしれないという考えも生じ、彼は恐怖で一杯になった。私は悪魔の爪にかかったのか。イングラムの情緒はバランスを失い、揺れた。祈り、すすり泣き、声をあげて苦しみ、目を閉じ、身体を前後に揺すり、彼の精神は今にも崩れ落ちそうだった。ピーターソンはイングラムの弱さを察知し、またイングラムの信仰心に訴え、神か悪魔かどちらかを選ぶよう忠告した。

「悪魔と神と、どちらを選ぶかという選択に迫られるとしたら、今がまさにその時なんですよ」とピーターソンは言った。


「分かりました。ああ、イエス様、神様、私をお助けください……」イングラムの声は聞こえなくなった。

「娘さんを生贄として捧げたわけでは……」とピーターソンが言いかけた。

「あなたは娘さんを生贄として捧げたんだ」とショーニングがさえぎった。「ポール、信じられないことだが」。

「ポール、取り返しがつかないことだよ。立ち向かい、乗り越えない限り」とヴーキックが言った。

「分かってます。分かってます」。ポール・イングラムは泣き始めた。

「何か、うん、涙をふくものがいるだろう」。ヴーキックが尋ねた。

「いいえ、ただ話をしてください。話し続けてください」。イングラムは言った。

「泣いて出してしまう必要があるよ」。ピーターソンが忠告した。

「ポーカーゲームに戻るよ、ポール」。ヴーキックは言った。「答えを知っているのはあなたなんだから」。

「大丈夫、耐えられる」。ピーターソンが言った。

「ああ、神様」。イングラムは言った。

「死ではなく生を選ぶんだ。生き地獄ではなく」。ピーターソンは言った。

「それが父親としての務めだ」。ヴーキックが言った。

「ああ、神様、神様……神様、お助けください」。

ピーターソンが言った。「生き地獄を選ぶのか、誠実な清めの赦罪を選ぶのか、選択肢ははっきりしている。決めるのはあなただ。誰もあなたの代わりに選んでやることはできない。……あなたが決心するんだ。キリストが荒野で誘惑されたときのように、あなたは一人ぼっちなんだ」。

イングラムが宗教的な話に深く影響を受けることに気づいた刑事たちは、ピーターソンが賢い方略を用いていると悟った。そこでヴーキックも言った。「神様はそれを成し遂げるための道具を与えて下さっているよ、ポール」。

「ああ、イエス様、慈悲深いイエス様、お助けください」。

「そしてイエス様は、その決心をあなたに任せられたのだ」とヴーキックは続けた。「あなたがイエス様の愛、あがない、救済に値する人間かどうか、言葉と行いで証明しなくちゃ」。

「ああ、イエス様！」。イングラムは突然泣き出した。「お助けください、神様！　お助けください、神様！」。ピーターソンは厳しく攻撃的な態度を止めて、優しい、なだめるような物言いに変わった。「あなたの助けになればと思って言うんだが、ポール、助けを求めるのを止めて、休み、何も考えないでみたらどうかな」。彼はなだめるように言った。「自然にして、リラックスして。誰もあなたを傷つけたりはしないよ。私たちは助けたいんだ。ね、リラックスして。何も考えないで、そして自分が何を欲しているか、自分自身に問うてみるんだ。答えはひとりでに見えてくるだろう……」。

ポール・イングラムは目を閉じた。身体が傾き、再びトランスのような状態に入った。刑事たちはタイミングを見はからい、ジュリーが手紙に書いていたポーカーパーティに焦点を合わせた。

「ねえポール、ジュリーに何があったか、どうして話してくれないんだい？」。ヴーキックは言った。「あのポーカーパーティで何があったんだ？」。

「ジュリーが床の上に、シーツの上に横たわっているのが見えます」。イングラムは言った。声の調子が変わり、うつろになった。「彼女の手は足に結わえつけてあって、彼女はうつぶせにうずくまっています。私はそこに立って彼女を見ています。誰かが私の左側にいます」。

「それは誰？」

「お、思いだせるのはジム・レイビーだけなんです。彼が……」

「向きをかえてその人物を見て」とショーニングが促した。「誰だろう？　そこに立っているのは誰なんだ？」。

「そいつはどんな臭いがする？」とピーターソンが尋ねた。

「そうだ、どんな臭いがするんだ？」ショーニングが繰り返した。

「その男はあなたの真横に立っているんだ。ポール。左を見ればいいじゃないか、そこにいるんだから」。ヴーキックは言った。

「その男は、そこに立っています」。イングラムは言った。「ペニスが空中につき出ている。ああ……」。

「服は着ているのか」

「着ていないようです」

「そいつは娘さんに何をしようとしているんだ？」

「ひざまずきました」

「そうか。そいつはそこにいるんだな。あなたの前でひざまずいて」。ショーニングは先に進めた。「そいつを見てみろ。娘さんに何をしている？　ペニスは彼女に接触しているのか？」。

「ちょ、ちょっと待ってください。ああ、見えなくなってきた」。イングラムの心の情景は薄れていった。

「だいじょうぶ、まだそこにあるよ、ポール」。ヴーキックは彼を励ました。

「ほら、その場面に戻らなくちゃ」。ショーニングは熱気を帯びたように言った。「そいつはジュリーに何をしているんだ？　ひざまずいているんだろ。ジュリーの前にいるのか、後ろにいるのか？」。

「後ろにいるんです」

「よし。そいつはジュリーにペニスを差しこんでいるのか？」

「ああ、娘の足は閉じています。でも身体が横にひっくり返されたかもしれない」。イングラムは暗示に応えてそう言った。

「ジュリーは服を着ているのか、いないのか」。ピーターソンが尋ねた。

「ああ、着ていない……と思います、ああ」

「そいつは何をしているんだ?」

「ひざまずいています。ペニスが彼女の腹の横にあります。ああ、彼はでっかいんだ。ああ、いや、肩幅が広くて、身体がでかいんです」。

「そいつは貴金属を身につけているか?」

「右手に時計をつけているかもしれません」

「何時をさしている?」

「ああ、二時です。いや、なんでそんな風に思ったのか、自分でも分からないんですが。ああ、その男が見えなくなりました。でも彼の胸が見えます」

質問は矢継早になり、激しさを増していった。あなたはどれくらいの距離にいたんだ? あなた自身は服を着ていたのか? ジュリーに触れたのか? 他にジュリーに触れた者は? 射精したのか? あんたたちは酔っぱらっていたのか?

「写真を撮っている者がいたんじゃないか?」ヴーキックは、突然尋ねた。

「ああ、写真。私の右側、少し離れた所に人がいる。ああ、そうかもしれない。ちょっと待って。見えた。カメラが見えます」。

「誰が撮っているんだ?」

「分かりません。カメラの向こうの人物が見えないんです」

「その人物はたいへん重要だ。その男が鍵を握っているんだ」。ピーターソンも乗ってきた。

「そこにいるのはレイ・リッシュかもしれません」。イングラムは言った。リッシュはワシントン州立パトロール隊に務めている機械工だ。彼はイングラムのよき友人であり、週末のポーカーゲームの常連だった。

「彼は何かしゃべっているか？」。ヴーキックは尋ねた。

「分かりません。ああ、わ、わ、分からない。……ああ、何と。私はどこにいるんだ？　どこにいるんだろう」

二日めの夜、五時間以上も続いた尋問の後、ポール・イングラムはトランスから目覚め、供述したことを振り返ったのだろう、次のように述べた。「ああ、何と。まるで物語を作っているみたいだ。でも、そんなことはしていない……。そんなことのないよう、気をつけているんだ。だが、これは何だ。これは何なんだ。この情景を見ている私は何者なんだ。意味が分からない。……まるで映画を見ているようだ」。そしてこう結論している。「ああ、ああ、これはまるでホラー映画だ」。

イングラムの精神状態を気にしつつ、ピーターソン博士が言った。「ポール、もう止めたほうがよいかもしれない」。

だがイングラムは取りとめもなく話し続けた。彼はもはや尋問官に対して話しているのではなかった。神と交信していたのだ。「情景がはっきりしないんで……な、何が見えているのか、自分でもはっきりしないのです。こ、心の中で何が得られたのか、分からないんです。意味が通じないんです。ああ、神様、お助けください。教えてください……これが何なのか分かるように。神様、正しくないこと、つまり真実でないことは、知りたくないんです。神様、この試練に耐えさせてください。……自分がどこにいるのか分からなくなりました。落ち着かせてください。落ち着かせてください。神様、情景を与えてください。情景が見えるようにしてください」。

ポール・イングラムは友人であり同僚でもあるジム・レイビーとレイ・リッシュを性的虐待者として同定し

た。このことをつきつけられた二人は、しかし、イングラムが最初にしたのと同様、否認し、記憶の喪失を訴えた。

リッシュは「私の知る限り、私はそこにはいなかった。記憶をブロックしてしまったのでなければ」と刑事に言った。

レイビーもそのような出来事の記憶はないと言い張り、イングラムが最初にしたのと同様の、気持ちの悪い反応を示した。やはり「暗黒の側面」の可能性をほのめかしたのである。刑事からあなたは否認モードにあると示唆されたとき、レイビーはこう答えた。「誠実にお答えしているつもりですが、そのような記憶は全くありません。そんなことをしながら記憶をブロックしてしまったとは、とても思えないんです」。

ショーニング刑事は明らかに自白をいぶり出す目的で、事実を誇張して語った。彼はレイビーに言った。「ポールはこんな風に言ったぞ。あなたたちに乱暴されてこんなことをしてしまったが、本当は嫌だったんだと。レイ・[リッシュ]も同じようなことを言っている。ただレイの話では、一番悪いのはあなたとポールで、レイは補助的だったんだとさ」。

仲のよい友人二人が――おそらく起訴を免れ、身を守るためだろうが――レイビーに不利な証言をしている。レイビーにとって、これはあまりのことだった。彼は圧力に屈し、「責任を取らせてください。私はとても強く記憶をブロックしています。私が一番の悪者であるのに違いありません」と自白した。「残された方法は、私を牢屋に閉じ込めておくことだけです。そして牢屋の鍵はどこかに放り投げてください。もしも私がこのことを思いだせないのなら、私という人間は非常に危険で、牢屋から出すわけにはいかないんです」。

ポール・イングラムはジョン・ブラタン牧師に「私の中に悪魔がいることは分かっているんです」と言い、「悪魔」から救済してくれるよう頼んだ。ブラタンは、あなたは悪い霊から解放されねばならないが、悪魔に取りつかれているわけではないと言い、彼を安心させた。二人は一緒に祈った。それからブラタンはイングラムを床にひざまずかせた。そしてゴミかごに覆いかぶさるようにして、内深くに住む霊を吐き出すようにと命じた。イングラムが乾いた声で喘ぐと、タンがいくらか出た。だが心の真ん中に実在するかのようにどっしりと居座る暗黒の物質は、出て来ることはなかった。

このような儀式があった後、イングラムは息子のチャドと友人のジム・レイビーが現れる鮮明な記憶に見舞われるようになった。イングラムが心の中で見たものは、怒ったレイビーが目的を果たそうと、チャドを階段に押し倒しているところだった。「レイビーは息子に、してほしくないことをしようとしたんです」。イングラムは言った。「レイビーはチャドが欲しいと言った……レイビーはチャドの部屋に押し入って、息子のズボンを引き裂いたんです。……私は無力で何もできなかった。レイビーはチャドを押し倒してアナルセックスをしたんです」。

一週間もしないうちに、チャドはショーニング刑事と心理学者リチャード・ピーターソンの面接を受けることになった。最初、チャドはジム・レイビーほか、誰からも性的虐待を受けた覚えはないと言った。が、三年前、十七歳の頃、手首を切って自殺を計ったことは思いだした。

「それほど不安になった理由は何だったんだろう?」とピーターソンは尋ねた。

「ああ、たぶん父が何か言ったんだと思います。よくは覚えていませんが……細かいことは忘れてしまったんです」とチャドは答えた。

「たぶんそれが鍵なんだ」とショーニングが暗示した。「よく考えてみて。お父さんが言ったことであなたがひどく傷ついたことというのは、[ピーターソン」博士が言ったようなことだったんでしょう、とても外傷的なことだったんでしょう。あなたの男性性を傷つけるようなことだったのかもしれない。……何か自暴自棄になるような何か。……自尊心を傷つけられたとか。チャド、それは何だったんだろう。よく考えて」。

「考えてます。考えてますよ」とチャドは言った。

「たぶんこれが鍵なんだ」。ショーニングは繰り返した。

「ああ、父が私に何かのことで怒鳴ったのを思いだしました。でも、何で怒鳴られたのか思いだせません」。

「記憶だ」とピーターソンは言った。「覚えているはずだ」。

「でも、感じられるのは……怒りだけです」とチャド。

「ほら、何があったか思いだせるだろう。何があったか、思いだす必要があるんだ。そう願えば思いだせるんだよ」。ピーターソンは誘った。

チャドは困惑した様子だ。「何を？　どういう意味ですか、思いだすって」。

「こんなことがあったのかもしれない、と言うんじゃなくて、それがあったかどうか思いだせないって言うんだ。思いだせない、って」。ショーニングは言った。

「はあ」チャドは言った。チャドは明らかに、刑事の「説明」に混乱していた。

「記憶はそこにあるんだ。チャド、私たちは君を助けようとしているんだ」。ショーニングが言った。

「分かってます。分かってますよ。記憶はそこにある。でも、……詳しく分からないんです。分からないんですよ」。

「まあ、そんなことがあっても不思議ではない」とピーターソンは安心させるように言った。「そういう体験をしてきた、そんな体験をしてきた子どもが初めのうちそのことを思いだせないというのはよくあることだ。第一に、彼らは思いだしたくない。第二に、彼らは思いだせないようにプログラムされている」。

チャドはこの何とも陰湿な暗示に対し興味深げに、だがどっちつかずの返事をした。「なるほど」。

「忘れてしまいたいと思うような何かがあったんだと思いますよ」とピーターソンは言った。「感じることができないような……どんな災難に見舞われたんだろう」。

ショーニングが言った。「私が前に言ったことと関連があるかもしれない。とてつもない恐怖、誰かの身内に関する恐怖とか、死の恐怖。そんななかで起きたこと。そこまで言ってしまっていいのか分からないが、お父さんが君に言ったことと関係があると思うよ。なぜって、君はそのことをもう少しで話すところだったんだから」。

チャドに記憶がないことについて、刑事と心理学者はあれこれ仮説をやり取りしていた。その間、チャドは黙っていた。そして何か直接尋ねられると、簡単に一言二言で返事をするか、あるい尋ねられた言葉を繰り返すだけだった。

「酒は飲んでいたか?」

「いいえ」

「麻薬とか、何か吸っていなかった?」

「いいえ」

「落ち込んでいただけなの?」

「落ち込んでいただけです」

「そして孤独だった?」

「孤独でした」

「蔑まれたりもしたんだろうか?」

「たぶん」

「なあ、チャド、記憶はそこにあるんだ」。ショーニングは我慢できずに言った。

「僕だってそこにあるのは分かっているんです。ただ、思いだせないんです。……そんなんじゃなくて……それはまるで……」

「君はこのことに対処できるし、対処法を学ぶこともできる」。突然、ピーターソンが口をはさんだ。「記憶に対処しようと決めるんだ。生きることを選ぶんだ。それなんだよ。そのまま無感覚で生きてゆくのと、感情とともに生きることを学ぶのと。今君がいるのはちょうどその中間の、不思議な場所なんだ。君はまず感情を取り戻さなくちゃ」。

「そうですね」とチャドは同意した。

「君は選択できる。だが、感情を取り戻さなくちゃ」。ピーターソンは繰り返した。

「そうですね」。チャドはもう一度言った。

「君には選択できる。その感情を取り戻したからといって、誰も君を破滅させることはできないんだよ」

「そうですね」

会話はだんだんとチャドの夢のほうへと流れていった。チャドは「小さな人びと」が彼の寝室に入ってきてベッドの上を歩き回るという、具体的ではっきりとした夢について語った。小さい人びとの顔は、黒、白、赤のぎざぎざの光の縞模様で塗られていた。ちょうどロックグループ、キスのメンバーのようだ。

「それは、侵入の夢だ」とピーターソンが言った。

「ええ。ドアの外を見てみたんですが、そこに見えるのは……」

「守られていないわけだね」

「ええ、それは鏡の家で、……出口がないんです」

「侵害されているわけだ。逃げ場のない状況に捕えられて」

「ええ」

「そういった記憶が鍵になるんだ。……そのときは気が変になりそうだっただろう」

「ええ」

「君に起きたことはそれほど恐ろしいことだったんだ」

「そうですね」

「恐ろしいことが起きたんだ」

「君は現実に起きたことを受け入れたくないんだ。だから逃げ場のない出口を見ながら、それを夢だと信じようとしている」。ショーニングは言い、安っぽい解釈を付け加えた。「君はそれが現実だとは信じたくないんだ。だがそれは現実だ。チャド、それは現実なんだよ」。

「チャド、君が見たのは現実だ」。ピーターソンも繰り返した。

「チャド、われわれには分かっているんだ」。ショーニングが言った。「同じようなことが、君の父親からも出てきている」。

「分かりました」。チャドは言った。

「じゃあ、もっと深く分析してみようか」。ショーニングが言った。

彼らは別の夢についても「深く分析」した。その夢では、電車が通りすぎ、笛が鳴り、チャドの部屋の窓から魔女が入ってきた。チャドは、目が覚めたときには、腕が動かなかった、誰かが上に乗っていたかのようだった、と説明した。

「それこそがまさに現実なんだ」ショーニングは言った。「それが鍵だ、チャド。それが本当に起きたことなんだよ」。

「チャド、それは実際にあったことなんだ」。ピーターソンも相槌をうった。

「分かりました」。チャドはいくぶん戸惑いながらも答えた。

「本当のことを知ろうとする君の能力に夢が訴えたんだよ」

「分かりました」。チャドは繰り返した。彼はせかされて、夢に現れた魔女についても述べた。その魔女は太っていて、「オズの魔法使い」に出てくる魔女のように黒いマントをはおっていた。男が四人、窓の外にいたが、彼らは痩せていて、髪は長い巻き毛だった。チャドは誰かの太腿に噛みついたのを思いだした。魔女は彼の上に乗っかっていた。

「魔女の顔を見るんだ」とショーニングが指示した。「誰に似ている？　君が知っている誰か……君が知っている誰かなんだが。誰だろう？　君の家族の友人の誰かだ」。

チャドは、暗くて魔女の顔は見えない、と言った。思いだせたのは、自分が金縛りにあって、動くことも声を出すこともできないということだけだった。

「チャド、心の中をよく見て。この人物が誰か、彼らは君に何をしていたのか」。ショーニングは言った。「あまりにもひどく恐ろしいことなので君は思いだしたくないんだ……そんなことがあったなんて信じたくないくらいのことなんだ。でもそれは実際にあったんだ。もう止めることはできない、チャド。二度とそんなことが起きないように、私たちが助けてあげるよ」。

「呼吸はだいじょうぶ？」。ピーターソンが尋ねた。

「何か話せない事情でもあるのかい？」。ショーニングが尋ねた。「何がひっかかっているんだ？」。

「ただ、記憶をはき出してしまえばいいんだよ」。ピーターソンが促した。「君が考えていることは問題じゃないんだ。君が考えないようにしていることが問題なんだ」。

誘導的な質問と、思いださせようとする圧力は何時間も続いた。ある時点で、チャドは家は安全な場所だと感じていたと述べた。「安全でした。いや、どうかな、たぶん安全ではなかったのかもしれない。でも、安全だと感じていました。いつでも家は安全な場所だと感じていたんです」。

「こんなことがあったのに？」。ショーニングは信じられないといった様子で言った。

「夢を除いては。だって、僕はそれが夢だと思っていたんです。夢として片付けてしまっていたんです」。

チャドが何も覚えておらず、夢は単なる夢であって現実ではないと固執すると、ピーターソンはチャドが「現実感の喪失」「自己感覚の喪失」「感情の喪失」を患っているのだと説明した。そしてピーターソンは少しミステリアスな口調になって、もうひとことつけ加えた「それと、集団に対する絶対的かつ完全なる従順と服従もね」。ショーニングはチャドの胸の上に座っていた人物へと話題を戻した。彼はチャドが何か言いにくそうにしていたことを思いだしたようだった。

「それは布とかではなかったんだね」。彼は誘導した。

「ええ」

「木片のような固い物じゃなかったんだね」

「ええ」

「じゃ、何だろう?」

チャドは笑いだした。「まったく、無理やりにでも考えさせたいんですね」。

「何だったの?」

「分かりません。分からないんですよ」

「今、何を考えていた? ほら、ほら」

「はいはい、僕はペニスのことを考えました。うん、そういう可能性もありますからね」

「よし来た。恥ずかしがらないで」。ショーニングは優しく言った。「可能性はある。とすると、何があったんだ? さあ、言ってしまえ。安心して」。

「何があったのかは分かりません」。チャドは不愉快そうに答えた。

数分後、ショーニングはチャドが夢と現実をまだ取り違えていると言って、叱責した。「それは本当のことなんだ。分かってるだろう。君は今日、何度も夢じゃないと分かったと言ったじゃないか。夢だとして退けるのは終わりにしろ」。

「退けようとなんかしていません。でも、難しいんです」。チャドは力なく抗議した。「二十年もの間、夢として片付けてきたのに、突然、すべてが現実だと思わなくちゃならなくなった。何が現実なのか分からなくなってしまいます」。

「でも君はこの数週間、このことについて考えてきたわけだが……」

「いいえ、というか……前回あなたたちとお話するまでは、自分が被害者だとは思わなかったから」

「で、私が言いたいのは、チャド、君はそのことをずっと考えてきたのに、心の一部ではまだ……」

「ブロックしている、と言いたいんですね。ええ、ええ」。この頃までには、チャドは抑圧された記憶の理論について、すべてを理解していた。

「そう、ブロックしているんだ。実際にあったと信じたくないからだ」。ショーニングは続けた。

「分かりました」

「これが事実だといえばすっきりしないか？　夢じゃないんだ、と言えば」。ピーターソンは言った。

「だからこそ僕だって顔が見たいんです。そいつらがやったんだと分かるように」。チャドも同意した。「そして、僕にそんなことをしたのはやつらなんだと告発できるように。僕は顔を見たんだ。誰だったか思いだせる。顔を貼りつけないと」。

テープレコーダーのスイッチが切られ、その間にチャドは記憶を見つけたようだった。テープのスイッチが入ると、チャドは自分の上に乗っかった男のことを思いだしたと言った。その男はチャドが動けないように、膝でチャドの腕を押さえていた。ジーパンとフランネルのシャツを着ており、ペニスはチャドの口の中にあった。

夢は現実となった。魔女の姿は顔のない女性から父親の友人でポーカー仲間だったジム・レイビーへと変態した。

「その男がジム・レイビーだと、どの程度確信できる？」。ショーニングが尋ねた。

「そうですね、八〇パーセントくらいは確実です。七〇パーセントかな。いや……」

「ジム・レイビーだと思えないような部分があるとすれば？」

「夢だったというような感じがするんです」

「夢だという可能性は排除したじゃないか、なあ？」

「分かりました。分かりましたよ。でも、まだ迷っているんです。うん、分からないけど、ただ、まだ……。どうなんでしょう」

七時間にもわたる面接の後、チャドは頭痛を訴えている。

「記憶が戻ってきたんだよ」。ピーターソンはそう言って安心させた。


翌日、集中的な尋問のなかで、チャドはもう一つ記憶を思いだしたと言った。十、十一歳の頃、父の友人でポーカー仲間でもあるレイ・リッシュから地下室で強姦されたという記憶だった。

ポール・イングラムが告発され、サーストン郡刑務所で調書を取られてから三週間が経つか経たないかの十二月十六日、サンディ・イングラムは牧師と話をするために命の水教会へと車を走らせた。ブラタン牧師はサンディに対し、独房でポールにしたのと同様の説明を行った。あなたは八〇パーセント悪で、二〇パーセント善だ、善の部分が意識的な記憶を支配し、悪の部分は無意識の心を支配している。あなたは家での恐ろしい行為に積極的に関与していたか、気づきながらも傍観していたかのどちらかだと思う、あなたが自白しないのなら、あなたはおそらく刑務所に行くことになるだろう。そうブラタンは忠告した。サンディは自白を促すブラタン牧師の忠告を、怒りをもって拒絶した。

「こんなやり方でまいってしまう人もいるかもしれません。でも私には効きめありませんよ」。彼女は夫は暗示にかけられたのだと言わんばかりにそう言った。このような会話があった後、サンディは家に戻り、必要最小限の荷物をまとめ、末息子のマークとともに、目も開けられないような吹雪のなかを五時間運転し、州を横断した。彼女は翌日の日記で神の導きを求めている。「イエス様……私の子どもたち、私の愛する、大切な子どもたちはどこに行ってしまったんでしょう……」。

だが三日後、サンディ・イングラムはオリンピアに戻り、その足で牧師に会いに行った。牧師はサンディに、あなたはまだ二〇パーセントの善をもっていると言って慰めた。牧師は詳しく、こう説明した。悪の部分は過去を覆い隠し、記憶を抑圧しようとしている。だが善の部分は、勇敢にも真実を明るみに出そうと頑張っている、と。ブラタン牧師はまた、最近イングラムが思いだした、もっと強烈な出来事についても語った。それは悪魔信仰、裏庭での儀式、血の誓い、男女の使徒たちが登場する記憶だった。妻がレイ・リッシュとセックスをする様子を目に見えるように描写した記憶もあったという。サンディは泣き出した。

それからしばらく後のことだ。ブラタン牧師が言った、残り二〇パーセントの善が記憶を思いだそうと戦っているという言葉に励まされ、サンディはジム・レイビーとともに居間の床に縛りつけられている記憶を思いだした。そして夢にありがちな不思議で非論理的な飛躍があって、サンディはポールとクロゼットに入っているところも思いだした。ポールはサンディを木片で叩き、リッシュとレイビーはそれを見て笑った。ポールがやっとサンディをクロゼットから解放すると、リッシュとレイビーは彼女を抑えつけ、無理やりアナルセックスをした。

クリスマスの翌日、サンディは夫に手紙を書いた。彼女は手紙のなかで、家で起きたはずだという恐ろしい出来事を思いだすことへの恐れ、だがそれを思いだそうと努力していることなどを書きつづった。牧師の助けによって、記憶が少し戻ってきた。でも何があったのかは思いだせない。真実が分からないのは恐ろしいことだ、とサンディは書いている。「何も思いだせないの。でも、神様のお助けによって思いだすつもりよ」。

手紙の話題は、最近の出来事、鍵がかかった抑圧された記憶貯蔵庫のことから、急に、簡単に思いだせる遠い過去、子どもたちがまだ小さく、幸せで可能性に満ちた生活があった頃のことへと移っている。ね、子どもたちが赤ちゃんだった頃のこと、覚えている？ サンディはポールに尋ねている。みんなとてもよい子で賢かったわ、とサンディは回想する。それにかわいくて、ちっちゃかった。子どもが泣くと、私はなだめようとした。でもあなたが帰って来て抱っこするやいなや、どの子もすぐに泣き止んでしまったのよね。覚えてる？ それから二人が出会ったときのこと、覚えているかしら？ あなたはとても恥ずかしがりやだった。ドライブイン・シネマで見た映画のこと（映画の内容じゃなくて、その時のことよ、と彼女は恥ずかしそうに書いている）覚えてる？

楽しかった頃の記憶を夫に訴え、サンディ・イングラムは手紙を結んでいる。

一九八八年十二月三十日、エリカ・イングラムは警察と検察官に、陳述書を提出した。彼女はその文書で、悪魔儀式における虐待の記憶について初めて詳細に述べている。「五歳頃から十二歳頃まで……私は夜中、父にベッドから連れ出されました」という文で彼女の陳述は始まっている。一群の男女が、納屋の横で二人を待ち受けていた。そのなかには母、ジム・レイビー、レイ・リッシュ、ガウンをまとった女性使徒の姿もあった。エリカはナイトガウンしか身につけておらず、父は「ガウンを着て、角のついたバイキングハットに似た帽子をかぶって」いたという。

納屋の中には一群の人びとがテーブルを囲み、全員が順番に六～八か月の赤ん坊をナイフでつき刺し、赤ん坊が死んでしまった後も血のしたたる儀式を続けていた。そして女性使徒はその死体に「何か白いもの」を着せ、地面の穴に埋めた。「人びとは、これは私の身にも起こり得ることだと言ったように思います」。エリカは陳述書の終わりで、このように述べている。「彼らはまた、私がこのことを忘れてしまうだろう、とも言ったような気がします。彼らはこの言葉をまるで歌を歌うように繰り返し唱えました」。
ジュリーもまた「悪魔関連のこと」をいくらか思いだし始めた。だが、彼女の記憶はエリカの記憶に比べれば、それほど鮮やかでも詳細でもなかった。彼女は動物たちを埋葬したことを思いだしたが、それが生贄の動物だったのか、自然死した動物だったのか、確信がもてなかった。また刑事の質問には、教会の礼拝以外どんな儀式にも参加した覚えはないと答えている。だが虐待による傷があるかとの問いには、ジュリーは力をこめて首を縦に振り「ある」との意を表した。彼女は、父親とジム・レイビーにナイフでつけられた傷があると説明したが、誰にもその傷は見せないつもりだ、傷のために私はとても自意識過剰なっているから……高校のロッカールームで着替えられないほど、水着を着るときには必ず上にT-シャツを着るほど自意識過剰になっているから、と言った。
だが最終的には、ジム・レイビーとレイ・リッシュの弁護士の要請により、ジュリーとエリカは性的虐待を専門とする女医の検査を受けることを承諾した。医者は二人の身体をくまなく検査したが、変わった痕跡や傷跡を見つけることはできなかった。

一方、チャド・イングラムは、ピーターソン博士とヴーキック、ショーニング両刑事による面接からひと月もたたないうちに、供述を撤回した。魔女やペニス、そしてジム・レイビーやレイ・リッシュに虐待されたという抑圧された記憶の情景は悪夢にすぎない、それ以上の何ものでもない、というのだった。

だが、エリカの語る話はますます奇妙で凄まじいものとなっていった。彼女は父親から山羊や犬とセックスをするよう強要されたと言った。また母親は動物とセックスをし、その様子を父親がカメラで撮ったとも述べた。また彼女は、ジム・レイビーから何度も、おそらく百回ぐらい暴行されたと語った。あるときは暴行の後、レイビー、母親、父親が順番に彼女の上で脱糞したという。彼女はさらに悪魔の祭り、赤ん坊の生贄、凄惨な堕胎などについても話した。彼女自身、二十五人かそれ以上の赤ん坊が生贄になるのを目撃したという。手足を切断された赤ん坊の小さな身体は、イングラム家の裏の森に埋められた。また一度は、カルトのメンバーが彼女自身の赤ん坊をハンガーでかき出し、手足をもぎとった胎児の血みどろの身体を、彼女の裸の身体にこすりつけたという。

悪魔儀式による虐待や、人を生贄として捧げるという告発はあまりにも奇妙だ。検察側はカリフォルニア大学バークレイ校の社会学の教授であり、カルトや洗脳の専門家でもあるリチャード・オフシーに連絡を取った。「悪魔儀式に関する経験はおありですか?」とイングラム事件の主任検察官であるゲイリー・テイバーは、オフシーにかけた最初の電話で尋ねた。テイバーはこの事件のあらましを説明し、悪魔儀式による虐待の話をした。テイパーは真摯な答えを欲していた。そしてオフシーは真摯に答えた。

「いいえ」とオフシーは言った。「経験があるという者がいたら、それは嘘をついているのです。そもそも赤ん坊を殺すような悪魔儀式が存在するという証拠などないのですから」。

オフシーはアメリカ全土、大きな都市でも小さな町でも、悪魔儀式による虐待というデマが人びとの想像力に火をつけていることをよく承知していた。悪魔教のカルトが会衆を「プログラム」すること、それはカルトの使徒たちしか知らない秘密の技法によってのみ可能だということなど、オフシーは彼らの理屈にもよく通じていた。カウンセラーのなかには、悪魔による心の攪乱と多重人格の形成とを関連づけようとする者もいる。が、オフシーは多重人格が本当にあるのなら、頭が一つ、身体が二つのシャム双生児だってもっと高い確率で生じるだろう、と揶揄していた。

オフシーは、多重人格が、そもそも独立した同定可能な診断名として存在するのかどうかさえ危ぶんでいた。

多重人格はむしろ、高度に被暗示的な人がカウンセラーによる知らず知らずの暗示に迎合し、暗示にそった症状を呈し始めることで生じるのではないか、とオフシーは考えていた。だがカウンセラーや警察官の多くは、たび重なる虐待、特に悪魔儀式が人格を打ち砕くと主張している。その説によれば、虐待の記憶は他の人格へと吸い寄せられ、たちまち意識下へと埋没する。そのおかげで「ホスト」の人格は、通常の生活での責任や義務を遂行できるというのだった。

オフシーは多重人格障害や外傷後ストレス障害（オフシーによれば、これもまた流行の一つである）が増加してゆく様子を注意深く追跡し、悪魔儀式による虐待、例えば血を飲む儀式、共喰い、堕胎の儀式、サディスティックな拷問、殺人などについて多くの資料を集めていた。彼はまた、傷、死体、骨、その他の実証的な証拠が見つからない理由を説明する、奇妙な理屈にもよく通じていた。

理由一：カルトは非常に巧妙に組織されており、部外者はその上層部にまで入り込むことができない（多重人格障害の専門家のなかにはカルト組織を共産党組織になぞらえる者もいる）。

理由二：有能な形成外科医（彼らもカルトのメンバーだ）による魔術が、どんな拷問や儀式で作られた傷も覆い隠してしまう。

理由三：堕胎された赤ん坊や生贄となった被害者の骨は、カルトのリーダーの邸宅地下にある小さな火葬場で焼却される。

理由四：カルトのメンバーは、たいへん効果のある秘密の洗脳法で、ありとあらゆる知識を消し去られてしまう。

理由五：死体を捜索する責務にある警察官やその他の捜査官も悪魔信者であり、何の証拠も発見できないことになっている。

だが、これらの粗野な理屈を支持する証拠はどこにあるのか？　オフシーは思いをめぐらせる。知恵のある科学者ならば、目に見えないものを受け入れる前に証拠を求めるだろう。科学者は事実を求める。そして反駁可能な仮説を求める（多くの科学者が神の存在を信じていることを、オフシーは思い起こす。だが、それは個人的な問題だ）。そして彼の知る範囲では、現実に活動している、赤ん坊を殺害するような悪魔カルトを発見した者は誰もいないのだ。それはちょうど本物の天使やエイリアンを示した者がいないのと同じだった。

カルトやカルトの影響を受けた人びとについて研究するなかで、オフシーは幾度か異常な事件にも遭遇した。だがそういった忌まわしい、残虐な行為を犯すのは、異常な考えにとりつかれた「普通の」人びとである。例えばパティ・ハースト。彼女は善良な人物だったが、非常に巧妙に操られた結果、誘拐犯と一体感をもつようになり、銀行強盗においては彼らを守ろうとさえした。だがハーストの誘拐犯、シンビオニーズ解放軍は確かに存在した。彼らが死亡した大火の様子はテレビで放映されたし、録音テープ、声明文、誘拐行為はすべて詳細に記録された事実である。だがこれまでのところ、血を飲み、幼児を殺害し、共食いするような悪魔信者という、捉えどころのない陰謀の存在を示す証拠はどこにもない。

「これは現実なんですよ」と検察官は言った。「イングラムは成人した二人の娘から告発されているんです。そして彼自身、一度、二度じゃない、何度も自白しているんですよ」。

だがオフシーはイングラムが自白したと聞いても驚かなかった。彼はちょうど、警察の圧力に屈して身に覚えのない犯罪を自白した人びとの事例について、学術論文を書き上げたばかりだったからだ。三百年前、ヨーロッパでは数万人にもおよぶ人びとが魔女であると自白し、証拠のない悪行のために即座に火あぶりの刑に処せられた。魔女と呼ばれた人びとのなかには、残酷極まりない拷問のもとで自白をした者も多いが、自発的に悪行を認めた者、親戚、友人、近隣の者たちを進んで指差した者のほうがもっと多かったのだ。

何世紀もの間、神と悪魔に対する熱狂的な信仰は魔女神話に貢献してきた。同様に、現代では他の惑星に生命が存在するという可能性を熱心に信じる人びとが精神科医を訪れ、エイリアンに誘拐されました、性器を検査されました、と語る。シャーリー・マクレーンの本はまるでポップコーンのようにガツガツと読まれているが、どれだけ多くの人が彼女のように前世を信じているのだろう？　王女だったとか、海賊だったとか、イエス・キリストが十字架に架けられるのを見たとか？　これらは本物の記憶なのだろうか？

だがオフシーは、悪魔信者が組織化されたネットワークを形成しているという可能性を即座に排除しようとは思わなかった。何かが起きている。オフシーはそれが何なのか、どこから来ているのか理解したかった。もしもポール・イングラムが本当に悪魔教の使徒であり、合理的な疑いをしのぐほどの事実が証明されるのだとすれば、彼は捜査に加わりたかった。もしもポール・イングラムが、世紀の犯罪を暴くために警察が用いた強制的、暗示的な聴取法のために自白したのだとしても、それでもまた、彼はかかわりをもちたかった。

「何かお手伝いできることがあれば」とオフシーは検察官に申し出た。

イングラムはリチャード・オフシーが検察局に雇われていることを知っていたが、この白髪混じりの顎髭をもつ、活気ある目をした教授と話をしたいと強く望んだ。記憶について、そして記憶を取り戻す方法について知りたいことは山ほどあったからだ。一九八九年二月、イングラムはこの時までに二か月以上、集中的な尋問に耐えていた。そして失われた記憶にアクセスしようとする彼の試みは、定期的に行われるステップ法の形態をとるようになっていた。

最初のステップは祈りである。牧師はイングラムに、記憶の回復を試みる前に熱心に祈れば、神はイングラムの心を真実のイメージで満たして下さると保証していた。長い間神と交信した後、彼はベッドに座り、目を閉じ、深く呼吸し、リラックスしようと努める。他の囚人が落ち着いていて刑務所が比較的静かな夜は、この作業は容易だった。だがイングラムは昼間もずっとこのリラクゼーションを練習していたのだ。

次のステップは「心を空虚にする」こと。イングラムは自分が白く暖かい霧の中へと漂い出す様子をイメージする。イメージの視覚化という方法は、彼がたまたま雑誌で見つけたものだ。だがブラタン牧師も心を空虚にするにはイメージを使うのがよいと、イングラムに勧めていた。実際、ブラタンはイングラムに一日八時間、心の目で見る努力をするようにと促した。「そのことを考えて。それがあなたのフルタイムの仕事だと思って」とブラタンはイングラムに言った。また牧師はイングラムが西部劇や他の小説を読んだりしないよう指示し、聖書を読むことさえ心の探索の妨げになってはならないと戒めた。

白く暖かい霧の中にうまく入れると、イングラムは数分間そのあたりを漂い、イメージが浮かんでくるのを辛抱づよく待つ。しばらくすると記憶の断片が意識へと流れ込んでくるが、そのはかないイメージを、彼はほとんど、あるいは全くコントロールできなかった。イメージは、彼が再構成しようと努める特定の記憶と何ら関係のないこともあった。

イングラムの語るイメージがきわめて視覚的であり、奇妙で分裂した特性をもっているのを聞いて、オフシーは懐疑的になった。イングラムは空想と現実を混同しているのではないか？「誘導マシン」という言葉がオフシーの頭を駆け巡った。ポール・イングラムは問題、とてつもなく大きな問題を抱えている。問題を抱えた人は解決法があると言う人に弱いものだ。自信がなく不安定な人ほど影響を受けやすい。ポール・イングラムは自信喪失と不安定のかたまりといってもいいだろう。彼は人に受け入れられたいという気持ちが強く、家族の安全を案じ、聖書の戒律やカウンセリングの処方を信じるのに一生懸命だ。そして、苦しみに終止符を打ちたいと切に望んでいる。

イングラムは出来事を視覚的に見ている。イングラムにとってはこの情景が現実なのだと、オフシーは信じて疑わなかった。だが「現実的な」情景、白昼夢、幻覚は、証明可能で客観的な出来事の記憶とは異なる。イングラムは虐待についていくらかの情報を与えられ、申し立てによるこれらの出来事を「請い求める」よう促された。一度基本線、つまり娘たちはあなたがレイプしたと言っている、あなたは記憶を抑圧しているのに違いない、懸命に努力すれば記憶は見つけられる、自白しなさい、そうすれば自由になる、といった基本線を受け入れてしまうと、出来事の証拠は後からついてくる。伝説は一度作られると、それ自体が証拠を作りだすのだ。イングラムの作話は彼の「記憶」の土台となった。作話をするほどに、彼は自分が有罪だと確信するようになり、確信が増すほどに、自白への動機が固まった。あったかもしれないことを想像するうちに、それは本当にあったことだと確信するようになり、一貫して記憶がないことを説明するために、人から教えられた神秘のメカニズム、抑圧に頼ることになった。

シグムント・フロイトは墓の中で寝返りを打っているだろう、とオフシーは思った。声高に抑圧を唱える心理療法家は、フロイトが約百年前に提唱した漠然とした理論的概念からアイデアを借り、こう主張している。諸問題の根源は子ども時代のトラウマにある（これはフロイトの初期の考えだ）、トラウマを受けた子どもは心理的な苦痛を回避するために記憶を抑圧することが多い（フロイトの考えを無理矢理拡張している）、カウンセリングの大きな目的は抑圧された記憶を取り戻し、トラウマを日の光にさらすこと。そうすれば抑圧された記憶の暗黒の力は消散する（これはフロイトの安物版だ）。抑圧は魔法の治療法。抑圧を見つける洞察力と共感性を備えたカウンセラーだけが、巧妙なテクニックを長期間用い、抑圧された記憶にアクセスし、生涯の苦悩を浄化することができるのだ、と。

ともかく、理論はそうだ。だが複雑なフロイトの理論がこのように単純化され、歪められ、近親姦や性的虐待に過敏な文化のなかで用いられたらどうだろう。カウンセリングに行くと、すぐさまこう尋ねられる。子どもの頃、身体的、性的、情緒的な虐待を受けたことはありませんか。こうも告げられる。記憶が思いだせなくても心配しなくていいですよ、虐待を受けても記憶がない人はたくさんいます。そしてさまざまな侵入的技法が用いられ、埋もれた記憶を掘り起こす作業が始まる。年齢退行、視覚化の誘導、トランスライティング、夢作業、身体作業、何でもありだ。

フロイトは、外傷的な出来事の抑圧、特に出来事と連合した感情の抑圧は理論的に可能だと考えていた。だが、とっておきのエレガントな理論がこうも無茶苦茶に使われていると知ったら、フロイトも顎髭をかきむしるのではないか。フロイトだったら、たとえクライエントが抑圧の防衛機制を使っていると思っても、失われた記憶を掘り起こすような荒々しい力まかせの方法は用いなかっただろう。事実、彼は催眠が現実とは似ても似つかない荒唐無稽な作話を作りだす可能性があることに気づき、クライエントに催眠をかけるのをやめてしまった。カウンセラーはなぜフロイトの鋭い洞察を理解しないのか、とオフシーは不思議に思う。今では催眠が暗示にかかりやすい状態――現実の出来事がイメージ、幻覚、夢などと混同されやすくなる状態――を作りだすということが、実験的な手法により一貫して証明されているというのに。

さらに悪いことに、催眠にかかったクライエントは疑似的な記憶に対し、それが現実の出来事や体験であるかのような強い確信をもってしまいがちである。彼らは一度、特定の出来事を実際の出来事として受け入れてしまうと、嘘発見器の検査を受けてもパスするほど完璧に信じ込んでしまう。嘘発見器が測定しているのは現実か現実でないかという信念であって、語られた出来事の正確さや正真性ではないからだ。

現代では、催眠による暗示について一般的な知識のないカウンセラーはいないだろう。にもかかわらず、多くのカウンセラーが催眠には魔法のような癒しの力があると考えている。催眠は自白剤のように機能する――つまり催眠は、失われた記憶が意識と無意識の境にある、目には見えない堅牢なバリアを通過するのを容易にする――と考えているのだ。このような誤った考えが素地としてあるうえに、記憶が再構成されるものであることについてはほんのわずかな知識しかない。このことが治療場面で偽りの記憶が作られる一因かもしれない。

「私は決して催眠を使いません」と反論するカウンセラーもいるだろう。だがポール・イングラムの例が示すように、トランス状態を作るのに正式な催眠誘導技法は必要ない。問題を抱えた被暗示性の高いクライエント。

これだけで十分だ。イングラムが用いていたのはリラクゼーション、心を空虚にすること、心的イメージなど、明らかに自己催眠のプロセスだった。彼の「記憶」は視覚的で断片的だったが、それも彼の記憶が外傷体験から正確に想起された真の記憶ではなく、トランス状態で誘発された疑似記憶であることを強く示唆している。イングラムはリラクゼーションや誘導イメージ法を何度も練習し、自発的にトランス状態に入り、解離と被暗示性を体験していたのだ。

オフシーは「五階級人格」という、被暗示性が特に高い人びとに共通して見られる心理特性のことを考えていた。この言葉はニューヨーク出身の精神科医で、一時期シビルとして知られる多重人格のクライエントを診ていたハーブ・スピーゲルによる造語である。スピーゲルによれば、人口の五〜一〇パーセントはたいへん被暗示性が高く、催眠にかかりやすい。ほとんど気づかれることなく、瞬時にして通常の意識的状態から深い催眠トランス状態へと移行しまう。スピーゲルはこのような人びとのことを「五階級症候群」と呼んだのである。「五階級」と呼ばれる人びとはきわめて他人を信用しやすく、スピーゲルの言葉で言えば、「他人に援助してもらうことに強い、人をたじろがせるほどの期待をもっている」。彼らはカウンセラーの善意に確固とした強い信頼を寄せ、どんな暗示情報でも容易に吸収する。そして記憶の空白を強迫的に埋め、一貫性がなく、あり得ないようなこと、不可能なことまでをも真実で真正なものとして受け入れてしまうという。

催眠状態で想起された記憶は作話的、空想的だが、五階級人格の人びとにはそれが完璧な真実だと思えてしまう。彼らは正常の意識状態に戻っても、記憶を明確な感情とともに思いだし、その体験を真実で真正なものだと強く肯定する。一方カウンセラーも、クライエントの過去を埋もれた記憶や感情と結びつけようとするあまり、催眠で生じた記憶の歪みや尖鋭化を無視し、見逃してしまう。また五階級人格の人びとは「トランス状態の論理」によって、矛盾の多い非論理的な内容を記憶システムへと統合するが、この論理に気がつかないカウンセラーは（イングラムの場合は警察の尋問官だが）、その記憶が真実だと思いこんでしまう。そしてカウンセラーが与える言葉かけやしぐさによって、クライエントはそのイメージを長期記憶として永久に記録することになるのだ。

イングラムの話を聞けば聞くほど、オフシーは彼がとてつもなく被暗示性の高い人物だという気がしてきた。被暗示性が高くないとして唯一考えられるシナリオは、イングラムが嘘をついているという可能性だ。だがオフシーにはイングラムが家族を引き裂き、キャリアと名声を破壊し、残りの人生を牢屋で過ごさなくてはならないような記憶を意図的、意識的に作りだすとは到底思えなかった。ポールは混乱している。それは間違いない。だが狂ってはいない。

この仮説を検証するため、オフシーはある日、フィールド「実験」を行うことを思いついた。

オフシーはイングラムにこう切り出した。「息子さんの一人、それに娘さんの一人と話をしたんですがね。二人はこんなことを話してくれたんですよ。あなたは二人に、目の前でセックスをさせたというんですが。覚えていますか?」。

イングラムは混乱しているようだった。そしてこの出来事には覚えがないと言った。

オフシーは、いや、これは確かにあったことなんです、二人のお子さんがこの出来事をはっきりと覚えているのですから、と言った。イングラムは数分間、手で頭を抱え沈黙していた。どこであったことなんですか、とイングラムは尋ねた。今ご家族が住んでいる家です、とオフシーは言った。

「情景を考えて。様子を思い浮かべて」。オフシーはイングラムが記憶を再構成するときに使う表現をわざと用い、暗示してみた。

イングラムは目を閉じた。そして少し考えてから、心の中にいくつかイメージが「描ける」と言い、オフシーが今ざっと述べたシーンのなかに自分の姿が「見える」と言った。

オフシーはイングラムが現在形で話すのに感銘を覚えた。ハーブ・スピーゲルは五階級症候群の一つとして

「時間のテレスコープ感」（訳注：テレスコープ、すなわち望遠鏡を用いると遠くが真近に感じられるように、過去が至近に感じられること）を挙げているが、イングラムもまさに「記憶」を現在進行形で体験していた。五階級人格の人びとは人生の特定の時間に逆戻りするよう告げられると、現在形を用いて話をすることが多い。たとえば「通りの角に立っていたら、サイレンの音が聞こえました」と言うかわりに、彼らは「通りの角に立っています。サイレンの音が聞こえます」と言う。彼らは記憶を今起こりつつあるものとして捉え、そのなかに入りこんでしまう。その主観的な体験により、思いだされた出来事はより直接的で信じられるものとして感じられるのだ。

オフシーは、この時点で、記憶を思いだす過程を一時中断することにした。イングラムは非常に被暗示性が高い。これは間違いない。オフシーは彼の反応にこれ以上、どんな影響も与えたくはなかった。彼はイングラムに独房に戻り、情景を「請い求め」、詳しく思いだすようにと告げた。

翌日、イングラムは娘と長男の間であったことをはっきり思いだしたと言い、その二人とはエリカとポール・ロスだと述べた。オフシーはイングラムが記憶についてさらに詳しく話し始める前に、もう一度独房に戻り、出来事を紙に書いてくるようにと告げた。オフシーはこの時点でエリカに面接した。「お父さんの目の前で、お兄さんとセックスするよう強要されたことはありますか？」とオフシーは尋ねた。エリカはそのようなことは一度もないと言い切った。

数時間後、イングラムは三ページにわたる、対話さえ含む手書きの自白調書をオフシーに手渡した。読みながら、オフシーはイングラムが現在形を用いていることに再度深い感銘を受けた。まるで映画の台本だ、とオフシーは思った。セットの記述もちゃんとある。

樅《もみ》の木の上のエリカのベッドルーム。寝棚がしつらえてある。エリカとジュリーは部屋を共同で使っている。私はポール・ジュニアとエリカに二階に来いと言う……服をぬげと命令する。エリカは言う、「だって父さん」。「言う通りに脱ぐんだ。つべこべ言うんじゃない」。声の調子からか、言い方によるのか、二人とも逆らうことなく服を脱ぐ。たぶん私は二人が逃げないよう、ドアの前に立ちはだかっている……。

私はエリカに、ひざまずいてポールの性器を愛撫するよう命令する。彼が勃起すると、ペニスを口にいれ、口で刺激するように命令する……。

私は娘を床に寝かせる。ワギナと乳房を愛撫し、たぶんワギナを口で愛撫するだろう。私は彼女のワギナでセックスをする。ポールはこの様子を一部始終見ている。もしも彼女がオルガスムに達しなければ、彼女が達するまで、私は指で刺激するだろう。

私は子どもたちに、セックスの行為や正しいやり方を学ぶ必要があると言っているかもしれない。参加する誰もが快い体験をすることが重要だ、と。

私はポールとアナルセックスをするだろう。はっきりしないが……。

ポールとエリカをコントロールする力は私一人のものではないようだ。ジム［・レイビー］か誰かがいるような気がする。子どもにそうさせるようにと、誰かから言われているように思う。そんな気がする。

ポール・イングラムは全くなかったことについて、豊かで詳細な自白を行った。

オフシーはフィールド実験の最終段階である第二のステップへと進んだ。被験者が記憶に対して抱いている確信度を測定する必要があったのだ。イングラムは視覚化したことが記憶であり、作話、幻覚、夢から誘発されたイメージなどは含まれていないと、百パーセント確信しているのか。どんな理由であれ、記憶を意図的、意識的に作りだした可能性はないのか？　また、彼は「請い求める」1-2-3-4のステップ、リラクゼーション、心を空虚にすること、視覚化することなどが解離やトランス誘発を導く可能性があることを知っているのか。刑事による誘導質問や暗示的なコメントが、心にひらめくイメージを作りだしたり、イメージに影響を与えたりすることを知っているのか。

熱い対決の時が来た。オフシーはイングラムに、あなたはこれらの情景を作りだしている、と言った。彼はイングラムが嘘をついていると責め、今こそ真実を話し、記録を正しいものにするチャンスだ、と言った。

イングラムは動揺し、感情的になった。私が話したイメージは現実です、他の記憶と同じく現実なんですよ、と彼は言い張った。私は思いだすままに真実を語ったのであり、意図的、意識的に細部を創作したり、記憶を膨らませたりはしていません。誰からも影響を受けていないし、解離体験もない。なかったことを詳しく自白して保安官事務所を助けようとしたり、娘を守ろうとしたわけじゃないんです。イングラムは自分の記憶は真正であり、供述した通りの場面があったのだと言い張った。

リチャード・オフシーはカリフォルニアに戻った。「魔女狩り」という言葉が絶えず心に浮かび、彼を悩ませる。三百年前のマサチューセッツ州セーレム。そして十六、十七世紀のヨーロッパ。正常で合理的な人びとが、黒魔術を行い悪魔と交わる魔女がいると信じた。二十世紀末の今日、正常で合理的な人びとが流言で熱狂的になっている。殺人を行う悪魔教が地域に侵入し、何百人もの胎児、新生児を生贄として捧げ、娘に動物とセックスをさせ、信心深い普通の市民の心をプログラムして悪行の記憶を消している、と。

社会全体の道徳秩序を脅かすずる賢く力のある敵、悪魔はワシントン州オリンピアに生き、栄えていた。悪魔の仕業に関する精緻な神話はそれ自体が新たな証拠を作りだし、この地域は虚言で気が狂っていた。流言や恐怖は偏見の裏返しであることが多い。醜く恐ろしい悪魔のイメージさえ備えていれば、「悪魔」は悪魔教信者、魔女、ジプシー、ユダヤ人、ホモ、共産党員など、何だってよいのだ。どんな偏見もステレオタイプの形成から始まり、投影、つまり悪魔のような憎しみの感情や感覚や恐れを特定の個人や反抗的な集団、空想的な実体、政党、特定の人種などに投影することへと至る。

今また、正常で知性のある人びとがメタファによって捕えられ、投獄されていた。オフシーは道徳観念を伴う怒りが発火しやすく、火がまわりやすいことに驚いた。この魔女狩りは、教会のキャンプで若い女性が感情的なブレイクダウンを体験し、あなたは虐待されていたと権威者に暗示されたことから始まった。その後、カウンセラーや警察官と話すうちに、彼女の話は客観的な事実へと固まってゆき、妹が提供した新たな恐怖、牧師が提供した教義――悪魔の欺き、神の真実を請い求める祈りの力など――によって強化された。心理学者による黒魔術のほのめかし、無意識の働きに関する行きすぎた推論、そして尋問官の「真実」を求める盲目的な追及、これらが悪魔のイメージに息を吹き込み、立体的な、終わることのない恐怖の舞台を作りだしたのだ。

結局のところ、すべてが魔法の煙、集団狂気、道義的なパニック、暴走する流言製造機だった。カルトも陰謀も、悪魔も牧師も、血を飲む儀式も殺された赤ん坊も発見されなかった。そのため真実も不明だった。推論に押しつぶされ、何層ものファンタジーの下に埋もれ、真実はずっと前に、静かに、気づかれることなく息絶えていたのだ。

オフシーは検察局に報告書を送った。尋問の仕方に関する危惧の念や、ポール・イングラムは自白した罪を犯してはいないと思うという所見を詳述したものだ。検察官は最初、オフシーの報告書は「無罪を証明する証拠」にはならないとし、イングラムの弁護士に見せることを拒否した。だがオフシーの不満が圧力となり、裁判長は報告書をイングラムとその弁護士にも開示するよう命令した。

一九八九年、四月二十日、レーシー警察署のロレーリ・トンプソン刑事が、医者には見つけられなかった傷跡の証拠が見つかればと、エリカとジュリーの身体検査を行った。トンプソンはその結果を、「補充警察官報告書：エリカ・イングラムおよびジュリー・イングラムの傷の検査について」という備忘録にタイプしている。

一九八九年四月二十日、私はエリカに、被告人の一人によってつけられたという腹部の傷を見せるよう言いました。彼女はセーターをたくし上げ、胸骨とへその間の中央部を指しました。私は何の傷も見つけることはできませんでした。傷が体毛で隠れているかもしれないと思い、皮膚を少しひっぱってみましたが、傷は見えませんでした。ポーラ・デイヴィス［エリカの親友］も部屋にいました。彼女は、薄い線が見えたように思ったのだが、と言いました。私はエリカの身体の肌が、顔よりも少し黒いことに気づきました。彼女は最近日焼けブースに行ったと言いました。

同日遅く、私はジュリーの肩、鎖骨周辺、および上腕に傷がないかチェックしました。何の跡も傷も見えませんでした。彼女はタンクトップを着ていたので、服の肩の部分をずらして、肩全体が見えるようにしました。私はジュリーに、このあたりに傷があると思ったのでは、と尋ねました。彼女はそんなことはない、と答えました。

一九八九年四月二十六日、検察官に宛てた手紙においても、ジュリーは自分の物語に執着し、悪魔儀式でつけられたたくさんの傷があると主張していた。ある儀式では父親が彼女の左腕を釘で床に打ちつけた、別の儀式では父親、ジム・レイビー、レイ・リッシュが彼女をペンチで拷問した、と彼女は書いている。だがこれらの拷問は、後に彼女が思いだした母親の記憶に比べれば色あせて見える。この記憶について、ジュリーは次のように書いている。「あるとき、私は十一歳くらいでしたが、母が私のプライベートな部分を開きました。……そして死んだ赤ん坊の身体の一部を入れました。母が行ってしまった後、取り出してみると、それは一本の腕でした」。

最終的には、検察は悪魔儀式による虐待の告訴をすべて却下した。七五万ドル（約七千五百万円）もの税金を費やした捜査であったが、ワシントン州オリンピア郊外の裏庭で悪魔を崇拝するカルトが活動しているという申し立てを支持する証拠は発見されなかった。だがイングラムは妻と娘から、罪を認め、家族に残された最後の尊厳を守るようにと促され、三級レイプに関する六つの訴因について有罪を認める決心をした。イングラムが有罪を認めた二日後、検察局はジム・レイビーとレイ・リッシュに対するすべての告訴を却下した。この二人の男性は、百五十八日間も拘束されていた。

なお、イングラムの判決は、ジュリーが「お前の元父親であるポールより」という署名入りの脅迫状を偽造したために遅れることになった。この手紙は何事もないような様子で始まっている。「かわいい娘よ、元気かい？」。だがすぐに調子は悪意に満ちたものとなる。「お前のせいで、私たちは永遠にバラバラになってしまった。……皆がお前の死を望んでおり、お前を狙っている者もいる」。

この手書きの手紙はすぐに偽造であることが判明した。ジュリーが自分で書いたものだった。

有罪を認めてしまうと、ポール・イングラムの世界は静かになり、不思議なほど平和になった。日常のルーチンを妨げる訪問者はほとんどいなくなったし、刑事、弁護士、心理学者などの質問や暗示による絶え間ない砲撃もすべておさまった。だが独り残されて記憶と向き合うと、イングラムの有罪に対する確信は失せていった。彼は聖書に浸りきりになった。そして聖書の言葉と教えを通して、「精神的な混乱」の最中に何が起きたのか、自分の考えをまとめ始めた。イングラムは自分が疑惑と恐れの危機に見まわれ、極度の恐怖状態で、真実から目をくらまされていたのだと信じている。聖書のテモテへの手紙二の一章七節には「神はおくびょうの霊ではなく、力と愛と思慮分別の霊をわたしたちにくださったのです」（新共同訳聖書三九一頁）とある。おくびょうの霊が彼を襲い、彼は健全な心を失っていたのだ。

またエフェソの信徒への手紙六章十節～十八節、特に六章十二節を読み、イングラムは自分がまさに魂のために戦ったのだと理解した。「わたしたちの戦いは、血肉を相手にするものではなく、支配と権威、暗闇の世界の支配者、天にいる悪の諸霊を相手にするものなのです」(同書三五九頁)。イングラムは神の言葉を完全に知り、理解することができず、自分を守ることができなかった。闘う準備ができていなかったのだ。神の声を聞こうと努力するあまり、彼は神が話しかけられ、失われた記憶を思いだす努力を是認して下さったように信じてしまった。だが今、牢屋で一人きりになってみると、神は「穏やかに、小さな声で」話されること、神が話されることはすべて聖書に書かれている言葉と合致していることが、分かる。

一九九〇年四月、イングラムが有罪を認めてから一年後、判決公判が行われた。イングラムは立ち上がり、確固とした澄みわたる声でこう宣言した。「私は皆さんの前に、神の前に立っています。私は決して娘たちに性的虐待をしたことはありません。私はこれらの犯罪について無罪です」。

だがイングラムは一度ならともかく、何度も自白していた。裁判官は彼の十一度めの心変わりをまじめに受け取ろうとはせず、イングラムは二十年の服役を言い渡された。十二年たてば監察下で釈放となることが可能だった。予想されたことではあったが、上告はすべて失敗に終わった。記憶とは異なり、自白は時間がたっても消え去ることがない。録音され、署名され、厳封された調書は、永遠に汚染されることも損なわれることもなく、記録として残るのだ。

ポール・イングラムは神による救済を信じていた。彼はヨゼフの物語にお手本を見出した。ヨゼフは兄弟たちに売り払われ、捕虜となってエジプトへと連れ去られた。だが自分の行いすべてにおいて神を信頼していたため、無実の罪で告発され投獄されたが、繁栄した。そして最後は、家族と幸せに再会できたのだ。

イングラムは一九九三年二月十六日付の手紙で、「神様が私を救済し、私に対するすべての告訴について、私の義を証明してくださることを信じています」と書いている。その手紙には、今はもう結婚し、大学院に通っている息子のチャドから来た手紙のコピーが添えられていた。この三年間でチャドが父親に連絡してきたのはこれが初めてだった。その手紙は四つの暗号めいた文から成っている。チャドは父親を刑務所のＩＤナンバーで呼び、彼の有罪を信じていると激しく書いていた。そして父親がその行いのために苦しめばよいとも。そして、二度と連絡しないでくれと結んでいた。

「ご覧の通り、チャドはまだ私に対し怒りと敵意を抱いたままです」。非常に控えめとしか言いようのない表現で、イングラムは説明している。イングラムはまた、他の家族がどうしているか、数段落を費やして書いている。長男のポール・ロスはオレゴンにいる。結婚し、イングラムにとっては初孫になる小さな娘がいる。ジュリーは少なくとも年に一度は手紙をよこす。家族が元通りになれればよいのに、と書いているという。彼女は名前を変え、保育園で働いている。エリカはカリフォルニアに住んでいる。サンディは離婚し、名前を変えて末息子のマークと一緒にニュータウンに住んでいる。彼女もポールに手紙をよこすが、この出来事について触れることはほとんどないという。

「このことで、家族全体が未だに深い影響を受けています」。今回の裁判とその余波の衝撃について、イングラムは再度控えめな口調でこうまとめている。

一九九三年のクリスマスの少し前、私はまたポール・イングラムから手紙を受け取った。シングル・スペースでぎっしりと書かれた四ページにわたる手紙だ。「今年は私の家族、友人、親戚一同にとって、多くの恵みに満ちた、記念すべき年でした」と彼は書いている。彼は多くの訪問者によって「恵み」を受けたのだという。訪問者のなかには彼の二人の兄弟と三人の姉妹も含まれていた。彼らは六回も訪れ、通算一週間近くも彼と一緒にいてくれた。十月には「大きな進歩があった」という。末娘のジュリーが祖父母につきそわれて訪問してくれたのしませんでしたが、でも、私に牢屋から出てきてほしいと言ったんですよ」。何があったか、あまり話そうとはしませんでしたが、でも、私に牢屋から出てきてほしいと言ったんですよ」。

「本当に恵み多い年でした」とポール・イングラムは手紙の終わりに書いている。私が今の生活になぜこれほど満足していられるのか、他人には理解できないでしょうが、と認めたあと、彼はこう説明している。この状況下にあっては選択肢は二つしかないのです、と。「怒り、八つ当たりするか、神様が下さるあらゆる恵みに感謝し、余儀なくされているこの状況でベストをつくすか、そのどちらかなのです」。

ポール・イングラムはベストを尽くしている。だが手紙を読み終え、彼が置かれている状況を考えると、これでよいのかと思えてならない。イングラム家には病的なところがあり、悩みも多かった。しかしだからといって、残酷な社会的死の報いを受けて当然だと言えるのか？　確かにイングラム家は完璧ではなかった。ポール・イングラムは常に「よい」父親ではなかったことを認めている。彼はときどき、子どもを怒鳴りつけたり、言葉で脅したりした。ポール・ロスを蹴飛ばしたり、後頭部を叩いたりしたこともあった。ジュリーがマークを入れる風呂に熱湯を注ぎ、マークに火傷を負わせてしまったとき、ポールは彼女の顔をひっぱたいた。ジュリーが家出してやると叫びながら道路を走って行ったとき、ポールは後ろから追いついて髪をぐいと引っぱった。

屋根ふき用の斧にまつわる不幸な出来事もあった。イングラムは家の背面にあるデッキに立ち、下の裏庭にいるチャドとポール・ロスに怒鳴っていた。彼らは薪割りをするという隣人に斧を貸してやっていたが、イングラムは返ってきた斧の刃が錆びているのに気がつき、怒って斧を地面に投げつけたのだ。斧は二人の子どもたちのまさに足元に突きささった。決して子どもたちを傷つけようとしたことではない、とイングラムは言う。彼はただ、何も考えずにそんな行動をとってしまったのだ。だが悪くすれば悲劇にもなりかねなかった、悔いの残る、許されざる行為だった。

チャドもこの出来事を覚えていた。ショーニング刑事は面接のなかで一度こう尋ねている。「お父さんがたいへん怒ってあなたに斧を投げつけた……出来事があったのを、覚えている？」。

「ええ。覚えています。ええ」。チャドは答えている。

「お父さんがそんなことをしたとき、あなたはどう思った？」。ピーターソン博士が尋ねている。

「驚いた、と思いますよ」。チャドは答えた。「父が斧を投げるなんて思いもよらなかったから」。

「斧を投げつけられたというのに、驚いただって？」。ピーターソンは尋ねた。もっと怒りに満ちた反応を期待している様子がはっきりと伺われる。

「ええ、まあ。父は僕たちに当てようとしたわけじゃないから」とチャドは説明した。

ポール・イングラムが想い起こしたこと、それに欠陥のある親だったという告白に鑑みれば、イングラム家で情緒的、身体的な虐待がときおりあったことは明らかだ。怒鳴り声、罵り声、会話の欠如、愛情不足がなかったとは言えない。引っぱたいたり、蹴飛ばしたり、怒ってやり返したり、父が子どもめがけて斧を投げつけるということさえあったのだ。

だが性的虐待はあったのだろうか。現在、ポール・イングラムは妻から初めて告発をつきつけられたときと同様、「よからぬ仕方」——これは彼の言い方だが——で子どもたちに触れたことは決してない、と言う。一方サンディ・イングラムは、娘たちから初めて告発を聞いたときには驚き、信じることができなかったが、今では娘たちは真実を語ったのだと信じている。またチャドは、最初は尋問官に「家はいつでも安全な場所だと感じていました」と語ったが、今では父親は有罪だと主張し、罪を償ってほしいと言っている。ポール・ロスは、父から身体的な虐待を受けたことはあるが、性的な虐待を受けた記憶はないと主張し、捜査に協力するのを拒否している。思いだしたことはすべて自分の内に留めておきたい、と彼は言う。エリカとジュリーは自分たちの記憶は正しいと主張し続けている。

家庭は崩壊し、上告は失敗に終わった。だがポール・イングラムは無罪が証明される日が来ると信じている。

彼はこう書いている。「いつかすべての真実が明らかになると信じています。また、神様が私やこの事件にかかわった人たちの正しさを完全に証明して下さると信じています。この犯罪は、私たちの想像力のなかでだけ起きたことだったのです。それがすべてです」。

私は、『るつぼ』に登場する主人公、ジョン・プロクターのことを思いだした。プロクターは、悪魔の存在を信じる心が実体を作りだしてしまうことに気がついた。が、時はすでに遅しだった。妻が魔女狩りを行う者たちから、針を刺した人形を家に隠し持っているとがめられたとき、現実的な人間であるプロクターは証拠を求めた。

「閣下」と彼は総督に訴えている。「妻は人形など隠し持っていません」。

「誰も見たことがないというのに、どうしてそれが隠されていないと分かるのだ？」とリヴァランド・パリスは尋ねた。彼は、自分こそが世界を悪魔の邪悪な業から救うのだと固く信じている。

プロクターは怒り、抵抗した。「私の家には五本足の竜だっているかもしれません。でも誰も見たことがないんです」。

見なくても信じることのできる者たちの独善で、パリスはプロクターの運命を封じ込める言葉を告げた。「閣下、私たちはまさに誰も見たことがないものを発見するために、ここにいるんです」。

第13章
天国と地獄の問題

悪魔にはいてほしい。彼らがいなくなると、天使もいなくなってしまうから。
——レイナー・マリア・リルケ

起きたことが経験ではない。起きたことをどうするかが、経験だ。
——アルダス・ハックスレイ

『心理治療の歴史は百年にもなり、その分世間は暮らしにくくなった』の終わりのほうで、著者である精神科医ジェームズ・ヒルマンとスタン・パッシーは、現代の文化が近親姦と性的虐待でがんじがらめになっていると論じている。ヒルマンは子どもに対する近親姦や暴力は「神話的、原型的なもの」であり、したがって「深遠な意味をもつ」と言う。そして問う。なぜ「残虐な行為や不正は他にもたくさんあるのに、世紀末の今、この特定のシンドロームが生気のないアメリカ文化を虜にしているのか?」。「それは地獄にかかわる問題だからだ」とパッシーは答えている。

私たちの文化では、地獄のあり場がなくなってしまいました……私たちはそれをもう一度見つけようと必死です。そして現代の文化においては、子ども時代（!）、まさに子ども時代こそが新しい地獄として出現したのだと私は理解しています。……私たちはもはや心理学者ではなく、牧師になってしまいました。私たちは人びとを奈落の底から救い出しているのです。

カウンセラーの使命はクライエントを地獄から救い出すことである。そのためにカウンセラーは盲目になってしまうのだ、とヒルマンも同意する。だが地獄はどうして地上にもたらされ、私たちの生涯の全段階を支配するようになったのか？　パッシーは地獄としての子ども時代というメタファは、もうひとつの比喩的な構成物、純真なインナーチャイルドの支えの上に危なっかしく乗っかっていると示唆する。「このメタファのせいで、私たちは子ども時代という現代の新しい地獄とともに、インナーチャイルドの失われた純真さを回復することだけを目的とした地獄からの救済、いわば牧師礼賛を有するようになったのです」。

失われた純真さを求めて旅に出ると、比喩と神話の王国へと深く入り込む。私たちはそこでインナーチャイルドの神々しい純粋さや子ども時代という地獄、その他もろもろのきわめて象徴的で、深く心象的な原型に遭遇する。たとえば機能不全家族の神話。その教えによれば、どの家族も多かれ少なかれ機能不全であり、家族の規則や習慣が「人の魂を殺害する」。また精神決定論の神話。この神話によれば、人格、精神、行動は子ども時代の出来事によって決定される。私たちは自分に選択の自由があると思っているかもしれない。だが実際は、私たちは統制不可能な無意識の力の影響を受け、つき動かされて台本を演じるだけの受け身の存在なのだ。

比喩でいっぱいのこの大国では、悪魔は人格化され、純真さは例外なくねじ曲げられる。だがハッピーエンドの望みもないわけではない。成長の神話によれば、私たちはコンプレックスや葛藤を「乗り越えるために成長し」、より成熟し安定した、洞察力のある情深い人間に「なるために成長する」ことができる。救済は可能なのだ。またトータルリコール（訳注：すべてを思いだすこと）の神話によって、傷は癒され、壊れた箇所は繕われ、不純物は取り除かれ、魂は洗われる。この神話によれば、記憶とはすべての活動、表現、感情、微妙な行動さえも心の細胞に刷り込むコンピュータ処理のようなものである。真実を検索するには過去に戻り、悪魔と直面し、失われた純真さを呼び戻せばよい。そうすれば真実を見つけだすことができる（そしてその過程で癒される）。

このような神話は現実を反映しているだろうか？　現実を神話に合うように修正し、形作れば、そうと言えなくもない。だが神話について真剣に問い、比喩的な土台の根拠を問えば、事実と虚構の不整合はすぐに露呈し、不具合な理論構造はぐらつくだろう。インナーチャイルドは本当に存在するのか？　人間は完全に「純粋」、完璧であり得るのか？　機能不全の度合を測定する基準となるような、理想的な家庭は実在するのか？　歴史は必ず因果応報的なのか？　カウンセラーはクライエントの語る事実と虚構を正確に区別できるのか？「成長」し続ければ、私たちはどんどん自分自身ではなくなって、より成熟した、より「統括的な」人間——他者にとっての理想形——になるのか？　外傷的な記憶は、永遠に消えることのない傷を心に残すのか？

このような問いを発したからといって、カウンセリングに敵対することにはならない。また、子どもの性的虐待の現実や恐ろしさを疑うことにもならない。私たちはただ、「文字通りのもの」と「比喩的なもの」を分離した、異なる実体としてみなすべきだと提言しているだけだ。もしもカウンセリングが神話や比喩を扱うことを選択するのなら（そして多くのカウンセラーが、シンボルやイメージにおいてのみ意味は見出されると主張するだろう）、比喩は比喩として、つまり文字通りの構成物というよりもシンボリックな表象として評価するのが賢く、慎重なやり方だろう。一方、もしもカウンセリングが歴史における意味を探し求めることを選択するのなら（実際、多くのカウンセラーが、過去を振り返ることなくして精神の傷を癒すことはできないと信じている）、記憶は創造的なメカニズム、すなわち事実と虚構を分かち難く織り込むメカニズムであることを認識し、理解すべきである。

「記憶は再構成的なプロセスです。元からあるイメージや考えに新しい詳細情報が加わると、記憶の質が変わってしまいます」と心理療法家であるマイケル・ヤプコは言う。「記憶について考えるとき、あなたはカウンセラーという立場で考えるわけです。それだけで記憶の質は変化してしまいます。クライエントが〈こんなことがありました。こんなことで傷つきました。つらい体験でした〉と言ったとしましょう。するとあなたは新しい見方、新しい考え、新しい枠組みを付け加え、記憶の表象全体を変化させてしまうのです」。

この見方によれば、カウンセラーは記憶の可変性に依存することで、クライエントが外傷的なライフ・ヒストリーを再構成する手伝いをしていることになる。もしもクライエントとカウンセラーの両方が、不確実な過去に確実な答えを見つけようとしたらどうだろう？「カウンセラーは確実性の犠牲になってしまうことがあります」とジュディス・ルイス・ハーマンは書いている。「開かれた探索的な態度が熱狂的な確信とすり代わってしまうこともよくあります……カウンセラーは事実の探究者ではないということ、外傷的な話を再構成することは犯罪捜査ではないということを心に留めておかねばなりません。カウンセラーの役割は開かれた心、共感する心で見守ることであり、刑事になることではありません」。

精神分析の評論家のなかには、専門家は過去に「真実」を求めるのを止めるべきだ、という者もいる。精神分析家であり、エール大学の精神医学の教授でもあるマーシャル・イーデルソンは、精神分析はヒストリーを再構成する試みをやめるべきだと論じている。なぜなら「ヒストリーが蘇ったとしても、それはクライエントの心の活動のヒストリーだからです。クライエントの心は過去、現在、未来の〈現実感〉から、時間をかけてシンボリックな表象を作り出しているのです」。イーデルソンは自作の美しい比喩を用い、文字通りの現実とシンボリックな現実とが同一でないことを示している。「刺激と反応の間、出来事と行動の間に心の活動があります。精神分析の研究対象は、シンボルの形成、〈心の活動の詩歌〉です」。

クライエントの心はシンボルや想像力を用いて独自の詩歌を創作しているのに、カウンセラーは比喩の間を彷徨い、文字通りの事実を探しているのだとしたらどうか。混乱する人もでてくるに違いない。心理療法家のドナルド・スペンスは、カウンセラーは二つの真実を区別できないため、クライエントの話を信じてしまうことが多いと警告している。彼は次のように書いている。「語られた真実と歴史的な真実に混同が見られるとき、そして特に話に一貫性がある場合、私たちは実際にあった出来事に接触したのだと信じてしまいがちです。本当に過去と接触したのでなくても、話のすわりがよいために確信がもててしまうことがあるのです」。

カウンセリングは「過去との接触を可能にする」手だてだという考えそのものが、再考を要するのかもしれない。クライエントが語る話、そしてカウンセラーが提示する解釈は、個人の体験を意味づける洞察を与えてくれるかもしれない。だが「意味」は「事実」と混同されてはならない。カウンセラーも人間であり、どうしても仮説、バイアス、期待を治療場面にもちこんでしまう。これが問題なのだ。暗示は巧妙である。カウンセラーもクライエントも、正統な治療の陰で働く暗示の魔法に気づきにくい。

精神科医であるサミュエル・グーズは次のように警告する。「心理療法には、カウンセラーやクライエントが抱いている先入観を制御する力はありません。また、カウンセラーが提供する解釈や暗示はクライエントとの対話に影響を及ぼしますが、心理療法には、この影響を制御する力もありません。さらにこれも重要なことですが、心理療法の過程では、治療の過程で追及される現象と、クライエントの臨床的問題との間に因果関係があるかどうか判定することはできないのです」。カウンセラーは原因論、つまり行動の原因を理解しようとする態度を捨てたほうがよい、そしてクライエントが「より気持ちよく感じ、不能感に苦しむことが減り、より効果的な対処行動が取れるように」クライエントを助けるという、控えめで達成しやすい目標を掲げるようにしたほうがよい、とグーズは示唆している。

だがおそらく「気持ちよく感じること」はカウンセリングの最終目標ではないだろう。ユング派の精神分析家として訓練を受けたジェームズ・ヒルマンは、カウンセリングの焦点を「治療」、すなわち処理し、変形し、刷新し、浄化することではなく、クライエントの現在の病い、すなわち「悪魔や天使が入ってくる壁の穴」へと深く切り込むことに集中すべきだ、と提案している。苦しみの意味、本質、目的は何なのか？ 実際に虐待されたか否かは別として、なぜ虐待されたと感じるのか？ 被害を受け、傷つき、怪我をしていると感じる今、何が起きているのか？ 等々。しかし現在に焦点を当てれば、カウンセリングは退行や撤退といった自己に中心化された過程だけでなく、地域・文化・環境の問題をも扱う、外向きの活動になるかもしれない。ヒルマンはこの可能性を以下のように述べている。

虐待や被害という言葉をそのまま用いながら、直接的な社会的原因を探るカウンセリングを構想することもできるでしょう……虐待されたという感情はないがしろにしたくありません。虐待されたという感情や無力感はおそらくたいへん重要です。しかし私たちは、今生きている環境、たとえば「仕事」「お金」「政府」などの現実的な環境ではなく、過去によって虐待されていると考えるべきではないかもしれません。とすれば、相談室は「今、私を現実に虐待しているものは何か？」についても話せる、革命の部屋になるのではないでしょうか。カウンセリングがそのような場になれば、それはすばらしい冒険です。

外傷や苦しみはもはや「被害」とは見なされず、「魂への寄与」とみなされる。「怪我や傷は個性の一部です」とヒルマンは主張する。「〈個性〉という言葉は、語源的には、イニシエーションの傷のような、くっきりした線の跡や模様を指すのです」。

人は誰でも人生による「傷」を負うている。したがって重要な問いは、これらの傷について何をすればよいのか、ということだろう。記憶が虚構の一種であることを認識したなら、カウンセラーはクライエントにこう言うこともできる。あなたの体験が記憶によってどのような影響を受けているか、それを内省してみてください、と。ヒルマンは「実際に何があったかではなく、それをどのように思いだすかが問題だ」というフロイトの言葉を引用している。フロイトは、私を虐待しているのは記憶だという見方に立ってクライエントが外傷的な出来事を思いだせるよう仕向けることができる、と強調した。ヒルマンは次のように説明している。「私は子どもたちが性的ないたずらや虐待を受けていない、と言っているのではありません。子どもたちは実際、性的ないたずらを受け、虐待されています。それは全く、唖然とするほどです。しかしカウンセリングは、記憶をどう見るかによって、問題をさらに唖然とするようなものにしています。危害を加えるのは外傷体験だけではありません。外傷的に思いだすことだって危害となるのです」。

記憶を受動的で無力な子どもの立場へと繋ぎ止めることにより、カウンセリングはクライエントを解放するのではなく、苦しい過去に閉じ込めてしまう。「外傷的に思いだす」ことにより、暴力や中傷は何度も繰り返し訪れる。そして子ども時代は、逃げ場のない地獄と化してしまう。

ジュディス・ルイス・ハーマンは著書『心的外傷と回復』で、ベトナム帰還兵の話をこう伝えている。その兵士は信仰への疑問、喪失、悲嘆の苦しみを味わっていた。絶望のなかで、彼は牧師に助けを求めた。

> なぜ神様は善良な人びとを死なせてしまわれたのか、私は心の中で合理化することができないでいました。私は数人の……牧師のところに行きました。ある牧師の所で話をしていたときのことです。「牧師様、私には理解できません。神様はなぜ幼い子どもを見殺しにされたのか？　この状態、この戦争、このいまいましさは何なのでしょう？　友人は皆死んでしまいました……」。その牧師は、私の目をのぞきこみ、こう言いました。「私には分からないんです。戦争に行ったことがないのですから」。私は言いました。「戦争のことを尋ねたんじゃないんです。神様について尋ねたんですよ」。

この男性のような知恵をもっている人は稀である。彼は自分の質問が文字通りでもあり、比喩的でもあることを知っていた。彼は苦しんでおり、助けが必要だった。だが彼の問いは銃、弾丸、恐怖、残虐行為、不正についてではなく、死についてでさえもなかった。彼は神について知りたかったのだ。だがこう説明しても、上の比喩の意味は自明とは言えないかもしれない。私たちはもっと論理的な問い、彼は「神」という言葉で何を指していたのかと問いたくなるかもしれない。ニコス・カザンザキスは部分的にだが、こう答えている。

天上高く渦巻く力の輪があります。私たちはこの輪を神と呼んできました。望むなら、他の名前で呼んでもよかったかもしれません。混沌、不思議、完全なる闇、完全なる光、物質、霊、究極の希望、究極の絶望、沈黙など。

己の運命について問うとき、例えば過去の出来事を考えるとき、身体、精神、魂の傷を癒そうとするとき、また神など、人間の存在にかかわる測り知れない不思議について問うとき、私たちはその意味と洞察、そして絶望の深さや希望の高さを測る方法を探し求める。だが説明や回答が与えられると、探究しようとする事柄の深さは半減してしまうかもしれない。実のところ、私たちは質問に答えてほしくないのである。そうではなく、経験を分かちあいたいのだ。

おそらくカウンセリングは、人間の苦しみを真に見守る場所、そして記憶を――事実と空想が止まることなく変化しながら互いに作用するものとして――理解し、称えさえする場所になり得るのではないか。

注・文献

●第1章

三頁：サウザの事例について、詳しくはNewsweek, April 19, 1993の記事を参照されたい。

●第2章

記憶の可変性を扱った研究に関心をもたれた読者は、以下の本を読んでいただきたい。

Loftus, E. F.（1979）. *Eyewitness Testimony*. Cambridge, MA：Harvard University Press.（西本武彦訳『目撃者の証言』誠信書房）

Loftus, E. F.（1980）. *Memory*. Reading, MA：Addison-Wesley.（Reprinted by NY：Ardsley Press 1988.）

Loftus, E. F. and K. Ketcham.（1991）. *Witness for the Defense：The Accused, the Eyewitness, and the Expert Who Puts Memory on Trial*. NY：St. Martin's Press.（厳島行雄訳『目撃証言』岩波書店）

●第3章

記憶を取り戻し、性的虐待の告発を撤回した人びとの話は、以下の本にある。

Goldstein, E. & Farmer, K.（1993）. *True Stories of False Memories*. Boca Raton, FL：SIRS Books.

●第4章

三四頁：Bass, Ellen and Laura Davis.（1988）. *The Courage to Heal：A Guide for Women Survivors of Child Sexual Abuse*. NY：Harper & Row.（原美奈子他訳『生きる勇気と癒す力』三一書房）

三四頁：Blume, E. S.（1990）. *Secret Survivors：Uncovering Incest and its Aftereffects in Women*. NY：Ballantine.

●第6章

この章を書くにあたり、『昔あるところに』（*Once Upon a Time*, HarperCollins, 1993）の著者であるハリー・マックリーン、およびデビッド・スピーゲル博士には大いに世話になった。感謝している。

五八頁：O'Brien, Tim (1990). *The Things They Carried*. NY : Penguin Books, pp. 203-204.

七四頁：Baddeley, Alan (1990). *Human Memory : Theory and practice*. Boston : Allyn & Bacon.

Klatzky, Roberta L. (1980). *Human Memory : Structures and Processes*. San Francisco : Freeman and Co.（箱田・中溝訳『記憶のしくみⅠ・Ⅱ』サイエンス社）

Zeckmeister, Eugene B., and Stanley E. Nyberg. (1982). *Human Memory : An Introduction to Research and Theory*. Monterey, CA : Brooks/Cole Publishing.

七五頁：Herman, J. L. (1981). *Father-Daughter Incest*. Cambridge : Harvard University Press.

Miller, A. (1981). *The Drama of the Gifted Child*. NY : Basic Books, pp. 111-112.

抑圧に関するフロイトの定義は、Strachey, J. (ed.). *The Standard Edition of the Complete Psychological Works of Sigmund Freud*, Vol. 14, London : Hogarth Press, 1957.の「抑圧」(Repression)（もともとは、一九一五年に発行された）を参照のこと。

七六頁：エリザベス・フォン・Rとミス・ルーシーについての議論は Breuer, J., and S. Freud. (1895). "Studies on Hysteria." Strachey (1955), volume 2. にある。また、「狼男」の事例は、Strachey (1955), volume 17. にある。

七七頁：Erdelyi, M. H., and B. Goldberg. (1979). "Let's Not Sweep Repression Under the Rug : Toward a Cognitive Psychology of Repression." In Kihlstrom, J. F., and F. J. Evans. (eds.) *Functional Disorders of Memory*. Hillsdale, NJ : Erlbaum, pp. 355-402.

七八頁：Blume, E. S. (1990), p. 67.

七九頁：Bass & Davis (1988), pp. 21-22.

Poston, C. & Lison, K. (1990). *Reclaiming Our Lives : Hope for Adult Survivors of Incest*, NY : Bantam.

八〇頁：Farmer, S. (1989). *Adult Children of Abusive Parents*, NY : Ballantine.

Davis, L. (1990). *The Courage to Heal Workbook : For Women and Men Survivors of Child Sexual Abuse*. NY : HarperCollins, p. 217.

八一頁：Olio, K.（1989）. "Memory retrieval in the treatment of adult survivors of sexual abuse," *Transactional Analysis Journal,* 19, pp. 95-96.

ベッツィの事例は，以下の文献にある。Frawley, M. G.（1990）. "From secrecy to self-disclosure：Healing the scars of incest," in Stricker, G., and M. Fisher.（eds.）*Self-disclosure in the Therapeutic Relationship*. NY：Plenum Press, p. 255.

八二頁：Smith, M. and L. Pazder, M. D.（1980）. *Michelle Remembers. NY：Pocket Books.*
Bass & Davis, p. 137.

八三頁：Rosenfeld, A., C. Nadelson, and M. Krieger.（1979）. "Fantasy and reality in patients' reports of incest," *Journal of Clinical Psychiatry,* 40, pp. 159-164.

ローゼンフェルド他は次のように述べている。「ラティンらは以下のように提唱している。カウンセラーが患者の記憶は空想だという考えに固執し，彼らの体験は現実ではないと繰り返し否定したために，実際に暴行を受けた患者がカウンセリングから追い出されたり，精神病に陥ったりしているかもしれない，と」。Litin, E. M., M. Giffin, A. Johnson.（1956）. "Parental influence in unusual sexual behavior in children," *Psychoanal Q*, 25：37-55.

八四-八五頁：Terr, L.（1990）. *Too Scared to Cry*. NY：Basic Books. 抑制の定義については pp. 111-112：「恐怖の体験」は pp. 170-172 からの引用。「外傷体験の記憶は強い光のもとで撮影された……」は p. 170 からの引用。

八七頁：Terr, L.（1991）. "Childhood Traumas：An Outline and Overview," *Am J. Psychiatry, 148*, 1, pp. 10-20.

八八-八九頁：テアは *Too Scared to Cry* の pp. 251-260 で，スティーブン・キングの電車の外傷体験について議論している。
King, S.（1983）. *Danse Macabre*. NY：Berkley, pp. 83-84.

九二頁：Loftus, E., and T. Burns.（1982）. "Mental shock can produce retrograde amnesia." *Memory and Cognition*, 10, pp. 318-323.

Loftus, E. F., and M. Banaji.（1989）. "Memory modification and the role of the media." In Gheorghiu, V. A., P. Netter, H. J. Eysenck, and R. Rosenthal.（eds.）*Suggestibility：Theory and Research,* Berlin：Springer-Verlag, p. 279-294.

九七頁：Spiegel, D.（in press）. "Dissociated or fabricated？Psychiatric issues in the case of the People vs. George Franklin," *International Journal of Clinical and Experimental Hypnosis*.（訳注：Spiegel, D., and Scheflin, A. W.（1994）. "Dissociated or fabricated? Psychiatric aspects of repressed memory in criminal and civil cases," *International Journal of Clinical and Experimental Hypnosis*, 42, 411-432.）

九八頁：Beyerstein, B. (1988). "Neuropathology and the legacy of spiritual possession," *The Skeptical Inquirer*, pp. 248–262.

エレン・ホワイトの逸話については Beyerstein, pp. 254–255, citing Clapp (1982). "Was Ellen White merely an epileptic?" *Christianity Today*：26：56.

ヒルデガルドについての議論は、バイヤースタインによる以下の記事の二五八頁にある。

Beyerstein's article. Beyerstein Sacks, O. (1970). *Migraine：The Evolution of a Common Disorder*, London：Faber & Faber, 1970, chapter 3.

九九頁：Sagan, C. (1993, March 7). "What's really going on?" *Parade Magazine*.

一〇一-一〇二頁：Franklin, E., and W. Wright. (1991). *Sins of the Father*. NY：Crown.

一一一-一一二頁で、アイリーン・フランクリンは、彼女の抑圧された記憶をカウンセラーがどう解釈したか述べている。「カーク（訳注：カウンセラー）にこの話をしたのは、こんなに重要な出来事を忘れてしまうことができるのか知りたいと思ったからです。それに、できれば記憶の力から逃れるために記憶にどう対処すればよいのか、助けてもらいたいと思ったからです。話し始めると、泣けてきて、私は話し終えるまで涙を止めることができませんでした。思った通り、カークは優しく、よく理解してくれました。彼によれば、私は記憶を意識に取り戻したので、これ以上記憶に苦しめられることはないということでした。精神的な健康へと大きな一歩を踏み出したのだと考えるように、と彼は言いました。……カークは私が気が狂っているとは考えませんでした。……私は大きな安心を得ることができました」。

一〇三頁：*Too Scared to Cry* の二七九頁には以下のような記述がある。「子どもたちの心、そして今、問題を抱えている人びとの癒されなかった過去に内在する外傷体験に接近する最も確実な手がかり。それは夢、遊び、行為、イメージに現れる単調な、文字通りの繰り返しです」。

●第7章

一〇九頁：ペンフィールドの研究については、以下の文献を参照のこと。

Loftus, E. F., and G. Loftus. (1980). "On the permanence of stored information in the human brain," *American Psychologist*, 35, pp. 409–420.

一一二頁：トニー・コニグリアロの悲劇については、以下の文献を参照のこと。

For a discussion of the Tony Conigliaro tragedy, see Anderson, D. (1990, Feb. 27). "Handcuffed in history to Tony C.," *The*

New York Times, p. B9.

一一三頁：Piaget, J. (1962). *Play, Dreams and Imitation in Childhood*. NY : Norton.

Pynoos, R. S., and K. Nader. (1989). "Children's memory and proximity to violence," *Journal of American Academy of Child and Adolescent Psychiatry*, 28, pp. 236-241.

一一四頁：Haugaard, J. J., N. D. Reppucci, J. Laurd, and T. Nauful. (1991). "Children's definitions of the truth and their competency as witnesses in legal proceedings," *Law and Human Behavior*, 15, 253-272.

一一五頁：Clarke-Stewart, A., W. Thompson, and Lepore. (1989, April). "Manipulating children's interpretations through interrogation." Paper presented at the meeting of the Society for Research in Development, Kansas City, Mo. この研究についての考察は、Goodman, G. S., and A. Clarke-Stewart. (1991). Suggestibility in children's testimony : Implications for sexual abuse investigations. In Doris, J. (ed.) *The Suggestibility of children's recollections*, pp. 92-105. Washington, D. C. : American Psychological Association Press. にもある。ドリスの本にある Max Stellar, John Brigham, and Lucy S. McGough らのコメントも一読の価値がある。

一一六頁：Spanos, N., E. Menary, N. Gabora, S. DuBreuil, and B. Dewhirst. (1991). "Secondary Identity Enactments During Hypnotic Past-Life Regression : A Sociocognitive Perspective," *Journal of Personality and Social Psychology*, Vol. 61, pp. 308-320.

マリリン・ヴァン・ダーバーの話は次の文献にある。"The Darkest Secret," *People*, June 10, 1991, pp. 88-94.

一一七頁：ロザンヌ・アーノルドの話は次の文献にある。"A star cries incest," *People*, October 7, 1991, pp. 84-88 and Darton, N., October 7, 1991, "The pain of the last taboo," *Newsweek*, pp. 70-72.

一一八頁：Toufexis, A. (October 28, 1991). "When can memories be trusted?" *Time*, pp. 86-88.

Smiley, J. (1992). *A Thousand Acres*. NY : Ballantine Books, p. 228.

一一九頁：Petersen, B. (1992). *Dancing with Daddy : A Childhood Lost and a Life Regained*. NY : Bantam Books, pp. 64-65.

一二〇頁：Collier, D. v Collier, J.（一九九一、十二月）原告による宣誓証言。カリフォルニア州、サンタクララ郡、最高裁判所。事件番号 No. 711752。

Rogers, M. L. (1992, March.). "A case of alleged satanic ritualistic abuse," paper presented at the American Psychology-Law Society meeting, San Diego.

二二三頁：Ganaway, G. K. (August 1991). "Alternative hypotheses regarding satanic ritual abuse memories," paper presented at the American Psychological Assocation Annual Meeting, San Francisco.

Ganaway, G. K. (1989). "Historical versus narrative truth : Clarifying the role of exogenous trauma in the etiology of MPD and its variants," *Dissociation*, 2 : 205-220.

ポール・R・マックヒュー博士も多重人格障害について多くの著書を著している。彼はガナウェイ博士とともに「多重人格障害は作られた」という立場をはっきりと表明している。マックヒュー博士は McHugh, P. R. (1993). "Multiple personality disorder" *Harvard Mental Health Letter*, vol. 10, pp. 4-7. で次のように提言している。

「解離障害の治療を取り止め、患者を普通の精神病棟へと戻してやりなさい。オルターを無視しなさい。彼ら（オルターの人格）に話しかけるのを止め、彼らについての記録をとり、カンファレンスで議論することになさい。ファンタジーにではなく、今ある現実の問題や葛藤に目を向けなさい。これらの単純で一般的なルールを守れば、多重人格障害はすぐに消滅し、通常の精神療法を開始することができるでしょう。」

多重人格障害（MPD）に対するその他のさまざまな見解については、以下の論文を参照のこと。

Braun, B. G., and R. G. Sachs, (1988, October). "Recognition of possible cult involvement in MPD patients," paper presented at the Fifth International Conference on Multiple Personality/Dissociative States, Chicago IL.

Kluft, R. P. (1993, October). "Multiple personality disorder : A contemporary perspective," *Harvard Mental Health Letter*, Vol 10, pp. 5-7.

Weissberg, M. (1993). "Multiple personality disorder and iatrogenesis : The cautionary tale of Anna O," *The International Journal of Clinical and Experimental Hypnosis*, Vol. XLI, pp. 15-34.

二二九-二三〇頁：現実の出来事とイメージされた出来事との区別を難しくする他の原因については、Bonanno, G. A. (1990). "Remembering and psychotherapy," *Psychotherapy*, 27, pp. 175-185. を参照のこと。

二三〇頁：子どもの証言の問題については、Ceci, S., and M. Bruck. (1993). "Suggestibility of the child witness," *Psychological Bulletin*, 113, pp. 403-439. を参照のこと。

二三一頁：一九九四年四月四日づけの手紙で、ジョージ・ガナウェイは抑圧の現象や無意識の働きについて、次のように考えを述べている。

「一世紀にわたる臨床的精神分析研究によって得られた、記憶や現実感に関する最も重大な知見は、〈精神的な現実感〉と呼ばれる無意識的な空想の領域が子ども時代から存在する、ということだろう。個人の精神内や個人間で生じる要求によって作り出された緊張が、欲求、不安、無意識的な空想の原因となる。それらは常に意識的な思考、感情、行動に作用し、影響を及ぼし、先入観として機能しつつ、個人的体験の知覚や記憶を歪めるのだ」。

「現在、心理療法家は〈堅牢な抑圧〉の存在、つまり個人が明確で重要な個人的情報を意識の外に何年間も締め出しておき、後の心理療法でのみ取り戻すことができるだろうかという議論に巻き込まれている。〈記憶を作り出したりなんてしていません〉と言う患者が、本当に意識的な嘘をついてはいないと考えるならば――実際、彼らが嘘をついていたという例はほとんどないのだが――、疑似記憶は、抑圧や解離といったメカニズムなしには生じ得ないと考えられる。特に患者がトランス状態にある時などは、本当に、記憶はずっとそこにあって〈発見される〉のを待っていたかのように思えるのである。作られた記憶は、努力することもなしに意識へとやってくるのだ。そのため、患者もセラピストも騙されてしまう。無意識の心の中にこのような説得力のあるシナリオが現われるのだから、きっと事実や空想の破片を結びつけるような、無意識的または〈抑圧された〉結合要因が存在するのに違いない」。

「社会心理学者や認知心理学者のなかには、抑圧および／または〈無意識〉の概念をすべて放棄しようとする者もいる。しかしそんなことをすれば、患者がもつ様々な疑似記憶はもっと説明しにくいものになってしまうだろう。多くのカウンセラーは誘導したり、強化を与えるような暗示を避けているからである。おそらくは、能動的な無意識の精神生活という概念こそが、空想の中で目覚めている時や、夜間本当の夢を見ている時に患者の心に自動的に生じることのいくらかを説明してくれるのではないだろうか」。

一三三-一三四頁：Neisser, U., and N. Harsch. (1992). "Phantom flashbulbs: False recollections of hearing the news about Challenger," in Winograd, E., and U. Neisser. (eds.) *Affect and Accuracy in Recall: Studies of "Flashbulb" Memories*. NY: Cambridge University Press, pp. 9-31. フラッシュバルブ記憶についてより詳しく知りたければ、この本の他の章も参照のこと。

重要な出来事の記憶に関する別の見方については Wright, D. (1993). "Recall of the Hillsborough Disaster over time: Systematic biases of 'flashbulb' memories," *Applied Cognitive Psychology*, 7, pp. 129-138. を参考のこと。

次の論文も参考になる。Loftus, E. F., and L. Kaufman. (1992). Why do traumatic experiences sometimes produce good memory (flashbulbs) and sometimes no memory (repression)? In Winograd, E., and U. Neisser. (eds.) *Affect and Accuracy in Recall: Studies of "Flashbulb" Memories*. NY: Cambridge University Press.

一三五-一三六頁：Cannon, L. (1991). *President Reagan: The Role of a Lifetime*. NY: Simon & Schuster.

一四七頁：Loftus, E. F., and J. Coan. (in press). The construction of childhood memories. In Peters, D. (ed.) *The Child Witness in Context: Cognitive, Social and Legal Perspectives*. NY: Kluwer.

一四七-一四八頁：“Questions about sex (even the most adventurous Cosmo girls want answered),” by Helen Singer Kaplan, M. D., pp. 150-151, July 1992 *Cosmopolitan*.

●第8章

一六八頁：(訳注：一六二-一六三頁のことか?) 一般書も学術書も、近親姦は世代間で受け継がれるという考えを助長している。例えば Wells, R. H. (1994, January). “There's no such thing as ‘mis-remembering,’” *Adolescence*. を見よ。

●第9章

本章で用いられた本、論文は以下の通り。

Bass, E., and L. Thornton. (1991). *I Never Told Anyone: Writings by Women Survivors of Child Sexual Abuse*. NY: HarperPerennial (originally published by Harper in 1983).

Bass, E., and L. Davis. (1988) *The Courage to Heal: A Guide for Women Survivors of Child Sexual Abuse*, NY: Harper & Row.

Bishop-Milbradt, M. (1984; revised by Terri Platt, 1988) *Incest: A Book for Adult Survivors*, Tacoma, WA: Pierce County Rape Relief.

Blume, E. S. (1990). *Secret Survivors: Uncovering Incest and its Aftereffects in Women*, NY: Ballantine Books.

Bradshaw, J. (1990). *Homecoming*. NY: Bantam Books.

Bradshaw, J. (July 1992). “Discovering what we want,” *Lear's*, 5, p. 49.

Bradshaw, J. (August 1992). “Incest: When you wonder if it happened to you,” *Lear's*, 5, pp. 43-44.

Braun, B. G., and R. G. Sachs. (1988, October). “Recognition of possible cult involvement in MPD patients.” Paper presented at the Fifth International Conference on Multiple Personality/Dissociative States, Chicago, IL.

Brenneis, B. (1993). “On the relationship of dream content to trauma.” Unpublished manuscript.

Brewin, C., B. Andrews, and I. Gotlib. (1993). “Psychopathology and early experience: A reappraisal of retrospective reports,” *Psychological Bulletim*, Vol. 113, pp. 82-98.

Briere, J. (1992). “Studying delayed memories of childhood sexual abuse,” *The Advisor* (Publication of the American

Professional Society on the Abuse of Children), 5, pp. 17-18.

Briere, J. (1989). *Therapy for Adults Molested as Children : Beyond Survival*. NY : Springer Pub. Co.

Briere, J., and J. Conte. (1993). "Self-reported amnesia for abuse in adults molested as children," *Journal of Traumatic Stress*, Vol 6, pp. 21-31.

Claridge, K. (1992). "Reconstructing memories of abuse : A theorybased approach," *Psychotherapy*, Vol. 29, pp. 243-252.

Courtois, C. (1988). *Healing the Incest Wound*. NY : Norton.

Courtois, C. (1992). "The memory retrieval process in incest survivor therapy," *Journal of Child Sexual Abuse*, vol. 1 (1).

Davis, L. (1990). *The Courage to Heal Workbook : For Women and Men Survivors of Child Sexual Abuse*, NY : Harper Collins.

Davis, P., and G. Schwartz. (1987). "Repression and the inaccessibility of affective memories," *Journal of Personality and Social Psychology*, Vol. 52, no. 1.

Dinges, D. F., W. G. Whitehouse, E. C. Orne, J. W. Powell, M. T. Orne, and M. H. Erdelyi, (1992). "Evaluating hypnotic memory enhancement (hyperamnesia and reminiscence) using multitrial forced recall," *Journal of Experimental Psychology : Learning, Memory and Cognition*, 18, pp. 1139-1147.

Engel, B. (1989). *The Right to Innocence*. NY : Ivy Books.

Farmer, S. (1989). *Adult Children of Abusive Parents*. NY : Ballantine.

Forrest, M. (1993). "An interview with John Briere, Ph. D.," *Treating Abuse Today*, Vol. 3, no. 1.

Forward, S., and C. Buck. (1988). *Betrayal of Innocence : Incest and its Devastation*. NY : Penguin Books.

Fredrickson, R. (1992). *Repressed Memories : A Journey to Recovery from Sexual Abuse*. NY : Simon and Schuster.

Gudjonsson, G. (1985). "Comment on The use of hypnosis by the police in the investigation of crime : Is guided imagery a safe substitute ?" *British Journal of Experimental and Clinical Hypnosis*, Vol. 3, p. 37.

Herman, J. L. (1981). *Father-Daughter Incest*. Cambridge : Harvard University Press.

Herman, J. L. (1992). *Trauma and Recovery*. NY : Basic Books.

Herman, J. L., and E. Schatzow. (1987). "Recovery and verification of memories of childhood sexual trauma," *Psychoanalytic psychology*, 4, pp. 1-14.

Holmes, D. (1990) "The evidence for repression: An examination of sixty years of research." In J. Singer (ed.) *Repression and Dissociation: Implications for personality, theory, psychopathology and health.* Chicago: Chicago University Press, pp. 85-102. ホームズは最近、見解を更新した。*Harvard Mental Health Letter* に掲載予定。

Howell, R. J. (1965) A verified childhood memory elicited during hypnosis. *American Journal of Clinical Hypnosis*, 8, pp. 141-142. 心理学者がかけた催眠により、十五歳の少女が十一か月の赤ん坊にまで年齢退行し、階段を上から下まで落ちたことを思いだした。しかしこの心理学者も認める通り、「被験者が両親や祖母からこの出来事を聞いたことがないとは、全く言い切れない」のである (p. 142)。

Kaminer, W. (1992). *I'm Dysfunctional, You're Dysfunctional: The Recovery Movement and Other Self-help Fashions*. Reading, MA: Addison-Wesley.

Laurence, J-R., and C. Perry. (1983). "Hypnotically created memory among highly hypnotizable subjects," *Science*, 222, pp. 523-524.

Laurence, J-R., R. Nadon, H. Nogrady, and C. Perry. (1986). "Duality, dissociation, and memory creation in highly hypnotizable subjects," *International Journal of Clinical and Experimental Hypnosis*, 34, 4, pp. 295-310.

Lew, M. (1988). *Victims No Longer: Men Recovering from Incest and Other Sexual Child Abuse*. NY: HarperCollins.

Lindsay, S., and D. Read. (in press). "Psychotherapy and memories of childhood sexual abuse," *Applied Cognitive Psychology*.

Lynn, S., M. Milano, and J. Weekes. (1991). "Hypnosis and pseudomemories: The effects of prehypnotic expectancies," *Journal of personality and social psychology*, 60, pp. 318-326.

Lynn, S., and M. Nash. (1994). "Truth in memory: Ramifications for psychotherapy and hypnotherapy," *American Journal of Clinical Hypnosis*, Vol. 36. pp. 194-208.

Maltz, W. (1992). *The Sexual Healing Journey: A Guide for Survivors of Sexual Abuse*. NY: HarperCollins.

Maltz, W., and B. Holman. (1986). *Incest and Sexuality: A Guide to Understanding and Healing*. NY: Free Press.

McHugh, P. R. (1992). "Psychiatric misadventures," *The American Scholar*, 61, pp. 491-510.

McHugh, P. R. (1993). "Psychotherapy Awry," *The American Scholar*, 62, PP. 17-30.

McHugh, P. R. (1993, September). "Multiple personality disorder," *Harvard Mental Health Letter*, Vol 10, pp. 4-6.

Miller, A. (1981). *The Drama of the Gifted Child: The Search for the True Self*. NY: Basic Books.

Mulhern, S. (1991). "Satanism and psychotherapy : A rumor in search of an inquisition." In Richardson, J. T., J. Best, and G. Bromley. (eds.) *The Satanism Scare*, NY : Aldine de Gruyter.

Nash, M. (1987). "What, if anything, is regressed about hypnotic age regression ? A review of the empirical literature," *Psychological Bulletin*, 102, pp. 42-52.

Nash, M. (1992). "Retrieval of childhood memories in psychotherapy." Paper presented at the annual convention of the *American Psychological Association*, Washington, D. C.

Neisser, U. (1991). "A case of misplaced nostalgia," *American Psychologist*, 46, 1, pp. 34-36.

Olio, K. A. (1989). "Memory retrieval in the treatment of adult survivors of sexual abuse," *Transactional Analysis Journal*, Vol. 19, pp. 93-94.

Orne, M. T. (1979). "The use and misuse of hypnosis in court," *International Journal of Clinical and Experimental Hypnosis*, 27, pp. 311-341.

Poston, C., and K. Lison. (1990). *Reclaiming Our Lives : Hope for Adult Survivors of Incest*. NY : Bantam (originally Little Brown, 1989).

Roland, C. (October 1993). "Exploring childhood memories with adult survivors of sexual abuse : Concrete reconstruction and visualization techniques," *Journal of Mental Health Counseling* Vol. 15, No. 4.

Root, M. (1992). "Reconstructing the impact of trauma on personality," in Brown, L., and M. Ballou. (eds.) *Personality and psychopathology : Feminist Reappraisals*, NY : The Guilford Press.

Rosenfeld, A., C. Nadelson, and M. Krieger. (April 1979). "Fantasy and reality in patients' reports of incest," *Journal of Clinical Psychiatry*, 40, pp. 159-164.

Russell, D. E. H. (1984). *Sexual exploitation : Rape, child sexual abuse and sexual harassment*. Beverly Hills, CA : Sage.

Salter, S. and C. Ness. (April 4-9, 1993). "Buried Memories/Broken Families," *San Francisco Examiner*.

Sgroi, S. M. (1989). "Stages of recovery for adult survivors of child sex abuse." Chapter in Sgroi, S. M. (ed.) *Vulnerable Populations : Sexual abuse treatment for children, adult survivors, offenders and persons with mental retardation*, vol. 2, Lexington, MA : Lexington Books.

Sherman, S. J., R. B. Cialdini, D. F. Schwartzman, and K. D. Reynolds. (1985). "Imagining can heighten or lower the perceived likelihood of contracting a disease," *Personality and Social Psychology Bulletin*, 11, pp. 118-127.

Singer, M., and R. Ofshe. (1990). "Thought reform programs and the production of psychiatric casualties," *Psychiatric Annals*, Vol 20, pp. 188-193. Margaret Singer has also co-authored a chapter with Richard Ofshe : Ofshe, R. J., and M. T. Singer. (1993). "Recovered memory therapies and robust repression : A collective error." Unpublished manuscript, University of California, Berkeley.

Smith, M. (1983). "Hypnotic memory enhancement of witnesses : Does it work ?" *Psychological Bulletin*, 94, pp. 387-407.

Summit, R. (1992). "Misplaced attention to delayed memory," *The Advisor* (published by the American Professional Society on the Abuse of Children), *5*, pp. 21-25.

Tavris, C. (1992). *The Mismeasure of Woman*. NY : Simon and Schuster.

Tavris, c. (January 3, 1993) "Beware the incest-survivor machine," *The New York Times Book Review*. (以下の記事も参照のこと "Real Incest and Real Survivors : readers respond," in *The New York times Book Review*, February 14, 1993)。

Terr, L. (1988). "What happens to early memories of trauma ? A study of 20 children under age five at the time of documented traumatic events," *J. Amer Academy of Child and Adolescent Psychiatry*, 27, pp. 96-104.

Terr, L. (1990) *Too Scared to Cry : How trauma affects children ... and ultimately us all*, NY : Basic Books.

Van der Kolk, B., and O. Van der Hart. (1991). "The intrusive past : The flexibility of memory and the engraving of trauma," *American Imago*, 48, pp. 425-454.

Weekes, J. R., S. J. Lynn, J. P. Green, and J. T. Brentar. (1992). "Pseudomemory in hypnotized and task-motivated subjects," *Journal of Abnormal Psychology*, 101, pp. 356-360.

Williams, L. M. (1992) Williams, L. M. (1992). "Adult memories of childhood abuse : Preliminary findings from a longitudinal study," *The Advisor*, 5, pp. 19-20. この研究に関するより詳細な論文は' *Journal of Consulting and Clinical Psychology*. に掲載される予定である。

Yapko, M. (1988). *When Living Hurts*. NY : Brunner/Mazel.

Yapko, M. (1989). "Disturbance of temporal orientation as a feature of depression," in Yapko, M. (ed.) *Brief Therapy Approaches to Treating Anxiety and Depression*. Brunner/Mazel.

Yapko, M. (1990). *Trancework : An introduction to the Practice of Clinical Hypnosis* (2nd ed.). NY : Brunner/Mazel.

Yapko, M. (1994) "Suggestibility and repressed memories of abuse. A survey of psychotherapists' beliefs," *American Journal of Clinical Hypnosis*, 36, pp. 163-171. P. B. Bloom, D. M. Ewin, E. Loftus *et al.* M. Gravitz, and S. J. Lynn *et al.* によるヤプコの論文に関するコメントも役に立つかもしれない。これらのコメントも、*American Journal of Clinical Hypnosis.* の同じ号に掲載されている。

Yapko, M. (1994). *Suggestions of Abuse.* NY : Simon & Schuster.

●第11章

二九七頁：CNNの特別番組「記憶による罪」、Kathy Slobogin, May 1993.

二九九-三〇一頁：Nathan, D. (October 1992). "Cry Incest," *Playboy*, Vol. 39 #10

カルト儀式による虐待に対する別の見方については、次の文献を見よ。

Rose, E. (January/February 1993). "Surviving the Unbelievable : A first-person account of cult ritual abuse," *Ms.*, vol III, no. 4.

三〇〇頁：ラニングの脚注：Lanning, K. V. (1991). "Ritual abuse : A law enforcement view or perspective," *Child Abuse Neglect,* 15, pp. 171-173.「アメリカの警察は少なくとも八年の間、儀式において虐待の被害を受けた人びとの申し立てについて積極的に調査を行った。しかし大量の赤ん坊の流血、人間の生贄、悪魔による組織的陰謀といった申し立てを支持する証拠はほとんどまたは全く見つからなかった。被害者はなぜ真実とは思われないようなことを申し立てるのか、その説明はもはや警察ではなく、精神衛生の専門家の仕事である。だが精神衛生の専門家は、被害者が申し立てているようなことは存在しないこと、その領域については合理的で客観的な社会科学者による研究が必要であることを、認めなくてはならなくなってきている」。

三〇一頁：Wielawski, I. (October 3, 1991). "Unlocking the secrets of memory," *Los Angeles Times.*

Taylor, B. (May 16, 1992). "What if sexual abuse memories are wrong ?" *Toronto Star* ; and Taylor, B. (May 18, 1992) "True or False ?" *Toronto Star.*

三〇二頁：Goleman, D. (July 21, 1992). "Childhood Trauma : Memory or Invention ?" *The New York Times*, p. B5.

Sauer, M., and J. Okerblom. (Sept. 13, 14, and 15, 1992). "Haunting Accusations, *San Diego Union-Tribune.*

三〇二-三〇三頁：ダレル・シフォード (Darrell Shifford) は偽りの告発についての記事を *Philadelphia Inquirer.* ("Accusations of sex abuse, years later," November 24, 1991 ; "When tales of sex abuse aren't true," Jan 5, 1992 ; "Perilous journey : The labyrinth of past sexual abuse," Feb. 13, 1992 ; and "Her mission : Heal families, don't blame," Feb. 23, 1992). に連載した。

三〇五頁：Ofshe, R., and E. Watters. (1993, March/April). "Making Monsters," *Society*, pp. 4-16.

Berliner, L., and E. Loftus. (1992). "Sexual abuse accusations : Desperately seeking reconciliation," *Journal of Interpersonal Violence*, *7*, pp. 570-578.

三一八-三二〇頁：前向健忘については、6章末の文献に挙げられている記憶に関する本を参照のこと。また、Loftus, E. F. (1980). *Memory*. Reading, MA : Addison-Wesley. (Re 282 282 printed by Ardsley Press, 1988). も役に立つ。

「PN」の事例は、Schacter, D. L., P. L. Wang, E. Tulving, and M. Freedman. (1982). "Functional retrograde amnesia : A quantitative case study," *Neuropsychologia*, 20, pp. 523-532. に述べられている。

他の健忘症に関するシャクターの研究については、Schacter, D. L. (1983). "Amnesia observed : Remembering and forgetting in a natural environment," *Journal of Abnormal Psychology*, 92, pp. 236-242, および Schacter, D. L. and J. F. Kihlstrom. (1989). "Functional amnesia," In Boller, F., and J. Grafman (eds). *Handbook of Neuropsychology*, 3, pp. 209-231. を見よ。

Diagnostic and Statistical Manual—3rd edition, revised.

三二〇頁：Whitley, G. (1991 October). "The seduction of Gloria Grady," *D* Magazine, pp. 45-49, 66-71.

三二四-三二七頁：Tavris, C. (January 3, 1993). "Beware the incestsurvivor machine," *The New York Times Book Review*. (See also : "Real incest and real survivors : Readers respond," in *The New York Times Book Review*, February 14, 1993).

三二七-三二八頁：Robinson, K. (August 11, 1993). "Memories of Abuse," *Seattle Weekly*. 読者の便りは一九九三年八月二十五日の「手紙」欄にある。

三三一頁：抑圧された記憶についての記事はS・カレン・ピーターソンによるもので、*USA Today*, August 31, 1992, p. D1. に掲載されている。

●第12章

リチャード・オフシーはカリフォルニア大学バークレイ校の社会学の教授である。彼の研究の焦点は、人を感化するための極端な技法と社会的コントロールにある。彼はまた、シナノン（かつての米国の麻薬中毒者の更生団体）の実態を世に示したことで、一九七九年ピューリッツァー賞を共同で受賞している。

ローレンス・ライトによる、ポーラ・イングラム事件についての上下の記事（"Remembering Satan," published on May 17 and

May 24, 1993 in *The New Yorker*）は拡張され、*Remembering Satan*（NY：Knopf, 1994）（稲生・吉永訳『悪魔を思い出す娘たち』柏書房）という革新的な本として刊行された。ニューズウィーク誌一九九四年四月四日号はこの本を次のように紹介している。「本書は類い稀な知性と共感、それに控えめな態度によって書き記された警告的な物語であり、その価値は偉大である。*Remembering Satan*（『悪魔を思い出す娘たち』）はライトをアメリカの第一線のジャーナリストへと押し上げた」。

三七七頁：Ofshe, R.（1989）. "Coerced confessions：The logic of seemingly irrational action," *Cultic Studies Journal*, 6, pp. 1-15.

オフシーはイングラム事件について精力的に書いている。以下の本を見よ。

Ofshe, R. J.（1992）. "Inadvertent hypnosis during interrogation：False confession due to dissociative sate, misidentified multiple personality and the satanic cult hypothesis," *International Journal of Clinical and Experimental Hypnosis*, XL, pp. 125-126.

Ofshe, R., and E. Watters.（1993, March/April）. "Making monsters," *Society*, pp. 4-16.

また、以下の本も参考になる。

Watters, E.（1991）. "The devil in Mr. Ingram," *Mother Jones*, 16, pp. 30-33, 65-68.

page 255：Spiegel, H.（1974）. "The Grade 5 Syndrome：The highly hypnotizable person," *International Journal of Clinical and Experimental Hypnosis*, 22, pp. 303-319.

五階級症候群については以下の書物を見よ。

Mulhern, S.（1991）. "Satanism and psychotherapy：A rumor in search of an inquisition," in Richardson, J. T, J. M. Best, and D. G. Bromley（eds.）, *The Satanism Scare*, San Francisco：Aldine.

Watters, E.（1993）. "Doors of memory," *Mother Jones*, Jan-Feb, pp. 24-29, 76-77.

●第13章

三九五頁：パッシーとヒルマンの議論は、Hillman, J., and M. Ventura.（1992）. *We've Had a Hundred Years of Psychotherapy and the World's Getting Worse*, NY：HarperSanFrancisco. の一八七-一九九ページにある。

三九六頁：Rieff, D.（October 1991）. "Victim's All？ Recovery, co-dependency, and the art of blaming somebody else," *Harper's Magazine*, pp. 49-56. は回復運動に関するすばらしい記事だが、この記事によれば、「家族の規則や習慣が……人の魂を殺

害する」という文は自助本作家ジョン・ブラッドショーによるものだという。五一ページで、リフはブラッドショーの次の言葉を引用している。「専門家によれば、我が国の家族の九六%が多少なりとも機能不全であるということです」。

三九八頁：一九九二年十一月四日、チャーター病院で開かれたグランドラウンズ発表会でのM・ヤプコ博士の発表。

Herman, J. (1992). *Trauma and Recovery*, NY : Basic Books, p. 180.

私たちはミズーリ州セントルイスのワシントン大学医学部精神医学の教授であるS・B・グーズ医学博士とスペンサー・T・オリン教授に世話になった。グーズ博士の著書 *Why Psychiatry is a Branch of Medicine*, New York, Oxford Univ. Press, 1992. にある洞察に溢れた章 "Psychotherapy and the medical model" により、私たちは現代の心理療法の盲点や弱点を暴こうとしたドナルド・スペンス、マーシャル・イーデルソン、その他の人びとの考えに出会うことができた。

四〇一-四〇二頁：ベトナム帰還兵と牧師の物語は Herman, J. (1992). *Trauma and Recovery*, NY : Basic Books, p. 55. にある。

四〇二頁：Nikos Kazantzakis is quoted in Sagan, C. (1979). *Broca's Brain : Reflections on the Romance of Science*, NY : Random House, p. 281.

訳者あとがき

本書との出会い

私は認知心理学を専攻し、記憶や対話を専門領域としている。最近は目撃者による人物同定の信頼性や、子どもの目撃証言の研究も行っている。ロフタスさんと初めて会ったのは、一九九四年秋、日本大学で行われた日本心理学会のシンポジウム「目撃証言と心理学」であった。当時、私は日本大学の厳島行雄さん、慶応大学の伊東裕司さんと、現実に起きた事件をベースとした目撃証言の実験を行っていた。日本では欧米に比べ、認知心理学者が裁判に関わることは少ない。戸惑いながら進めてきた研究であったが、ロフタスさんは私たちの発表に関心を寄せ、応援してくれた。たいへん励まされたのを覚えている。

さて翌年、シンポジウムに参加していた弁護士の一瀬敬一郎さん（第二東京弁護士会）が中国への旅を企画した（なぜ中国かというと、シンポジウムの後の飲み会で、ロフタスさんが「中国にも行ってみたい」と他意はなく発言されたことによる）。一瀬夫妻がロフタスさんを招き、目撃証言を研究していた研究者、弁護士が参加して北京、上海を訪れた。北京大学、北京師範大学をはじめ、いくつかの機関を訪れて研究交流し、ロフタスさんは北京大学で目撃証言の講演をされた。この旅は、私にとって忘れがたいものとなった。最初は少し近づきがたかったロフタスさんともだんだんと打ち解け、特に旅の後半は、お互いの生い立ちや悩みごとから心理学界のゴシップ、研究、哲学までいろいろな話をし、本当に夢のような数日間であった。

この旅の終わり頃、私は気になっていた不思議な社会記事について質問をした。

一つは数年前に読んだ記事で、近親姦を受けた人は記憶を切り離して抑圧し、数年から数十年たった頃突然思いだすことがあるという内容のものだった（The pain of the last taboo. *NEWSWEEK*, 1991, Oct.7, 42-44.〈本書の一一七頁にあるものと同じだ。ただしアジア版なので頁が異なる。〉）。抑圧された近親姦の記憶を想起した女優、ロザンヌ・アーノルドのことや、抑圧のメカニズムに関する仮説、これを支持する研究者の説、ロフタスさんによる反論などが書かれていた。私は記憶にはこんな不思議なことがあるのだろうかと思い、この記事を保存していたのだった。

もう一つは中国への旅の数か月前に読んだ記事である。「幸福谷の裁判と問題」というその記事は、ロフタスさんが住むワシントン州シアトルの郊外にある小さな町、ウイナーチーでの事件を扱っていた（Trials and troubles in Happy Valley. *NEWSWEEK*, 1995, May 15, 38-40）。両親から性的虐待を受けていた少女が警察に助け出された。この九歳の少女は法廷で両親から虐待されたことを証言し、両親は牢屋に送られた。問題はその後、この少女が話を拡張し始めたことである。彼女は両親が通っていた教会の牧師および会衆計二十一人から六年間、二十数回にわたって集団レイプを受けていたと言い出した。それはサークルという儀式で、大人が列になって、順に彼女を含む少女たちを虐待するというものだった。だが物的な証拠は何もない。一緒に虐待を受けたとされる子どもたちも否定している。そして訴えられた人びとは「犠牲者の会」を組織し、これは現代の魔女狩りだとして無罪を主張している……。

不思議な、例外的な事件に違いない、そう思って尋ねたのだが、ロフタスさんの答えは「こういう事件が何百万も起きている、まさしく戦争よ！」というものだった。そして出て間もない著書の話をしてくれた。それがこの本である。本書に出てくるさまざまなエピソードを、まさに彼女の体験話（エピソード記憶）として聞かせてもらい、私はすっかり魅了されてしまった。彼女はその本を一冊、一瀬夫妻のためにもってきていたのだが、私はずうずうしくも一瀬夫妻に先駆けて読ませていただいた。そしてあらためて記憶の不可思議さを感じ、ねじ切られた家族に同情し、それを科学的に研究することの難しさと面白さにわくわくし、ぜひ翻訳したいと、数か月後、誠信書房を訪ねたのである。

抑圧された記憶

「抑圧された記憶論争」(「偽りの記憶論争」ともいう)は多くの研究を生み出した。これらの研究について少し補足しておきたい。ロフタスさんたちによってつくられた実験パラダイムはこうだ。「誕生パーティ」「ピアノの発表会」など子ども時代に実際にあった出来事(あらかじめ親などに確認しておく)と「迷子になった」という偽りの出来事を提示した後、週に一回程度の面接を繰り返し行い、各出来事について思いだしてもらう。すると偽りの「迷子」の記憶があたかも実際にあったかのように「想起」される、というものである。

だが「迷子」はありふれた出来事である。別の時、別の場所で体験した類似の体験が、実験者の意図する偽りの記憶に混入した可能性があるかもしれない。しかしその後の研究、例えばハイマンとビリングの研究は「パンチボウルをひっくりかえす」といったありふれていない出来事についても、偽りの記憶が形成されることを示している。またスパノスの研究では、何と「新生児」の頃の偽りの記憶さえ形成されている。この実験では、まず被験者は自分の視覚探索スキルが優れていると思いこまされる。その後、実験者は被験者に「あなたの視覚探索スキルが優れているのは、あなたがベビーベッドの上に〈視覚探索スキルを促進するモビール〉が設置された病院で生まれたからでしょう」と告げる。そして被験者に自分が新生児だった頃のこと(!)を積極的にイメージさせ、思いだすよう求める。その結果、被験者の七〇パーセントが幼児期の記憶を報告し、五六パーセントが色のついたモビールを思いだしたという。イメージを膨らませることや補強証拠(例えば「あなたの視覚探索スキルは優れている」など)を示すことは、偽りの記憶の形成を促進することが知られている。

訳者の研究室でも、横山さおりさんが類似の実験を行った。この実験では子ども時代の記憶だけでなく、最近の日常的な出来事についても検討している。まず「幼児期の記憶群」の被験者については、子ども時代の真の出来事を調べておく。また「日常記憶群」の被験者については、最近の日常生活の出来事を実験者が観察し、記録しておく。これらの記憶に「偽りの出来事」を加え、先の実験と同じように数回の面接を行った。その結果、幼児期の記憶のような昔の出来事ではない、数か月から一年くらい前の日常生活の出来事についても、例えば実際には食べていないアイスを買いに行って食べたなどの偽りの記憶が形成された。

以上のような出来事を扱った研究だけでなく、「いねむり、よふかし、ねぼう、ふとん、……」といった単語列を被験者に提示すると、被験者は後で、実際には提示されなかった「いびき」を思い出すというような単語を用いた「偽りの記憶」実験もある。

偽りの記憶研究パラダイムは、記憶研究に多くの新たな知見をもたらした。だがこれらの研究は、主に、実際にはなかった記憶が作り出される過程を検討している。しかし「抑圧された記憶」のさらなる恐ろしさは、無意識のうちに忘れ去られた記憶がある、証拠はなくても何かが埋もれているはずだ、という信念にあると思う。繰り返し想起するよう求めたり誘導的な質問をするだけでも、被験者の心に偽りの記憶を作り出すことはできるが、これだけでは問題を過小評価している。「何かがあるはずだ」とか「思いだせば問題は解決される」といった信念が思いだすことへの動機を高め、誘導を受け入れやすくする。このような信念や動機が作られることが抑圧された記憶の大きな問題だろう。信念を扱った研究は、今後の課題である。

日本の事情

日本に「抑圧された記憶」の事例はあるのだろうか。私はカウンセリングで偽りの記憶が蘇ったという事例を知らない。もしかしたら、添い寝やスキンシップを大切にする風土や常識が、身体接触に過敏になることを防ぎ、本書に見られるような行き過ぎを防いでいるのかもしれない。またカウンセラーの教育が行き届いており、過度な治療的介入が行われないためかもしれない。いずれにせよ、日本の状況は「抑圧された記憶」が大きな社会問題となっている欧米やオセアニア諸国に比べると静かである。

だが「偽りの記憶」を作り出すのと類似のメカニズムは、日本でも、目撃証言や虚偽自白のなかに見出せるように思う。重大な事件では、目撃者は何度も繰り返し事情聴取を受ける。最初はおぼろげな印象しか述べることができなかった目撃者が、聴取を受けるたびにより詳細でリアルな供述ができるようになるというのはよくあることである。目撃者の「協力したい」「思いだしたい」という気持ちに加え、捜査官の「こうではないか」という仮説により、問題のあるカウンセリングと同じような場が形成されてしまう可能性が指摘できよう。また本書のダグ・ネイグルやポール・イングラムの事例に見られる「何を思いだせばよいか分からない。でも何かを思いださねば」という欲求や、原告や取調官からの情報を参考に「あった可能性のあること」を構成しようとする過程は、仁保事件や松山事件などに見られる虚偽自白の形成過程と類似しているように思う。行き過ぎたカウンセリングの結末は、あらゆる面接への警鐘として受け取ることができる。

謝辞

最後になったが、励ましてくださった一瀬敬一郎・美和夫妻、厳島行雄さん、原聰さん、伊東裕司さん、浜田寿美男さん、草稿を読んでコメントをくださった仙波友理さん、カウンセリング用語についてお聞きした保坂亨さん、中釜洋子さん、法律用語について教えを請うた一瀬敬一郎さんに感謝したい。

また誠信書房の長林伸生さんには、本書に出てくる書物に和訳があるかどうかのチェックなど、本当にいろいろとお世話になった。
ロフタスさんとは翻訳の最中に二度会い（だが話題は本書からはずれてしまいがちだった）、メールでも何度もやりとりをして、できるだけ混乱の少ない訳を心がけた。例えば原文では「カウンセラー／カウンセリング」と「セラピスト／セラピー」が区別なく用いられている。セラピストのほうが治療的な面接を行う臨床家という意味あいが強いが、ロフタスさんと相談のうえ、日本語として定着しているカウンセラー／カウンセリングに統一した（ただし「サイコセラピスト／サイコセラピー」は心理療法家／心理療法、「サイカイアトリスト」は精神科医と訳した）。これらの方がたのお助けがあったものの、誤りはすべて訳者に責がある。あらかじめお許しを願いたい。

なお、本書に出てきた人びとのその後をロフタスさんに尋ねてみた。ジョージ・フランクリン氏は控訴審で判決が覆り、無罪となり、現在は娘を含めこの事件に関わった人びとを起訴しているとのことである。一方、ポール・イングラム氏はいまだに服役中である。ウイナーチーの事件もまだ解決を見ていないようだ。

本書を、常に私を支えてくれている私の家族と、十二年間暖かく知的な環境を与えてくれた千葉大学教育学部教育心理学教室の同僚に捧げたい。

二〇〇〇年四月

南大沢にて　訳　者

参考文献

仲真紀子　一九九七「見たこと」は信頼できるか：目撃証言」海保（編）「温かい認知」の心理学、二七三-二六〇頁
E・F・ロフタス著　仲真紀子訳　一九九七「偽りの記憶をつくる」日経サイエンス十二、一八-二五［日経サイエンス一二三、特集「脳の心と科学　心のミステリー」七一-七七（一九八八）に再録］

訳者紹介

仲 真紀子（なか　まきこ）

1955年　福岡市に生まれる
1979年　お茶の水女子大学文教育学部教育学科心理学専攻卒業
1981年　同大学大学院修士課程人文科学研究科心理学専攻修了
1984年　同大学大学院博士課程人間文化研究科人開発達学専攻単位取得退学
1987年　学位取得　学術博士（お茶の水女子大学）
1984～87年　お茶の水女子大学大学院博士課程人間文化研究科助手
1987～88年　千葉大学教育学部講師
1989～99年　千葉大学教育学部助教授
1990年　米国 Duke 大学心理学部客員研究員
1999～2003年　東京都立大学人文学部助教授
2003～2017年　北海道大学文学研究科教授
2017～2021年　立命館大学総合心理学部教授，北海道大学名誉教授
現　在　立命館大学 OIC 総合研究機構特別招聘研究教授，北海道大学名誉教授

著訳書

シリーズ「心理学と社会」第1巻「知覚・認知・情動」（共著，ブレーン出版），『「温かい」認知の心理学』（共著，金子書房），『年齢の心理学』（共著，ミネルヴァ書房），『子どもの発達心理学』（共著，新曜社），『人間発達の心理学』（共著，サイエンス社），『別冊サイエンス「心のミステリー」（「偽りの記憶をつくる」）』（訳，日経サイエンス社），『目撃証言の研究――法と心理学の架け橋をもとめて』（共編著，北大路書房），『目撃証言の心理学』（共著，北大路書房），『子どもの面接法――司法手続きにおける子どものケア・ガイド』（アルドリッジ，M. 他著，編訳，北大路書房），『認知心理学の新しいかたち』（編著，誠信書房），『子どもの司法面接――ビデオ録画面接のためのガイドライン』（英国内務省・保健省，共訳，誠信書房），『自己心理学4　認知心理学へのアプローチ』（編著，金子書房）『犯罪心理学――ビギナーズガイド：世界の捜査，裁判，矯正の現場から』（ブル，R. 他著，監訳，有斐閣），『認知心理学』（編著，ミネルヴァ書房），『法と倫理の心理学――心理学の知識を裁判に活かす：目撃証言，記憶の回復，子どもの証言』（培風館），『発達科学ハンドブック4巻　発達の基盤：身体，認知，情動』（共編著，新曜社），『心が育つ環境をつくる』（共編著，新曜社），『女性研究者とワークライフバランス――キャリアを積むこと，家族を持つこと』（共編著，新曜社），『知的障害・発達障害のある子どもの面接ハンドブック：犯罪・虐待被害が疑われる子どもから話を聞く技術』（セーデルボリ，A-C. 著，監訳，明石書店），『子どもへの司法面接――考え方進め方とトレーニング』（編著，有斐閣），『脳科学と少年司法』（分担，現代人文社）など

E・F・ロフタス／K・ケッチャム著
抑圧《よくあつ》された記憶《きおく》の神話《しんわ》――偽《いつわ》りの性的虐待《せいてきぎゃくたい》の記憶《きおく》をめぐって

2000年6月5日　第1刷発行
2022年1月20日　第4刷発行

訳　者　仲　真紀子
発行者　柴田敏樹
印刷者　日岐浩和

発行所　株式会社　誠信書房
〒112-0012　東京都文京区大塚3-20-6
電話03（3946）5666
http://www.seishinshobo.co.jp/

中央印刷　協栄製本
検印省略

Printed in Japan
ISBN 978-4-414-30290-5 C3011